Suche nach Arbeit
Fahrt ins Kinderstraflager
Fahrt ins Frauenstraflager Pukso-Osero
Fahrt nach Leningrad
Zugfahrt nach Deutschland

Kineschma
Kindergefängnis
Dez. 1953 – Nov. 1955

RUSSLAND

Krassnojarsk
Abfahrt 16. Sept. 1976

Perm

Tjumen

Atschinsk

Jekatarinenburg

Omsk

Ufa

Nowosibirsk

Samara

Astana

Nasarowo
Aug. 1965 – Sept. 1976
Jan. 1978 – Juni 1980

KASACHSTAN

Sowchose Kusnezkij
März – Aug. 1965

Kaspisches Meer

Baku
Juli – Nov. 1961

CHINA

500 km

Wolfskind

Das Buch

Tausende Kinder verlieren in den Nachkriegswirren in Ostpreußen ihre Eltern und bleiben allein zurück – die »Wolfskinder«. Auch die kleine Liesabeth übernachtet in Scheunen oder unter Brücken, gelegentlich findet sie bei Bauern Unterschlupf. Doch niemand will sich ihrer annehmen. Man hetzt die Hunde auf sie, von den einheimischen Kindern wird sie bei Hitler-Spielen gequält, als Achtjährige vergewaltigt. Als sie mit fünfzehn beim Klauen erwischt wird, landet sie in den Straflagern des Gulag. Nach der Entlassung beginnt eine Odyssee durch die Sowjetunion. Doch die Hoffnung, eines Tages ihre Familie wiederzufinden, gibt sie nie auf.

Liesabeth Otto, heute 73 Jahre alt, hat ihre Lebensgeschichte der ZDF-Journalistin Ingeborg Jacobs erzählt, deren Dokumentarfilm über das einstige Wolfskind mit überwältigender Resonanz im ZDF und auf ARTE ausgestrahlt und mit dem World Television Award ausgezeichnet wurde. Nun folgt das Buch, die ergreifende Geschichte eines Kindes, das allen Schicksalsschlägen zum Trotz nie seinen Lebensmut verliert.

Die Autorin

Ingeborg Jacobs wurde 1957 in Solingen geboren. Seit 1995 freie Autorin beim ZDF. Zahlreiche zeitgeschichtliche Dokumentarfilme. Sie wurde mehrfach ausgezeichnet, u. a. mit dem Deutschen Wirtschaftsfilmpreis und dem Bayerischen Fernsehpreis.

Von Ingeborg Jacobs ist in unserem Hause bereits erschienen:

Freiwild (2009)

Ingeborg Jacobs

Wolfskind

Die unglaubliche Lebensgeschichte
des ostpreußischen Mädchens Liesabeth Otto

List Taschenbuch

Besuchen Sie uns im Internet:
www.list-taschenbuch.de

Ungekürzte Ausgabe im List Taschenbuch
List ist ein Verlag der Ullstein Buchverlage GmbH, Berlin.
1. Auflage August 2011
14. Auflage 2016
© Ullstein Buchverlage GmbH Berlin 2010/Propyläen Verlag
Konzeption: semper smile Werbeagentur GmbH, München
Umschlaggestaltung: bürosüd° GmbH, München
(nach einer Vorlage von Morian & BayerEynck, Coesfeld)
© Karten: Thomas Hammer
Fotos: Privatbesitz
Lektorat: Karin Schneider
Satz: LVD GmbH, Berlin
Gesetzt aus der Sabon
Druck und Bindearbeiten: CPI books GmbH, Leck
Printed in Germany
ISBN 978-3-548-61034-4

Inhalt

Statt einer Einleitung:
Reporterglück

Wäre der 1. Mai 1994 nicht auf einen Sonntag gefallen, wir hätten Liesabeth Otto, das »Wolfskind«, kaum kennengelernt. So aber hatten wir plötzlich Zeit, zu viel Zeit, ein Umstand, der bei Dreharbeiten äußerst selten eintritt. Der damalige russische Präsident Boris Jelzin hatte – noch ganz in sowjetischer Tradition – kurzfristig angeordnet, nicht nur der Montag, sondern auch der Dienstag solle in ganz Russland arbeitsfrei sein.

Wir – mein Kameramann Hartmut Seifert, unser Videoingenieur Wladislaw Wassiljew aus Sankt Petersburg und ich – waren damals zum zweiten Mal für das Fernsehen der Deutschen Welle im Gebiet Kaliningrad unterwegs. Unsere Termine in der Papierfabrik und im Amt für Umweltschutz waren schnell verschoben, doch was tun mit der freien Zeit? Kurz entschlossen nahmen wir ein weiteres Thema in Angriff: die Situation der Russlanddeutschen, die seit 1993 verstärkt aus den mittelasiatischen Staaten Kasachstan, Usbekistan und Kirgistan in das frühere Nord-Ostpreußen zugezogen waren.

Von den Kollegen des Kaliningrader Fernsehsenders Jantar – Bernstein – bekamen wir Namen und Adresse von Nikolai Zwetzich. Der Russlanddeutsche sei ein Vierteljahr zuvor mit seiner ganzen Familie aus Kasachstan gekommen, um sich hier, in dem ehemaligen Militärsperrgebiet, eine neue Existenz aufzubauen. Er habe viel zu erzählen. An den Feiertagen würden wir ihn sicher zu Hause antreffen, zumal es höchste Zeit sei, Kartoffeln zu setzen. Wir machten uns auf den Weg, über die alte Landstraße von Königsberg nach Pillau, das seit 1947 Baltijsk heißt und Heimathafen der russischen Baltischen Flotte ist.

Nikolai Zwetzich trafen wir nicht an. Er sei mit seiner Familie zu Verwandten gefahren, erklärten uns seine Nachbarn, aber am Ortsausgang von Ijewskoje, im zweiten Haus rechts hinter dem Kiosk, wohnten auch Deutsche. Ohne große Hoffnung, interessante Gesprächspartner zu finden, fuhren wir dorthin. Ich stieg allein aus, öffnete das Gartentörchen und ging auf das Haus zu. Eine junge Russin kam mir entgegen.

»Sind Sie Deutsche?«, fragte ich sie auf Russisch.

»Nein, aber die Mutter meiner Freundin Elena ist Deutsche. Elena ist gerade hier bei mir zu Besuch.«

Wir gingen ins Haus, bereits im Vorraum kam uns eine junge Frau im roten Pullover entgegen. Sie war hochschwanger.

»Ihre Mutter ist Deutsche, hat mir Ihre Freundin gesagt ...«

»Ja, sie ist eine echte Deutsche«, antwortete sie.

»Und was für eine Deutsche ist Ihre Mutter? Ist sie Russlanddeutsche oder aus Deutschland zu Besuch gekommen?«

»Meine Mutter ist nach dem Krieg hiergeblieben, sie hat viel zu erzählen.«

Mit dieser Antwort hatte ich zuletzt gerechnet. Sollte ihre Mutter etwa eine der wenigen Dutzend Ostpreußen sein, die verbotenerweise nach dem Zweiten Weltkrieg im damaligen Sperrgebiet geblieben sind?

»Mutter ist zu Hause«, fuhr Elena fort, »gehen Sie doch hin, sie freut sich immer über Besuch aus Deutschland. Wir wohnen auf der anderen Straßenseite, schräg gegenüber im Haus Nummer 12. Sie erkennen es an den blau gestrichenen Fensterrahmen. Meine Mutter heißt Liesabeth Otto, sie arbeitet im Garten.«

Kamera und Mikrophon unter dem Arm gingen Hartmut Seifert und ich hinüber. Nummer 12 machte einen gepflegteren Eindruck als die Nachbarhäuser. Im Vorgarten blühten die ersten Narzissen und Tulpen, eine kleine rehbraune Lajka lief uns böse bellend entgegen. Hartmut hatte die Kamera auf der Schulter, bereit, sie sofort einzuschalten.

»Frau Otto?«

Keine Antwort.

Wir gingen weiter, rechter Hand öffnete sich eine Tür, eine ältere Frau mit kurzen dunkelbraunen Locken kam auf uns zu.

»Sind Sie Frau Otto und nach dem Zweiten Weltkrieg hiergeblieben?«, fragte ich auf Deutsch.

Liesabeth Otto sah nur die Kamera. »Ja, das bin ich. Aber nun mal langsam, junger Mann ...«

Unser Beinahe-Überfall war uns unangenehm. Wir entschuldigten uns, stellten uns kurz vor und fragten Frau Otto, ob sie ein wenig von sich erzählen wolle. Sie fasste sofort Vertrauen, weil wir Deutsche waren. »Den Russen hätte ich nichts erzählt«, erklärte sie uns später. Dann folgten ein paar Stichworte: geboren in Ostpreußen, Eltern verloren, Lager in Sibirien. »Das ist eine gute Geschichte«, raunte Hartmut mir zu. »Lass uns das machen!« Er ging kurz entschlossen in Richtung der Kaninchenställe. Liesabeth Otto und ich folgten ihm. Ohne weitere Absprachen begannen wir mit den Dreharbeiten.

»Sie sind also nach dem Zweiten Weltkrieg hiergeblieben, erzählen Sie doch mal ...« Ganz ohne Scheu vor der Kamera begann Liesabeth Otto auf Deutsch mit leicht ostpreußischem Akzent zu sprechen. Manche Wendungen klangen fremd, besonders dann, wenn Frau Otto wortwörtlich aus dem Russischen oder Litauischen in ihre Muttersprache übersetzte: »Ich bin in Wehlau geboren, irgendwo in der Nähe von Wehlau. Und in 1945, am 24. April 1945, ist meine Mutter verhungert, und ich hatte damals noch einen Bruder und eine Schwester, die Schwester ist dann auch verhungert. Ich bin nach Litauen. Ich war klein. Gott, wie viel war ich da? So sieben mit etwas. Tja, und dann bin ich rumgelaufen bis 1953 ... Ich habe gehört, heute werden die Kinder

9

›Wolfskinder‹ genannt. Irgendwo gebettelt, irgendwo geklaut …
Ja, das gab's auch. Und 1953 kam ich für die Klauerei, das war
was zum Essen und von der Leine was zum Anziehen und so, Kleider – da kam ich dann in ein Kinderstraflager, ich hatte ja keine
Familie. Das interessiert Sie, ja?«

Ja, das interessierte uns sehr. Liesabeth Otto hatte uns in ihren
Bann geschlagen: »Wo waren Sie denn da?«

»Zwei Jahre war ich in der Stadt Kineschma, das ist Mittelruss-
land … Noch vier Jahre lang war ich in Archangelsk, in Nord-
Archangelsk, dann aber in einem Erwachsenenstraflager.«

»Und wie sind Sie dann da weggekommen?«

»Ja, ich wurde freigelassen, ich war groß genug, die haben gemeint, ja, die wird ja nie wieder klauen … Ich habe gut gearbeitet … Und tja, dann wurde ich freigelassen.«

»Und wo sind Sie anschließend hingegangen?«

»Ich bin dort geblieben, ich habe dort geheiratet, hier, meine
Tochter, die ist in Sibirien geboren. Na ja, was habe ich noch zu
erzählen? Ach ja, 1967, da habe ich mich getrennt von meinem
Mann, der hat mich immer geschlagen und mir immer Vorwürfe
gemacht, wegen des Krieges. Ich konnte das nicht ertragen …
Elena war gerade ein Jahr alt, ja, so wie Alexander jetzt …«

Liesabeth Otto zeigte zu ihrem Enkel, der in seinem Kinderwagen lautstark auf sich aufmerksam machte. »Ja, ich komme, mein
Schatz …« beruhigte sie den Kleinen auf Deutsch und fuhr fort.
»Und dann, 1980 … Ja, inzwischen war es noch ganz interessant,
ich hatte meinen Vater gefunden. Und meinen Bruder. Aber leider
ist alles schiefgelaufen. Und 1980 bin ich mit meiner Tochter hier
rübergekommen. Hier, das ist meine Heimat! Sascha, Sascha, na,
was ist mit dir, du?«

Frau Otto drehte sich um, ging zu ihrem Enkel und hob das
Fläschchen auf, das der Junge heruntergeworfen hatte. Ihre Toch-
ter Elena kam dazu, Liesabeth Otto drückte ihr das Kind in den
Arm und sprach weiter:

»Elena wurde immer Faschistin genannt, und auch unsere Kuh

wurde immer Faschistin genannt ... Aber 1985, als der Gorbatschow zur Macht kam, da konnten wir schon so ein bisschen aufatmen. Plötzlich ist da was passiert, dass die Menschen ein bisschen höflicher wurden, vielleicht, weil viel im Fernsehen gesprochen wurde, im Radio und so, dass endlich einmal Schluss sein muss mit den Vorwürfen ... Wir haben ja keine Schuld, dass der Krieg war ...«

Liesabeth Otto war Deutsche, das stand für mich fest. Aber warum tat sie sich dieses Leben dort an? Wo doch mehr und mehr Deutschstämmige seit dem Fall des Eisernen Vorhangs in die Bundesrepublik gekommen waren.

»Sie haben so viel Schlimmes hier in Nord-Ostpreußen erlebt, aber trotzdem wollen Sie nicht weg?«, fragte ich sie provozierend.

Die ältere Frau stand an der Regentonne, spülte das Fläschchen aus. Brüsk richtete sie sich auf: »Wohin denn? Ich habe doch eine gemischte Familie! Wohin? Das geht nicht. Hier, das ist meine Heimat, hier, das ist meine Erde. Verstehen Sie das? Ich habe gesagt, hier werde ich sterben ... Wissen Sie, ich muss noch die Abfälle für das Schweinchen kochen ...«

Mit dieser klaren Antwort ließ Liesabeth Otto uns stehen. Sie ging ein paar Schritte weiter in ihr kleines Gartenhäuschen. Dort hantierte sie mit Rübenschnitzen und Kartoffelschalen und erzählte dabei, welche Gemüse sie im Garten anbaute, dass sie Schweine, Hühner, Kaninchen und eine Kuh hielt. Das brauche man, um in diesen schweren Umbruchzeiten zurechtzukommen. Denn seitdem es die Sowjetunion nicht mehr gab, war auch das Gebiet Kaliningrad arm. Die meisten Felder lagen brach, und die Fabriken standen still. Ein Aufschwung war im Frühjahr 1994 noch lange nicht in Sicht.

Elena lud uns ins Haus ein, sie machte Tee. Während sich Liesabeth Otto um die Tiere kümmerte, unterhielten wir uns mit ihrer Tochter. Wir saßen, wie es in Russland üblich ist, in der kleinen Küche zusammen. Dann und wann legte Elena Holz nach in dem gemauerten Herd. Im Haus gab es keine Heizung, kein fließendes Wasser, die Wäsche wurde mit der Hand gewaschen. In einer Ecke des Gartens stand ein Plumpsklo.

Die junge Frau wollte mit uns Deutsch sprechen, sie habe nur selten Gelegenheit dazu, obwohl seit 1991, seitdem das Gebiet Kaliningrad nicht mehr Sperrgebiet war, hin und wieder auch »echte Deutsche« bei ihnen vorbeikämen, Heimattouristen, die ihre alten Häuser und Erinnerungen suchten. Elena erzählte leise von den schweren Seiten im Leben ihrer Mutter, davon, dass sie, die kleine Deutsche, aufgehängt, mit Hunden gejagt, vergewaltigt und in einen Fluss geworfen worden war. Dazwischen krächzte ein blauer Wellensittich in seinem Käfig auf der Fensterbank.

»Wieso können Sie denn so gut Deutsch?«, fragte ich die junge Frau.

»Ich war doch mit meiner Mutter ein Jahr in Deutschland, da habe ich das gelernt.«

Nach einer Stunde warteten wir noch immer auf Frau Otto. Wir fanden sie hinter den Ställen, wo sie noch schnell das Feld für die Kartoffeln umgrub, sechshundert Quadratmeter waren zu bearbeiten. Alle Steine, die sie aus dem sandigen Boden holte, warf sie in eine Zinkwanne. Die kräftige Frau atmete schwer, aber war sichtlich stolz darauf, dass sie ihre Familie aus eigener Kraft ernähren konnte. Einen Mann gab es nicht im Haus. »Manchmal, wenn es zu viel Männerarbeit gibt, dann hole ich mir Hilfe, Michail, ein älterer Mann, der seine Familie in Weißrussland hat, hilft mir gegen Bezahlung. Aber meistens komme ich allein zurecht. Ich habe noch Kraft genug.«

Liesabeth Otto versprach, nach einer Zigarette in der Sommerküche ins Haus zu kommen. Als sie wenig später mit uns am Tisch saß, bot sie uns gleich das »Du« an: »Ihr beide könntet ja meine Kinder sein.« Dann ging Liesabeth zum Auto, um unseren Videoingenieur Wladislaw Wassiljew ins Haus zu holen, der Fahrer wollte im Auto warten.

Wir saßen noch einige Zeit zusammen, ich übersetzte, wenn nötig, ins Russische. Dann verabredeten wir uns für den nächsten

Tag, wir wollten wiederkommen und mit Liesabeth in ihre alte Heimatstadt Wehlau, heute Snamensk, fahren. Zwei Jahre zuvor sei sie mit einer gebürtigen Ostpreußin das erste Mal dort gewesen, erzählte sie, seitdem nicht mehr. Es stünden noch viele alte deutsche Gebäude, die eiserne Brücke über den Fluss Alle sei unzerstört, von der Pflegerkolonie, in der sie bis zur Flucht im Januar 1945 mit Mutter und Geschwistern gelebt hatte, seien wie durch ein Wunder alle Häuser erhalten geblieben. Auch den Wasserturm und die Ruine der Kirche, in der sie getauft worden sei, gebe es noch. Vom Turm aus habe man einen schönen Blick über die Pregelwiesen Richtung Königsberg.

Eine Bedingung stellte Liesabeth an die Fortführung der Dreharbeiten: Unser russischer Videoingenieur dürfe nicht mitkommen. »Der hat mir eben so komische Fragen gestellt, vielleicht hält er mich für eine Verbrecherin, ich traue ihm nicht.«

Auf dem Rückweg in die Ratshof-Villa am Westrand von Kaliningrad schwiegen alle. Erst als wir uns am späten Abend das Drehmaterial anschauten und bis tief in die Nacht diskutierten, brachte Kameramann Hartmut Seifert unsere Eindrücke auf den Punkt: »Ist dir klar, dass das eine ganz besondere Lebensgeschichte ist? Nicht nur ein Fünfminutenstück für die Deutsche Welle, das niemand sieht? Liesabeth hat einen eigenen Film verdient.«

Aus unserem ersten Zusammentreffen mit Liesabeth vor nunmehr knapp sechzehn Jahren wurde eine Freundschaft, die bis zum heutigen Tag anhält. Eine Reportage für das ZDF mit dem Titel »Irgendwo gebettelt, irgendwo geklaut ...« und der Dokumentarfilm »Die Eiserne Maria« für Arte sind in dieser Zeit entstanden, zwei Filme, in denen wir Liesabeths Biographie nur in Facetten zeigen konnten.

Dieses Buch berichtet nun von all den Etappen dieses einzigartigen Lebens zwischen Ost und West, die Liesabeth Otto mir anvertraut hat.

Ingeborg Jacobs

1.

1945 Letzte Monate in Ostpreußen

Mein bestes Leben …

Freiwillig wäre ich wohl nie so tief in meine Vergangenheit zurückgegangen, auch niemals an die Orte zurückgekehrt, mit denen ich böse Erinnerungen verbinde. Ich dachte lange Jahre, es sei besser, all das Schlimme zu vergessen. Doch dann habe ich mich auf die Reise gemacht, mal nur mit Worten und in Gedanken, ein paar Mal habe ich aber auch die Tasche gepackt und bin mit den beiden Journalisten auf Erkundungsfahrt gegangen. Ich habe ihnen vertraut, sonst hätte ich bei dem Film nicht mitgemacht. Aber keiner von uns konnte ahnen, wie schmerzhaft das für mich sein würde. Eine einzige Bedingung hatte ich gestellt, ich wollte alle Bilder haben, die sie aufnahmen. Zur Erinnerung, für mich und für meine Enkel.

In der Nacht vor Drehbeginn konnte ich kaum schlafen. Ich habe sehr schlecht geträumt, vom Krieg und all dem, was danach passiert ist. Das war mir lange nicht mehr passiert und hätte mir deshalb eine Warnung sein sollen.

Unsere erste Fahrt – gleich einen Tag, nachdem ich Ingeborg Jacobs und Hartmut Seifert kennengelernt hatte – ging quer durch Königsberg, am Hafen vorbei, wo ich mit meiner Mutter und meinen Geschwistern auf einen kleinen Kohlenkahn gestiegen bin, der uns nach Danzig brachte. Das war auf der Flucht im Januar 1945, darüber habe ich viel von meinem Bruder Manfred erfahren, als ich in den siebziger Jahren in Deutschland war. Später habe ich dann alle Bücher über Königsberg und Ostpreußen gelesen, die ich in die Hände bekam, und, wann immer ich Gelegenheit hatte, mit alten Ostpreußen gesprochen, ich wollte so viel wie möglich über meine Heimat wissen.

Links und rechts der Straße, die schon zu deutscher Zeit Königsberg mit Vilnius verband, das damals Wilna hieß, sahen wir viele alte deutsche Häuser. Die Russen kennen solche Bauten aus roten Backsteinen nicht. Auch die geschwungene Dachform ist typisch deutsch. In der Ferne entdeckten wir immer wieder hoch aufragende, jahrhundertealte spitze Kirchtürme. All das war einmal für die Ewigkeit gebaut worden. Inzwischen weiß ich, solch alte Gebäude gibt es in Russland nur sehr wenige.

Den Kirchturm meiner Heimatstadt Wehlau sahen wir bereits, als wir über die eiserne Brücke, die »lange Brücke«, fuhren, die sich weit über die Alle-Auen spannt. Turm und Kirchenschiff sind ohne Dach, dabei war das Gebäude wie die ganze Stadt nach der Einnahme durch die Russen am 24. Januar 1945 fast unversehrt geblieben. Später wurde das Gotteshaus als Speicher genutzt, bis man in den sechziger Jahren versuchte, es zu sprengen. Doch das gelang ebenso wenig wie die Sprengung des Königsberger Schlosses ungefähr zur selben Zeit. Der sechshundert Jahre alte Kirchenbau in Wehlau hielt der Explosion stand. Nur das Deckengewölbe stürzte ein, und mit ihm das Dach.

Das Wehlau, das ich von vielen alten Fotos und Postkarten kenne, eine typische ostpreußische Kleinstadt mit mittelalterlichen Stadttoren, Kirchen, Verwaltungsgebäuden und Geschäften, ist heute kaum mehr zu entdecken. 1939 hatte Wehlau weit über achttausend Einwohner, die nur selten in die etwa fünfzig Kilometer entfernte Hauptstadt Königsberg fahren mussten.

Mein Elternhaus fanden wir ganz leicht. Es liegt in der Pfleger-

kolonie, die in den dreißiger Jahren für die Angestellten der Heil-
und Pflegeanstalt Allenberg gebaut worden war. Ihren ursprünglichen Namen »Provinzial-Irrenanstalt« hatte sie da bereits abgelegt. Mit fast fünfhundert Bediensteten gehörte die Klinik für etwa
tausendvierhundert Patienten zu den größten Arbeitgebern der
Stadt. Mein Vater hat viele Jahre als Krankenpfleger in der Irrenanstalt gearbeitet, deshalb hatte er diese Wohnung auch bekommen.

In den dreißiger Jahren war die Siedlung sicherlich sehr modern:
Neben vier großen Zweifamilienhäusern, in denen vor allem junge
Ärzte wohnten, gehörten zehn Reihenhäuser mit je vier Wohnein-
heiten auf zwei Etagen dazu. Sie besaßen jeweils einen eigenen Eingang, einen Hühnerstall und ein Plumpsklo und gruppierten sich
in einem Dreieck um einen mit Bäumen bepflanzten Innenhof. An
einer Dreiecksspitze lag ein Gemeinschaftsbau mit Waschküchen,
Trockenräumen und Mangel für alle Parteien. Auf dem davor
liegenden Spielplatz konnten die Kinder unter den Augen ihrer
Mütter spielen. Wir Ottos wohnten in einem Eckhaus, das direkt
an der Straße liegt, die zum Nachbardorf Paterswalde führt.

Als ich 1994 mit den Journalisten dorthin kam, war das Haus
sehr heruntergekommen. Es fiel mir schwer, ihnen die Wohnung
zu zeigen. Nur langsam konnte ich mich dem Gebäude nähern. Irgendwo spielte ein Radio russische Musik, Lieder aus der Zeit des
Zweiten Weltkrieges, der in Russland bis heute »Großer Vaterlän-
discher Krieg« heißt. Die Menschen beachteten uns nicht. »Da
rechts von der blauen Tür, da war unser Wohnzimmer, und auf der
anderen Seite war die Küche«, erklärte ich leise, vielleicht weil ich
damals ein wenig Angst hatte, die Russen könnten mich hören und
verstehen, obwohl ich Deutsch sprach. Ich strich mit beiden Händen über die Wand an der Eingangstür. Dann setzte ich mich auf
die einfache Bank, die vor dem Haus stand. »Jetzt kann ich wenigstens herkommen und die Wand anfassen. Ich weiß nicht, ob
du das verstehst«, sagte ich zu Ingeborg, »aber ich habe hier meine
ersten Schritte gemacht, hier war doch meine Mutti. Das war mein

bestes Leben!« Obwohl ich schon sechsundfünfzig Jahre alt war, musste ich weinen, das war mir unangenehm.

Gerne wäre ich ins Haus hineingegangen, doch die Russen, die seit 1947 darin wohnten, waren nicht zu Hause. Sie seien als Kinder aus dem Leningrader Gebiet nach Wehlau gekommen, erzählte uns eine Ukrainerin aus dem Nebenhaus. Wir beschlossen, ein anderes Mal wiederzukommen, und fuhren nach Ijewskoje, in das alte Widitten, zurück.

Als wir bei uns in der Küche saßen und Tee tranken, holte ich den Karton mit den alten Fotos hervor, um sie den Journalisten zu zeigen: das Hochzeitsbild meiner Eltern, dann ein Foto, das mich mit etwa vier Jahren vor dem Gartenzaun meiner Großeltern im ostpreußischen Friedland zeigt, ein entschlossen, sogar ein wenig trotzig dreinblickendes kleines Mädchen mit geballten Fäustchen und Hahnenkamm. Auf einem Bild bin ich mit meinen Geschwistern Christel und Manfred zu sehen, ich bin die Kleinste von uns dreien und kaum ein Jahr alt. »Christel und Manfred sind nur meine Halbgeschwister«, erklärte ich. »Die erste Frau meines Vaters ist gestorben. Vater suchte eine Mutter für seine Kinder, deshalb hat er meine Mutti geheiratet. Mich wollte er nicht.« Alte Farbfotos mit meiner Tochter Elena, meinem Vater und meinem Bruder Ende der siebziger Jahre in Deutschland: keine glücklichen Gesichter. Auf einem großen Foto steht Elena lächelnd inmitten einer Schulklasse. Auf die Rückseite hat sie mit Bleistift in ihrer Mädchenschrift »Celle 1976« geschrieben. Es gab noch ein paar Fotos von mir, rauchend und lachend mit Arbeitskameradinnen, ein anderes mit der kleinen Elena auf dem Arm. Und das Foto von meinem toten kleinen Mädchen im offenen Sarg. Nonna hatte ich vor Elena bekommen, aber sie war herzkrank und ist vor der Operation, die vielleicht ihr Leben hätte retten können, gestorben.

Ingeborg und Hartmut stellten mir viele Fragen, und so war es schon lange dunkel, als wir uns verabschiedeten. Am Abend vor ihrer Rückreise nach Deutschland kamen sie noch mal zum Essen. Während wir am Tisch saßen, Bier tranken und das Huhn verspeisten, das ich geschlachtet und mit viel Knoblauch und Fett knusprig gebraten hatte, erzählten mir die beiden von ihrem Plan, einen Film über mein Leben zu machen. Sie wollten versuchen, zu meinem Geburtstag Anfang Oktober wiederzukommen, um die Dreharbeiten fortzusetzen. »Mit euch mache ich das!«, erklärte ich sofort. »Aber schreibt mir mal, damit ich weiß, ob und wann ihr im Herbst kommt.« Niemand in unserer Nachbarschaft hatte damals Telefon. Und Mobiltelefone gab es noch gar nicht. Kein Telefon – heute kann ich mir überhaupt nicht mehr vorstellen, wie wir zurechtgekommen sind.

Und dann hielt ich Ende September ein Telegramm aus Deutschland in den Händen: »Wir kommen am 12. Oktober und machen den Film über Dich …«

Klein-Weißensee

Die beiden Journalisten kamen wirklich sechs Tage nach meinem Geburtstag. Es war wunderschönes Herbstwetter, ein richtiger Altweibersommer. Ich war sehr aufgeregt, denn ich hatte Angst vor der Begegnung mit meiner lange verdrängten Vergangenheit. Meine Aufregung wurde noch größer, als sie mir erklärten, dass wir uns zuerst einmal auf die Suche nach dem Ort machen würden, an dem mein Leben als Wolfskind begonnen hatte.

Klein-Weißensee hieß das Gut damals, auf dem ich nach dem Krieg mit meinen Geschwistern gewesen war. Es lag ganz in der Nähe von Wehlau, dort waren wir gelandet, als wir versucht hatten, alleine von Danzig nach Hause zurückzukehren. Ob wir das Gut finden würden? Ich konnte es mir kaum vorstellen, trotz der genauen Landkarten aus deutscher Zeit, die Ingeborg und Hartmut mitgebracht hatten.

Als wir uns am nächsten Morgen dem Ort näherten, schaute ich wie ein Vögelchen nach rechts und links, suchte Orientierungspunkte. Ingeborg zeigte mir die alte Karte, wo oberhalb von Wehlau Weißensee eingezeichnet war, da musste ich zugeben, dass ich Karten nicht lesen kann. Ich wollte ins nächste Dorf fahren und die Leute fragen. Doch die Russen, die dort wohnten, konnten uns nicht weiterhelfen, ihre Antwort war immer die gleiche, Achselzucken. Niemand wusste, wo Klein-Weißensee gewesen war, und die heutige russische Bezeichnung kannten wir nicht. Wir fuhren zurück Richtung Hauptstraße. Da sah ich ein paar Bäume, die so standen, als ob dort nach dem Krieg ein Gut gewesen sein könnte.

Als wir ausstiegen, bekam ich ein kleines Ansteckmikrophon, die Journalisten nahmen nur die Kamera und einen Reserveakku mit. Mir ging das alles viel zu langsam, ich war aufgeregt, ich drängte nach vorne. Wie von einer unsichtbaren Macht wurde ich zu den Bäumen in der Ferne gezogen. Hartmut bemühte sich, mit mir Schritt zu halten, er drehte von der Schulter, nichts wackelte, die Kamera schwebte, das sah ich später, als er mir die Aufnahmen zeigte.

Wir waren sicher bereits einen halben Kilometer gegangen, als die Schotterpiste eine erste Biegung machte. Aber noch immer war kein Gut zu sehen. Als ich spürte, dass die Journalisten daran zweifelten, auf der richtigen Spur zu sein, erklärte ich ihnen, dass ich schon in meiner Kindheit einen Weg, den ich nur einmal gegangen war, immer wiedergefunden hatte, so wie ein kleiner Hund. Nie habe ich mich geirrt.

Noch etwas weiter musste ich stehen bleiben, ich schloss die Augen, zeigte nach links, rechts, versuchte mich zu erinnern: »Ich weiß, da stand so ein großes Haus, und ein riesiger Park war da … Wenn noch einige von den Gebäuden stehen, dann werde ich die erkennen. Nur einige!«

Dann ging ich weiter, auf die Fernsehleute und die Kamera achtete ich längst nicht mehr, als der Weg einen weiteren Bogen machte und plötzlich den Blick auf ein paar Gebäude freigab. Ich lief in Richtung dreier Backsteinhäuschen. Erst am vorletzten Haus blieb ich stehen, lehnte mich an die Hauswand und wartete auf Ingeborg und Hartmut. Hier war es gewesen, ich war mir sicher.

Kurz darauf kam eine alte Frau aus dem Haus. Sie hatte uns beobachtet und uns reden hören. In gebrochenem Deutsch sprach sie uns an, stimmte ein melancholisches deutsches Lied an. Es gefiel mir nicht, außerdem hatte ich ein paar Fragen, deshalb unterbrach ich die Frau auf Russisch: »Sagen Sie bitte, ist hier früher eine Tür gewesen?«

»Ja, die haben wir im vergangenen Jahr zugemauert ...«, antwortete sie.

»Und dahinter war eine Treppe in den Keller?«

»Ja, das stimmt auch.«

Jetzt war ich mir vollkommen sicher, es war hier, es muss hier gewesen sein. Sogar der Schuppen hinter dem Haus sah so aus wie ich ihn in Erinnerung hatte. Ich war mir sicher, dass ich mit meinen Geschwistern damals in diesem Haus gewesen bin! Und oben, im ersten Stock, hatten wir unser Zimmer!

»Hier, das ist der Punkt, wo mein Leben angefangen hat, mein selbständiges Leben ...« Obwohl ich es nicht wollte, liefen mir die Tränen.

Als ich mit meinen Geschwistern in Klein-Weißensee ankam, hatte der Sommer noch nicht begonnen. In einem der leerstehenden Häuser für die Arbeiter des Gutes fanden wir drei ein Zimmer, in dem wir hausen konnten. Außer einem Ofen und einem Tisch gab es keine weiteren Möbel, alles, was schön war, was man irgendwie gebrauchen konnte, hatten die Russen längst auf Lkw verladen und in die Sowjetunion abtransportiert. Bis nach Königsberg waren die Gleise mit der russischen Breitspur bereits verlegt, die Bahnlinie verlief nicht weit von Wehlau und Weißensee. Christel und Manfred fanden Arbeit in der Militärkolchose, die auf dem Gut eingerichtet worden war. Die russischen Soldaten verstanden nichts von Landwirtschaft, das Saatgetreide hatten sie in die Sowjetunion geschickt, und so konnten im Frühjahr weder Gärten noch Felder bestellt werden. Lebensmittel waren nach Kriegsende Mangelware, besonders wir Deutschen hungerten. Viele, Erwachsene und Kinder, starben an Erschöpfung und Hungertyphus. Unsere Mutter war in Danzig verhungert. Wir hatten es nicht mehr geschafft, von dort in den Westen zu kommen. Wo unser Vater war, ob er noch lebte, wussten wir nicht. Er war Sanitäter gewesen, und wir hatten ihn das letzte Mal Weihnachten 1944 gesehen.

Meine Geschwister und ich sammelten Lindenblätter, Brennnesseln und Melde. Bis uns eines Tages irgendjemand den Rat gab, eine Falle zu bauen, um Spatzen zu fangen. Wir nahmen ein Brett, befestigten vier Stricke daran, damit das Brett waagerecht hing, daran wieder einen Strick, den wir über einen dicken Ast warfen. Dann wurde das Ganze hochgezogen und fallen gelassen, wenn ein Spatz darunter saß. Meistens aber waren die Spatzen schneller. Ein andermal lockten wir eine herumstreunende Katze ins Zimmer, spielten zuerst mit ihr und legten ihr dann eine dicke Kordel um den Hals. Als die Katze weglief, zog sich die Schlinge zu. Zwei Tage konnten wir uns endlich einmal satt essen.

Bei den Russen hieß es immer: »Wer nicht arbeitet, der soll auch nicht essen.« Ein Spruch, dessen Bedeutung wir drei Otto-Kinder am eigenen Leibe erfuhren: Christel und Manfred, die dreizehn und elf Jahre alt waren, arbeiteten auf den Feldern. Dafür erhielten sie Lebensmittel. Ich aber war noch zu klein zum Arbeiten, deshalb stand mir keine Essensration zu.

So kurz nach dem Krieg waren noch keine sowjetischen Zivilisten in das eroberte Gebiet gekommen, man begann erst damit, Sowjetbürger hierher anzuwerben. Es herrschte großer Arbeitskräftemangel. Alle – Frauen, alte Männer und Jugendliche – mussten bei den russischen Militärs arbeiten. Ich bekam von den Geschwistern verschiedene Aufgaben zugewiesen: Solange es noch nicht richtig warm war, musste ich Holz sammeln und neben dem Ofen aufschichten. Außerdem schleppte ich so viel Wasser aus dem Brunnen herbei, dass alle Schüsseln und Eimer gefüllt waren, wenn Christel und Manfred nach Hause kamen. Meine wichtigste Aufgabe aber war die Suche nach Lebensmitteln. Mit meinen sieben Jahren wusste ich genau, wann die Soldaten die Küchenabfälle hinausschütteten, da war es wichtig, die Erste zu sein, denn nur dann bekam man die besten Stücke, Kartoffelschalen oder Abfälle von Möhren, Kohl und Roter Bete. Ich war ja nicht das einzige kleine Kind. Gespielt haben wir damals nie, wir waren zu müde. Wir Kinder sind nur herumgelaufen und haben nach Essbarem gesucht.

Das Essen war damals das einzig Wichtige. Meine Geschwister verdienten es sich hart, indem sie bei den russischen Soldaten von früh bis spät arbeiteten. Wenn sie abends in das kleine Zimmer zurückkamen, konnten sie sich kaum noch auf den Beinen halten, sie bewegten sich ganz langsam. Und Christel weinte sehr oft. Einmal in der Woche gab es den Lohn für die Arbeit: ein ganzes Brot und ein Stückchen Butter oder Margarine. Eines Abends war es wieder so weit, aber Christel war zu schwach, um die Lebensmittel zu holen, deshalb sagte sie zu mir: »Geh in das Haus, wo die Russen wohnen, und sag, dass du von der Christel Otto kommst. Dann bekommst du das Brot und die Butter, die mir zustehen, und dann bringst du das nach Hause.«

Das ließ ich mir nicht zweimal sagen. Ich ging sogleich los, um die Essensration zu holen. Als jedoch auf dem Rückweg die Butter in der kleinen Schüssel zu schmelzen begann, fing ich an, immer ein bisschen davon mit der Zunge abzulecken. Ich dachte, das werde nicht auffallen. Aber das Haus, in dem wir lebten, war das vorletzte in der Reihe, und als ich ankam, war die Schüssel leer. Und dann stand ich vor Christel, das Brot und die leere Schüssel in der Hand. Ich habe gleich zugegeben, dass ich die Butter unterwegs aufgeschleckt hatte. Christel war wütend, sie schrie mich an: »Warum hast du uns das angetan? Warum hast du das alles nur alleine aufgegessen?« Dann prügelte sie wie von Sinnen auf mich ein. Manfred stand daneben und sah wortlos zu. Als ich mich losriss und weglief, hörte ich Christel nur noch schreien: »Mach, dass du wegkommst! Ich will dich nicht mehr sehen!«

Ich versteckte mich in dem kleinen Stall hinter dem Haus, denn ich war fest davon überzeugt, dass Christel ihre Worte ernst meinte. Mitten in der Nacht kam Manfred zu mir, er brachte ein Stückchen Rübe mit, wir haben es uns geteilt, Christel wusste nichts davon. An diese Rübe habe ich mich jahrelang erinnert, dafür bin ich Manfred auch heute noch dankbar.

Am folgenden Morgen gingen meine Geschwister wieder zur Arbeit. Als ich mich endlich aus meinem Versteck heraustraute, saß ich lange Zeit weinend vor dem Haus, bis Frau Schwarz, eine Nachbarin, zu mir kam. Der erzählte ich, was passiert war. Frau Schwarz dachte ein wenig nach, schließlich sagte sie zu mir: »Deine Schwester hat doch eine Schere und einen Mantel. Geh rauf und hol die Sachen. Wir fahren nach Litauen und tauschen sie gegen Lebensmittel. Die bringen wir Christel, und dann kannst du deine Schuld wiedergutmachen.«

Obwohl ich noch klein war, hatte auch ich schon davon gehört, dass man in Litauen um Essen betteln konnte. Deshalb ging ich nach oben, holte Christels Schere und ihren Wintermantel. Mit den Sachen machten wir uns auf den Weg, am Gut vorbei durch die brachliegenden Felder bis zu der Allee, die zum Wehlauer Bahnhof führte. Und dort nahm Frau Schwarz mir die wertvollen Sachen ab und verschwand.

Wenn ich heute zurückdenke, dann war Klein-Weißensee, waren die Worte meiner Schwester der Punkt, wo mein selbständiges Leben angefangen hat. Denn danach war ich auf mich gestellt. Ich wollte zwar nur Lebensmittel betteln und dann zurück zu meinen Geschwistern, so, wie es viele Kinder und Jugendliche machten, auch viele Erwachsene. Doch zurück nach Nord-Ostpreußen, wo Christel und Manfred waren, kam ich nicht mehr.

Wir saßen unter einer alten Eiche auf dem ehemaligen Gut Klein-Weißensee, als ich den Fernsehleuten diese Geschichte erzählte. Zwei kleine schmutzige Kinder, die jetzt in dem Haus wohnten, in dem meine Geschwister und ich fast fünfzig Jahre zuvor Unterschlupf gefunden hatten, waren uns hierher gefolgt. Ein paar Meter von uns entfernt spielten sie im Gras. Sie waren vielleicht vier, fünf Jahre alt, also nur ein wenig jünger als ich damals. Ein Junge und ein blondes Mädchen, das mich an das kleine kranke Mädchen erinnerte, das damals in Litauen neben mir gestorben ist.

Unser nächstes Ziel war der ehemalige Wehlauer Bahnhof. Das Bahnhofsgebäude stand noch, in der Wartehalle lagen die alten deutschen Fliesen. Viel hatte sich in den letzten fünfzig Jahren nicht verändert, wenn man vom Namen absieht. Snamensk – Fahnenstadt – heißt die Bahnstation Wehlau heute.

Nachdem Erna Schwarz mit Christels Schere und Mantel verschwunden war, lief ich alleine auf dem Bahnsteig herum. Überall arbeiteten russische Soldaten. Die schrien immer »ubirajsja« – hau ab! –, wenn sie ein deutsches Kind sahen. Die Worte verstand ich nicht, wohl aber ihre Bedeutung. Der Tonfall machte mir Angst. Ich wusste nicht, was ich tun sollte, kletterte in einen der Güterwaggons, die auf den Nebengleisen standen, und setzte mich in eine dunkle Ecke.

Dann wurden auf einmal die Türen mit lautem Krachen zugezogen und verriegelt, der Zug fuhr los. Wie lange ich unterwegs war, weiß ich nicht, mir kam es vor wie eine Ewigkeit. Vor Hunger habe ich Körnchen gegessen, die auf dem Boden lagen, sie schmeckten ganz salzig und machten mich nicht satt. Nach kurzer Zeit schlief ich in meiner Ecke ein und wurde erst wach, als Männer in den Waggon stiegen. Junge Männer mit Schaufeln und Besen. Sie fragten mich etwas, aber in einer fremden Sprache. Kein Russisch, das kannte ich schon ein wenig. Als ich nicht direkt antwortete, packten mich die Männer und warfen mich hinaus, ich war ja ganz abgemagert und leicht. Doch plötzlich hatte ich ganz dicke Beine bekommen und konnte nicht mehr laufen, und so bin ich wie ein kleiner Ball den Bahndamm hinuntergekugelt, wo ich dann im Gras liegen blieb. Zum Glück gab es dort unten Wasser, einen Bach oder einen Graben, und da habe ich getrunken, getrunken, getrunken, ich dachte, ich werde nie wieder aufhören können. Alles brannte, im Mund und im Bauch. Wahrscheinlich, das vermute ich heute, waren die salzigen Körnchen Düngemittel gewesen. Ich konnte nicht mehr aufstehen und nur noch auf allen vieren zu einem Gebüsch krabbeln. Meine Beine trugen mich nicht mehr, sondern wackelten wie Sülze, die Knie waren verschwunden. Ich weiß noch, ich legte mich unter einen Busch, und dann schlief ich auch sehr bald wieder ein.

2.

1945–1953 Überleben
in Litauen

Maria

Wie lange ich schlief in dem Gebüsch am Bahndamm, ich weiß es nicht. Die Zeit hatte damals für mich überhaupt keine Bedeutung. So ein komisches Geräusch hat mich geweckt, so ein »dsinn-dsinn, dsinn-dsinn«. Und da war noch eine leise Frauenstimme, sie sprach aber kein Deutsch. Das schien mir ganz interessant zu sein. Aber ich konnte nicht aufstehen, und da habe ich mich hingesetzt, die Äste ein wenig auseinandergeschoben und rausgeschaut. Nur wenige Meter weiter stand eine wunderschöne Kuh. Das Geräusch, das ich gehört hatte, kam vom Melken, so klingt es, wenn die erste Milch in den leeren Eimer gemolken wird, »dsinn-dsinn, dsinn-dsinn«. Eine Frau melkte die Kuh, sie sah mich nicht, aber die Kuh hatte bemerkt, wie sich die Zweige des Busches bewegten. Das Tier erschrak und ging ein paar Tritte zur Seite, so dass die Frau mit Schemel und Eimer hinter ihm hergehen und es beruhigen musste. Dann erst drehte sie sich um und entdeckte mich. Ich konnte immer noch nicht weglaufen und war deshalb sehr ängstlich, als die Frau auf mich zukam. Es war eine junge Frau mit einem hellen Tuch um den Kopf. Sie sprach beruhigend leise mit mir und gab mir durch Handbewegungen zu verstehen, dass ich keine Angst haben solle. Die ersten litauischen Worte, die ich damals hörte, waren »oh Jesu, oh Jesu«. Dann ging die Frau wieder zu der Kuh, sie melkte weiter, bis der Eimer voll war. Mit dem vollen Eimer Milch kam sie zu mir zurück. Der Schaum lief über den Rand.

Die Frau wollte mir Milch geben, sie hielt mir den Eimer hin, aber ich wusste nicht, wie ich trinken sollte. Da nahm sie ihr Tuch vom Kopf und steckte es in die Milch. Meinen Kopf hielt sie hoch, und die Milch drückte sie aus dem Tuch aus, so dass sie in meinen Mund lief. Das ging ganz langsam. Wieder und wieder tauchte sie das Tuch in den Eimer, bis sie meinte, dass ich genug getrunken hatte. Dann ging die Frau weg.

Nach kurzer Zeit schlief ich ein, bis ich wieder ein merkwürdiges Geräusch hörte, diesmal ein Knarren und Quietschen. Ich hob den Kopf und sah ein Pferdegespann: einen mit Heu beladenen Wagen, auf dem Kutschbock einen Mann und noch einen weiteren Menschen, ein großes Mädchen. Ganz nahe bei mir hielt der Wagen an. Wie ein ängstliches kleines Tier duckte ich mich ins Gebüsch. Der Mann beruhigte mich, hob mich vorsichtig hoch, legte mich auf das Heu und deckte mich damit zu. Dann fuhr der Wagen los und hielt nicht weit entfernt auf einem Hof an. Ich wurde sogleich in die Scheune gebracht, wo bereits Decken und ein Kopfkissen im Stroh lagen. In dieses provisorische Bett legten die Leute mich, ein fremdes Mädchen.

Später kam die Frau, die mir die Milch eingeflößt hatte, und brachte mir wieder etwas zu trinken, irgendeine warme Flüssigkeit, vielleicht Tee, in einem Metallbecher. Und dann zeigte sie mit dem Finger auf sich und sagte »Maria, Maritje, Maria«. Dann zeigte sie auf mich. Ich habe gleich begriffen, dass sie meinen Namen wissen wollte. Und dann habe ich gesagt »Liesabeth«. – »Liesabeth, oh Jesu, oh Jesu!«, sagte die Frau nur und ging.

Irgendwann kamen auch die Kinder der Familie in die Scheune, sie brachten mir Kartoffelbrei, dazu gab es Milch. Dann gab es noch Brot mit gedrücktem Quark, den aß man damals in Litauen als Käse. An der Scheunentür stand ein Eimer, wo ich mein Bedürfnis verrichten sollte. Jedes Mal, wenn ich dorthin ging, schaute ich durch eine kleine Ritze hinaus auf die Apfelbäume mit gold-roten Äpfeln, die nicht weit von der Scheune entfernt standen. Irgendjemand musste bemerkt haben, dass ich immer in die Richtung der Bäume guckte, denn bald stellte man mir einen kleinen Korb voller Äpfel hin. Nach ein paar Tagen konnte ich mich wieder bewegen. Dass diese Litauer mich gefunden und bei sich aufgenommen haben, das war die Rettung für mich gewesen. Wer weiß, was mir sonst passiert wäre.

Die Kinder, die auf dem Hof lebten, kamen oft. Sie brachten mir schnell die ersten litauischen Wörter bei, sie zeigten ein Stück Brot und sagten »dona«, Milch – »pienas«. So fing mein Litauischunterricht an. Als sie merkten, dass ich die Wörter ganz schnell behielt, kamen immer mehr Begriffe und kleine Sätze wie »Ich will trinken!« hinzu. Es dauerte nicht lange, und ich konnte vieles ausdrücken, was ich wollte.

Eines der ersten Wörter, die man mir beibrachte, war »stribai«, und »stribai«, das bedeutete Gefahr. Ich habe das Wort in jenen Jahren oft gehört, und immer, wenn es jemand sagte, sah ich Männer in Uniform, die überall herumsprangen, im Stall und im Haus. Sie hatten Waffen und nahmen den Leuten meistens etwas weg. Die Maria und ihr Mann haben mir gesagt, ich solle mich immer schön umgucken, ob auch keine »stribai« da seien. Erst dann dürfe ich auf den Hof hinausgehen. Wenn aber irgendwo »stribai« zu sehen wären, so sollte ich mich wieder tief in mein Loch im Heu vergraben. Später habe ich dann erfahren, dass »stribai« Männer des sowjetischen Geheimdienstes in Litauen waren. Die suchten nach Deutschen. Und Deutsche zu verstecken, das war den Litauern verboten. Wurden die Bauern ertappt, konnten sie deswegen nach Sibirien verbannt werden.

Ein paar Mal setzten Marias Kinder mich sogar auf ein Pferd. Da war ich aber schon wieder ganz gesund. Das war wunderschön, der warme Pferderücken, das weiche, glatte Fell, die rhythmische Bewegung – und von oben sah alles ganz anders aus. Es dauerte dann aber leider nicht mehr lange, bis mir die Bauern klarmachten, dass ich nicht mehr bleiben könne. Sie zeigten mir die Himmelsrichtung nach Ostpreußen und erklärten, ich solle immer dahin gehen, wo die Sonne untergeht. Die Bauern hatten große Angst, dass die »stribai« wiederkommen könnten, und sagten »tu vokietukie« – »du bist eine Deutsche und deshalb kannst du nicht hier bei uns bleiben«. Bevor ich ging, nähten sie mir noch ein kleines Leinenbeutelchen, das ich mir umhängen konnte. Dort steckten sie eine Menge Proviant hinein.

In welche Richtung ich gehen sollte, hatte ich schnell vergessen. Ich ging einfach von Hof zu Hof, denn bald schon fing ich an, Lebensmittel zu sammeln, ich wollte doch mit einem vollen Beutel zu meinen Geschwistern in Klein-Weißensee zurückkehren. Wenn ich an einem Haus anklopfte, hieß es meist zuerst: »Kajpta vo vardas?« – »Wie ist dein Name?« Und wenn ich dann »Liesabeth« sagte, dann wurde ich nicht misstrauisch, aber irgendwie komisch angeguckt. Schließlich habe ich es einfach mal versucht und »Maritje« geantwortet. Ich merkte sogleich, »Maritje«, »kleine Maria« auf Litauisch, war besser. Es hat dann nicht mehr lange gedauert, bis ich mich entschlossen habe, die Maritje zu bleiben. Zum Andenken an die Bauersfrau, die mich mit der Milch gerettet hatte. Anfangs schüttelten die Litauer den Kopf, wenn ich sagte: »Ich heiße Maritje.« Die verstanden, dass ich eine kleine Deutsche war. Bis ich die Sprache konnte, da glaubte man mir, dass ich Maritje hieß.

Jagd auf Deutsche

Manchmal wurde es sogar gefährlich, wenn die Litauer merkten, dass ich ein deutsches Mädchen war, es gab Menschen, die wütend ihre Hunde auf mich hetzten, um mich fortzujagen. Zum Glück kam das nur selten vor, und die meisten Hunde taten mir nichts. Aber einmal trieben Kinder einen komischen Spaß mit mir. Da war mein Leben zum ersten Mal in großer Gefahr.

Drei Jungen, sie waren älter als ich, hatten mich eines Tages irgendwo alleine unter Bäumen schlafend gefunden. Ich hatte mir ein Feuer gemacht, mit Hilfe von Streichhölzern, die ich irgendwo geklaut hatte. Streichhölzer waren nach dem Krieg sehr teuer, sie waren ein »Defizit« – so nannte man knappe Waren bis in die neunziger Jahre in Russland –, und es gab sie nur selten zu kaufen. Dank der Streichhölzer konnte ich über dem Feuer ein bisschen Brot auf einem Ästchen rösten. Das schmeckte mir immer gut, ich habe es mir gerne gemütlich gemacht. Ich wollte nicht immer nur ein schweres Leben haben, auch ich wollte warmes Brot essen und in meinem Kesselchen ein bisschen Wasser warm machen. Ich musste doch auch meine kleinen Feste haben, nicht immer nur Arbeitstage.

An meinem Feuer haben die Jungen mich gefunden. Sie wussten, dass ich eine Deutsche war, und wollten ihren Spaß mit mir treiben. Wenn Kinder spüren, dass sie ungestraft jemandem, der schwächer ist, etwas antun können, dann sind sie sehr grausam, das habe ich damals erlebt. Sie können grausamer sein als Erwachsene, zu einer Katze, einem Hund, einem Kind. Die drei Jungen machten kurz entschlossen eine Hitler-Gestalt aus mir: Zuerst malten sie mir einen Schnurrbart ins Gesicht, dann zerrten sie mich zum Feuer und sengten mir die Haare ab. Als kleines Kind hatte ich schöne dunkelblonde Locken, die inzwischen aber schon sehr zerzaust und schmutzig waren und herunterhingen wie bei einer Hexe. Nachdem sie mir die Haare abgesengt hatten, wussten die Jungen nicht, was sie weiter machen sollten, bis einer sagte: »Den Hitler wollen wir jetzt aufhängen.« Und das taten sie dann auch. Irgendwoher hatten sie einen Strick, den legten sie mir um den Hals, einer hob mich hoch, ein anderer kletterte auf einen dicken Ast und machte den Strick daran fest. Der Junge, der mich hochgehoben hatte, ließ los, und die drei liefen fort. Ich konnte den Ast über mir nicht mehr mit den Händen packen und hatte bald schon keine Luft mehr. Alles um mich wurde dunkel. Doch da kam ein Mann vorbeigeritten und hat mich hängen sehen. Er holte mich ganz schnell von dem Ast herunter. Gott sei Dank, es war noch nicht zu spät. Oder zum Unglück war es noch nicht zu spät. Ich habe später oft darüber nachgedacht, vielleicht wäre es für mich damals besser gewesen, ich wäre ums Leben gekommen. Immer und immer wieder habe ich mir darüber meine Gedanken gemacht.

Anfang Oktober 1945 war ich acht Jahre alt geworden, doch für mich gab es in diesem Jahr keinen Geburtstag, nicht einmal eine Zeitrechnung. Ein Tag verlief wie der andere, mit Betteln und der Suche nach einem Unterschlupf für die Nacht. Bis die Bauern im Spätherbst Stroh und Heu von den Feldern holten, hatten wir herumstreunenden deutschen Kinder immer ein warmes Bett. Ein paar Wochen lang, die Sonne schien noch warm, war ich mit einem Jungen und einem Mädchen zusammen. Die Kleine hatte ganz hellblonde Haare und war vielleicht drei oder vier Jahre alt. Sie war krank, hatte irgendetwas mit dem Magen oder dem Darm. Heute denke ich, sie hatte die Ruhr. Ihr lief dauernd eine stinkende, mit Blut vermischte Flüssigkeit aus dem Po heraus. Ich lief vor diesem kleinen Mädchen immer weg, wollte es unbedingt loswerden.

Einmal übernachteten wir drei Kinder gemeinsam in einem Heuhaufen. Wie immer lag die Kleine in der Mitte, dort war es am wärmsten. An einem dieser Herbstmorgen war ich beim Sonnenaufgang als Erste wach. Die Kleine, ich weiß nicht mehr, wie sie hieß, war ganz kalt. Ich wollte sie noch ein wenig mit Heu zudecken, damit sie es wärmer hatte, aber dann habe ich gesehen, dass ihre großen blauen Augen nicht mehr winkten, sie war tot. Ich habe den Jungen sofort geweckt. Ich weiß noch genau, dass ich Deutsch mit ihm gesprochen habe, als ich ihm sagte, dass die Kleine ganz steif war.

Bald darauf kam ein Pferdewagen, der Bauer wollte das letzte Heu einfahren. Wir herumstreunenden Kinder wurden von den Bauern immer geschlagen, wenn sie uns in den Heuhaufen fanden. Deshalb wollten mein Kamerad und ich eigentlich weglaufen, wie wir es immer taten, wenn die Bauern kamen. Da aber blieben wir und warteten, bis der Mann näher kam. Leise sagte ich zu ihm: »Hier ist ein totes Kind.« Daraufhin machte der Bauer das Heu auf und sah das tote Mädchen. Der Junge hielt es im Arm. Dann warf der Mann ohne ein Wort zu sagen etwas Heu auf das Gefährt und legte die Kleine darauf. Er versuchte noch, ihr die Augen zuzudrücken, aber dafür war es schon zu spät. Den Jungen und mich setzte er auch auf den Wagen und fuhr zu seinem Hof, um dort einen Spaten und ein Stück weißen Leinenstoff zu holen, in den er das Mädchen vorsichtig einwickelte. Dann fuhren wir wieder los. An irgendeinem Weg grub er unter einem Baum ein großes Loch, legte das tote Kind hinein und stellte an dieser Stelle ein einfaches Holzkreuz auf, das er aus zwei geraden Ästen gemacht hatte. Auch ein Gebet sprach er.

Heute denke ich immer wieder, wie dumm ich doch war, dass ich mir den Namen des Mädchens nicht gemerkt habe. Mich hat mein Vater lange Jahre gesucht und zum Glück auch gefunden. Und dieses Mädchen hat bestimmt auch jemand gesucht. Vielleicht sucht man es heute noch. Auch wenn ich mich an seinen Namen überhaupt nicht erinnern kann, bin ich mir fast sicher, dass es unter dem Ohr einen komischen runden Flecken hatte, so einen, den man von Geburt an hat.

Im Herbst 1945 hatte ich mehrmals versucht, nach Klein-Weißensee zurückzufahren, aber das hat nie geklappt. Zwar hatte ich immer mal wieder andere deutsche Kinder getroffen oder auch erwachsene Frauen, aber jedes Mal, wenn ich fragte, ob ich nach Ostpreußen mitkommen dürfe, hieß es, man müsse leider in eine andere Richtung. Nun aber war es bereits empfindlich kalt geworden und an der Zeit, ein gutes Quartier für den Winter zu suchen.

Manche deutschen Kinder hatten mehr Glück als ich, sie fanden schnell mitleidige Bauern, die sie den ganzen Winter über in ihrer Familie aufnahmen. Viele von ihnen wurden sogar von Litauern adoptiert. Sie erhielten litauische Namen und vergaßen bald ihre Muttersprache und ihre deutschen Namen, besonders wenn sie noch klein waren. Bis heute leben sie als Litauer, manche als Russen; nur einige Hundert dieser Bettelkinder haben nach langen Jahren des Suchens ihre Angehörigen, die es irgendwie geschafft hatten, in den Westen zu fliehen, in Deutschland wiedergefunden.

Ich weiß nicht weshalb, aber ich musste oft an viele Türen klopfen, bis mich jemand ins Haus, zu den Tieren in den Stall oder in die Scheune ließ. Wenn ich im Dunkeln unterwegs war, konnte ich meistens nicht einmal das nächste Gehöft sehen. Die Menschen auf dem Land hatten damals noch keinen Strom, nur Petroleumlampen und Kerzen. Ließ mich niemand ins Haus hinein, schlich ich mich oft auch ohne Erlaubnis in die Scheune, denn die war nie zugesperrt. Doch sobald der erste Schnee gefallen war, wurde es auch dort zu kalt. Mir blieb keine Wahl, als bei den Tieren im Stall einen Platz zum Schlafen zu suchen, wenn es an der Haustür »Nein!« hieß. Im Stall, da war es warm, da standen Pferde, Kühe, Schafe und Schweine. Immer in der gleichen Anordnung, die Schafe neben den Pferden, dann die Kühe und hinter den Kühen die Schweine.

An manchen Tagen hatte ich aber auch Glück, ich war damals ja noch klein. Da wurden mir nicht alle Türen vor der Nase zugemacht. Meistens öffneten die Frauen, wenn ich klopfte. Da gab es auch Barmherzige, wenn die mich sahen, wie ich da stand, ohne Schuhe, nur Lappen mit Kordeln um die Füße gewickelt, dann schafften sie es nicht, nein zu sagen. Ich konnte schon auf Litauisch sagen, dass ich hungrig war, und: »Könnte ich nicht bei euch übernachten«, und dann ließen sie mich manchmal doch ins Haus rein. Mein Zustand verschlimmerte sich aber immer mehr, ich hatte Krätze und Läuse, war schmutzig und stinkig. Schließlich übernachtete ich öfter im Pferdestall, und da gab es keine einzige Ecke, wo sauberes Heu oder Stroh lag. Wenn ich bei den Pferden schlief, riss ich einfach den festgetrampelten Mist mit den Händen auf, um ein Loch für mich zu graben. Dort hinein legte ich etwas sauberes Heu, das ich aus dem Pferdetrog holte. Dann deckte ich mich mit dem warmen Mist zu. Wenn mir am nächsten Tag irgendwo die Tür aufgemacht wurde, stank ich ganz schlimm. Und so ist der ganze erste Winter vergangen.

Inzwischen trug ich nur noch Lumpen. Aus den Sommersachen, die ich anhatte, als ich von Klein-Weißensee weglief, war ich längst herausgewachsen. Manchmal schenkten mir die Bauern abgetragene Kleidung oder auch Schuhzeug. Große Klotzschen zum Beispiel, das sind keine richtigen Holzschuhe, sondern einfache Holzsohlen mit Riemen darüber. Einmal gab mir eine alte Frau gestopfte Wollsocken, eine andere schenkte mir einen abgetragenen dicken Rock. Ich hatte keinen Mantel, nur eine zerrissene Militärjacke, Unterwäsche trug ich schon lange keine mehr. Weil ich keine Höschen anhatte, lachten die Dorfjungen mich immer aus. Sie kamen von hinten gelaufen und hoben meinen Rock hoch. Allerdings nur die älteren Jungen, gegen die ich noch nicht erfolgreich kämpfen konnte.

Dass ich keine Unterwäsche trug, war vielleicht einer der Gründe, weshalb ich begann, immer häufiger das Bett nass zu machen. Im Winter 1945/46 war das zum ersten Mal passiert. Die Litauer hatten damals noch keine gewöhnlichen Holzbetten, sie schliefen am Ofen, dort waren aus Ziegelsteinen und Brettern lange Liegen aufgebaut. Manchmal schlief ich auf einem Roggensack, der häufig am Ofen stand, damit er schön trocken blieb, denn die Litauer mahlten das Korn immer frisch portionsweise zwischen zwei Steinen, wenn sie Brot backen wollten. Eines Morgens aber war unter mir alles nass. Die Leute wurden böse auf mich, sie schimpften, denn der Roggen stank und musste noch einmal durchgewaschen und erneut getrocknet werden, sonst hätte man ihn nur noch an die Schweine verfüttern können. Sie schickten mich sehr bald fort, das ist verständlich.

Lange konnte ich nie bei einer Familie bleiben, weil ich stank, weil ich eine kleine Deutsche war und weil die Menschen Angst hatten. Immer wenn es hieß »stribai« oder »die Russen ...«, dann bedeutete das für mich weiterzugehen. Die Bauern zeigten dann zum nächsten Hof und gaben mir zu verstehen, dass ich dort übernachten könne. Manchmal aber rieten sie mir auch, noch einen Hof weiterzugehen und erst dort anzuklopfen.

Besonders unmittelbar nach dem Krieg traf ich auch noch auf andere deutsche Bettler, die mir manch guten Ratschlag gaben. Zum Beispiel, wie es sich mit den Lebensmitteln verhielt, die an vielen litauischen Bauernhäusern vor der Tür standen. Meist wurden je ein Sack mit Kartoffeln und Erbsen und eine Schüssel mit geschnittenem Brot für die vielen herumziehenden Bettler herausgestellt. Daneben stand eine Dose oder ein Becher. Die deutschen Frauen erklärten mir: »Wenn niemand zu Hause ist, dann kannst du eine Dose Erbsen nehmen und einige Kartoffeln und ein Stück Brot, aber nicht mehr.« Zuerst war ich noch ehrlich, ich nahm wirklich nur so viel, wie man mir geraten hatte. Aber ich brauchte doch Lebensmittel für meine Geschwister, deshalb musste ich mehr nehmen. Außerdem wollte ich immer ein bisschen Vorrat haben, ich wusste doch nicht, ob ich am nächsten Tag wieder etwas zu essen bekam.

Weihnachten 1945

Nur an ein Weihnachtsfest in Litauen kann ich mich genau erinnern. Wahrscheinlich war es das in diesem ersten Winter von 1945 auf 1946. Ich war wieder irgendwo unterwegs, und es dämmerte bereits. Überall, wo ich anklopfte, hatte es geheißen: »Nein, geh weiter!«, und jetzt zog es mich aus unerklärlichen Gründen zu einem Haus, wo ich noch nie gewesen war. Vielleicht war es der Schein der Lampe, der mich lockte. An diesem Tag wollte ich keinen Stall suchen, deshalb schaute ich überall, wo ich vorbeikam, traurig die Fenster an. Heute bin ich mir fast sicher, dass ich damals wusste, zumindest aber spürte, dass Weihnachten war.

Das Weihnachtsfest war mir von zu Hause noch in guter Erinnerung. Und an einem solchen Tag wollte ich unbedingt in einem Haus sein. Doch meine Chancen standen schlecht, so schrecklich wie ich aussah, mit meinen zerzausten Haaren, den zerrissenen, ungewaschenen Kleidern.

Es hatte lange und stark geschneit, und es war kalt. Ich war schon müde und ging zum Fenster. An dem Haus hatte ich nicht angeklopft, ich wollte mir nur den Tannenbaum anschauen, der war schön beleuchtet, und da hüpften Kinder rum. Das Fenster war ganz klein und sehr niedrig, aber ich musste mich auf die Holzstufe stellen, die rings um das Haus ging, mich an der Wand festhalten und hochrecken, damit ich alles sehen konnte. Auf dem Tisch stand das Essen, es dampfte aus den Tonschüsseln. Auf einmal rutschten meine Füße ab, und ich schlug mit dem Kopf gegen das Fenster. Die einfache Glasscheibe ging entzwei. Ich habe mich erschreckt, aber ich blieb vor Angst einfach nur im Schnee sitzen, ich habe nicht einmal versucht wegzulaufen.

Die Bauern hatten sofort bemerkt, was passiert war. Zuerst kamen die Kinder herausgelaufen, der Mann und die Frau hinterdrein. Merkwürdigerweise jagten die Leute mich nicht weg. Sie wiederholten nur unablässig »oh Jesu, oh Jesu, oh Jesu Maria«. Dann brachten sie mich ins Haus, und der Mann reparierte notdürftig das Fenster mit der zerbrochenen Scheibe, indem er Bretter davornagelte.

Im Haus war es schön warm, und es gab viele leckere Dinge zu essen. Auch für mich, die ich mit am Tisch sitzen durfte und endlich einmal wieder richtig satt wurde. Als die Leute mir die Wärmeliege am Ofen zeigten und sagten, ich solle mich da hinlegen, war ich so klug, dass ich den Kopf schüttelte. Wahrscheinlich habe ich mich auch schon richtig ausgedrückt, denn ich sagte »as mezuke« – »ich bin ein Mädchen, das sich im Schlaf immer nass macht«. Sie haben den Roggensack heruntergeholt, ihn zur Seite gestellt und mir einen Strohsack gegeben. Das war das erste Weihnachten ohne meine Eltern und ohne meine Geschwister. Lange konnte ich auch da nicht bleiben, ich musste weiter. Immer hörte ich das Wort »stribai, stribai, stribai«.

Nicht nur, wenn ich den Versuch unternahm, nach Ostpreußen zu fahren, ging ich zu den Bahnhöfen, die ich schon ein wenig kannte. Manchmal wollte ich dort auch andere Bettelkinder treffen. Die deutschen trafen sich meist für kurze Zeit im Bahnhofsgebäude und erzählten einander, was sie erlebt hatten. Herumstreunende elternlose Kinder wurden damals in Litauen jedoch von den Bahnsteigen verjagt, besonders von den russischen Soldaten, die dort arbeiteten. Aber ich war meist klug genug, mich irgendwo zu verstecken, in irgendeinem Güterwaggon, hinter einer Mauer oder einem Busch. Aus der Ferne konnte ich alles in Ruhe beobachten. Wenn dann die Waggons an eine Lokomotive gekoppelt und die Bremsen überprüft wurden, lief ich schnell aus meinem Versteck zum Zug, um mich irgendwo zu verkriechen. Gleichzeitig kamen immer die schrecklichen Gedanken: »Oh Gott, in welche Richtung fährt jetzt der Zug?« Ich hatte keine Ahnung, Osten, Westen, Norden, Süden, für mich war das alles das Gleiche. Und fragen konnte ich auch nicht. Ich sprach noch zu wenig Litauisch und kaum Russisch. Mit der deutschen Sprache aber wäre ich sofort aufgefallen. Außerdem hätte man mir gleich das Säckchen mit meinen Vorräten weggenommen.

Meine Geschwister hatte ich während der ganzen Zeit nicht vergessen. Doch in der Gegend, wo ich mich im Winter 1945/46 durchschlug, gab es nur wenige Bahnhöfe, das vertraute Tacktack der Züge war nur selten zu hören. Außerdem wollte ich immer noch ein paar Tage länger abwarten, noch mehr Lebensmittel erbetteln, um erst dann ernsthaft zu versuchen, auf einen Zug nach Ostpreußen zu kommen. Die Zeit verging sehr schnell.

Meine Lebensmittel hatte man mir schon oft weggenommen. Einmal war ich als eine der Letzten noch auf den Zug aufgesprungen, so dass ich in der Nähe der Tür stand. Dann kamen Erwachsene und nahmen mir das Leinensäckchen ab. Ich war sehr wü-

tend und traurig. Wie sollte ich nun zu meinen Geschwistern gehen, ohne das Brot und den gepressten Käse, die Kartoffeln und
Erbsen, die ich gesammelt hatte? Auch ein alter Pullover war in
dem kleinen Sack gewesen. Mit all diesen Dingen hatte ich Christel um Verzeihung bitten wollen. Als der Zug vor einer Brücke
hielt, stießen mich die Leute, die mir die Sachen weggenommen
hatten, aus dem Waggon. Nach diesem Erlebnis hatte ich große
Angst, dass mir so etwas wieder passieren könnte. Und so dauerte
es einige Wochen, bis ich wieder einen Versuch unternahm, nach
Ostpreußen zurückzufahren. Ich habe meine Schwester nie wie-
dergesehen, sie ist 1947 in der Nähe von Königsberg gestorben.
Mein Bruder Manfred aber kam raus, nach Deutschland. Das war
Glückssache damals.

Frühjahr und Sommer 1946

In die großen Städte Kaunas oder Vilnius zog es mich nur ganz selten, denn ich wusste, dass die Menschen auf dem Land mehr geben konnten und mehr gaben als die Stadtbewohner. Ich erbettelte
immer viel, viel mehr, als ich selbst brauchte, um satt zu werden.
Dabei hatte ich nach einigen Monaten meine eigene Strategie ent-
wickelt: Wenn ich irgendwo anklopfte, nahm ich mein Sammel-
säckchen nur selten mit, denn ich hatte sehr schnell bemerkt, dass
die Bauern nichts gaben, wenn sie sahen, dass in meinem Beutel
schon etwas war. Wenn mein Säckchen halb voll war und ich zu
den Menschen betteln ging, dann sagten die: »Du hast doch
noch ...«, und ich bekam überhaupt nichts. Ich wollte aber immer
ein bisschen vorsorgen, damit ich auch in der Nacht und am nächsten Tag noch genug zu essen hatte. Und deshalb habe ich mein
Säckchen einfach auf einen Baum gehängt, bevor ich zu den Bauern betteln ging. Ja, ich war ein kluges Mädchen: Die sahen, dass
ich nichts hatte und ganz mager und krank war. Und dann hatten
die Bauersfrauen Mitleid und gaben mir gedrückten Quark oder

Brot, Milch und so etwas. Dann bin ich schnell zu meinem Säckchen zurückgelaufen und habe das hineingetan. So musste ich nicht klauen, weil ich immer einen kleinen Vorrat an Essen hatte. Später habe ich dann auch die anderen Kinder ein bisschen beraten, ich habe ihnen gesagt: »Zeigt den Bauern nicht, was ihr schon in einem anderen Dorf gekriegt habt, macht das lieber so wie ich, dann haben die Litauer bestimmt auch mehr Mitleid mit euch.«

Ungefähr ein Jahr lang, vielleicht waren es auch zwei, sammelte ich mein Bettelsäckchen voll. Denn ich wollte, ich musste nach Klein-Weißensee zurück. Ich musste zu Christel und Manfred, ich musste meine Schuld wiedergutmachen. Aber irgendwie klappte das nicht, meist sind die Züge, in die ich einstieg, in die falsche Richtung gefahren. Wieder und wieder ging ich zu den Bahnhöfen in Kalvarija oder Marijampole, immer mit einem vollen Leinensäckchen. Dann verging aber ein Jahr nach dem anderen, das Leben wurde immer schwerer und schwerer. Ich hatte Manfred und Christel nicht vergessen. Die Namen und die Gesichter hatte ich nicht vergessen. Aber irgendwie musste ich nicht mehr unbedingt dorthin zurück.

Nach einigen Jahren dachte ich dann, meine Geschwister seien vielleicht nicht mehr da oder dass ich sie nicht mehr finden würde. Außerdem konnte ich das Hungern in Klein-Weißensee nicht vergessen, und ich wollte nicht mehr, nie mehr hungern. Wenn ich die Augen zumachte, dann sah ich die Bilder vor mir, wie wir die Katze getötet haben, da oben in dem Zimmer unter dem Dach. Wir haben versucht, Schnecken zu kochen. Das war scheußlich. Oder die Blätter von den Linden. Und diese Bilder haben mir immer Angst gemacht. Wenn ich zurückgehe, dann gibt es wieder nichts zu essen, dachte ich. Mit der Zeit war die Angst so groß, dass der Schmerz, alleine zu sein, verging. 1947, als ich ungefähr zehn Jahre alt war, stellte ich mir schon die Frage, wie ich mich zukünftig alleine durchschlagen könnte, über Manfred und Christel dachte ich nicht mehr nach.

Jahre später erfuhr ich, dass meine übermächtige Angst vor dem Hungern und Verhungern nicht unbegründet gewesen war, denn die Hungerszeit in Nord-Ostpreußen, deren Anfang ich im Frühjahr und Sommer 1945 miterlebt hatte, kostete Zehntausende Menschen das Leben.

Nach Ende der Kampfhandlungen war Nord-Ostpreußen, wo vor dem Krieg 1,2 Millionen Menschen gelebt hatten, beinahe menschenleer. Wenige Wochen nach der Einnahme Königsbergs durch sowjetische Truppen Anfang April 1945 meldete der NKWD, das Volkskommissariat des Inneren, 137 000 deutsche Zivilisten, die in Königsberg und dem nördlichen Ostpreußen zurückgeblieben waren, nach Moskau. Mitte 1947 waren es noch gerade 105 000 deutsche Frauen, alte Männer und Kinder. 32 000 Menschen waren in einem Zeitraum von nur zweieinviertel Jahren an Seuchen und Hunger gestorben oder verschwunden. Kein Wunder, dass dort, anders als in Polen, wo die gleich nach Kriegsende aus der Westukraine zuziehenden Landsleute Wohnung und Arbeit brauchten, die deutsche Bevölkerung in den ersten Jahren festgehalten wurde, denn die Ansiedlung von Russen geschah erst allmählich.

In der zweiten Julihälfte 1945 hatten die alliierten Siegermächte auf Schloss Cecilienhof bei Potsdam über das Schicksal Nachkriegsdeutschlands verhandelt, nachdem die Grundzüge bereits auf den Konferenzen in Teheran und Jalta festgelegt worden waren. Wirtschaftliche, politische und territoriale Fragen standen in Potsdam im Vordergrund. Ostpreußen sollte zwischen der Sowjetunion und Polen aufgeteilt, die Grenze wie mit einem Lineal gezogen werden. Auch ging es um die Frage der verbliebenen Deutschen in den besetzten Gebieten. Die Tschechoslowakei und Polen forderten, die deutsche Bevölkerung ausweisen zu können. Dies sollte in »humaner Weise« geschehen. Die sowjetische Delegation sprach dieses Thema nicht an, und die Westalliierten gingen davon aus, dass die Deutschen in den sowjetisch besetzten Gebieten bleiben sollten. Aber sie fragten sich, ob die Sowjets in der

Lage sein würden, entsprechend für die Menschen zu sorgen. Wie berechtigt diese Zweifel waren, erfuhr man erst Jahre später.

Am 4. Juli 1946 wurde Königsberg zu Ehren des einen Monat vorher verstorbenen Michail Kalinin in Kaliningrad, Nord-Ostpreußen in Kaliningrader Gebiet – Oblast Kaliningrad – umbenannt. Zwei Monate später erhielten auch alle anderen Städte und Dörfer neue Namen, die sich häufig an Sowjethelden oder an den Orten orientieren, aus denen die neu zugezogenen Einwohner ursprünglich stammten. Meist ging so die Erinnerung an die ursprünglichen deutschen Bezeichnungen verloren.

Die Mehrzahl der Menschen, die ins Gebiet Kaliningrad zuzogen, taten dies nicht freiwillig. Es waren einfache Land- oder Fabrikarbeiter, die – wie meine Nachbarn in Ijewskoje – aus der Ukraine, aus Weißrussland und vor allem aus den Gebieten Russlands, die von der Wehrmacht in Schutt und Asche gelegt worden waren, in ein fremdes Land kamen. Sie waren mit großen, teils unerfüllbaren Versprechungen angeworben worden. Nur wenige kannten die Grauen des Krieges nicht aus eigener Anschauung, und so war das Land, in das sie kamen, Feindesland. Mit dem Komfort aus deutscher Zeit, wie Wasserleitungen, WCs oder Heizungen, konnten die Menschen nichts anfangen, in den großen Gutshäusern sahen sie nur Zeichen der Bourgeoisie. Jahrhundertealte Kirchen wurden zu Lagerräumen, Schießständen oder Militärclubs, nachdem sakrale und kunsthistorische Schätze zerstört oder abtransportiert worden waren. In den folgenden Jahren verfielen die Gebäude, sie wurden gesprengt oder abgerissen, ganze Ortschaften ausradiert. Da die meisten Neubürger keine Erfahrung mit der Landwirtschaft hatten, verfiel das Bewässerungssystem, und ein großer Teil der ehemaligen Kornkammer Deutschlands fiel brach. Das Land versteppte mehr und mehr.

Als Ende 1949 der allerletzte Transportzug mit Deutschen Kaliningrad verließ, waren 120 000 bis 150 000 Männer, Frauen und Kinder aus der Sowjetunion angesiedelt worden, etwas mehr Neubürger als Deutsche, die das Land nach dem Krieg verlassen hatten.

Am 14. Oktober 1947 erging der Befehl des sowjetischen Innenministers Sergej Kruglow, alle Deutschen auszusiedeln. Innerhalb eines Jahres wurden über 100 000 Menschen in die SBZ, die sowjetisch besetzte Zone, gebracht. Der erste Transportzug verließ den Königsberger Güterbahnhof mit zweitausend deutschen Waisen am 20. Oktober 1947. Die Kinder – unter ihnen auch mein Bruder Manfred – waren in sowjetischen Heimen mehr schlecht als recht betreut worden und zu Skeletten abgemagert. Viele waren so krank und schwach, dass man befürchtete, sie würden den Transport nach Deutschland nicht überleben. Und es starben wirklich einige. Die meisten dieser Waisen kamen in die SBZ und auch dort wieder in staatliche Obhut, manche von ihnen wurden sehr bald adoptiert.

Ab dem 22. Oktober 1947 gingen regelmäßig Züge mit Deutschen und dem wenigen Hab und Gut, das ihnen geblieben war und das sie mitnehmen durften, von Königsberg in Richtung Westen, der letzte genau ein Jahr später, am 21. Oktober 1948. Einige Tausend Ostpreußen waren – wie ich – zu der Zeit in Litauen zum Betteln unterwegs. Als sie von der Aussiedlung hörten und nach Kaliningrad zurückkehrten, waren die anderen Deutschen bereits fort. Für diese Nachzügler wurde 1949 noch ein letzter Aussiedlerzug eingesetzt. Nur einige Hundert blieben in ihrer alten Heimat auf nunmehr sowjetischem Boden zurück, vor allem sogenannte Spezialisten, das waren Arbeiter und Arbeiterinnen, die in den Augen der Verwaltung unabkömmlich waren, sowie Frauen und Mädchen, die eine feste Verbindung mit einem Russen eingegangen waren.

Manche waren glücklich, endlich ins »Reich« zu fahren, andere wollten bleiben, durften aber nicht. Auf dem Güterbahnhof in Königsberg spielten sich herzzerreißende Szenen ab. Freunde wurden auseinandergerissen, Familien getrennt, da nicht immer alle Angehörigen gemeinsam auf einer Transportliste standen.

Damals erfuhr ich in Litauen nichts von alldem, was in meiner alten Heimat geschah. Ich war auch noch zu klein, um zu verstehen oder mich dafür zu interessieren, was ich hier und da mal gerüchteweise aufschnappte. Das Einzige, was für mich zählte, war zu überleben.

Dabei war mein kleines Vagabundenleben nicht nur schlecht: Wenn der Frühling kam, war es wunderbar. Die Sonne schien, ich hatte es nicht mehr nötig, im Stall zu schlafen, ich konnte übernachten, wo ich wollte. Es war nicht kalt, und ich hatte immer reichlich zu essen, ich habe mir vieles selber verdient. Die Bauern brauchten Kinderhilfe. Ich war zwar noch klein, aber ziemlich kräftig. Ich konnte gut zur Hand gehen, das gefiel den Litauern.

Die Arbeit war einfach, ich mistete zuerst die Hühner- und Schafställe aus, holte dann frisches Stroh herein und schüttelte es auf. Oder aber ich musste die Gänseküken auf ihre Wiese führen, das war eine Arbeit, die mir gut gefiel. Auf die Herde der erwachsenen Gänse passte ich nicht gerne auf, von den großen Gantern wurde ich oft geschlagen. Die waren regelrecht bösartig, kniffen mich, wenn sie mich erwischten, kräftig in den Po und schlugen mich mit den Flügeln, mit ihren spitzen Ellbogen, denn ich war noch nicht groß genug, dass sie Respekt vor mir gehabt hätten.

Wenn ich im Garten die Beete saubermachen sollte, zeigten mir die Bäuerinnen nur »dieses bleibt und dieses muss weg«. Und dann sagten sie: »Wenn du damit fertig bist, bekommst du gutes Essen, und du kannst in der Scheune übernachten.« Bei derartigen Versprechungen machte ich alles, worum man mich bat. Und ich machte es so schnell und gründlich, dass sich die litauischen Frauen über meine gute Arbeit freuten. Egal, zu welchem Bauern ich kam, alle hatten Arbeit für mich. Das war für mich wirklich eine schöne Zeit. Die habe ich bis heute nicht vergessen. Also, gutes Essen, warme Sonne, und ich war frei. Die Freiheit, das war das Schönste.

Wenn ich zu den Bauern kam, wartete ich nicht lange, bis man mir Arbeit anbot, denn mit der Zeit war ich schon schlau genug geworden, gleich zu sagen: »Ich habe Hunger, aber ich kann etwas dafür tun.« Außerdem hatte es sich in dem kleinen Kreis, in dem ich immer wieder von Haus zu Haus ging, schnell herumgesprochen, dass »die kleine Maritje nicht klaut und gut arbeitet«. Leider sprach sich aber auch herum, dass ich das Bett nass machte. Wahrscheinlich war das Bettnässen auch ein Grund, weshalb ich immer seltener zum Übernachten ins Haus durfte.

Manchmal kam es vor, dass ich mich ein wenig an eine Familie gewöhnt hatte, besonders, wenn ich feststellte, dass diese Menschen nicht ungerecht zu mir waren wie einige andere, die meinen Teller an die Türschwelle stellten und mich nicht zum Tisch ließen, wo alle anderen aßen. Darüber ärgerte ich mich jedes Mal. Ich wollte nicht neben den Hunden essen. Zu denen, die mir den Teller auf den Boden stellten, war ich manchmal sogar ein bisschen frech.

Damals gab es noch keine Kolchosen, die Litauer bewirtschafteten ihre eigene Erde, da waren noch keine Zäune um die Felder gezogen. Kleine Kinder wie ich mussten Schafe und Kühe hüten und dabei aufpassen, dass die kleine Herde keinesfalls auf die Nachbarfelder hinüberlief. Das war eine strenge Aufgabe. Aber bei denen, die mich ein-, zweimal so ungerecht behandelt hatten und wo die Kinder mich ein bisschen ärgern durften, da wurde ich auch frech. Ich ließ das Vieh einfach im Stich und haute ab. Jedermann kann sich vorstellen, was die Tiere auf den Nachbarfeldern angerichtet haben. Oder aber ich rupfte junge Gemüsepflanzen aus, die nicht mehr anwachsen konnten. Das waren damals meine kleinen, ersten Rachetaten.

Kerschuljes

Auch bei der Familie Kerschuljes habe ich einmal das Vieh laufen lassen. Nur, dass der Pietras Kerschuljes mich gleich geschnappt, übers Knie gelegt und mit dem Flachsriemen, mit dem die Kühe auf der Wiese an den Beinen gefesselt wurden, ein paar Mal feste auf den nackten Po geschlagen hat. Er hat nicht mit voller Kraft zugeschlagen, aber es hat weh getan. Komischerweise haben diese Schläge geholfen, ich habe das nie wieder gemacht.

Ich war nur so frech gewesen, weil die Frau vom Kerschuljes, sie hieß Ona, damals oft böse zu mir war. Immer hat sie mit mir geschimpft, und ich musste in der Ecke stehen. Vielleicht weil ihr eigenes Kind gestorben war, so denke ich mir das heute, denn sie war immer so nervös und hat viel geweint. Auf den Pietras Kerschuljes, der mich verprügelt hatte, war ich nicht böse. Denn der hat mir den Schaden gezeigt und mich dort hingeführt, wo die freilaufenden Kühe den Gemüsegarten verwüstet hatten. Kerschuljes war gerecht zu mir, auch wenn er mich bestrafte. Und manchmal streichelte er mir sogar über den Kopf. Mehr bekam ich nicht an Zärtlichkeiten. Aber es reichte mir. Fast. Ich konnte mich bei den Stuten hinlegen, ich habe sie umarmt und gestreichelt, und wenn ich mich anlehnen wollte, dann ging ich zu den Kühen. Die haben mich geleckt. Aber es war nichts so schön wie ein Streicheln über den Kopf. Und vielleicht war das auch der Grund, weshalb ich nie auf ihn böse war, obwohl er mich einmal so verpeitscht hatte. Er hatte Mitleid mit mir, wenn er mir seine Hand auf den Kopf legte. Oder er wollte was Gutes tun. Ich habe ja oft geweint.

Die Familie Kerschuljes bestand nur noch aus dem Pietras und der Ona, für mich waren sie damals mit ihren vielleicht dreißig Jahren uralte Leute. Ich hatte auf einem Nachbarhof gehört, dass die beiden, kurz bevor ich zu ihnen kam, ihren kleinen Jungen verloren hatten, der lange krank gewesen war. Die Kerschuljes hatten einen mittelgroßen Bauernhof mit vier oder fünf Pferden, drei Kühen, einigen Schafen und Schweinen und natürlich Hühnern, Enten und Gänsen. Arbeit gab es da genug.

Mich kannten die Kerschuljes schon lange, denn ich kam regelmäßig, ein-, zweimal im Monat zu ihnen, um zu arbeiten oder zu betteln. Andere Kinder kamen nur einmal und dann nie wieder. Wenn ich zu ihnen kam, sagte ich immer: »Laba diena! Guten Tag! Kaip te venda? Wie geht es euch?«, und die Bauern fragten: »Nu, kurtu buvaj? Ja, wo warst du?« Dann erzählte ich, wo ich in der

46

Zwischenzeit gewesen war. Ich bekam etwas zu essen, durfte im Haus übernachten, und erst am nächsten Tag musste ich arbeiten.

Bei den Kerschuljes wollte ich für immer bleiben. Nicht, weil es mir dort besonders gut gefallen hätte, sondern aus purer Not. Ich war müde vom Herumlaufen und hatte keine Hoffnung, je von einer anderen, netteren und wohlhabenderen Familie als Kind aufgenommen zu werden. Solchen Menschen war ich bisher nicht begegnet.

Das Haus der Kerschuljes hatte nur ganz kleine Fenster. Es war aus Lehm gebaut, wie alle Gebäude auf dem Land in Litauen, mit Ausnahme der Kirchen. Das Dach war dick mit Stroh gedeckt, mit dem Roggenstroh, das bei der Ernte anfiel. Nach dem Krieg wurde das Getreide mit Handsensen geschnitten, dann wurde es zu Garben gebunden zum Trocknen aufgestellt. Mit dieser Arbeit waren die ganze Familie, Nachbarn und Tagelöhner wochenlang von Sonnenaufgang bis Sonnenuntergang beschäftigt. Meist brauchte man das Korn aus den Ähren nur herauszuschütteln, oder es wurde per Hand gedroschen. Mit dem anfallenden Stroh wurden fast jedes Jahr im Herbst die Dächer neu gedeckt. Nach der Devise »Heute gehe ich zu dir, morgen kommst du zu mir« half man sich damals gegenseitig, »talka« hieß dieses System.

Viele Bauern in Litauen hatten ein ebensolches Haus wie die Kerschuljes, der Grundriss und die Einrichtung waren fast überall gleich. Das Wichtigste im Haus war der riesige Ofen, in dem Brot gebacken wurde. Er stand meist in einer Ecke. Wenn die Leute kleine Kinder hatten, dann hing nicht weit von diesem Ofen an einem Haken an der Decke eine Wiege für die Säuglinge. Dann und wann gingen Mutter, Vater oder Geschwister daran vorbei, um sie anzustoßen, und das Kind war wieder eine Zeitlang ruhig.

Ein anderer Ofen diente zum Kochen. Er stand meist mitten im Haus und war aus Lehmziegeln gebaut. Auch der Fußboden im Erdgeschoss war meist aus gestampftem Lehm, jeden Morgen wurde er mit einem Strohbesen gefegt, denn neben den Menschen gingen auch viele Tiere ein und aus. Wenn jemand einen Holzfußboden hatte, galt das bereits als ein Zeichen von Reichtum. Doch in solche Häuser kam ich nur sehr selten.

Die Kerschuljes hatten einige wenige Möbelstücke. Unter dem Jesusbild und dem Bild der heiligen Maria, die in den meisten Häusern in einer Ecke hingen, stand ein riesiger Holztisch, daran eine Bank. Auch an der Wand war eine breite Bank aus Holz. In einer anderen Ecke standen ein oder zwei breite Holzbetten. Außer diesem großen Wohn- und Schlafraum gab es noch eine Speisekammer mit Holzetageren und eine kleine Kammer, in der ein oder zwei weitere Betten standen. Das war das Zimmer für frisch Verheiratete oder für die alten Leute.

Aus der Diele führte eine steile Leiter nach oben, denn auf dem Speicher neben dem Schornstein befand sich in allen litauischen Bauernhäusern die Räucherkammer. Dort hingen immer Speck, Schinken und »skirlandis«, das ist gefüllter Schweinemagen. Wenn im Herbst ein Schwein geschlachtet wurde, spülte die Bäuerin den Magen immer besonders gut durch. Der Mann hackte eine Menge Fleisch mit der Axt. Das Ganze kam in eine große Wanne, wurde kräftig gewürzt und gesalzen und in den Magen gefüllt. Nun musste der »skirlandis« nur noch in die Räucherkammer. Die Schinken, »kumpis«, das heißt Hüfte, wurden in riesigen Holztrögen eingesalzen und in der Lake so oft gewendet, bis auch sie zum Räuchern bereit waren. In einer solchen Räucherkammer konnte ich immer etwas Leckeres finden. Aber ich nahm mir nie viel.

Im Sommer, wenn nicht geheizt wurde, machten die Bauern ihre Räucherkammer dicht, damit keine Fliegen an die Vorräte herankamen. Alle Lebensmittel, die haltbar gemacht werden mussten, wurden geräuchert, eingesalzen, getrocknet oder sauer eingelegt, andere Konservierungsmethoden gab es in der warmen Jahreshälfte nicht.

Fleisch, Schinken und Speck hatten die litauischen Bauern fast immer, weil alle Schweine hielten. Milch, und was sich daraus herstellen ließ, gab es sogar das ganze Jahr über, weil die alten Frauen zu einer bestimmten Jahreszeit eine Wurzel ausgruben. Nicht die,

die in den Wodka kam und aus der man Schlafmittel machte, sondern irgendeine andere. Sie wurde gesäubert, zerkleinert, mit Brotteig vermischt und roh direkt der Kuh gegeben. Nach zwei Tagen war die Kuh heiß, um die Frucht des Bullen aufzunehmen. Also nicht dann, wenn die Natur das wollte. Die Litauer wollten, dass die Kühe das ganze Jahr über Milch gaben. Und deshalb machten die das so, dass eine Kuh nach der anderen ein Kälbchen bekam.

Wenn die Kühe im Frühjahr zu früh kalbten und es im Stall noch zu kalt war, kamen die jungen Tiere mit ins Haus hinein, in den Vorraum. Nur wenige Leute hatten gute, warme Ställe. Und so waren unter der Bank im Haus manchmal ein paar Ferkelchen und unter dem Ofen auch ein paar Hühner und Enten. Die Kälbchen standen hinter der Eingangstür, nur für mich war kein Platz. Ich war weniger wert als ein Tier. Das musste ich immer wieder erfahren, und das machte mich sehr traurig.

Als ich bei den Kerschuljes im Haus lebte, hatte ich den Eindruck, dass die Ona nicht ganz gesund war, vielleicht weil sie ihren Jungen beerdigen musste. Jedenfalls schrie sie dauernd herum. Doch die Kerschuljes brauchten Hilfe, und als Ona zu mir sagte: »Willst du nicht längere Zeit bei uns bleiben, wir werden was Gutes für dich tun, wir brauchen deine Hilfe«, da war ich mächtig stolz, ich habe sofort ja gesagt. Wenn man mir sagte, dass meine Hilfe gebraucht wurde, war ich immer froh. Später haben sie zu mir gesagt: »Wir müssen dich gut kennenlernen, und wenn du ein fleißiges und horchsames Mädchen bist, vielleicht kannst du dann auch für immer bei uns bleiben.« Deshalb gab ich mir sehr viel Mühe bei den Kerschuljes, ich machte alles so schnell und so gut, wie ich es eben konnte. Obwohl die Frau oft mit mir schimpfte und ungerecht war, hatte ich doch die Hoffnung, bleiben zu können, schließlich hatte man es mir versprochen. Ich versuchte horchsam zu sein, so gut es ging. Aber die Ona schlug mir einfach mit einem nassen Lappen übers Gesicht, sie konnte mit der Faust richtig zuhauen. Und morgens hat sie mich immer am Ohr gezogen, um mich zu wecken. Pietras Kerschuljes bemerkte es meistens, wenn seine Frau mich geschlagen hatte und ich irgendwo in der Ecke weinte. Meist sagte er: »Die ist krank, die Ona, die ist nervös, geh ihr aus dem Weg, du kannst ja schnell laufen. Wenn sie anfängt zu schimpfen, lauf einfach weg.« Pietras versuchte immer, mich zu beruhigen, ja sogar zu trösten. Deswegen konnte ich es bei den Kerschuljes auch einen ganzen Sommer aushalten.

Wenn ich böse wurde, dann habe ich immer mit meinem Vater gedroht. Ich habe gesagt: »Na warte, ich werde größer sein, ich werde meinen Vater suchen und finden. Und der hat ein Gewehr, dann kommt er und wird sich für mich rächen.« Aber keiner von beiden nahm das ernst. Ich hatte einmal in meinem Leben meinen Vater in Uniform gesehen, und der hatte wirklich in der Ecke ein Gewehr stehen, damals, als er für nur einen Abend oder eine Nacht aus dem Krieg nach Hause gekommen war. In meinem Verständnis war das eine Drohung, die hätten sofort die Hände heben müssen, aber das passierte nicht, die lachten nur über mich.

Wir hatten gleiche Seelen

Meine Freiheit, die ich so sehr liebte, hatte ich nur abends nach der Arbeit. Ganz selten auch einmal am Tag, an den Sonntagen. Dann wurden die Kühe angekettet, und ich durfte spielen.

Nicht weit vom Hof der Kerschuljes lag ein anderer Hof, ein recht armer Hof. Die Leute dort hatten nur eine Stute, eine Kuh, ein paar Gänse und Hühner. Sie bauten Roggen und Flachs an, wie die Kerschuljes. Außerdem auch noch Gemüse. Es waren gute Nachbarn, ein Mann und eine Frau, die bei der Ernte halfen und stets einsprangen, wenn Not am Mann war.

Die drei Nachbarskinder waren alles Mädchen, mit denen ich spielen konnte. Eine von ihnen wurde für mich sogar eine wahre Freundin. Sie war von dem Leben beschädigt, sie hatte ein ganz dünnes, trockenes Bein und konnte sich nur sehr schwer bewegen.

Das war die Renje, mit der habe ich mich befreundet und viele schöne Stunden verbracht. Und ihre Eltern, die waren auch nicht dagegen, dass ich zu ihnen kam. Manchmal regnete es, und wir konnten draußen nicht spielen, dann durften wir hinein. Renjes Eltern hatten ein sehr kleines Haus, das nur aus einem Raum bestand. Außer dem Ofen in der Ecke war nichts weiter eingebaut. Die einzigen Möbel waren zwei Betten, eins für die Eltern, eins für die drei Mädchen. Sonst gab es nur einen Tisch und ein paar Schemel.

Ich durfte zu Renje, obwohl ich Läuse hatte. Das juckte immer, besonders auf dem Kopf. Ich musste mich ständig kratzen, denn Ona unternahm nichts gegen das Ungeziefer, nicht mal den Sommer über. Sie wusch mich in einem Holzzuber ab, das war die ganze Hygiene. Auch Renje und ihre Schwestern hatten Läuse, auch sie kratzten sich dauernd. Ihre Mutter untersuchte den Mädchen zwar immer die Köpfe und zerdrückte die Läuse, die sie in ihren Haaren fand, aber das nutzte nicht viel, die Plagegeister hatten längst die Oberhand gewonnen, gegen sie gab es kein Mittel. Läuse kannte ich nicht von zu Hause, und ich war sehr böse auf Ona, weil sie mir im Kampf gegen diese kleinen Quälgeister nicht half.

Selbst die großen Schwestern von Renje waren freundlich zu mir, meistens waren sie aber gar nicht da, hatten weiter weg ihre eigenen Freunde. Manchmal, wenn auch selten, machten sie sich aber lustig über »die kleine Deutsche«, die »Maritje«. Das gefiel mir nicht. Mit Renje war das etwas ganz anderes. Irgendwie hatten wir gleiche Seelen. Die konnte sich schlecht bewegen, sie war so vom Leben bedrückt, und ich, obwohl ich mich gut bewegen konnte, ich war von meinem Schicksal bedrückt. Wenn ich zum Beispiel den ganzen Tag hinter den Kühen hergerannt war und abends auch noch beim Melken und Schweinefüttern geholfen hatte, war ich so müde, dass ich mich ruhig neben sie setzen konnte. Dann haben wir gespielt. Ich weiß nicht mehr, was wir gespielt haben. Meist saßen wir und redeten. Der Renje habe ich mein größtes Geheimnis erzählt, dass ich meine Geschwister und meinen Vater suchen wollte, wenn ich groß sein würde. Und dass meine Mutter tot war. Das wusste ich ja genau.

In meiner Rocktasche hatte ich immer viele kleine, ganz unterschiedliche bunte Steine und Stücke von zerbrochenem Geschirr. Die teilte ich mit Renje und dann legten wir damit gemeinsam Blumen in den Sand.

Im Sand wurde aber auch geschrieben. Ich wollte unbedingt Buchstaben lernen, ich kannte doch erst wenige. In Ostpreußen war ich nur ein paar Wochen zur Schule gegangen und nun schickte mich niemand mehr dahin. Tagsüber musste ich arbeiten. Etwas lernen konnte ich nur, wenn ich bei den älteren Schwestern von Renje lange bettelte, dann setzten sie sich abends oder am Sonntag hin, um uns etwas beizubringen. Renje ging auch nicht in die Schule, und so lernten wir beide gemeinsam von den Älteren: Wir saßen im Sand und malten zusammen schöne Buchstaben, wieder und wieder. Wir malten alle Buchstaben und Wörter, die wir kannten. Renje konnte sogar etwas lesen. Sie hatte ein paar Kirchenbücher, und manchmal las sie etwas über Gott vor. Manchmal brachte ich auch Blumen mit, wenn ich zu Renje ging, und dann flochten wir beiden Mädchen Kränze daraus, die wir stolz auf dem Kopf trugen.

Irgendwann im Herbst war dann die Ernte auf dem Hof der Kerschuljes eingebracht, war alles Getreide und Heu in der Scheune. Ich hatte, so gut ich konnte, mit all meiner Kraft mitgeholfen. Die Prüfung war damit vorbei, und ich dachte, ich hätte sie bestanden und auch im Winter ein Anrecht auf ein Dach über dem Kopf. Aber nein, als der Frost kam, musste ich weitergehen. Es hieß nur: »Wir brauchen dich nicht mehr, geh weiter.« Das Einzige, was die Ona für mich gemacht hatte, war ein Kleid. Das hatte sie mit der Hand aus ihrer eigenen alten Kleidung genäht. Außerdem bekam ich eine wärmere Jacke und Socken. Und » klumpjes«, so heißen Schuhe mit Holzsohlen auf Litauisch.

Ob ich wollte oder nicht, ich musste enttäuscht weiterziehen.

Warum ich im Winter nicht bei ihnen bleiben konnte, darüber habe ich oft nachgedacht. Vielleicht hatten sie Angst, wie viele Litauer, obwohl nur selten »stribai« zu ihnen kamen, oder aber sie haben mich nur ausgenützt, denn ich habe dort schwer gearbeitet, mich sehr angestrengt, weil ich wieder ein Zuhause haben wollte. Ich war doch schon müde vom Herumziehen und Betteln.

Ein paar Tage später schlich ich mich noch einmal in das Haus der Kerschuljes zurück, um ein großes Stück Schinken aus ihrer Räucherkammer zu klauen. Ich war wütend, wollte mich rächen. Und wurde zum ersten Mal zu einer richtigen, kleinen Diebin.

Weit über vierzig Jahre später fuhr ich mit den Journalisten für die Dreharbeiten auch nach Litauen. Wir wollten dort nach Menschen suchen, die mich als Kind gekannt hatten.

Cirailė, das Dorf, in dem Renje und die Kerschuljes gelebt hatten, gab es schon lange nicht mehr, in den fünfziger Jahren waren auch in dieser Gegend Kolchosen eingerichtet worden. Aber wir erfuhren, dass die Ona Kerschulene schon lange Witwe war und irgendwo in Marijampole wohnte. Renje, »die mit dem Hinkebein«, lebte in der Nähe.

Jedes Mal, wenn ich die Filmszenen von meinem Wiedersehen mit Renje anschaue, muss ich weinen. Renje lebte mit ihrer alten Mutter zusammen, die viel für mich getan hatte. Die alte Frau konnte das Bett nicht mehr verlassen, doch sie erkannte mich sofort. Und sie erzählte, dass alle in Cirailė überzeugt gewesen waren, die Kerschuljes wollten mich an Kindes statt bei sich aufnehmen. Niemand habe verstanden, warum die »Ona mit der roten Schnauze« und der Pietras mich im Winter wieder weggeschickt hatten.

Fast sieben Jahre später, im Frühjahr 2001, besuchten wir auch die alte Ona, die inzwischen schon weit über achtzig Jahre alt sein musste. Ich hatte Angst vor der Begegnung mit der alten Frau, denn ich war immer noch wütend auf sie. Und gleichzeitig schämte ich mich wegen des gestohlenen Schinkens. Aber Ingeborg wollte gerne jemanden sprechen, der nach dem Krieg bereits erwachsen gewesen war und etwas mehr über mich, die kleine Liesabeth, erzählen konnte.

Die alte Kerschulene war erstaunlich rüstig. Als wir kamen, saß sie in der Sonne auf der Bank vor ihrem kleinen Holzhaus. Sie erinnerte sich an mich, denn als ich mich für den Diebstahl des Schinkens entschuldigen wollte, lachte die Alte: »Herrjeh, das hatte ich längst vergessen, das war doch lange vor Jesu Geburt!« Aber warum sie mich weggeschickt hatten, sagte sie auch fünfzig Jahre später nicht.

Dabei gab es auf dem Land das ganze Jahr über Arbeit genug. Nach der Ernte begannen sogleich die Vorbereitungen für den Winter. Die Männer fingen an, in den Scheunen das Getreide abzuschlagen, es auf alte Art zu dreschen. Mit einem Stock, an dem oben ein zweiter Stock befestigt war, der sich drehen konnte, mit einem Dreschflegel, schlugen sie auf die Ähren ein. »Fuchteln« nannte man das in Ostpreußen, wie es auf Litauisch hieß, habe ich vergessen. Das war anstrengend, doch ich konnte es bald fast genauso gut wie die Erwachsenen.

Die Frauen begannen, Garn zu spinnen, unterschiedlich dicke Garne aus Flachs oder Schafwolle. Den ganzen Winter machten sie das. Sobald die Tage kürzer wurden, stellten sie in einer Ecke des Hauses einen »stanok tkatskij« – einen Webstuhl – auf. Und dann flog das Weberschiffchen immer hin und her. Das Weben war reine Frauenarbeit. Meter für Meter entstanden so die Stoffe, aus denen in den folgenden Wintermonaten die Kleidung für die ganze Familie genäht wurde, Hemden aus dem Leinen, Jacken, Röcke und Hosen aus den verschiedenen Wollstoffen. Auch gestrickt wurde viel. Es gab immer Arbeit, selbst im Winter.

Bei einer anderen Familie lernte ich das Spinnen, aber ich durfte mich nur an den Abfällen versuchen. Damals sah ich den ganzen Prozess, von Anfang bis Ende. Das Leinen wurde gekämmt, gewaschen und ausgedrückt. Aber das wertvolle Leinen, das aussah wie Seide, das durften nur die ganz alten Frauen spinnen. Das grobe, das habe auch ich gesponnen, davon machten die Bauern Fesselbänder und Halsbänder für das Vieh. Das war gar nicht so einfach, mit dem rechten Fuß das Rad in Bewegung zu halten und gleichzeitig mit den Händen zu arbeiten. An die Schafwolle durften Kinder wie ich überhaupt nicht, die war zu kostbar, die durften erst geschickte Mädchen von sechzehn, siebzehn Jahren verspinnen.

Was gab es sonst noch zu tun im Winter? Man musste Holz reinschleppen, den Ofen heizen, für das Vieh Wasser aus dem Brunnen holen, die Tiere zum Trinken herauslassen. Außerdem musste das ganze Holz für den darauffolgenden Winter geschlagen, zersägt, gespalten und ordentlich aufgeschichtet werden. Eigentlich hätte es auch für mich genug zu tun gegeben, die Kerschuljes hatten wirklich keinen Grund, mich im Winter wieder wegzuschicken.

Ich war wie der Wind

Der Sommer war immer etwas ganz Besonderes. Dann war ich von niemandem abhängig, keiner konnte mir sagen »Du musst dies oder das tun!« oder »Du musst gehen!«. Ich genoss diese Freiheit. Zu essen hatte ich immer etwas. Ich war wie der Wind, ging, wo ich wollte, dahin. Ich konnte mich hinlegen, in die Sonne, das war so schön warm, das war ein wunderbares Gefühl. Wenn man sich auf eine Wiese legt und in den Himmel guckt, dann gibt es da einen Vogel, den »djaworonok« – die Lerche. Der kleine Vogel ist nicht besonders schön, aber man kann ihn stundenlang beobachten, er singt immer. Ich lag im Gras, und leichter Wind schaukelte die Halme vor meinem Gesicht. Ich sah nur die seltenen Wolken und den Vogel da oben. Und fühlte volle Zufriedenheit, große Erleichterung. Ich wollte an überhaupt nichts mehr denken. Ich kann das nicht beschreiben, man muss sie selbst erleben, diese Freiheit. Im Sommer ging es mir sehr gut. Wahrscheinlich habe ich in dieser Zeit, im zweiten Sommer in Litauen, Christel und Manfred mehr und mehr vergessen. Natürlich nicht ganz, aber ich bin selbständig geworden. Ich brauchte mir nichts sagen zu lassen, nicht zuzuhören und nicht zu gehorchen.

Zu Tieren hatte ich immer ein besonderes Verhältnis. Selten wurde ich von den Hunden gebissen, die man auf mich hetzte. Wenn man von den Gantern, die mich vor sich herjagten, absieht, kam ich mit allen Tieren wunderbar zurecht. Mit Schafen, Ziegen, Kühen. Und mit Pferden, die mochte ich ganz besonders. Und die Pferde mochten mich. Sogar Pferde, die mehrere erwachsene Männer kaum einfangen und bändigen konnten, taten mir nichts. Lange Zeit machte ich immer wieder die gleiche Runde über die Dörfer. Dabei hatte ich jedesmal das Gefühl, dass die Pferde, es waren alles kräftige Arbeitspferde, mich wiedererkannten. Ich konnte einfach zu ihnen hingehen, mit ihnen Litauisch sprechen und ihnen etwas Leckeres geben. In meinem Säckchen hatte ich im Sommer immer Brot, Äpfel, Möhren und manch anderes, was den Pferden gut schmeckte.

Zu jener Zeit lernte ich auch reiten. Zeigen musste es mir niemand, ich hatte wohl Talent dazu. Gleich nachdem ich das erste Mal auf einem Pferd gesessen hatte, war ich vom Reiten begeistert. Ich weiß nicht, was ich in mir hatte, die Pferde, manchmal auch die bösen, wilden Pferde, die horchten mir. Und wenn ich tagsüber besonders faul gewesen und nicht müde geworden war und auch ein wenig geschlafen hatte, dann wollte ich nachts etwas unternehmen. Wenn dazu noch der Mond schön schien, dann musste mir etwas einfallen. Viele Pferde kannten mich, und ich glaube, sie liebten mich. Doch bei den Bauern waren nur Pferde, die hart arbeiten mussten. Und die durfte ich nicht reiten, wann und wie lange ich wollte. Diese Pferde brauchten nachts ihre Ruhe und ihren Auslauf, denn sie mussten sich am Gras satt fressen.

Doch ich hatte mir irgendwann in den Kopf gesetzt, dass die Pferde nachts mir gehörten, dass ich nachts mit ihnen machen konnte, was mir in den Sinn kam. Schließlich konnte ich den Bauern nicht wach machen und sagen: »Hör mal, ich möchte dein Pferd reiten!« Und da habe ich die Pferde abgebunden, ganz primitiv so ein Pferdegeschirr gemacht, aus dünnen Stricken, und dann, hopf, rauf! Und los. Im Galopp und im Trab, ich brauchte die Pferde dazu nicht mal zu schlagen oder zu treiben, die horchten mir auch so. Den Tieren habe ich was Gutes getan. Sie bekamen nach einer Stunde oder auch zwei – ich habe sie nie gequält – ihre Freiheit. Meist band ich gleich mehrere Pferde los. Sie taten mir leid. Den ganzen Tag über mussten sie arbeiten, und nachts wurden sie angekettet und konnten nur ein kleines Stück von der Wiese fressen. Dann sagte ich zu ihnen: »Ihr habt brav hart gearbeitet, dann könnt ihr euch auch satt fressen.« Ich ließ sie dahin, wo Hafer eingesät war. Der schmeckte ihnen besonders gut.

Lange Zeit wussten die Bauern nicht, wer hinter diesen Streichen steckte. Sie dachten, zum Teufel, am Abend waren die Pferde noch fest angekettet, wieso liefen sie am frühen Morgen frei herum? Die Erwachsenen vermuteten zuerst, dass das »naktinis velniūkštis« – Nachtteufelchen – waren. Auf dem Land waren ja viele Kinder, und die Bauern hatten immer den Verdacht, dass die Jungen das machten. Aber dann hat mich doch jemand erwischt. Vielleicht haben sie aufgepasst, jedenfalls hieß es dann: »Ach, das Nachtteufelchen, das ist die Maritje.«

Dass ich mir Pferde nachts zum Reiten auslieh, war verboten, aber längst nicht so schlimm wie das, was ich bereits mehrmals im Frühling mit ihnen angestellt hatte. Ich hatte beobachtet, dass auch die Pferde im Frühling heiß wurden. Und dass manche Bauern nicht nur kastrierte Hengste, Wallache also, sondern auch richtige Hengste besaßen. Die waren im Frühling immer ganz aufgeregt, sie bewegten sich schöner und schwungvoller als sonst, trugen den Kopf und den Schwanz hoch, schwebten beinahe über die Wiesen. Die Hengste nahm ich nur sehr selten zum Reiten. Besonders im Frühling hatte ich großen Respekt vor den kräftigen Tieren. Dann war es besonders schwierig, sich auf ihrem Rücken zu halten, denn die Hengste wollten zu den Stuten. Einmal bemühte ich mich vergebens, den Hengst, den ich mir ausgeliehen hatte, ohne Trense in die Richtung zu bewegen, in die ich wollte. Der Hengst stieg, warf mich ab und trabte zu den anderen Pferden. Das waren vor allem Stuten, aber es war auch ein weiterer Hengst darunter. Was sich dann abspielte, war für mich wie auf einer Theaterbühne, wie im Kino auf der Leinwand: Das muss man selbst einmal gesehen haben, wie zwei Hengste aufeinandertreffen. Sie stehen auf den Hinterbeinen, greifen sich mit den Zähnen an, bis sie bluten, und schlagen sich mit den vorderen Beinen. Das hat mir damals irgendwie gefallen. Aber dass ich sie aufeinander losgelassen habe, das war auch eine Bösart von mir. Das sprach sich rum, nicht jedes deutsche Kind hat so etwas gemacht. Das war sehr frech, und das bedeutete, dass die Bauern mich dafür mit der Peitsche hätten verprügeln können. Ich gebe zu, das hätte ich wirklich verdient gehabt! Aber die Bauern erwischten mich nie, ich war klein und flink, ich war immer schneller.

»Wenn man raucht, ist es wärmer im Bauch«

Als mich die Kerschuljes wegschickten, wusste ich nicht wohin. Auch in diesem zweiten Winter übernachtete ich oft in Viehställen. In die Häuser durfte ich nur noch selten, ich war mit meinen neun Jahren schon nicht mehr so klein, dass die Menschen Mitleid mit mir hatten.

Außer mir streiften noch viele andere Kinder bettelnd durch Litauen, deutsche und russische, manche kleiner, sauberer und freundlicher als ich. Falls auch ein paar litauische Kinder darunter waren, dann nur sehr wenige. Ich zog am liebsten alleine umher, denn so bekam ich mehr Lebensmittel. Mit der Zeit war ich zu einer richtigen Einzelgängerin geworden.

Wollte ich doch einmal die anderen Kinder sehen, ging ich zum

Bahnhof nach Šeštokai oder nach Kalvarija. Spät abends war fast immer jemand dort. Wenn wir uns trafen, erzählte jeder, wo er gewesen war, was er erlebt hatte. Sagte dann jemand, dass ein Kind verschwunden oder gestorben war, erzählte ich von meiner Mutti, dass die auf der Flucht verhungert war. Wir Kinder blieben meist ein paar Tage zusammen, und ich war fast immer die Erste, die sich wieder alleine auf den Weg machte.

Ein paar Mal fuhren wir zusammen nach Kaunas. Um in die große Stadt zu kommen, kletterten wir Jungen und Mädchen einfach oben auf die Dächer der Züge und hielten uns irgendwo fest. Das war praktisch, weil wir so kostenlos mit dem Zug fahren konnten, und außerdem ein großer Spaß. Kaunas war nicht weit entfernt von der Gegend im Südwesten Litauens, in der ich mich hauptsächlich aufhielt.

In Kaunas waren wir Kinder immer sehr vorsichtig. Die Stadt war im Krieg stark zerstört worden und noch längst nicht wieder aufgebaut. Im Wartesaal des Bahnhofs durften wir uns nicht aufhalten, da wurden wir von der Miliz fortgejagt. Deshalb gingen wir nachts auf einen alten Friedhof, der nur wenige Hundert Meter entfernt war. Dort waren in großen Familiengrüften berühmte Litauer beigesetzt. Heute gibt es diesen Friedhof nicht mehr, an seiner Stelle ist ein großer Friedenspark.

Auf den Friedhof ging ich nie alleine, dort war es selbst mir ein wenig unheimlich. Stets waren noch vier oder fünf Jungen bei mir. Ich habe mich mit ihnen auf Deutsch unterhalten, vermutlich waren es also auch deutsche Kinder. Wir haben in den kleinen Häuschen für die Toten geschlafen, in den Grabmalen. Wir wussten, dass kein Litauer nachts auf den Friedhof gehen würde, um deutsche Kinder zu vertreiben. Dafür waren die viel zu ängstlich. Wenn wir uns da abends sammelten, brachten wir mit, was wir hatten, irgendwo gebettelt, irgendwo geklaut oder gefunden. Und bald fingen die Jungs an zu rauchen. Sie rauchten, was sie gerade hatten. Sie sagten, wenn man raucht, dann ist es wärmer im Bauch. Ich habe auch gefroren, und ich wollte es auch warm haben. Das

Erste, was ich rauchte, waren Zigarettenstümpfe aus dem Müllkasten. Die Männer drehten immer die Tabakblätter und rauchten sie nur bis zur Hälfte. Beim ersten Mal habe ich gehustet und gekeucht, bis mir von dem Husten, von der Anstrengung die Tränen kamen, doch ich gewöhnte mich schnell ans Rauchen. Da kam schon die Sucht. Dann habe ich immer überall nachgeguckt, wo geraucht wurde, oder gefragt: »Bitte, lass mir ein Stümpfchen ...« Der eine hat mir was gegeben, weil er über mich lachen wollte, der andere hat mich weggejagt. Mit zehn Jahren war ich bereits eine richtige Raucherin. Wenn es überhaupt nichts zu rauchen gab, dann haben wir Kirschblätter gedreht oder einfach irgendwelches Laub, das gab es ja in den Gräbern da unten, der Wind hat es immer dort hineingepustet. Und wenn uns kalt war im Winter, haben wir manchmal damit auch ein Feuerchen gemacht.

Aus gutem Grund waren wir Bettelkinder nicht gerne in der großen Stadt, denn in Kaunas hungerten die meisten Menschen nach dem Krieg. In der ehemaligen litauischen Hauptstadt bekamen wir nicht nur kaum etwas zu essen, manchmal war es sogar gefährlich für uns. Einmal erzählte ein größerer Junge uns kleineren Kindern, dass dort Piroggen, das sind Hefeteigtaschen, verkauft wurden, die mit Menschenfleisch gefüllt waren. Er sagte, dass einige von unseren Freundinnen und Freunden vor Monaten verschwunden und nie wieder aufgetaucht seien und dass es in Litauen sehr böse Menschen gebe, die Kinder töteten und daraus Hackfleisch machten, für Bratfrikadellen und Teigklößchen. Die wurden am Bahnhof verkauft. Wir hatten Angst, wir wollten nicht wie ein Schwein oder ein Huhn abgeschlachtet werden, und deshalb gingen wir mit niemandem mit, wenn uns jemand zu sich nach Hause einladen wollte. Zumindest nie alleine, nur zu mehreren, sonst war das viel zu gefährlich. Obwohl ich selbst keine Angst hatte, ich war damals viel zu mager, an mir war kaum Fleisch. Dass wirklich Menschenfleisch verkauft und gegessen wurde, das habe ich später in einer Zeitung gelesen. Das hat es nicht nur nach dem Krieg in Kaunas gegeben, auch in Leningrad und in Königsberg. Wenn die Täter erwischt wurden, wurden sie verhaftet, wegen Kannibalismus verurteilt und für ein paar Jahre ins Gefängnis gesteckt.

Auf dem Land war es viel besser. Denn die Bauern hatten Vorräte, und wir Kinder wussten, wo die Bauern diese Vorräte aufbewahrten. Wenn von außen ein Stock schräg vor der Haustür stand und sie so verschlossen hielt – es gab an den litauischen Bauernhöfen außen keine Riegel –, dann war niemand zu Hause, und wir Streuner konnten in Ruhe die Speisekammern durchsuchen. Unten, neben dem Herd, war das Brot, und oben in der Räucherkammer hingen Schinken und Speck. Ein langes Messer lag immer daneben, so dass man sich leicht etwas abschneiden konnte.

Ich wusste damals natürlich bereits, dass Stehlen eine Sünde ist, das hatte ich als kleines Kind zu Hause gelernt, eine Lektion, die alte Litauerinnen noch einmal mit mir wiederholten. Ich hatte ihnen einmal freimütig gestanden, dass ich öfter sündigte, weil ich Essen stahl. Wider Erwarten schimpften die alten Frauen mich nicht aus, sie erklärten mir vielmehr, dass Lügen eine größere Sünde sei, als sich etwas zum Essen zu stehlen. Doch sie fügten noch einen entscheidenden Satz hinzu: »Nimm nur so viel, wie du selbst essen kannst, nicht mehr. Dann ist das nur eine kleine Sünde, und der liebe Gott wird dir das verzeihen.« An diese Devise habe ich mich später gehalten. Fast immer.

Eine geraume Zeit lang hielt ich mich in Kalvarija auf, einer Kleinstadt, nicht weit von der polnischen Grenze. Dort gab und gibt es eine große Kirche und viele schöne, bunt gestrichene, niedrige Holzhäuschen. Nicht weit von der Stadt lag mein kleiner See, in dem ich mich im Sommer morgens wusch. Ich ging nie tief in das klare Wasser hinein, denn schwimmen konnte ich nicht. Bis heute habe ich es nicht gelernt. Ich schlief in einem ruhigen Wald gleich am Ufer dieses Sees unter einer großen Tanne, deren Äste bis auf den Boden reichten. Unter diesem Dach war es trocken und weich.

Dort schleppte ich alles hin, was ich finden konnte, Gras und trockene Blätter, alte Säcke und eine zerschlissene Pferdedecke. Außerdem hatte ich noch einen alten Stahlhelm gefunden, in dem ich Wasser oder Milch holte. Und ich hatte noch andere praktische Sachen.

Immer aber träumte ich von einem richtigen Zuhause, und so baute ich mir nach einiger Zeit aus herbeigeschleppten Brettern meine eigene kleine Hütte unter der Tanne. Drinnen war es ganz gemütlich. Und ich war nicht allein, eine kleine Familie gehörte auch dazu. Ich hatte am Fluss zwei Holzklötze mit Griffen dran gefunden, ich weiß nicht, wie die heißen, die benutzten die Frauen zum Wäschewaschen. Daraus habe ich mir Puppen gebastelt und sie schön eingewickelt. Ihre Gesichter habe ich mit Holzkohle gemalt, für die ich extra im Wald ein Feuer gemacht hatte. Ich habe mit den Puppen gesprochen, es sollten meine Schwester und mein Bruder sein. Oder vielleicht schon meine Kinder.

Ich hatte es schön in meiner Hütte und brauchte nur noch zu den Höfen zu gehen, um mir was zu essen zu holen. Aber im Frühsommer war es schwer, da gab es noch keine Äpfel, und egal wie gründlich ich auch die Gärten untersuchte, es gab weder Möhren noch Gurken oder Beeren, es war noch nichts reif. Und so musste ich mir auf meine Art Brot und vor allem Milch besorgen: Die Kühe kannten mich sehr gut und melken konnte ich schon lange. Ich nahm also meinen Stahlhelm, stellte ihn hin und melkte die Milch dort hinein. Schlecht war nur, dass ich die Kühe nicht zu Ende melkte, das soll man nicht tun, denn dann geben sie mit der Zeit immer weniger Milch. Aber ich nahm nur so viel, wie ich trinken konnte. Brot holte ich bei den Bauern. Brot und gepressten Quark, manchmal auch ein Stück Speck, davon hatte ich immer reichlich.

Die Wolfskinder hatten es
besser als ich

Nicht weit von meiner Tannenhütte lebte eine Wolfsmutter mit ihren Jungen. Die Hütte lag etwas erhöht auf einem Hügel, von dort aus konnte ich ein kleines Tal überblicken und beobachten, was sich auf der gegenüberliegenden Anhöhe abspielte. Eines Tages entdeckte ich einen Wolf. Ich wusste zuerst nicht, ob das ein Weibchen oder ein Männchen war. Der Wolf tauchte immer morgens auf, nicht sehr weit von mir entfernt, aber auch nicht sehr nah. Ich konnte ihn gut sehen. An einer Stelle lagen umgestürzte Bäume, und dort saß der Wolf. Ich beobachtete ihn, und er beobachtete mich auch. Mit dem Wolf habe ich Litauisch gesprochen, ich habe ihm gesagt, er solle keine Angst haben und dass ich selber vor ihm ein bisschen Angst hätte. Aber eben nur ein bisschen. Ich liebte den Wald und seine Tiere, die ich gerne stundenlang beobachtete. Aber ich wusste aus den Erzählungen der Erwachsenen sehr wohl, dass ich trotz aller Neugierde nicht zu dem Wolf hingehen durfte. Ich wusste aber auch, dass die Wölfe, egal ob Männchen oder Weibchen, Menschen im Sommer nie angriffen. Dann hatten die Tiere genug zum Fressen.

Ich war trotzdem sehr vorsichtig, und wir hielten beide stets Abstand voneinander, so, als sei eine unsichtbare Grenze zwischen uns gezogen. Dabei gingen wir jeden Tag denselben Weg durch das Tal. Nur dass ich zu meiner Hütte nach rechts abbog, der Wolf nach links.

Wenn ich nachmittags oder gegen Abend zu meinem kleinen Zuhause zurückkehrte, legte ich immer etwas Essbares auf den Weg. Ein Stückchen Speck, einen Kanten Brot, gekochte Kartoffeln, nicht viel also. Im Unterschied zu mir kam der Wolf morgens zurück. Jeden Tag, wenn ich mich auf den Weg zu den Bauern machte, überprüfte ich, ob meine essbaren Geschenke noch an Ort und Stelle lagen. Obwohl es in der Nähe keine Hunde gab, war immer alles fort, nicht nur der Speck, auch die Kartoffeln. Da ich selbst genug in meinem Säckchen hatte, legte ich stets wieder etwas Neues hin, nie jedoch das letzte Stück Brot.

Der Wolf war sehr leise und vorsichtig, ich konnte ihn nicht kommen hören, kein Knacken kündigte ihn an. Auch heulte er nie. Aber eines Tages entdeckte ich drei kleine Wesen. Da wusste ich, dass es eine Wölfin war. Ohne vor mir Angst zu haben, hatte sie in nächster Nähe ihre Jungen bekommen.

Ich war immer dagegen, dass man Kinder wie mich Wolfskinder genannt hat. Denn ich hatte Wolfskinder, richtige Wolfskinder, beobachtet. Ich hatte gesehen, wie die Mutter mit ihnen spielte, die legte sich hin, die Kleinen konnten überall um sie herumspringen, und sie hat denen mit der Zunge die Ohren gewaschen. Die hatten es viel besser als ich. Ich war wirklich neidisch auf die kleinen Wolfskinder.

Andere Kinder, Menschenkinder, traf ich im Sommer samstags und sonntags in Kalvarija am Tanzplatz, der nicht weit vom Flüsschen Šešupė entfernt war. Jedes Wochenende erklang dort Musik. Es wurde getanzt, getrunken, geraucht und viel gelacht, und die Erwachsenen warfen sogar manchmal ganze Papirossy weg, das sind sowjetische selbstgedrehte Zigaretten mit langer Papierhülse. Uns Kindern gefielen diese Feste, die Musik machte uns Spaß, wir sammelten die Taschen voll mit Zigarettenstümpfen, tranken die Reste aus den Flaschen. Spät in der Nacht, wenn wir müde wurden und die Leute langsam nach Hause gingen, legten wir uns unter der Brücke schlafen, von dort konnten wir den Tanzplatz beobachten. Erst wenn der Sommer zu Ende ging und nicht mehr getanzt wurde, gingen alle Jungen und Mädchen wieder ihre eigenen Wege. Sie machten sich zu Fuß auf oder sie fuhren oben auf dem Zug mit, um dorthin zu kommen, wo sie sich auskannten und im Winter durchschlagen konnten.

Ich zog immer weitere Kreise, denn auch ich liebte es, mit den anderen Kindern oben auf den Dächern der Züge mitzufahren. Erst fuhren wir ein Stückchen auf dem einen Zug, dann ging es auf einem anderen weiter. So kam ich nicht nur nach Kaunas, sondern eines Tages von Kalvarija aus in eine ganz andere Gegend, in die Nähe von Alytus. Dort fließt der Nemunas, der auf Deutsch Memel heißt. An seinem Ufer – an manchen Stellen ist es ganz steil – stehen dichte Wälder. Dort übernachteten wir Kinder, solange es noch warm genug war.

Alytus

Im zweiten oder dritten Herbst nach Kriegsende war ich zum ersten Mal bei Alytus. Es war nass, die Blätter lagen schon auf der Erde, die Bauern hatten ihre Ernte längst eingefahren und ich fand keine Heu- oder Strohhaufen mehr auf den Feldern. Ich klopfte an einem Haus an, es hieß »nein«, am nächsten, wieder hörte ich nur ein Nein. Dann wurde es langsam dunkel, die Kühe kamen von der Weide, überall im engen Tal des Nemunas konnte man sie hören. Schließlich machte mir eine Frau die Tür auf, gab mir schnell eine Pferdedecke und flüsterte mir zu: »Lauf in die Scheune und leg dich dort ins Heu, da kannst du übernachten.« Bevor sie die Tür wieder schloss, steckte sie mir noch ein Stück Brot zu.

Ich war schon eingeschlafen, und es wurde mir gerade warm, als ich plötzlich etwas Schweres auf mir spürte. Ein Mann hielt mir den Mund zu. Er stank nach einfachem Hauswodka. Als ich beißen wollte, schlug er zu. Und dann passierte das Furchtbare, er hat mich vergewaltigt. Als die schlimmsten Schmerzen vorbei waren, packte er mich am Nacken, stieß mich aus der Scheune und sagte: »Jetzt hau ab, und wenn du jemandem erzählst, was passiert ist, dann bringe ich dich um.« Aber ich konnte nicht fort, ich konnte nicht gehen, alles tat weh und alles war nass. Ich versuchte wegzulaufen, doch ich fiel wieder und wieder hin. Da ließ der Mann mich liegen und ging fort. Irgendwann hörte ich Schritte und spürte ein Pferd neben mir atmen. Der Mann war zurückgekommen. Er zog mir einen Sack über den Kopf, band ihn fest und warf mich auf einen Karren, um mich zum Fluss hinunterzufahren. Dort warf er mich hinein.

Als ich den Fernsehleuten diese Geschichte erzählte, war ich zuerst ganz ruhig, obwohl es bis heute ganz schwere Erinnerungen sind. Im Herbst 1994 sind wir nach Alytus gefahren und haben lange am Fluss nach der Stelle gesucht, an der es passiert sein könnte. Als wir schweigend zum Nemunas hinabgingen, brachen all meine Verbitterung, mein Protest, mein Unverständnis plötzlich aus mir heraus: Der Nemunas hätte mein Grab sein sollen. Aber der liebe Gott wollte nicht, dass das geschah. Irgendwo an dem Fluss waren zwei Fischer, die haben mich gerettet. Ich denke heute noch über den Mann nach. Meine Schmerzen gingen vorbei, doch mein Leben lang konnte ich das nicht vergessen. Und der Mann? Was war mit seinem Gewissen? Er dachte doch, er hätte ein Kind umgebracht. Bis heute stelle ich mir die Frage, wie ein erwachsener Mensch so etwas tun kann. Er musste weiterleben. Wie konnte er danach ruhig schlafen?

Die beiden Fischer, die mich in dem Sack auf dem Fluss treiben sahen, zogen mich schnell aus dem Wasser. Nach den ersten Wiederbelebungsversuchen brachten sie mich in ein Haus in der Nähe des Flusses, wo sich eine alte Frau um mich kümmerte. Als ich aufwachte, saß diese sehr alte Litauerin neben meinem Bett. Sie fragte immer nur: »Wer hat das getan? Wer hat das getan?« Aber ich erinnerte mich sogleich an die Stimme des Mannes, daran, wie er gesagt hatte: »Wenn du das jemandem erzählst, dann bringe ich dich um.« Und so schwieg ich, ich sagte kein Wort.

Wenn sie keine Antwort bekam, nahm die alte Frau meine Hand. Sie sagte: »Du musst beten!«, und machte mit meiner Hand das Kreuzzeichen. Das kannte ich nicht, unsere Familie war – wie die meisten Ostpreußen – evangelisch. Die fremde Frau machte mir Tee aus Kräutern, und sie gab mir gutes Essen. Immer wieder fragte sie: »Wer war das? Wer war das?« Doch dann verstummte ich jedes Mal wieder. Als ich wieder einigermaßen bei Kräften war, zog ich weiter.

Einige Wochen nach dem Vorfall am Nemunas, es war noch einmal wärmer geworden, traf ich ein paar Freunde in Marijampole am Bahnhof. Die Jungen fragten mich, wo ich so lange gewesen sei. Das waren gute Kameraden, vor denen ich keine Angst hatte, deshalb erzählte ich ihnen, was passiert war. »Der wird was erleben!«, sagte einer der Jungen. Unsere kleine Gruppe machte sich mit dem Zug auf den Weg nach Alytus und von dort aus zu Fuß in das Dorf am Fluss. Ein paar Jungen gingen weiter zu der Scheune, die ich ihnen zeigte. Ein anderer stieg mit mir den Berg hinauf, wo wir gemeinsam auf die anderen warteten. Die kamen auch bald, um von oben das Feuer zu beobachten, denn sie hatten die Scheune des Bauern angezündet. »Das ist für dich, ist das nicht schön?«, fragten sie. Wir Kinder schauten dem Feuer noch eine Zeitlang zu, bald loderte die ganze Scheune. Die Dorfbewohner versuchten, das Feuer zu löschen, ohne Erfolg, sie brannte völlig nieder. Ein paar Tage später fuhr ich nach Kalvarija zurück; in die Gegend von Alytus traute ich mich jahrelang nicht mehr.

Alle wussten, dass ich kein Zuhause hatte

In jenem Herbst regnete es tagelang in Strömen und als ich wieder kein festes Dach über dem Kopf hatte, traute ich mich zum ersten Mal in die große weiße Kirche von Kalvarija, die hoch über der Šešupė thront. Zur damaligen Zeit waren die Litauer sehr gläubig, die meisten waren katholisch und sind es heute noch. Sonnabends und sonntags war die Kirche stets von morgens bis abends geöffnet. Die Menschen, die zum Gottesdienst kamen, waren alles einfache Bürger. Wer weiter weg auf den Höfen lebte, kam mit einem Pferdewagen, wer in der kleinen Stadt wohnte, meist zu Fuß.

Zuerst wärmte ich mich nur im Haupteingang ein wenig auf, aber da störte ich die Gottesdienstbesucher, die hineinwollten. Und so rückte ich immer ein paar Schritte weiter und noch ein bisschen weiter in die Kirche hinein. Die Orgelmusik und der Chorgesang gefielen mir. Als die Gemeinde einstimmte, hätte ich gerne mitgesungen, aber ich kannte die litauischen Kirchenlieder noch nicht.

Ich ging weiter und weiter in das Gotteshaus, hinter den Kirchenbänken herum nach rechts, weg von den Menschen. Dort war ein kleiner Vorraum, in dem genau gegenüber dem Fenster eine große Jesusfigur am Kreuz hing. Darunter stand ein kleines Weihwasserbecken. Auf dem Boden lag aus unerfindlichen Gründen eine einfache Wolldecke. Ich war müde und durchnässt vom Regen, ich legte mich unter das Kreuz, rollte mich wie ein Hund zusammen und schlief schnell ein. Die schöne Musik, das Singen und das Beten, alles wurde immer leiser und leiser, und ich verschwand im Schlaf. Als ich wach wurde, war die Kirche fast leer, die vielen Kerzen brannten langsam herunter, und neben mir lagen ein paar Plätzchen. Die machten die Litauer in den Dörfern aus Weizenmehl. Aus Eiern und Mehl, manchmal waren sie mit Zucker gesüßt. Und weil sie niemandem gehörten, aß ich die Plätzchen. Es war schön in der Kirche. Das habe ich mir gemerkt.

Wieder und wieder ging ich im Winter dorthin. Hier jagte mich niemand aus meiner Ecke heraus, es war warm, und fast jedes Mal, wenn ich aufwachte, lag etwas Essbares neben mir. Von wem es war, wusste ich nicht, denn ich schlief immer gleich ein.

In Sangrúda, das war ein kleines Dorf nicht weit von Cirailė, wo Renjes Familie und die Kerschuljes lebten, gab es auch ein kleines Gotteshaus, aber dort bat man mich immer gleich nach Ende der Messe, die Kirche zu verlassen, das Gebäude wurde dann abgeschlossen, anders als in Kalvarija.

Besonders an Feiertagen sah ich mir gern die Gottesdienste an. Dann wurde noch schöner gesungen, waren Frauen und Kinder noch prächtiger angezogen als an den gewöhnlichen Sonntagen. Sogar die Männer hatten ihre graue Arbeitskleidung abgelegt und ihren dunklen Anzug aus dem Schrank geholt.

Den Pastor in Kalvarija kannte ich kaum. Für mich standen Pastoren und alle Menschen, die ein Amt inne hatten und gut gekleidet waren, immer viel zu viele Stufen höher, sie schienen mir unerreichbar, ich hatte großen Respekt vor ihnen. Keine Angst, aber Respekt. Nur selten kam der Pastor in meine Ecke, um mir über den Kopf zu streichen. An Gesichter oder Namen kann ich mich heute nicht mehr erinnern, alle sind in meiner Erinnerung gleich. Ich kann mich aber an vieles erinnern, was man mir getan hat, vor allem an das Gute. Böses, Schlechtes wollte ich immer vergessen.

Damals machte ich mir keine Gedanken darüber, warum mir die Gläubigen nicht halfen, warum mich niemand mit nach Hause nahm. Der Zöns in Kalvarija, so nannte man den »klebonas«, den Pastor, wusste genau, dass ich, die kleine Deutsche, kein Zuhause hatte. Doch auch er half mir nicht, obwohl ich noch ein Kind war. Oder war er es, der sonntags die Plätzchen neben mich legte? Er hat mir nie ein böses Wort gesagt, hat mich nur nach meinem Namen gefragt. Alle in der kleinen Stadt wussten, dass ich ein Waisenkind, ein deutsches Straßenkind, war. Aber niemand hat gesagt: »Komm mit zu mir nach Hause …«

Nur bei Birutje durfte ich ein paar Mal übernachten, die hatte ich beim Spielen unter der Brücke kennengelernt. Birutjes Eltern waren Kommunisten, sie gingen nicht in die Kirche. Aber obwohl ich mich mit dem Mädchen sehr gut verstand, war ich nicht gerne bei der Familie, denn ich hatte große Angst vor dem Vater, der eine breite, lange, rote Narbe im Gesicht hatte.

Wo Birutje lebte, hatten die Leute alle Gärten um ihre Häuser. Sobald es im Frühling warm wurde, bauten die Litauer einfache Herde aus Steinen, meist aus Ziegelsteinen, draußen auf. Dort kochten sie bis zum ersten Frost. Und eines Tages stand in einem dieser Gärten ein großer Topf auf dem Feuer, aus dem es wunderbar duftete. Ich habe zuerst hinter dem Zaun gestanden und nur den Duft eingesogen. Ab und zu kam die Hausherrin raus und hat immer noch etwas in den Topf gelegt und umgerührt. Wer hätte da widerstehen können? Ich habe die Frau lange beobachtet. Schließlich brachte sie Wasser ins Haus. In dem Augenblick bin ich über den Zaun gesprungen, hin zu dem Topf. Schnell den Deckel runter, und da sah ich nur zwei Hühnerbeinchen, die guckten oben heraus. Die habe ich mir geschnappt, aber sie waren furchtbar heiß. Ich weiß genau, was ich damals anhatte: einen alten Bauernsack, da hatte ich mir Löcher für die Arme und den Kopf hineingeschnitten, und oben machte ich ihn mit Draht zu. Dieses Huhn war furchtbar heiß, und ich war so dumm, dass ich es oben in den Halsausschnitt steckte. Es rutschte natürlich nach unten, und ich hatte ja auch kein Höschen an, wo es hätte haltmachen können. Ich stand da, kämpfte mit dem heißen Geflügel, als die Frau auch schon mit derben Schimpfworten hinter mir her schrie. Ich dachte, es würde mir gelingen, vor der Frau mit meiner Beute über den Zaun zu kommen. Aber weil die ganze Haut verbrannt war und ich nicht schnell genug das Huhn wieder herausschütteln konnte, hat sie es geschafft, mir mit dem Feuerhaken einen Schlag auf den Kopf zu geben. Heute kann ich die Frau verstehen, die hatte Kinder, und ich wollte ihr das gute Essen stehlen, um es für mich ganz alleine zu haben. Aber damals war das sehr schlimm für mich.

Als ich wieder zu mir kam, war es bereits dunkel. Mir war kalt, alles schmerzte, ich lag in einem riesigen Brennnesselbusch am Ufer der Šešupė. Auf einem Auge, dem rechten, konnte ich nichts mehr sehen, es macht mir heute noch zu schaffen. Doch irgendwie kam ich wieder auf die Beine und schleppte mich mit letzter Kraft zu einem erleuchteten Fenster, dessen Lichtschein ich gerade noch erkennen konnte. Obwohl Kalvarija eine kleine Stadt war, hatten die Menschen damals noch keinen Strom, meist brannte in den Häusern wie bei den Bauern auf dem Land nur eine Petroleumlampe. Ich wusste, dass irgendetwas mit mir nicht in Ordnung war, die Brennnesseln, die Mücken und der Feuerhaken hatten mich ziemlich übel zugerichtet. Ich wusste aber nicht, wie ich aussah. Ich wollte unbedingt zu dem Licht und wusste, dass die Türen offen standen bei den Litauern. Ich konnte nur mit einem Auge etwas sehen. Die Leute waren beim Abendessen, als ich die

Tür aufstieß. Die ganze Familie saß um den Tisch und aß das Hühnchen, das ich hatte stehlen wollen. Die Frau hatte es gefunden und nach Hause gebracht. Sie saß mir gegenüber. Auf einmal stand sie auf – ich war noch in der Tür –, tat einen Schrei und fiel sofort um, auf den Lehmboden. Ich habe nur noch gedacht, jetzt wird man mich wieder verprügeln, und dann bin auch ich ohnmächtig geworden.

Als ich wieder aufwachte, lag ich auf einer Holzbank, auf der mir die Leute eine Bettstatt gemacht hatten. Sie hatten mich gewaschen und meinen Kopf verbunden. Die Frau versuchte mir etwas zu trinken zu geben und mich zu füttern. Ein paar Tage später, als ich wieder einigermaßen bei Kräften war, gaben mir die Kinder eine kleine Glasscherbe, in der ich mich zwar sehen, aber kaum erkennen konnte, so schrecklich sah ich immer noch aus.

Die Frau sagte mir später, dass sie dachte, mich umgebracht zu haben, dass sie mich hatte suchen und heimlich begraben wollen. Und dann wiederholte sie immer wieder weinend: »Aze praschau, aze praschau vergelje«, das heißt so viel wie: »Kindlein, verzeihe mir, verzeihe mir, ich dachte, dass ich dich umgebracht habe, und ich will das jetzt wiedergutmachen.« Wann das alles geschehen ist, kann ich mich nicht erinnern, ich bin mir nur sicher, dass es nach der Vergewaltigung am Nemunas war, in dem Herbst, bevor ich zu Tante Jusje kam.

»Du gehst hier doch kaputt!«

Außer ein paar Hühnern hielten die Menschen in der Stadt kein Vieh, zu dem ich im Winter hätte in den Stall hineinkriechen können. Deshalb schlief ich meist unter der Brücke über die Šešupė, in der Nähe des Tanzplatzes von Kalvarija. Dort waren auch andere Kinder, deutsche und russische. Ein paar litauische waren in der ersten Zeit ebenfalls manchmal dabei. Gemeinsam trugen wir Gras und trockenes Laub zusammen, worauf wir schliefen. Auch

Straßenhunde kamen dorthin, an die konnte man sich anlehnen, ihre Körper waren wunderbar warm, und die Flöhe störten uns nicht. Aber eines Tages waren die anderen Kinder verschwunden, und selbst die Straßenhunde hatten einen besseren Platz gefunden. Nur ich lag ganz alleine frierend unter der Brücke.

Eines Abends spät kam ein Mann. Ich wollte weglaufen, aber es war sehr kalt, und ich konnte nicht aufstehen. Der Mann rüttelte mich und sagte: »Du, du! Du gehst hier doch kaputt!« Dann fragte er mich, wo ich hingehöre. Ich sagte nur meinen litauischen Namen Maritje, da hob der Mann mich auf und trug mich weg. Ich hatte große Angst, dachte, womöglich würde wieder etwas passieren, so wie in dem Dorf am Nemunas, aber ich konnte mich nicht wehren. Doch der Mann hat mich einfach zu sich nach Hause gebracht. Seiner Frau hat er gesagt: »Hier, das ist ein Kind von unter der Brücke, die kleine Deutsche. Die geht dort kaputt. Es ist eine große Sünde, so ein Kind zu sehen und es sterben zu lassen.« Das war eine Rettung für mich, ich hätte sonst auch für immer dort liegen bleiben können.

Als der Mann mich in sein Haus gebracht hatte, blieb ich erst einmal neben der Eingangstür im Vorraum sitzen, nicht draußen vor der Tür, denn es wurde langsam Winter. Dort hatte mir die Frau etwas zu essen hingestellt. Gemeinsam mit ihrem Mann stellte sie eine große Holzwanne auf, holte Seife, eine Schere und nach und nach viele Eimer heißen Wassers aus der Küche. Inzwischen war ich eingeschlafen. Erst in dem warmen Wasser in der Wanne wachte ich auf, als die Frau mich badete und mir die Haare abschnitt. Als ich die Augen aufmachte, beguckten mich die Jungen von dem Zimmer aus, wo wir später aßen. Zwei Köpfe, ganz ernst. Ich hatte keine Hemmungen vor denen, obwohl ich schon keine Haare mehr hatte. Sie waren ja viel jünger als ich.

Wie betäubt schlief ich Tage und Nächte. Die Frau weckte mich nur selten für kurze Zeit auf, um mir etwas Flüssiges einzuflößen. Erst hatte sie mich auf die Ofenbank gelegt, als sie aber merkte, dass ich immer nass war, machte sie mir ein Bett auf zwei Stühlen.

An diese ersten Tage bei Tante Jusje, so nannte ich Juzefa Linke-viciene später, habe ich keine Erinnerung. Für mich gab es weder Morgen noch Abend, weder Tag noch Nacht, in mir war nur ein großes Durcheinander.

Familie Linkevicius, das waren der Vater Kazimiras, ein Musikant und Gemüsezüchter, die Mutter Juzefa, die sich um Haus und Hof kümmerte, und ihre beiden Jungen, Kazis-Vytas und Romuldas. Der Kleinste, Benjaminas, kam erst 1950 zur Welt. Außerdem lebte noch eine alte Frau mit im Haus, die nicht mehr laufen konnte, Tante Jusje pflegte sie.

Zu essen gab es bei den Linkevicius immer genug, zumindest in meinen Augen. Und das Schönste war, ich, die kleine Deutsche, bekam genauso viel wie die eigenen Kinder, es gab genug fetten Speck, Kartoffeln und Sauerkraut. Sogar Milch gab es, obwohl die Familie keine Kuh hatte und die Milch kaufen musste. Tante Jusje hatte auch keinen großen Ofen wie die Bauern auf dem Land, die darin ihre riesigen, lockeren Brote für den ganzen Monat backten. In der Kammer hielten sie sich so lange, ohne schlecht zu werden. Wahrscheinlich mussten die Linkevicius nicht nur die Milch, sondern auch das Brot kaufen.

Ich kann mich nicht erinnern, wie lange ich liegen musste. Die Jungen kamen zu mir und zeigten mir manchmal Bücher mit Bildern. Sie versuchten, sich mit mir zu unterhalten, auf Litauisch. Später dann konnte ich schon sitzen, wahrscheinlich war ich krank gewesen. Tante Jusje hat mir lange Zeit noch den Kopf eingerieben, obwohl ich keine Haare hatte. Es ist möglich, dass ich noch Wunden hatte, von den vielen Läusen. Erst Tante Jusje hat sie weggemacht. Als ich mich zum ersten Mal im Spiegel gesehen habe, da hatte ich ein ganz sauberes, weißes Tuch umgebunden. Das hat Tante Jusje immer gewechselt. Sie hatte große Angst, dass ihre Kinder auch Läuse bekämen. Bei Tante Jusje war es sehr sauber und sehr ordentlich. So sauber, dass ich meine Läuse wirklich einmal loswurde. Später bekam ich dann leider wieder welche. Wenn ich die Finger in die Haare steckte, fühlte sich das an wie Schorf, das juckte schrecklich. Die Läuse habe ich eine nach der anderen aus der Haut herausgezogen und zwischen den Fingern zerdrückt.

Es war schon richtig Winter geworden, als ich das erste Mal wieder nach draußen durfte. Die Jungen von Tante Jusje besaßen einen Schlitten. Dort setzte sich einer von beiden drauf und der andere zog. Es ging immer die tiefverschneite Straße hoch und runter. Auch mich setzten sie auf ihren Schlitten, dann zogen sie gemeinsam und rannten so schnell, dass der Schlitten umkippte und wir alle lachend im Schnee lagen. Wenn wir müde waren, bauten wir im Garten gemeinsam riesige Schneemänner. Tag für Tag wurden es mehr. Einer neben dem anderen standen sie dort, bis sie Monate später in der Frühjahrssonne langsam tauten.

Als die Šešupė sich mit lautem Krachen von ihrem Eis befreit hatte, ging ich Tante Jusje bei der großen Frühjahrswäsche zur Hand. Morgens holten wir Wasser vom Fluss, denn die Wäsche wurde im Haus eingeweicht und anschließend auf einem Brett geschrubbt. Die schmutzigen Kleider und Decken wurden immer gut mit Seife eingerieben, das machte wumm, wumm, wegen der Wellen in dem Brett. Mit der Wäsche, aus der wir Seife und Schmutz ausgedrückt hatten, gingen wir dann zum Fluss. Der war vielleicht achtzig, hundert Meter entfernt. Erst sah ich ein paar Mal zu, wie Tante Jusje die Wäsche im fließenden, klaren Wasser spülte, dann packte ich selbst mit an. Ganz dicht am Ufer standen zwei Stämme und ein Brett. Und es gab einen Holzklotz mit Handgriff – genau so einen wie die, aus denen ich in meiner Tannenhütte meine Geschwister gebastelt hatte –, mit dem musste man die Wäsche schlagen, sie wieder und wieder in das saubere Wasser halten und ausklopfen.

Später im Frühjahr fuhr Tante Jusjes Mann Mist auf einem Pferdewagen herbei, den er sich irgendwo geliehen hatte, denn die Linkevicius hatten keine Pferde, nur Hühner. Wir Kinder schleppten dann den Mist ins Gewächshaus, dort waren breite Regale, in die wir ihn hineinschütten mussten. Niemand zwang uns zu dieser schweren Arbeit, wir hatten unseren Spaß an dem Hin und Her:

Mist ins Gewächshaus bringen, mit Erde abdecken, zurück zum Haufen laufen, Mist holen, ins Gewächshaus tragen und mit Erde abdecken. Und so weiter und so weiter. Was dort angebaut wurde, erfuhr ich nicht mehr, bis zur Ernte konnte ich leider nicht bleiben.

Romuldas, der älteste von Tante Jusjes Jungen, ging schon das erste Jahr zur Schule. Ich sah immer zu, wenn er die Hausaufgaben machte. Dann saß auch der kleine Vytas dabei, den mochte ich besonders gerne. Die Jungen hatten nichts dagegen, wenn ich mit ihnen lernen wollte. Romuldas und Kazis-Vytas jagten mich nicht fort. Ich war ja auch viel größer und stärker als sie.

So gerne ich selbst in die Schule gegangen wäre, ich durfte nicht, denn dann wäre ich in Kalvarija registriert worden und Familie Linkevicius hätte Ärger mit den sowjetischen Behörden bekommen. Dabei war Tante Jusje nicht ängstlich. Trotz aller Einschüchterungen von staatlicher Seite gab sie den deutschen Kindern, die vorbeikamen, immer etwas zu essen. Diese Kinder mussten nach einigen Stunden wieder fortgehen, ich hingegen erst nach einigen Monaten, als ich schon wieder zu Kräften gekommen und mit der Zeit übermütig geworden war: Ich rauchte wieder. Nicht im Haus, aber im Gewächshaus. Dort wurde ich mehr als einmal von Tante Jusje erwischt und streng ermahnt, denn sie konnte nicht verstehen, dass ein so kleines Mädchen wie ich schon rauchen musste. Die Zigaretten bekam ich von den beiden Söhnen Linkevicius, die ich dazu anstachelte, sie dem Vater aus der Schachtel zu klauen, aber davon wusste Tante Jusje zum Glück nichts. Sonst hätte sie mich sicherlich gleich fortgejagt. Die beiden Jungen sahen mir immer zu, wenn ich rauchte. Wahrscheinlich bewunderten sie mich. Selbst taten sie es nicht, sie wollten nicht einmal probieren.

Schließlich fragte Tante Jusje mich ganz ernst: »Hast du früher geraucht?« Ich habe ehrlich »ja« geantwortet. Dann sagte sie: »Wenn du schon rauchst, dann bist du gesund, dann musst du weggehen. Die Behörden haben schon bei den Nachbarn gefragt, was für ein Mädchen bei uns ist.«

Tante Jusje hatte ich Anfang der sechziger Jahre das letzte Mal gesehen. Wir besuchten sie, als wir für die Dreharbeiten in Kalvarija waren. Das Gesicht der bald achtzig Jahre alten Frau war immer noch hübsch, ihre Augen waren sehr lebendig. Tante Jusje sollte erzählen, wie ich zu ihr gekommen bin, und anschließend bat Ingeborg sie, zu erklären, warum ich nicht für immer bleiben konnte. Mir war das ein wenig peinlich, aber Tante Jusje vertrat offen ihre damalige Entscheidung: »Die Kleine rauchte schon, das ging doch nicht! Ich hatte Angst, dass meine Kinder auch anfangen zu rauchen, das wollte ich nicht!«

Kazis-Vytas, der am Abend mit uns aß, hat mir aber auch erzählt, dass die Jungen eine Schwester wollten, dass sie mich zur Schwester wollten. Sie haben immer wieder bei ihren Eltern gebettelt, aber leider vergeblich.

Tante Jusje wollte mich als Kinderpflegerin in einer Familie unterbringen, aber die Leute waren sehr streng. Die hatten ein kleines Kind. Und als Tante Jusje mit ihnen gesprochen und ehrlich gesagt hat, dass ich das Bett nass mache und auch noch rauche, da haben die gesagt: »Nein, so eine wie die Maritje brauchen wir nicht.« Ich musste gehen. Hätte ich nicht geraucht, dann hätte ich wohl eine Familie gefunden, bei der ich es sehr gut gehabt hätte.

Wie gerne wäre ich für immer bei Tante Jusje geblieben, viel lieber als bei den Kerschuljes. In der kleinen Stadt war es sehr viel besser als auf dem Land. Tante Jusje und ihr Mann hatten ein schönes sauberes Häuschen. Da war immer alles in Ordnung, obwohl zwei kleine Jungen herumsprangen. Im Vergleich zu den Kerschuljes waren die Linkevicius reich, sie hatten vier Zimmer, und in allen Zimmern gab es einen Bretterfußboden. Im Haus war es immer schön warm, obwohl in Litauen die Winter viele Monate lang und sehr kalt sind. Der Ziegelofen wurde von der Seite geheizt, so dass die ganze Wand warm wurde, besonders aber die Wand zu dem Zimmer, in dem die Kinder schliefen.

Als ich bei den Linkevicius war, lebte in dem kleinen Zimmer direkt an der Tür die alte Frau mit den kranken Beinen. Das war eine Tante von der Jusje. Für mich hatte sie in dem Raum, wo alle gemeinsam aßen, immer zwei, drei Stühle aufgestellt, auf denen ich schlief. Lumpen waren die Matratze, aber ich bekam eine saubere Zudecke. Auch unter die Stühle legte Tante Jusje alte Lappen, um die es nicht schade war. Morgens stank das alles und wurde sofort aus dem Haus gebracht. Niemand schimpfte mich aus, auch die Jungen hänselten mich nicht, weil ich nachts ins Bett machte. Tante Jusje versuchte vielmehr, mir zu helfen, kochte verschiedene Kräuter, aber der Tee half nicht.

In Litauen hatte mein Bettnässen angefangen, es hörte erst auf, als ich fast neunzehn Jahre alt war. Ich litt darunter, doch ich konnte nichts dagegen tun. Sobald ich einschlief, war ich auch schon nass. Deshalb ließ mich kaum noch jemand ins Haus hinein, nicht einmal die Menschen, die mich aus den ersten Jahren als fleißiges kleines Mädchen kannten. Die Wohnungen und die Häuser waren zu klein, als dass man mir irgendeine kleine Kammer hätte geben können. Ich musste also im Heu oder im Stroh übernachten. Ich stank und sah schrecklich aus. Und je älter und größer ich wurde, desto mehr Angst hatten die Menschen vor mir, denn ich war ein sehr kräftiges Mädchen.

Die Deutschen wurden eingesammelt

Ein paar Jahre nach Kriegsende sollten sich alle Deutschen melden, die in den litauischen Dörfern von Hof zu Hof gewandert waren. Wahrscheinlich war es 1948 oder 1949, als es im Südwesten des Landes einen Aufruf gab, dass wir zu den sowjetischen Behörden nach Kalvarija kommen sollten, von dort werde man uns nach Deutschland bringen. Die Litauer glaubten diesen Ankündigungen nicht, sie hatten mit den Sowjets bereits andere Erfahrungen gemacht: Hunderttausende von Litauern waren nach Sibirien deportiert worden und noch nicht nach Hause zurückgekehrt. Im

Gegenteil, viele von ihnen waren unter schrecklichen Umständen ums Leben gekommen. Und noch immer wurden Litauer gefangengenommen und abtransportiert. All das sprach sich unter den Deutschen herum. Doch trotz aller Bedenken meldeten sich einige Frauen in Kalvarija bei den Behörden, insbesondere Mütter mit kleinen Kindern, die kein Dach über dem Kopf hatten und genau wussten, dass ihnen wieder ein schwerer, kalter Winter bevorstand. Auch mir hatte man gesagt, ich solle dorthin gehen. Aber einige Bauern rieten mir, mich zu verstecken. Die hatten große Angst vor den Russen, und damals waren alle Deutschen, auch Frauen und kleine Kinder wie ich, Faschisten. Das blieben wir auch.

Die »stribai« waren mit Pferdewagen unterwegs. Sie hatten den Auftrag, die Deutschen zu suchen und notfalls auch mit Gewalt in die Sammelstelle nach Kalvarija zu bringen, wo sich bisher nur wenige Menschen freiwillig gemeldet hatten. Mich schnappten sie in einer Scheune. Als ich eines Morgens aufwachte, standen drei Männer vor mir. Ich kannte die Uniformen genau, sie waren blau und schwarz. Die Männer fackelten nicht lange und setzten mich auf ihren Pferdewagen, Autos gab es Ende der vierziger Jahre auf dem Land in Litauen noch nicht. Hinten auf dem Wagen saß bereits ein alter Mann, ein Deutscher mit schlohweißen Haaren. Der hatte genau solch ein Stoffsäckchen wie ich, aber seines war leer. Dann fuhren die Männer weiter zum nächsten Hof, wo sie nach Kindern wie mir fragten und die Scheunen durchsuchten, als sich niemand freiwillig meldete. Mir befahlen sie, ich solle in der Zwischenzeit brav sitzen bleiben, zu dem alten Mann sagten sie nichts, er machte keine Anstalten fortzulaufen.

Auf dem Hof, wo wir zur Mittagszeit ankamen, verlangten die »stribai« nach Essen. Sie waren Beamte und trugen die Uniform des MGB, des sowjetischen Geheimdienstes, der erst einige Jahre später KGB hieß. Die Bäuerin beeilte sich, ihnen etwas vorzusetzen. Währenddessen bekamen die Pferde Wasser und Hafer. Die »stribai« saßen schon im Hof, aßen und tranken, als die Bäuerin sie fragte, ob sie dem alten Mann und mir auch etwas zu essen geben dürfe. Als die Männer nickten, brachte die Frau uns Brot und Milch. Dabei flüsterte sie uns zu: »Ich weiß, wohin die euch bringen, nach Sibirien! Die wollen euch umbringen!« Dann sagte sie noch: »Ich habe den ›stribai‹ ein Mittel in den Wodka hineingeschüttet, die werden bald einschlafen. Und dann lauft weg.«

Dass die Männer einschliefen, war keine Hexerei, auch wenn es mir damals so vorkam. Später, als ich etwas größer war, erfuhr ich, dass die alten Litauerinnen sich sehr gut mit der Wirkung wilder Wurzeln auskannten. Ihr Wissen hüteten die Frauen wie ein kleines Geheimnis und gaben es nur an ihre Töchter weiter. So gibt es eine Wurzel, die man dem selbstgebrannten Wodka hinzufügt, anschließend lässt man das Ganze eine bestimmte Zeit stehen. Der Alkohol entzieht der Wurzel einen Stoff, der wie ein Schlafmittel wirkt. Nicht tödlich, aber sehr stark. Nach einiger Zeit fingen die Männer an zu singen, bald schliefen sie ein, wie die Frau es gesagt hatte. Wir sind trotzdem weitergefahren, denn die Pferde liefen ganz alleine.

Als die Männer fest schliefen, drängte ich den alten Mann, mit mir zu fliehen. Doch der Alte schüttelte nur den Kopf und zeigte mir seine stark angeschwollenen, blau angelaufenen Beine. »Ich kann nicht, lauf du weg«, sagte er zu mir. »Es kann sein, dass die Frau die Wahrheit sagt, dass wir Deutschen eingesammelt und von den Russen irgendwo umgebracht werden sollen. Doch ich kann nicht weglaufen, also lauf wenigstens du weg. Vielleicht habe ich auch Glück, und sie irrt sich.« Ich zögerte nicht lange, sprang von dem Pferdewagen und rannte fort. Umbringen, freiwillig umbringen lassen wollte ich mich nicht. Das war das erste und das letzte Mal, dass die »stribai« mich eingefangen hatten, von da an war ich extrem vorsichtig.

Jahre später erfuhr ich dann, dass man die Deutschen weder getötet noch deportiert, sondern wirklich nach Deutschland gebracht hatte. Aber da war es zu spät, »der Zug war schon weg«, wie es auch auf Russisch heißt. Wenigstens für mich. Heute denke ich manchmal darüber nach, was wohl gewesen wäre, wenn auch ich damals – wie mein Bruder Manfred – nach Deutschland zu unserem Vater gekommen wäre. Ich hätte zur Schule gehen können und vielleicht wäre ich dann ein nützlicher Mensch geworden.

Waldbrüder

Ich bin den Litauern nicht böse, dass sie mir damals einen falschen Rat gegeben haben. Sie wussten es nicht besser, denn immer wieder kamen die »stribai«, um Menschen zu verhaften und nach Sibirien zu verschleppen. Davor hatten damals alle Angst, jeder musste damit rechnen, dass die MGB-Leute nachts an die Tür klopften. Einfach so, ohne Grund oder nur wegen irgendeines kleinen Vorfalls. Im Frauenstraflager traf ich viele Litauerinnen, die aus nichtigem Anlass verhaftet und deportiert worden waren, etwa weil sie ein falsches Lied gesungen oder einen politischen Witz gemacht hatten. Im Lager wurden diese Frauen geschätzt, da sie keine Verbrecherinnen, sondern politische Häftlinge waren. Man hatte sie alle nach Paragraph 58 verurteilt, mit dem staatsfeindliche oder als solche betrachtete Taten geahndet wurden.

Tante Jusjes Nachbarin Juditha wurde mit ihrem wenige Monate alten Säugling nach Sibirien deportiert. Der kleine Junge sollte bereits den Transport nicht überleben. Die Nachbarin kam nach acht Jahren krank an Körper und Seele aus dem Gulag zurück. Ich habe sie im Jahr 2000 kennengelernt, als ich mit den Journalisten wieder bei Tante Jusje war.

Als die Rote Armee im Sommer 1944 die baltischen Staaten besetzt hatte, regte sich vielerorts Widerstand. In Litauen zogen sich Tausende Männer und auch ein paar mutige Frauen in die undurchdringlichen Wälder des dünn besiedelten Landes zurück. In den Reihen der sogenannten Waldbrüder standen Patrioten, Sozialdemokraten, überzeugte Christen, Menschen, denen die Deportation drohte, ja sogar Deserteure aus der Roten Armee und versprengte Wehrmachtsangehörige. In Teilen des Landes, insbesondere dem an Polen angrenzenden Süden, wo auch ich viel unterwegs war, wurden sie in ihrem Kampf gegen die sowjetischen Besatzer von der Bevölkerung unterstützt. Die Menschen boten ihnen Unterschlupf und versorgten sie mit Lebensmitteln. Die Waldbrüder kämpften als einzelne Partisanen, in kleinen Einheiten, sogar in ganzen Heeren gegen Rote Armee und MGB, die Litauen durch den Einsatz der »stribai« oder »liaudies gynejai«, der sogenannten Volksverteidiger, zu einer willfährigen Sowjetrepublik machen wollten. Man schätzt, dass mehr als zwanzigtausend Partisanen bei den Kämpfen und Rachefeldzügen zwischen 1944 und 1953 ihr Leben verloren. Erst als es den Sowjets Anfang der fünfziger Jahre gelang, ihre Gegner zu unterwandern, ihre führenden Köpfe zu verhaften und einen großen Teil der litauischen Bevölkerung auf die Seite der sowjetischen Kommunisten zu ziehen, waren die Waldbrüder besiegt. Sie sind bis heute ein Nationalmythos der Litauer. Ich habe gesehen, dass einige ihrer Namen in die Ziegelmauern des ehemaligen KGB-Verhörgefängnisses in Vilnius eingemeißelt sind, das sich im Zentrum der Stadt am Gedeminus-Prospekt unweit des Parlamentsgebäudes befindet. Der letzte Waldbruder soll erst 1993 seinen Erdbunker verlassen haben.

Litauen gehörte zwar schon seit der Befreiung von der deutschen Besatzung durch die Rote Armee im Sommer 1944 faktisch wieder zur Sowjetunion, doch das spielte im Alltag nur eine untergeordnete Rolle. Die Bauern führten ihr gewohntes Leben, obwohl sie von den sowjetischen Behörden stark unter Druck gesetzt wurden, ihre Eigenständigkeit aufzugeben und sich in Kolchosbetrieben zusammenzutun. Im Herbst mussten alle ihre »Pacht« bezahlen. Ich war oft dabei, wenn die Menschen darüber sprachen, dass sie nicht so viel hatten, wie sie entrichten sollten. Manche Familien mussten sogar ihre Pferde oder anderes Vieh verkaufen, um die Abgaben zahlen zu können. Doch die Kollektivierung der

Landwirtschaft war in Litauen nicht so schnell und rigoros durchzusetzen wie in Russland. Wohl deshalb berichtete die sowjetische Wochenschau Anfang 1949 stolz von fünfhundert litauischen Kolchosen, ein Jahr zuvor seien es nur zwei gewesen. Dass die Kollektivierung viel langsamer vonstatten ging als gewünscht, lag sicherlich auch am heftigen Widerstand der Waldbrüder und ihrer Anhänger.

Wie ich das erste Mal Kontakt zu den Waldbrüdern bekam, weiß ich nicht mehr ganz genau. Wahrscheinlich war es aber, als ich bei einem der Bauern beim Arbeiten barfuß auf eine Sense getreten war und mir dabei fast die Zehen abgeschnitten hätte. Ich hatte große Schmerzen und blutete so stark, dass der Bauer die Waldbrüder zu Hilfe rief, denn die hatten einen guten Arzt. In der Nacht kamen sie auf ihren Pferden auf den Hof, hielten mir den Mund zu und versorgten meine Zehen. Danach geschah es oft, dass die Bauern, bei denen ich übernachtet hatte, mir einen »slaptas raštelis« gaben, den ich den Waldbrüdern bringen sollte. Ein »slaptas raštelis« war ein kleiner Zettel, auf dem etwas geschrieben stand, das kein Nichteingeweihter verstehen konnte. Ich überbrachte diese Kassiber, man musste mir nicht lange erklären, wem ich den Zettel wohin bringen sollte. Oft kannte ich auch die verschlüsselte Botschaft, dass nämlich die »stribai« wieder unterwegs waren, um die Waldbrüder südlich von Kalvarija zu jagen oder die Bauern zu stellen, wenn sie den Waldbrüdern heimlich Brot oder andere Lebensmittel in ihre Verstecke brachten.

Die Botendienste für die Waldbrüder übernahm ich bereits in dem Jahr, als ich mich vollkommen zurückgezogen hatte und fast nur noch alleine im Wald übernachtete. Als ich mir die kleine Hütte gebaut und von dort aus die Wölfin beobachtet hatte. Einmal, da hatte es schon angefangen zu schneien, bin ich wach geworden und war mit einem riesigen Mantel zugedeckt. Der musste von einem Waldbruder gewesen sein. Ich war zwar nur ein Kind, aber ich hatte diese Männer schon gesehen, wenn sie sich bei den Bauern Brot, Käse und Fleisch holten. Ich wusste, wie sie angezogen waren, und sie rochen immer nach Waldfeuer. Auch haben sie mir immer wieder etwas Essbares hingelegt, zum Beispiel Steine aus Zucker, die sahen wie Eisstücke aus und man musste sie zerschlagen, um sie essen zu können. Kandis nennt man sie wohl auf Deutsch, sie schmeckten wunderbar.

Es gab nur einen schmalen Pfad durch den Wald nahe der Grenze zu Polen, wo keine Bauernhöfe mehr waren. Über diesen Weg kamen die Wölfin, die Waldbrüder und ich, die kleine Maritje. Die Waldbrüder wussten, dass ich »die kleine Prussje« war, die ohne Eltern und Geschwister durch Litauen zog, aber auch sie konnten mich nicht zu sich nehmen, sie wollten und konnten sich nicht mit einem Kind wie mir belasten. Die Bauern brachten mir bei, dass die »stribai« schlecht und die Waldbrüder gut waren. Dass die »stribai« für die Russen und die Kommunisten waren und die Waldbrüder ganz Litauen von den Russen und Kommunisten befreien wollten. Dass die Waldbrüder so gut waren, dass man für sie sogar sterben konnte. Die Waldbrüder setzten ihr Leben aufs Spiel. Und selbst wenn man gefoltert wurde, durfte man niemals sagen, wo sie waren, man musste schweigen, um sie zu schützen.

Doch die MGB-Leute hatten ihre bewährten Methoden, um herauszufinden, wer mit den Waldbrüdern paktierte oder zumindest sympathisierte: So führten sie die Litauer an toten Partisanen vorbei, um zu sehen, wer bei ihrem Anblick zu weinen begann, die Waldbrüder also kannte. Einmal wurde ich Augenzeugin einer solchen Aktion. Das war Anfang der fünfziger Jahre, als es immer wieder zu heftigen Schießereien zwischen den »stribai« und den Waldbrüdern kam. Auf den Bauernhöfen war das gut zu hören. Zwei, drei Tage lang traute sich niemand hinaus, auch ich hockte in einer Scheune und wartete ab. Dann sah ich »stribai« kommen, die die Bauern mit vorgehaltener Pistole zwangen, ihre Pferde einzuspannen und irgendwohin zu fahren. Die Menschen in der Gegend waren ganz aufgeregt, ich fand das damals nur sehr interessant. Überall die vielen Pferde, die erst wegfuhren und dann ganz unruhig wieder zurückkamen. Die Bauern gingen neben den Pferden, und auf den Leiterwagen lagen Leichen, zwischen den Sprossen hingen Arme und Beine heraus. Und als dann mehrere Leiterwagen Richtung Kalvarija und Marijampole zogen, da tropfte das Blut herunter. Als die Wagen vorbeigefahren waren, nahmen die Frauen Kartoffelkörbe und Holzschaufeln und sammelten das Blut auf. Ich half ihnen dabei. Daran erinnere ich mich ganz deutlich, denn das war eine anstrengende Arbeit. Später wurde der blutgetränkte Sand auf den Friedhof gebracht und in ein ausgehobenes Loch geworfen, denn Menschenblut dürfe nicht auf dem Weg liegenbleiben, sagten die Litauer.

All das geschah ohne Wissen der »stribai«, die schon in die Stadt weitergezogen waren, wo sie die Leichen der Waldbrüder auf dem Kirchplatz in einer langen Reihe nebeneinanderlegten. Dort mussten die Leute vorbeigehen und sich die Toten ansehen. Dabei wurden sie von MGB-Männern und deren litauischen Spitzeln genau beobachtet.

Auch ich beobachtete die Szenerie und sah, wie eine Frau sich weinend auf einen der Toten warf. Sie wurde sofort verhaftet. »Die kommt nach Sibirien«, sagte man damals, daran erinnere ich mich, und auch die Bilder von den Leichen und der weinenden Frau habe ich heute noch vor Augen.

Gottesfurcht

Dass die litauischen Bäuerinnen es wagten, den vom Blut der Toten getränkten Sand aufzusammeln, gründete in ihrer tiefen Gottesfurcht, die ihr gesamtes Leben selbst in der Sowjetära maßgeblich bestimmte. Wegen ihres geraden, aufrichtigen Verhaltens mag ich die Litauer bis zum heutigen Tag, aber auch, weil ich von ihnen für mein späteres Leben viel gelernt habe. Wo man mich zum Übernachten ins Haus hineinließ, da durfte ich ein, zwei oder auch drei Nächte bleiben. Zeit genug, dass die Frauen mir einiges beibringen konnten: Kartoffeln schälen, Kühe melken, putzen, Wäsche waschen – und beten. Die ganze Familie betete jeden Abend gemeinsam. In der ersten Zeit saß ich nur stumm daneben, bis vor allem die alten Frauen mir klargemacht hatten, dass ich mich für jeden Tag, an dem ich satt geworden war, bedanken müsse. »Es ist nicht wichtig, dass wir dir etwas gegeben haben«, sagten sie, »wir haben auch alles nur von Gott.«

Bereits im ersten Nachkriegsjahr brachten sie mir das litauische Vaterunser bei: »Teve mus …« Daran erinnere ich mich sehr gut. Ich lernte immer schnell, ich hatte ein gutes Gedächtnis, und so konnte ich bereits nach wenigen Monaten abends, wenn nach dem Essen alles aufgeräumt war, gemeinsam mit der Familie beten. Dazu versammelten sich alle vor dem Kreuz, das in einer Ecke hing. Stand ich auf, um mitzubeten, waren die alten Frauen immer überrascht und ganz gerührt. Die jungen Frauen und die Kinder hingegen fanden das selbstverständlich. Einmal hat sich sogar eine Frau umgedreht und zu mir gesagt: »Du kannst litauisch beten? Dann bist du ja eine Christin!« – »Klar bin ich eine Christin«, habe ich stolz geantwortet. Ich konnte mich gut erinnern, dass ich in Wehlau mit meiner Mutti in die Kirche gegangen war, nur die Hände hatten wir beim Beten anders gehalten.

Viele Jahre später – als ich wieder ein bisschen Deutsch konnte – erzählte ich meinem Bruder Manfred, dass ich mich an einige Zeilen erinnern könne, die in unserer Kindheit in Wehlau in der Kirche gesungen wurden. Manfred war ganz überrascht, als ich »Herr, nimm meine Hände und führe mich« aufsagte. Diese Worte hatte ich über Jahrzehnte behalten. Außerdem konnte ich mich noch daran erinnern, wie der Pastor nach dem Gottesdienst zu uns Kindern kam. Er hatte ein hölzernes Häuschen mit einer kleinen Glocke und einem Band, und alle Kinder durften die Glocke bimmeln lassen. Manfred sagte: »Ja, das stimmt.« Er selbst hatte das längst vergessen.

In Litauen waren die Sowjetbehörden längst nicht so rigoros gegen die Kirchen und den Glauben vorgegangen wie in der restlichen Sowjetunion. Die katholischen Kirchengebäude wurden nur selten geschlossen oder gar zerstört, und so konnten die Litauer leichter an Liturgie und Glauben festhalten als die Russen. All die Jahre bis zur wiedererlangten staatlichen Selbständigkeit 1991 blieb ihr Leben bestimmt durch die kirchlichen Feiertage. Sie begingen Ostern, Pfingsten, Weihnachten, auch die Familienfeste waren mit einer Feier in der Kirche verbunden. Und wenn gefeiert wurde, ob Taufe, Hochzeit oder Beerdigung, war ich mit dabei.

Die Menschen beim Leichenzug sangen immer ein Lied, ich meine, sie sangen in zwei Gruppen, eine mit Männern und eine mit Frauen. »Raudos« hießen diese Leichen-Begleitungslieder auf Litauisch. Auch sie habe ich sehr schnell gelernt, meine Ohren nahmen immer alles sofort auf, ich konnte bald sämtliche Strophen des Liedes. Mit »inąjį atilsį, duok jiems, Viešpatie« fing es an, ich weiß es bis heute. Auf Deutsch heißt das ungefähr »Ewige Ruhe gebe Gott den Toten«. Wenn eine Beerdigung war, dann wussten die Litauer, dass die »Prussuke« – die kleine Preußin – kommen, sich auf den Wagen setzen und mitsingen würde. Das gefiel ihnen immer sehr, ich hatte eine schöne Stimme, und zur Belohnung bekam auch ich etwas von dem guten Essen nach der Zeremonie auf dem Friedhof.

In den ersten Jahren waren die Litauer sehr großzügig, sie brachten es nicht übers Herz, ein Kind einfach wegzuschieben, selbst wenn an einem Tag viele Bettler kamen. Wenn ich bemerkte, dass die Menschen wenig gaben, musste ich allerdings ein wenig nachhelfen. Ich ging ins Haus hinein, sagte freundlich »Laba diena! – Guten Tag!« und machte sofort das Kreuzzeichen. Dann, das hatte die Erfahrung gezeigt, war alles in Ordnung. Die Litauer lebten streng nach den kirchlichen Regeln: »Wer hat geklopft, den lass rein. Wer bittet, gebe dem, wer bittet.« Und sie befolgten die Zehn Gebote. Die waren auch für mich mein Lebtag lang die wichtigste Richtschnur. »Du darfst nicht töten«, »Du darfst nicht lügen«, »Du musst ältere Menschen ehren«. Ich denke, wenn jemand daran glaubt, dann kann er ein besserer Mensch sein als ein anderer, der an nichts, an keinen Gott glaubt und der denkt, dass Gesetz und Polizei weit weg sind. Dass er also tun kann, was ihm gefällt.

Außer dem Beten haben die Litauer mir noch erklärt, dass ich keine Angst haben müsse, weil der liebe Gott immer einen Engel mit mir schicke. Deshalb habe ich manchmal mit dem Engel gesprochen. Zum Beispiel wenn es schon kalt und ich bis auf die Knochen nass war. Dann habe ich zu ihm gesagt: »Lieber Engel, jetzt mach mal, dass es mir ein bisschen wärmer wird.« Ich glaubte damals wirklich, dass der Engel dabei sei. Aber warum der zuließ, dass ich fror, das konnte ich nicht verstehen. Vielleicht schlief der Engel, sagte ich mir dann. Bis heute habe ich mir meinen Gottesglauben aus der Kindheit über alle Widrigkeiten erhalten können. Und ich habe ihn an meine beiden Enkelkinder weitergegeben. Es gibt in den Filmen über mich Aufnahmen, wie ich im Jahre 2001 den Gottesdienst in der neuerbauten evangelischen Kirche in Kaliningrad besuche. Das war sehr schön, denn die Organistin spielte als eines der ersten Lieder »Herr, nimm meine Hände und führe mich«. Als ich mitsang, hatte ich die Welt um mich vergessen. Mir schien damals, die Worte seien nur für mich geschrieben. Bis vor wenigen Jahren habe ich jeden Abend in deutscher Sprache mit meinen Enkelkindern das Vaterunser gebetet. Heute gehen die beiden Jugendlichen eigene Wege, ich glaube, sie beten nicht mehr, und den deutschen Text haben sie leider vergessen.

Arm und Reich, Gut und Böse

Zu den reicheren Leuten ging ich immer ungern. Die Reichen hatten große Häuser, riesige Scheunen, große Weiden und Felder und sehr viel Vieh. Sie brauchten viele Arbeitskräfte, aber sie ließen kaum jemanden in ihr Haus hinein. Ich konnte den ganzen Tag arbeiten, aber beim Essen durfte ich selten mit an den Tisch. Obwohl ich ein Menschenkind war, stellte man mir eine Schale auf den Fußboden neben die Tür, wie für einen kleinen Hund. Ich war zwar ein Bettelkind, aber das war kein Grund, mich zu schlagen und zu erniedrigen, viele, viele Stufen zu erniedrigen. Für die Arbeit war ich gut genug, ich schwitzte auf ihren Feldern. Aber zum Essen war ich entweder zu schmutzig oder ich stank zu sehr. Manchmal ließen diese Leute uns Bettelkinder in der Scheune übernachten, obwohl sie ein ganz großes Haus mit vielen Zimmern hatten. Was in den vielen Zimmern war, habe ich nie gesehen. Ich wusste nur, dass bei den reichen Leuten keine Betten in der Stube standen, also schliefen die in einem anderen Raum. Mehr wusste ich nicht. Mir gefiel es besser bei den ärmeren Menschen. Den anderen Kindern ging es genauso. Wir haben damals öfter darüber gesprochen. Zu den Reichen ging ich eigentlich nur, wenn ich keine andere Wahl hatte.

Bei den Armen gab es beim Betteln zwar nicht mehr als bei den Reichen, aber es war angenehmer. Wenn ich tüchtig gearbeitet hatte, sagten die armen Leute oft »gerai margajte«, das heißt: »Du bist ein gutes Mädchen.« Das gefiel mir, aber das Schönste war, dass ich immer mit der Familie an einem Tisch sitzen durfte. Falls die Frau zu mir auch noch »wajkele – Kindlein« sagte, dann war das besonders schön, in meinen Ohren klang es sehr zärtlich. Und wenn eine arme Frau ehrlich sagte, dass sie nichts hatte außer gekochten Kartoffeln und gepresstem Quark und dass später noch hungrige Münder kämen, dann wussten wir Bettler, dass das stimmte. Klauli-Mauli haben wir bei denen nicht gemacht, die hatten ja gerade mal ein oder zwei Schweinchen für den Winter, manche für das ganze Jahr. Und solch grausame Biester waren wir auch nicht.

Neben dem Beten und dem Arbeiten brachten die Litauerinnen mir ebenfalls bei, was gut und was böse ist. Das war auch nötig, denn ich kannte damals sehr viele Menschen, die – obwohl die meisten von ihnen tief gläubig waren – nicht alle stets die Zehn Gebote befolgten. Manchmal brachte ich das, was ich anderswo ergattert hatte, große Kuchenstücke zum Beispiel, den Leuten, bei denen ich übernachten durfte, als Geschenk. Pietras und Ona Kerschuljes zum Beispiel. Die fragten sich und mich nie, wo das kleine Mädchen diese großen Kuchenstücke herhatte. Sie aßen sie einfach, obwohl sie genau wussten, dass niemand den Bettlern so große Stücke gab.

Die alten Litauerinnen haben mir gesagt: »Nimm, wenn du schon klaust, nur so viel, wie du selbst essen kannst, nicht mehr. Das ist zwar eine Sünde, aber der liebe Gott wird dir das verzeihen.« Sie meinten, dass ein solcher Diebstahl in meiner Lage kein Unrecht sei. Und dann haben sie mir noch beigebracht, die größte Sünde in der Kindheit sei das Lügen. »Lüge nicht. Wenn es nicht anders geht, schweige. Aber lüge die Erwachsenen nicht an.« Das galt natürlich nur für Kinder. Die älteren Menschen sollte man ehren, immer höflich sein, hilfsbereit, dafür werde der liebe Gott mich loben. Den anderen quälen aber, egal, ob ein Tier oder ein Menschenwesen, das sei Sünde: »Wer schwächer ist als du, den darfst du nicht ärgern und erst recht nicht quälen«, sagten sie zu mir.

Dieses Gebot war besonders wichtig, denn die Frauen hatten bereits mehrmals beobachtet, dass ich Kinder quälte, die schwächer waren als ich. Ich wartete geduldig darauf, dass sie aus der Schule kamen, denn ich wollte, dass sie sich zu mir setzten und mir zeigten, was sie gelernt hatten. Damit sie taten, was ich wollte, hatte ich aus einem kurzen Stock und einem Lederriemen, in den ich noch einen Draht hineingebunden hatte, eine kleine Peitsche gemacht. Wenn die Kinder weglaufen wollten, habe ich ihnen einfach von hinten »ffffff!« an die Beine geschlagen. Das tat natürlich sehr weh, und sie hatten blutige Striemen. Aber ich wollte ja nur was lernen, deshalb habe ich auch Bleistifte und Papier mit ihnen »geteilt«.

Wenn sie so unter mir gelitten hatten, beschwerten sich die Kinder weinend bei ihren Eltern über die »kleine Prussje«. In den Dörfern, wo ich Derartiges angestellt hatte, konnte ich natürlich nicht mehr betteln. Wenn ich selbst das Ganze irgendwann vergessen hatte, ging ich jedoch manchmal wieder zu diesen Familien. Aber die Kinder konnten sich noch gut an meine Peitsche erinnern und zeigten sofort mit dem Finger auf mich: »Tschej vejlatowe! – Die ist wieder da«, riefen sie dann laut. Manchmal setzte es ein paar Ohrfeigen, meist wurde ich von den Erwachsenen aber nur weggejagt. Die Kinder hatten ihren Eltern ja gesagt, weshalb ich sie verpeitscht hatte.

Verständnis für mein Verhalten fand ich vor allem bei den alten Menschen. Wenn sie sich mit mir hinsetzten und ganz ruhig erklärten, dass ich andere Kinder nicht mit der Peitsche quälen durfte, auch nicht, weil ich nur etwas lernen wollte, half das: »Ich habe mehr Kraft als du, ich könnte dich jetzt verprügeln, aber ich will dir mal erklären, warum man das und das nicht darf ...« So spreche ich auch heute mit meinen Enkelkindern, wenn sie etwas angestellt haben. Wütend wurde ich immer nur, wenn man mich gleich angeschrien und mit dem Stock über den Rücken geschlagen hat. Meist haben mich die Eltern festgehalten, und dann durften die Kinder mich verpeitschen. Das konnte ich nicht vertragen. Und dann ging drinnen bei mir jedes Mal nach ein paar Tagen der kleine ostpreußische Teufel los, dann kam meine Rache mit Möhren- und Zwiebelnausreißen.

Das wirksamste Erziehungsmittel aber war, dass die alten Frauen mir sagten, »der liebe Gott sieht nicht nur alles, sondern weiß auch alles, was du denkst«. Damit jagten sie mir sogar ein bisschen Angst ein.

Wenn ich zu den Kerschuljes, zu Ona und Pietras, wollte, dann ging ich vorher zu anderen Leuten und schnitt in der Räucherkammer einfach einen halben »kumpis«, einen halben Schinken, ab. Ich wusste, das war nicht gut, und Gott würde mich irgendwann einmal dafür bestrafen. Aber die Ona freute sich über den Schinken. Und mir gefiel es, wenn die Ona zufrieden war, denn dann war sie nett zu mir. Bei dem einem klaute ich etwas, und wenn ich zu den anderen kam, dann ließen die sich das Gestohlene in aller Ruhe schmecken. Sie freuten sich, obwohl sie genau wussten, woher ich das gute Essen hatte. Ja, was ist gut, was ist böse? Wie sollte ich das damals, als Kind, verstehen? Die haben mich nicht am Ohr genommen und gesagt: »Woher hast du das? Jetzt bring das zurück!« Dabei hätte das so sein müssen. Ich brachte denen was, die aßen, und ich konnte bei ihnen übernachten und wiederkommen. Ich wurde für das, was ich getan hatte, belohnt. Schon damals machte ich mir Gedanken, was war böse und was war gut? Eine klare Antwort auf diese Frage hatte ich nicht, ich wusste nur, dass es nicht gut war, was ich tat, irgendwie spürte ich das ganz tief in meinem Inneren.

Hausgeburt

Ich hatte in meiner Kindheit und auch Jahre später noch, als ich bereits erwachsen war, extrem scharfe Sinne. Nachts zum Beispiel konnte ich wie eine Katze sehen. Andere Menschen wunderten sich darüber, auch über mein gutes Gehör und meinen Geruchssinn. Ich konnte sehen, was andere noch nicht sahen, ich konnte riechen, was sonst niemand bemerkte, und meine Ohren waren auch irgendwie ein bisschen schärfer als die anderer Menschen. Und als ich wieder einmal von einem Hof zum anderen ging, sah ich ein Haus, in dem alle Fenster hellerleuchtet waren. Sonst war stets nur Licht in einem Fenster, und zwar da, wo sich alle aufhielten und aßen. In diesem Zimmer saßen auch die Frauen, wenn sie ihre Winterarbeit machten, dann wurden dort Wolle und Flachs gesponnen, es wurde gewebt und genäht.

Dass alle Fenster des kleinen Hauses hellerleuchtet waren, musste etwas zu bedeuten haben. Ich lief schnell hin, denn ich hoffte auf eine Übernachtungsmöglichkeit oder einfach nur auf irgendetwas Interessantes. Mutig wie immer ging ich an den angeketteten Hunden vorbei. Die taten mir selten etwas und bellten mich dieses Mal noch nicht einmal an wie sonst. Also klopfte ich und ging hinein. Gleich kam jedoch eine Frau, packte mich am Nacken und sagte: »Aik graidische! – Geh weg!« Ganz nervös hatte sie das gesagt. Sonst war niemand da, es gab auch keine Musik, und ich konnte nicht verstehen, was los war, warum alle Zimmer beleuchtet waren und warum ich so schnell wieder weggehen sollte. Ich ging dicht zu einem Fenster, Brennnesseln, Gras und Büsche schob ich zur Seite, ich musste doch wissen, was im Haus los war. Die Hunde waren ruhig, ich wusste, niemand würde herauskommen. Dann schaute ich durchs Fenster: Da standen zwei Betten. Auf dem einen Bett lag eine Frau, die plötzlich anfing, laut zu schreien. Ich kannte sie von früher, aber jetzt hatte sie einen ganz dicken Bauch. Ich glaubte, die Frau hätte viel gegessen – das war alles, was ich damals dachte.

Um etwas zu sehen, musste ich mich an das kleine Fenster drücken. Eine alte Frau, die nicht zu dem Hof gehörte, lief in dem Zimmer herum. Überall standen Holzbottiche mit dampfendem, heißem Wasser herum. Was sich dann abspielte, fand ich sehr interessant. Die Frau schrie immer weiter, war ganz nackt bis oben, ihre Beine waren weit auseinandergespreizt. Schließlich bekam sie ein Holzstück in den Mund, ein Beißholz zwischen die Zähne. Ich weiß nicht, wie lange es gedauert hat, aber auf einmal sah ich, liebe Güte, da zwischen den Beinen, da kam ein Kinderkopf raus, da ist ein Kind zur Welt gekommen! Früher schon hatte ich die Geburt von Tieren gesehen, ich hatte gesehen, wie eine Sau die Ferkelchen zur Welt brachte. Ich hatte Stuten bei der Geburt, Kühe beim Kalben gesehen, da saß ich immer dabei, das fand ich immer interessant. Aber dass ein Kind aus einer Frau herauskam, das hatte ich noch nicht gesehen. Und auf einmal hatte die alte Frau das Kindlein in der Hand. Ich saß da und dachte nur: Liebe Güte, da ist ein Kind zur Welt gekommen. Danach habe ich mir tagelang Gedanken gemacht, verflixt noch mal, wie ist es da reingekommen? Wie war das möglich, wie war das Kind in den Bauch der Frau reingekommen? Es war doch viel zu groß.

Später musste ich immer wieder an diese Geburt denken, als mir allmählich klar wurde, dass auch ich einmal eine Frau sein würde. Bei den Menschen musste es doch genauso gehen wie beim Vieh. Lange Zeit habe ich immer gedacht, dass der Mann, der mich vergewaltigt hatte, alles falsch gemacht hat bei mir. Ich hatte die Vorstellung, dass eine Frau auch auf allen vieren sein müsse, wie die Kuh und das Schaf und die Stute. Der Mann hatte mir so weh getan, dass ich mich danach nicht mehr bewegen konnte, und deshalb war ich der Meinung, dass er dumm gewesen war. Hätte er es richtig gemacht, wie das Vieh, dann, vielleicht, hätte es mir nicht so weh getan.

Feste

Damals, Ende der vierziger, Anfang der fünfziger Jahre, als es noch nicht so viele Kolchosen und keine richtigen Dörfer gab, lagen die Bauernhöfe weit voneinander entfernt. Ich musste lange Strecken zurücklegen, wenn ich von einem Hof zum anderen ging. Wenn ich dann schon aus der Ferne sah, dass ein Haus hell erleuchtet war, freute ich mich, denn das bedeutete, hier wurde gefeiert, eine Hochzeit, eine Taufe oder eine Beerdigung. Ich wusste, in diesem Haus waren viele Menschen, da konnte auch ich hineingehen. Es gab reichlich gutes Essen. Und wenn dann noch Musik spielte, war es am schönsten. Am meisten gefielen mir die Hochzeiten.

Wenn irgendwo ein solches Ereignis bevorstand, sprach sich das schnell herum. Für mich hatten die Stunden, hatte die Zeit damals zwar keine Bedeutung, aber ich erinnere mich, dass Hochzeiten meist im Herbst gefeiert wurden, nach der Ernte. Dann standen an der kleinen Kirche in Sangrúda, wo ich oft war, viele Pferdewagen. Die Pferde waren geschmückt, man hörte lustige Musik, Singen und Lachen. Nach dem Gottesdienst fuhr ein Wagen nach dem anderen zu dem Hof, auf dem das Fest stattfand, und alle waren eingeladen. Ich lief einfach hinter den Wagen her. Als Kind konnte ich ganz schnell laufen, ich hatte kräftige Beine, war flink wie ein Wiesel. Man brauchte mich nicht einzuladen, wie der Igel im Wettlauf mit dem Hasen war ich schon da, wenn die Hochzeitsgesellschaft nach Hause kam. An solch einem Tag gab es besonders viel zu tun. Die Frauen kannten mich, ließen mich Kartoffeln schälen oder das Vieh versorgen, ich melkte die Kühe, fütterte die Schweine. Arbeit gab es genug, man war sogar froh, dass ich gekommen war, um zu helfen, niemand jagte mich fort.

Wenn das Wetter trocken und warm war, wurden auf dem Hof lange Tische aufgebaut, darauf breitete man weiße, selbstgewebte Leinendecken aus. Sonst musste das Fest in der Scheune stattfinden. Immer aber spielte Musik, eine Harmonika oder eine Geige oder auch beide zusammen. Die Musik und das Essen waren alles, was mich an den Feiern interessierte. Auf den Tischen gab es wunderbare Dinge, sogar über dem Feuer gebratene Ferkelchen. Alles, was die Gastgeber hatten, von ihrem Land, von ihrem Hof, stellten sie hin. Man konnte einfach hergehen und sich was nehmen. Natürlich haben die auch getrunken. Und ich habe versucht zu tanzen. Manchmal alleine, manchmal mit einer »taburetka«, einem kleinen Hocker. Darüber haben sich die Erwachsenen lustig gemacht.

Ich wusste, ich konnte da zwei, vielleicht drei Tage bleiben, je nachdem, wie viel es zu tun gab. Die Hauptsache war, satt zu sein und in einem Gebäude zu übernachten. Das war jedes Mal schön, obwohl ich immer merkte, dass ich nicht dazugehörte. Aber wenn es mir gutging, dann habe ich das Leben genossen.

Von der Zukunft hatte ich damals keine Vorstellung, darüber machte ich mir noch keine Gedanken. Ich blickte nur zwei, drei Tage nach vorne. Da passte ich immer gut auf, dass ich genug zu essen in meinem Säckchen hatte. Ich war noch nicht so weit, noch nicht so alt, noch nicht so reif, um über die Zukunft nachzudenken. Ich lebte vielmehr wie ein Tier, das froh war, wenn es an einem Tag satt war und – wenn alles gutging – für den nächsten Tag auch noch etwas in seinem Vorratsversteck hatte. Ich wusste, für den darauffolgenden Tag musste ich vorsorgen. Die Gedanken daran, was danach sein würde, kamen erst viel, viel später. Wahrscheinlich erst im Kinderstraflager, und zwar als die Begnadigung aus Moskau kam, als die Zukunft plötzlich da war. Dabei hatte ich gedacht, noch drei ruhige, sichere Jahre vor mir zu haben.

1953 – ein Schicksalsjahr

Jahrelang zog ich zu Fuß in Litauen umher. Oder ich fuhr auf dem Dach der kleinen Züge mit, die von Kalvarija nach Alytus und dann weiter nach Vilnius oder Kaunas fuhren. Meist hielt ich mich aber in meinem kleinen Gebiet, in der Umgebung von Kalvarija, auf. So auch 1953, das war das Jahr, in dem Stalin überraschend starb. In Kalvarija war ein riesiges Militärgelände mit vielen Wohnhäusern. Dort lebten vor allem russische Militärangehörige mit ihren Familien in kleinen Zimmern und Wohnungen. Eines Tages im zeitigen Frühjahr erlebte ich die Russen ganz aufgelöst, und viele Frauen weinten hemmungslos. Als ich zu der Soldatenküche ging, wo ich hin und wieder anklopfte, um nach Arbeit und Essen zu fragen, da jagte man mich diesmal nicht nur mit Worten, sondern mit einem Fußtritt fort. Väterchen Stalin war tot, aber das hatte ich nicht gewusst. Russisch konnte ich damals kaum, und so sagte mir jemand auf Litauisch, ich solle zu meinem Hitler gehen und den um Essen bitten. Von Stalin wusste ich wenig, nur wie er aussah, denn überall hingen seine Porträts und Plakate, auf denen stand, dass er Hitler im Krieg besiegt hatte, sonst nichts.

Je älter ich wurde, desto schwerer hatte ich es. Ich war groß und kräftig, ich stank, und die Leute gaben mir kaum noch etwas beim Betteln. Vielleicht ging ich deshalb weiter fort von Kalvarija, noch einmal nach Alytus, in die Gegend, wo ich vergewaltigt worden war. Im Spätsommer 1953, als ich fast sechzehn Jahre alt war, fand ich in der Kleinstadt Arbeit bei einer Familie, die mich aufnahm, sogar offiziell bei den Behörden anmeldete. Ich sollte auf das Kind aufpassen und auf dem Hof mithelfen. Die Leute hatten viele Schweine in einem großen Stall und viel Arbeit, sie brauchten eine Helferin. Die Frau gab mir Arbeitskleidung, einen Rock, einen Pullover und eine Jacke. Die Sachen waren alle etwas zu lang, aber sauber. Meine eigene Kleidung bestand nur noch aus dreckigen Lumpen, darin konnte ich mich nicht um ihr Kind kümmern, es füttern oder mit ihm spielen.

Die Arbeit war nicht schwer, ich hätte sie gerne behalten. Aber dann ging alles schief, was auch an meinem aufbrausenden Charakter lag. Irgendeiner der Männer, der Mann oder der Bruder der Frau, kam mir viel zu nahe. Der hatte mich in den Po gekniffen, als ich den Kessel mit dem Schweinefutter aus der Küche in den Stall trug, und da habe ich mich bei der Frau beklagt. Ich habe ihr sogar die Spuren gezeigt, so fest hatte der zugekniffen. Aber sie wollte mir die Schuld geben und sagte: »Du wackelst hier mit deinem Po und vielleicht machst du das mit Absicht.« Daraufhin gab es einen großen Streit. Der Mann, der »die Prussje« gekniffen hatte, kam herein und gab mir ein paar Ohrfeigen. Das machte mich erst richtig böse. Und auf einmal nachts, da habe ich mir gesagt: »Nee, das geht nicht so weiter ...« Ich kannte ja die Freiheit und dachte: »Ich bin an einem Tag hierhergekommen, ich kann jeden Tag wieder weggehen.« Aber dann kam noch die Rache dazu: Die Frau war Krankenschwester, und sie brachte immer was mit von der Arbeit, zum Beispiel Mullwindeln. Vielleicht waren die für das Kind. Aber wozu brauchte ich so was? Trotzdem habe ich sie gestohlen. Die Leute hatten eine Holzkiste mit einem Griff dran, fast wie ein Koffer. Da habe ich ganz schnell einiges reingesteckt, eine Leinendecke, einen Topf, die Mullwindeln und noch etwas. Ein bisschen Geld nahm ich auch mit, ich wusste, wo es aufbewahrt wurde. Ich bin abgehauen, aber ich war nicht klug genug, um weit zu kommen.

Das Haus, in dem die Leute wohnten, lag am Rande von Alytus, in der Uliza Japonissa 4. Alytus war damals eine Kleinstadt, die sich auf beiden Ufern des Nemunas erstreckte. Die Brücken waren zerstört, selbst acht Jahre nach Kriegsende noch nicht wieder aufgebaut. Brückenpfeiler und Steine lagen im Fluss, sie waren Hindernisse für Fährboote. Einfache Ruderboote brachten die Passagiere gegen einen geringen Obolus ans andere Ufer, sie nahmen ihren Betrieb in den frühen Morgenstunden auf und fuhren bis zum späten Abend hin und her.

Nach diesem ersten richtigen Diebstahl stellte ich mich recht unbeholfen an: Ich saß die halbe Nacht frierend – es war Mitte November – in den Büschen am Flussufer und wartete auf das erste Boot. Gerade als ich mit der kleinen Holzkiste voller geklauter Dinge, mit denen ich nichts anfangen konnte, einsteigen wollte, kam der Mann, der Besitzer der Sachen. Er drückte mich grob zu Boden, drohte mir und brachte mich zur Wache, die auf der anderen Seite des Flusses lag.

Dort schlug er mir mit der Faust so heftig ins Gesicht, dass der Milizbeamte aufstand und ihn zurechtwies: »Hier wird nicht geschlagen!« Dann drehte er sich zu mir um und fragte: »Warum hast du das gemacht?« Und ich erklärte: »Ich habe bei denen gearbeitet, die haben mich nicht bezahlt und die haben mich beleidigt. Deswegen habe ich es getan.« Ohne Umschweife gab ich zu, geklaut zu haben. »Weißt du, dass du jetzt in den Knast kommst?«, fragte mich der Milizbeamte noch, und ich antwortete: »Ja, ich weiß es.«

Es dauerte noch ein paar Wochen, bis ich vor dem Richter stand. Vorher mussten die Milizbeamten meine Personalien aufnehmen, wobei lange darüber diskutiert wurde, wie alt ich wohl sei. Immer wieder sagte ich, dass ich am 6. Oktober 1937 geboren worden war, aber die Untersuchungsbeamten sagten: »Woher willst du das wissen? Wir denken, du bist in Wahrheit zwei Jahre älter.« Doch ich blieb dabei. Das hatte ich noch im Kopf, fast zehn Jahre nach dem Krieg. Irgendwer musste mir das, als ich noch ganz klein gewesen war, eingeschärft haben. Eine medizinische Untersuchung sollte Klarheit bringen. Ich musste den Rock hochziehen, dann hat der Arzt meine Brust angeguckt. Ich sollte nur zeigen, ob und wie was gewachsen war. Ich hatte da aber erst fünf Haare am Unterleib. Damals war ich recht groß, aber sehr mager, ich hatte kein Gramm Fett am Leib, obwohl ich bei der Familie immer genug zu essen hatte. Von den Kartoffeln, die ich für die Schweine kochte, konnte ich mir nehmen, so viel ich wollte, und wenn ich für das Kind Milchgrießbrei kochte, dann konnte ich mir davon auch ein Becherchen eingießen.

Da der Arzt bestätigte, dass ich noch keine achtzehn Jahre alt sein konnte, wurde mein Geburtsdatum schließlich ebenso korrekt aufgeschrieben wie die Tatsache, dass ich Deutsche war, denn das wussten alle. Dabei sprach ich bereits akzentfrei Litauisch. Nur der Name, der auf meiner Akte stand, war falsch, ich nannte mich ja Maritje Klemajte. Maritje nach der Frau, die mich damals am Bahngleis gerettet hatte, und Klemajte nach einer Bauernfamilie, bei der ich in den letzten Jahren öfter übernachtet hatte. Merkwürdigerweise kann ich mich nicht an sie erinnern.

Bei der Angabe meines Nachnamens hatte ich länger gezögert. Ich glaubte, dass ich Otto hieß, aber ich war mir nicht sicher, ob das der Nachname oder der Vorname meines Vaters gewesen war. Otto hätte auch merkwürdig geklungen, deshalb nannte ich mich lieber litauisch Klemajte, ein Name, den ich lange behalten sollte.

Fast vier Wochen saß ich in der Gefängniszelle. Bei der Gerichtsverhandlung ging alles ganz schnell, der Richter stellte nur ein paar knappe Fragen, die ich ebenso kurz beantwortete: »Hast du geklaut?« – »Ja, ich habe geklaut.« – »Warum hast du geklaut?« – »Ich war auf die Leute wütend, deswegen habe ich geklaut.« Ich hatte kein Zuhause, keine Familie, keine Zeugen, nichts, was mich hätte entlasten können. Der Mann, der mich in den Po gekniffen hatte, war der Einzige, der eine Aussage machte. Am 15. Dezember 1953 wurde ich nach Paragraph 1, Absatz 1, »über den verstärkten Schutz des persönlichen Eigentums von Staatsbürgern« vom 4. Juni 1947 verurteilt, bekam für den Diebstahl aber nur fünf

Jahre Freiheitsentzug, da ich noch keine achtzehn Jahre alt war. Außerdem hatte ich zum Glück kein Staatseigentum gestohlen. Wahrscheinlich hatte man mich älter machen wollen, um eine härtere Strafe verhängen zu können.

Zuerst brachte man mich in das Hauptgefängnis nach Kaunas. Dort wurden alle Verurteilten zum Abtransport in die Lager gesammelt, Minderjährige und Erwachsene getrennt. Sie blieben dort, bis ein Transport voll war, ein oder zwei Waggons. Wenn wir Jugendlichen auf unseren zweistöckigen Pritschen lagen, unterhielten wir uns darüber, wer weswegen und zu welchen Strafen verurteilt worden war. Ein Mädchen hatte seine Großmutter umgebracht, weil es an ihr Geld wollte. Es war kaum älter als ich und hatte der Oma im Bett mit einem Strumpf oder etwas anderem die Kehle zugedrückt. Eine andere hatte fünf Hühner gestohlen und auf dem Markt verkauft. Sie war wie ich zu fünf Jahren Kinderstraflager verurteilt worden.

Selbst wenn sich das heute merkwürdig anhört, ich war sogar ein wenig froh, dass ich ins Kinderstraflager kam. Es war Winteranfang, und ich dachte an die Kälte und Nässe und daran, dass ich keine gute Bekleidung hatte. Als ich verhaftet wurde, haben alle geweint, nur ich nicht. Ich habe sogar trotzig gelacht, als ich hörte, dass ich in ein Kindergefängnis kommen sollte. Das hieß ja auch nicht »Gefängnis«, sondern auf Russisch »djetskaja trudowaja kolonija – Kinder-Arbeitskolonie«. Das klang irgendwie nach Arbeit, gleichzeitig aber auch nach Erholung.

3.
1953–1961 Im Gulag

Kinder-Arbeitskolonie Kineschma

Mit den anderen Mädchen aus Kaunas wurde ich in einem Passagierwaggon nach Kineschma gebracht. Die Waggons mit den Gefangenen wurden in der Sowjetunion nach Stalins Tod stets an planmäßige Personenzüge angehängt. Fenster, Gänge und jedes einzelne Abteil waren vergittert. Bewacht wurden diese Spezialtransporte von bewaffneten Soldaten. In Kineschma hielt der Zug an einem gesonderten Bahnsteig. Anderthalb Tage nur hatte die Fahrt von Kaunas über Moskau dorthin gedauert.

Kineschma, im 13. Jahrhundert gegründet, ist eine kleine Stadt an der Wolga, vierhundert Kilometer nordöstlich von Moskau. Bis heute leben die etwa 90 000 Einwohner von der Textilindustrie, der Holzverarbeitung und der chemischen Industrie. Industriezweige, die von dem großen Flusshafen und den günstigen Transportverbindungen profitieren. Wie die ganze Stadt lag auch das Lager auf dem Steilufer der Wolga, aus manchen Fenstern konnte man sie sehen. Bei Kineschma ist die Wolga, »Mütterchen Wolga«, wie die Russen sie nennen, bereits ein mächtiger Strom, nicht so schmal wie der Nemunas, die Memel, den ich aus Litauen kannte.

Nach unserer Ankunft erlebten wir das übliche Prozedere: Die »Raben«, das sind für Gefangenentransporte umgebaute Lkw, rollten an den Zug heran. Aus dem Waggon ging es direkt in die Fahrzeuge hinein. An den Türen standen nur ein paar Soldaten, die nach dem Namen, dem Geburtsdatum und dem Strafmaß fragten und ihre Liste abhakten. Dann mussten alle Mädchen in die kleinen Drahtkäfige im Inneren der »Raben«. Diese Einzelabteile waren dermaßen klein und eng, dass selbst wir Jugendlichen in ihnen hocken mussten. Die vergitterten Fenster lagen so hoch, dass niemand hinaussehen konnte. Ohne Halt ging es in die sogenannte Zone, das mit mehreren Reihen Stacheldraht, einer Mauer, Wachtürmen und scharfen Hunden gesicherte Kinderstraflager. Dort erst, auf dem Gefängnishof, gingen die Türen der Lkw auf.

Im Kinderstraflager wurden die Jugendlichen nicht schlecht behandelt. Es gab dreimal täglich etwas zu essen, und jedes Mädchen hatte ein eigenes Bett mit Matratze und sauberer Bettwäsche. Einmal am Tag wurden wir in den Hof an die frische Luft hinausgeführt. Ich habe es damals nicht bedauert, dass ich dort hingekommen war, für mich war es eine Erleichterung. Ich verstand am Anfang ja noch nicht, welche Folgen die Vorbestrafung für mein Leben haben sollte. Das kam erst später. Erst mal ging es mir recht gut. Im Lager hatte ich meinen Platz, und ich war kräftig genug, mich mit Fäusten durchzusetzen. Den anderen Mädchen habe ich sofort gezeigt: Mit mir gibt's keine Schlägerei, ich kann mich zur Wehr setzen, ich lasse mir meine »pajka«, mein Essen, von niemandem wegnehmen. Ums Essen haben wir uns immer gestritten, denn wir bekamen nicht genug, waren nie richtig satt. Alle respektierten mich, obwohl ich überhaupt kein Russisch konnte. Mit den Jahren war Litauisch meine zweite Muttersprache geworden, Deutsch sprach ich schon lange nicht mehr.

Schwierig war es nur mit dem Rauchen, weil wir Jugendlichen keine Machorka oder Ähnliches bekamen. Tabak wurde nur Erwachsenen zugeteilt. Wollte ich rauchen, und das wollte ich oft, musste ich mir irgendwo ein Zigarettenstümpfchen suchen oder einen Gefängnisbeamten anbetteln. Meist hatten die Männer Mitleid mit mir und ließen mich kurz ziehen, ganz selten schenkten sie mir sogar eine halbe Zigarette.

Es dauerte nicht lange, und ich sehnte mich nach meiner Freiheit zurück. Die fünf Jahre hinter Gittern, die mir bevorstanden, waren eine lange Zeit ohne viel Abwechslung, das wurde mir schnell klar. Zum Glück gab es die Arbeit in der Näherei und vor allem die Schule. Jeden Abend war Schule. Für alle. Auch wer nicht wollte, musste hin. Man konnte dasitzen und nichts tun, und wer wollte, hat das auch getan. Ich aber war immer fleißig dabei und fing langsam an, Russisch zu lernen, besonders die russischen Buchstaben musste ich üben, ich kannte ja nur die lateinischen. Die russische Sprache wurde uns beigebracht wie ganz kleinen Kindern, denn viele der Mädchen hatten wie ich noch nie eine Schule besucht, selbst die Russinnen nicht. Andere hatten ein oder zwei Klassen absolviert, vielleicht auch mal vier. Anfangs machte mir die neue Sprache große Schwierigkeiten, nach ein paar Wochen und Monaten des Schweigens aber sprach ich immer besser Russisch, ich musste. Nur mit den Mädchen aus Litauen unterhielt ich mich weiter in deren Sprache. Mit den Litauerinnen verstand ich mich besonders gut, weil sie dachten, ich, »die Maritje«, sei eine von ihnen.

Im Lager wussten nur die Beamten, dass »Nationalität: deutsch« in meinen Papieren stand. Den Kindern und Jugendlichen sagte man nichts davon, sonst hätte ich so kurz nach dem Krieg mit Sicherheit Schwierigkeiten gehabt. Besonders mit der »verchuschka«, so nannte sich die Oberschicht der kleinen Straflagermafia, die das Sagen hatte. Sie bestand aus Mädchen, die älter als ich und schon mehrfach verurteilt worden waren. Sie versuchten, andere Kinder zu unterdrücken, damit diese dann die Latrinen putzten, Wäsche wuschen, in der Näherei die Hälfte der Arbeitsnorm für sie erledigten und ihnen von den Paketen, die sie von zu Hause bekommen hatten, etwas abgaben.

Auch heute noch gibt es in russischen Gefängnissen und Straflagern, sogar in den Kinderstraflagern, dieses inoffizielle Kastensystem, mit den »borsyje – den Feurigen«, die an der Spitze der

Hierarchie stehen, gefolgt von den »blatnyje – den Rotwelschen«, den »Aktivisten«, die Organisationsaufgaben übernehmen, den »obischenije – den Beleidigten« und den »opuschtschenye – den Unberührbaren«, Mädchen oder Frauen, die bereits vergewaltigt wurden und deshalb auch im Gefängnis sexueller Gewalt ausgesetzt sind. Die Mädchen aus der »verchuschka«, die »borsyje« und »blatnyje« in meinem Lager, waren schon wahre kleine Verbrecherinnen und äußerst privilegiert. Sie waren die Einzigen, die sogar immer etwas zum Rauchen hatten. Dabei war das Rauchen im Kinderstraflager streng verboten.

Angestellte und Wachleute beobachteten uns, sie wussten genau, was in den einzelnen Wohn- und Arbeitsbaracken los war. Selbst wenn ein Mädchen fast zu Tode geprügelt wurde, haben die Aufseher die Augen zugemacht. Sie brauchten die »borsyje« und »blatnyje«, die das Kommando übernahmen. Statt sogleich einzugreifen und die Mädchen zu bestrafen, nutzten die Wachmannschaften diese Art der »Selbstverwaltung«. Und nutzen sie bis heute in allen exsowjetischen Gefängnissen und Kasernen. Wer das Kommando in einer Gruppe hat – ob Mörderin oder Vergewaltiger –, bekommt auch im offiziellen Gefängnissystem eine leitende Funktion. In Kineschma wurden die älteren Mädchen aus der »verchuschka« folglich Brigadierinnen oder Barackenälteste.

Es gab immer einen Grund, sich zu prügeln. Probleme hatten wir genug. Diejenigen, die eine Familie hatten, bekamen »peredatscha«, Pakete von zu Hause mit Lebensmitteln oder Bekleidung. Wir waren alle nur schwarz-braun gekleidet. Wenn ein Mädchen schwächer war und mit anderen in einer Baracke wohnte, die viel stärker waren, dann ging es nicht alleine zum Büro, um sein Paket abzuholen. Denn es wusste, dass es das nicht einmal bis zur Baracke tragen konnte, unterwegs würde man es ihm bereits abnehmen. Das Mädchen kam zu mir und bat mich um Hilfe. Dann kam noch jemand mit, und zu dritt konnten wir die »peredatscha« bis in die Baracke bringen. Wir bekamen dann auch was ab, aber freiwillig, zur Belohnung.

Wenn ich mit diesen Mädchen zum Büro ging und auf deren Pakete wartete, näherten sich die anderen Mädchen, die für die »verchuschka« arbeiteten, bereits. Sie waren leicht zu erkennen, die meisten hatten Tätowierungen. Die gab es in den sowjetischen Lagern damals schon, Anfang der fünfziger Jahre. Wir Mädchen prügelten uns nicht gleich vor aller Augen, das kam später. Meine Kameradinnen und ich konnten »unser Mädchen« meist noch eine Weile beschützen und das Stück Speck oder Brot, das wir für unsere Schutzdienste bekommen hatten, in Ruhe aufessen. Erst in der »Freizeit«, der einzigen Stunde am Tag, die wir zwischen Arbeit und Abendschule für uns hatten, ging es richtig los. Hinter den Baracken. Wenn eine Gruppe nichts von dem Päckchen bekommen hatte, konnte die Schlägerei losgehen. Dann flog einem eine Decke über den Kopf, und alle haben zugetreten oder heftig mit dem Kopf oder mit den Fäusten auf einen eingeschlagen. Später, bei den Erwachsenen, war das auch so. Bei den Jugendlichen war es nur noch nicht so grausam, da ging es nicht bis zum Tode.

Wenn man durch das Tor oder durch die Personenschleuse ins Kinderstraflager kam, waren auf der rechten Seite das Verwaltungsgebäude, die medizinische Station und der Karzer. Der Karzer war eine kleine Einzelzelle, in die kamen Gefangene, die sich besonders schlecht benommen hatten und hart bestraft werden sollten. Dahinter standen das Clubgebäude und die Schule. Links vom Tor lagen die Näherei und hintendran die Speisebaracke. Wenn man noch weiter auf das Gelände ging, kam man zu den zweistöckigen Wohnbaracken. Wie viele Baracken das waren, kann ich nicht mehr sagen, aber eine Baracke, die erste, war für die »maloletki«, die ganz kleinen Mädchen. Die waren so zwölf Jahre alt. Die ältesten waren achtzehn, ältere Mädchen kamen in die Lager für Erwachsene.

In meinem Lager waren nur Mädchen. Das Wachpersonal hingegen bestand vor allem aus Männern, aus Soldaten. An jeder Ecke des riesigen Lagergeländes stand ein Wachturm, drum herum war ein ganz hoher, dichter Holzzaun mit Stacheldraht. Nachts war der immer beleuchtet. Ungefähr zweitausend Mädchen waren im Kinderstraflager Kineschma. Keines versuchte in der Zeit, als ich dort war, zu fliehen. Es erschien aussichtslos.

Morgens mussten wir immer in einer Reihe zur »prowerka« antreten, dann wurde nachgezählt, ob alle da waren. Auch wurde verkündet, welche Besonderheiten der Tag bringen würde. Anschließend gab es Frühsport zu Militärmusik. Und dann hatten wir eine halbe Stunde Zeit, um uns zu waschen und das Plumpsklo am anderen Ende der Baracke aufzusuchen. Es gab einen großen Waschraum mit einem langen Becken, das aussah wie ein Trog. Da wurde Wasser zum Waschen reingegossen. Wir haben uns sogar die Zähne geputzt. Aber wir bekamen keine Zahnpasta, sondern irgendein Pulver. Eine Zahnbürste hatten wir auch nicht, wir haben das immer mit den Fingern gemacht. Dann schnell den Mund ausgespült und angetreten zum Frühstück. Dorthin marschierten wir in Formation, jede hatte ihren festen Platz. Obwohl ich nicht zu den Ältesten gehörte, war ich fast immer vorne bei den hoch aufgeschossenen Mädchen, nach mir folgten die kleineren. Die ganz kleinen mussten immer am hinteren Ende der Kolonne marschieren.

Zum Frühstück gab es jeden Tag das Gleiche: Brei, einen Becher Tee und ein Stück Brot. Die Lagerbediensteten, es waren vor allem Frauen, die beim Essen Aufsicht hatten, waren stets in Uniform, dementsprechend militärisch ging es auch zu. Wir mussten uns immer beeilen, denn auf einmal hieß es »gatowo – Achtung!«, »kontschili – fertig!«, »padjom – aufstehen!«, »stroitsa – antreten!«. Antreten zur Arbeit in der riesigen Werkhalle. »Marsch, marsch!« hieß es andauernd, mal wurde gesungen, mal nicht, dann war Mittagspause, eine Stunde. Und immer antreten, immer »stroitsa!«. Dann ging es wieder zur Arbeit, anschließend war eine Stunde Ruhe, selten auch mal zwei.

Erst von einem bestimmten Alter an mussten die Mädchen arbeiten, in Kineschma ab sechzehn. Ich also musste, ich durfte in der Näherei arbeiten. Die befand sich in einer großen Halle. Damit wir Mädchen nichts stehlen konnten, mussten wir uns vor der Arbeit splitternackt ausziehen, um dann in einem anderen Raum die Arbeitskleidung anzuziehen. Erst dann ging es in die Werkshalle. Dort standen auf kleinen Tischen Nähmaschinen. Auf anderen, riesig großen Tischen wurde zugeschnitten. Wir nähten schwere, wattierte Kleidung, Jacken und Hosen für Erwachsene, wahrscheinlich für Insassen anderer Straflager. Meine Kameradinnen und ich trugen die gleiche Wattebekleidung. Wir sahen darin aus wie Jungen, mit unseren kurzen Haaren, in viel zu großen Filzstiefeln, Hosen und »foufajkis«, den Wattejacken. Selbst im eisigen Winter froren wir draußen auf dem Gefängnishof beim Antreten nur selten in diesen Sachen. Drinnen, in den Wohnbaracken, war es hingegen meist sehr warm, da saßen wir dann in Unterwäsche. Wir hatten nichts anderes anzuziehen.

Die Baracken wurden mit Holz geheizt. Damals gab es noch keine Heizung, nur mitten im Raum große Öfen, für die ein paar Mädchen verantwortlich waren. Meist waren es die Brigadierinnen oder deren Helferinnen. Es hing also von uns selbst ab, ob wir froren, denn nur, wenn wir genug Holz geholt hatten für die Nacht, war es an strengen Wintertagen wirklich warm.

In der Schule und bei der Arbeit war ich außerordentlich fleißig, deshalb wurde ich oft als Vorbild für die anderen hingestellt. Die Norm schaffte ich immer, und der Name Klemajte stand häufig ganz oben auf der »doska potschota«, der Tafel, auf der die Namen der besten Arbeiterinnen angeschrieben waren. Daneben wurden die Prozente, die sie geschafft hatten, notiert. Weniger als hundertzehn Prozent der Arbeitsnorm waren es bei mir nie. Dabei gab es keine Auszeichnung für besonders gute Arbeit, merkwürdigerweise war es uns damals Belohnung genug, wenn der eigene Name ganz oben auf der Tafel stand.

Ich hatte in ganz wenigen Tagen nähen gelernt. Und ich konnte es gut und schnell. Da ich mich gegenüber der »verchuschka« mit meinen Fäusten durchsetzte, musste ich nie für andere Mädchen mitarbeiten. Ich habe mich nicht unterdrücken lassen, aber auch selbst niemanden unterdrückt. Geholfen habe ich, aber nur aus freien Stücken, wenn ich sah, dass eine Kameradin es nicht schaffen konnte. Für die Wattebekleidung muss man doppelten Stoff nehmen und die Watte schnell und gleichmäßig dick dazwischen durchschieben. Das konnte ich wirklich sehr gut. Wir saßen alle an einem riesigen langen Tisch, und überall standen Kisten, in die man das fertige Stück hineintun musste. Wenn ein anderes Mädchen zu langsam war, dann habe ich schnell seine Arbeit genommen, wenn ich mit meiner fertig war.

Zweimal im Monat hieß es morgens beim Appell: »Heute kommt der Filmvorführer.« Der Mann kam aus Moskau. Er fuhr mit seinem Projektor und alten sowjetischen Filmen über Land. Für die Vorführung am Abend spannte er im großen Versammlungssaal auf der Stirnseite eine riesige weiße Leinwand auf, gegenüber stand sein schnurrender Apparat. Filmtage waren wahre Festtage für alle Mädchen. Ich hatte nie zuvor Filme gesehen. Wir waren immer mucksmäuschenstill, wenn das Licht ausging und der Film anfing. Zuerst gab es aber jedes Mal noch die Wochenschau mit kleinen Berichten aus der ganzen Sowjetunion, manchmal auch aus fremden Ländern. Und dann kam ein Spielfilm: »Wolga, Wolga«, »Frühling« oder »Zirkus«, das waren alles lustige Filme mit viel Musik.

Die Lieder, die in den Filmen gesungen wurden, haben wir abends in der Baracke gelernt. Jede von uns hatte ein paar Worte oder Zeilen behalten, manches kann ich heute noch. Hin und wieder gab es auch Kriegsfilme und Filme, in denen Stalin vorkam. Es war meistens derselbe Schauspieler, der sah so aus wie die Stalin-Bilder, die ich in Litauen manchmal gesehen hatte. Auch später, in Pukso-Osero, hat man uns Filme gezeigt. Ich war immer unruhig, wenn wir Kriegsfilme gesehen haben. Die Deutschen waren darin stets sehr böse. Und ich hatte große Angst, dass jemand erfuhr, dass ich eine Deutsche und mein Vater im Krieg gewesen war. Besonders am 9. Mai, am Tag des Sieges der Sowjetunion über Hitler-Deutschland, war ich vorsichtig. Die Russen feierten diesen Tag immer mit großen Paraden, vielen Reden und Demonstrationen. Mir war er immer ziemlich egal.

In der Schulklasse, in die ich jeden Abend ging, fingen wir mit »m«, »a«, »m«, »a«, »mama«, an, Russisch zu lernen. Das war lächerlich, aber die Mädchen, Litauerinnen, Estinnen und Lettinnen, die neben mir saßen, beherrschten die russische Sprache genauso wenig wie ich, deshalb mussten wir ganz am Anfang beginnen. Die Mädchen, die perfekt Russisch konnten, waren in anderen Klassen. Ich sagte »mama, rama, papa«, und es machte mir Spaß.

Unsere Lehrerin hieß Anna Iwanowna. Diesen Namen habe ich bis heute nicht vergessen. Anna Iwanowna war eine sehr hübsche Frau. Uns schien sie damals ganz alt. Sie hatte riesige Zöpfe, die sie um den Kopf gesteckt hatte wie einen Kranz, so wie die ukrainische Politikerin, Julija Tymoschenko, heute. Aber ich kann mich nicht mehr an das Gesicht erinnern. Nur an ihre guten, blauen Augen und eben an den Kranz von schönen Haaren, der war immer ganz akkurat. So eine kleine, magere Frau war das. Anna Iwanowna war eine sehr gute Lehrerin, eine freie Angestellte. Sie hatte viel Geduld mit uns, wir waren ja schon große Mädels. Und wir mochten unsere Lehrerin und hatten Respekt vor ihr, Anna Iwanowna wurde von uns nicht geärgert oder gar angegriffen.

Damit die Läuse keine Chance hatten, sich auf unseren Köpfen einzunisten, trugen wir die Haare ganz kurz. Einmal in der Woche wurden alle Mädchen in eine riesige, hellblau und hellgrün geflieste Halle geführt, wo auf Holzbänken große Blechschüsseln standen. Bevor wir uns waschen durften, kam jedes Mal eine Dame im weißen Kittel zu uns, wahrscheinlich eine Krankenschwester oder Ärztin. Alle mussten sich vorbeugen – Licht gab es genug –, und dann wurde untersucht, ob jemand Läuse hatte. Aber das kam äußerst selten vor. Auch Wanzen und Kakerlaken oder anderes Ungeziefer gab es nicht. Die Lagerleitung achtete peinlich genau auf Sauberkeit. Wir mussten die Baracken selber in Ordnung halten, jeden Morgen wurde gefegt und anschließend auf allen vieren nass durchgewischt, bis der Holzboden glänzte. Die Bettwäsche wurde jeweils am zehnten Tag gewechselt. Wir mussten alles schnell abziehen, dann kamen frei angestellte Frauen und legten jedem Mädchen ein Bettlaken, einen Kopfkissenbezug und ein Handtuch hin. Seife bekamen wir nur, wenn wir zum Baden geführt wurden. Nachher mussten wir sie wieder abgeben.

Es ging immer alles in Kolonnen. »Ras, dwa, ras, dwa, links, rechts, links, rechts ...« Zur Toilette, zum Baden, zur Arbeit, zum Essen, auf den Hof – immer »ras, dwa, ras, dwa«. Das war wirklich Unsinn, wir waren doch keine Soldaten, aber mir hat es immer Spaß gemacht. Und singen sollten wir auch, »Durchs Gebirge, durch die Steppe« zum Beispiel. Leider waren das meistens blöde Lieder, die man im Krieg und nach der Revolution gesungen hatte.

Aber manchmal sangen wir auch was Schönes. Es gab da so ein ganz trauriges Lied. Das war kein Lagerlied. Es erzählt davon, dass Mutter und Tochter ohne den Vater leben. Die Tochter hat Geburtstag, und da erzählt ihr die Mutter: »Wir haben ein Paket bekommen, ein Paket von deinem Vater, da ist ein Pullover für dich drin.« Später hat die Tochter von den Nachbarn erfahren, dass die Mutter nächtelang gestrickt hatte, um der Tochter zum Geburtstag einen Pullover zu schenken, einen Pullover, den der Vater geschickt hatte, einen besonderen Pullover also.

Dieses Lied habe ich immer sehr gemocht. Damals hatte ich eine gute Stimme, jedenfalls für die Lieder im Kinderstraflager. Einige Mädchen wollten nicht mitsingen, die haben nur den Mund auf- und zugemacht. Ich aber hatte immer Spaß daran. Zuerst einmal musste ich die Texte der russischen Lieder allerdings lernen. Da ich ein gutes Gedächtnis hatte, bereitete mir das keine Probleme. Ich hörte ein paarmal zu – und konnte den Text.

Zweimal in der Woche war abends Club. Da wurden dann auf der Bühne Stücke aufgeführt, es wurde gesungen. Auch dafür mussten wir Texte lernen. »Mnje charascho ... – mir geht es gut …«, sangen wir immer im Chor. Dank der Lieder und Aufführungen klappte es bald bei allen mit der Verständigung in russischer Sprache.

Im Straflager hatte ich nach langen Jahren zum ersten Mal wieder ein geregeltes Leben. Und manchmal auch Zeit, an meine Kindheit in Wehlau zurückzudenken. In unserer knapp bemessenen Freizeit oder abends auf den Pritschen erzählten die meisten Mädchen von zu Hause. Es waren Stadtmädchen und Mädchen vom Dorf, und ich hörte immer interessiert zu. Aber es tat mir weh, wenn die anderen über ihre Mutter und über die Geschwister erzählten, davon, wie schön ihr Zuhause gewesen war und welche Lieder sie dort gesungen hatten. Irgendwo ganz tief hatte ich dann in der Seele Schmerzen. Ich fühlte mich vom Leben übergangen, weil meine Kindheit keine richtige Kindheit gewesen war und ich überhaupt nichts hatte, über das ich hätte erzählen können.

Nachts, wenn »otboj« – Zapfenstreich – war und nur noch die Kontrolllampe leuchtete, habe ich oft über meine Geschwister nachgedacht. Aber ich wusste, ich konnte nichts machen, ich konnte nicht zu meiner Familie. Es war nutzlos, sich darüber den Kopf zu zerbrechen. Mutti hatte ich noch ganz scharf im Gedächtnis, ich konnte mich erinnern, wie sie starb, als ich nicht da war, weil mich die Frauen weggeschickt hatten, um Lindenblätter zu holen. Wenn ich an sie dachte, dann habe ich heimlich auch ein bisschen geweint.

Den anderen Mädchen konnte ich nichts von mir erzählen, womöglich hätten sie herausgefunden, dass ich eine Deutsche war. Wenn man mich nach meinen Eltern fragte, dann sagte ich: »Meine Mutter ist gestorben, ich weiß nicht, wo mein Vater ist …« – »Und wo sind deine Geschwister?« – »Weiß ich auch nicht. Durch den Krieg wurden wir getrennt.« Mehr habe ich nie erzählt, ich war damals vorsichtig, sehr vorsichtig. Und es war auch nicht gelogen.

Im Straflager war niemand, der uns Mädchen einmal in den

Arm nahm, niemand, der mit uns darüber sprach, wie es weitergehen sollte. Wie unsere Zukunft aussehen würde, das wussten wir alle nicht. Vielleicht sprachen wir deshalb auch nur selten darüber. Eins wussten wir allerdings ganz genau, das hatte uns die Lagerleitung bereits am ersten Tag gesagt: Sobald wir achtzehn Jahre alt wären, würde es für uns »auf Etappe gehen«, dann kämen wir in ein Erwachsenenstraflager. Man machte uns klar, dass diejenigen, die sich vernünftig benahmen, fleißig arbeiteten, gut in der Schule waren und im Club beim Singen und Tanzen eifrig mitmachten, in ein gutes Straflager gebracht würden, die anderen jedoch in ein hartes, weit entferntes Lager. Auch ich strengte mich an, aber nicht nur mit dem Ziel, mit achtzehn nicht nach Sibirien zu kommen. Ich mühte, ja plagte mich, weil es mir in der Schule und bei der Arbeit wirklich gut gefiel. Außerdem war ich ehrgeizig, wollte ich immer ein bisschen besser sein als die Kameradinnen. Und ich war stolz auf meine Leistungen, ich konnte wirklich vieles besser als die anderen!

Auch wenn ich sehr strebsam war, hieß das nicht, dass ich im Lager ein braves Kind geworden wäre. Ich wollte gelobt werden, deshalb habe ich mich angestrengt. Aber sonst war ich ziemlich aggressiv. Sobald mir ein Wort nicht gefiel, machte ich schon eine Faust, selbst wenn die Lagerangestellten dabei waren. Die haben das gesehen, aber die hatten keine Angst vor mir. Ich habe sie nie angegriffen.

Wenn es eine Schlägerei gab, habe ich oft angefangen. Das kam zwar immer raus, aber ich bin nie streng bestraft worden, weil ich gut in der Schule und beim Arbeiten war. Nur einmal bin ich in den Karzer gekommen. Da hatten wir ein ganz starkes, kräftiges Mädchen verprügelt. Eine »stukatschka«, das war ein Mädchen, das die anderen bei der Lagerleitung verpetzte. Und Petzer, Verräter, mochten die Gefangenen nicht. Nicht im Kinderstraflager, nicht im Erwachsenenstraflager, nie und nirgends. Wir hatten irgendetwas Schlimmes angestellt, ich kann mich nicht mehr erinnern, was das war. Und ein Mädchen hatte uns verraten. Abends haben wir

die »stukatschka« dann in die Toilette gebracht und »tjomnuju –
die Dunkle« gespielt: Mit einer Decke über dem Kopf wurde sie
von allen Seiten geschlagen. Dann haben wir sie noch an beiden
Händen gepackt und an die Wand geschleudert. Dabei kann das
Gesicht kaputtgehen oder auch die Nieren, das ist gefährlich. Wir
haben das Mädchen richtig zerschlagen.

Außer mir mussten noch fünf andere Mädchen zur Strafe und
Abschreckung für die anderen in den Karzer, eine ganz kleine Einzelzelle im Keller. Fünf Tage und Nächte lang. Der kleine Raum
war leer, wenn man von einem Brett ohne Matratze, das tagsüber
hochgeklappt werden musste, und einem Eimer absah. Er hatte
kein Fenster. Dreimal am Tag gab es etwas zu essen. Aber dieses
Essen war noch schlechter als üblich. Davon konnten wir Mädchen nicht satt werden. Doch auch nachdem wir im Karzer gesessen hatten, haben wir es nicht bereut, dass wir die »stukatschka«
so verprügelt hatten. Schließlich war sie schuld daran, dass eine
unserer Kameradinnen in ein Lager mit »strogij regim«, in ein ver-
schärftes Lager, kam. Unser Lager war ja ein normales mit »obschij regim«.

Im Sommer und im Herbst durften wir manchmal aus dem Lager
heraus. Dann kamen Lastwagen, die uns auf die Felder der Kolchosen und Sowchosen brachten. Auch bei der Feldarbeit wurden
wir bewacht, nur hatten die Wachen hier keine Hunde. Im Sommer halfen wir beim Unkrautjäten auf den Gemüsefeldern, im
Herbst bei der Ernte. Mittags bekamen wir regelmäßig zu essen,
dann kam ein großer Pferdewagen mit gutem Essen und Brot auf
das Feld gefahren, es gab stets genug für alle. Dort, außerhalb des
Lagers, konnten wir uns endlich einmal in Ruhe satt essen, niemand trieb uns an, es gab keine militärischen Kommandos, das
war ein Fest. Zwar mussten wir tüchtig arbeiten, doch von dem
Gemüse durften wir uns auch noch etwas ins Lager mitnehmen.
Möhren oder Weißkohl, Vitamine, die es sonst nicht gab.

Zweimal pro Woche hatte meine Brigade »krassnij ugolok – die rote Ecke«, Unterricht im Raum für kommunistische Erziehung. Heute würde man das wohl »politische Bildung« nennen. Der Raum war Lenin und dem Kommunismus gewidmet, er war mit vielen roten Fahnen, auf denen in goldenen Lettern beispielsweise »Der Moralkodex der Erbauer des Kommunismus« stand, geschmückt. Es gab Leninplakate, seine gesammelten Werke und natürlich viele Bücher über den Kommunismus. Unter der Aufsicht eines Erziehers durften wir Mädchen auch »schaschky« spielen, so heißt das Damespiel in Russland. Wer wollte, konnte einen Brief nach Hause schreiben, ein Buch oder Zeitung lesen. Der Mann erzählte den Strafgefangenen von den Errungenschaften des Kommunismus, das gehörte zu seinen Aufgaben. Doch keines von uns dreißig Mädchen interessierte sich dafür.

Eines Tages, es war, glaube ich, im Frühsommer 1955, machte eine Kameradin einen Vorschlag. Sie fragte den Erzieher, ob wir eine Bitte um Begnadigung nach Moskau schicken könnten. »Pomilowanije« hieß das auf Russisch. »Ja, wenn ihr wollt, könnt ihr das tun, ihr habt das Recht dazu«, hat der Erzieher geantwortet. Dann gab er jedem seiner Schützlinge ein Blatt Papier und einen Stift. Langsam diktierte er den Text in russischer Sprache. Und ich hatte doch erst ein Jahr Russischunterricht! Ich habe mir angesehen, wie die anderen schrieben, und mich angestrengt, den Text schön und richtig zu schreiben. Ich hatte eine scheußliche Handschrift, aber ich schrieb: »Ich bitte um Begnadigung. Ich verspreche, dass ich eine vorbildliche Staatsbürgerin sein, dass ich lernen und arbeiten werde.« Mehr nicht, dann noch die Unterschrift und das Datum. Am nächsten Tag hatten wir schon wieder vergessen, was wir da geschrieben hatten. Keine von uns dachte, dass unsere Briefe wirklich nach Moskau geschickt werden würden.

Zwei, drei Monate später jedoch kam der Erzieher mit den Antworten aus der Hauptstadt. Wir Mädchen waren gespannt, saßen mit offenem Mund da und hofften, dass wir bald zu unseren Familien zurückkehren könnten oder doch ein paar Jahre weniger im Lager bleiben müssten. Der Mann las lange die Namen und die Bescheide aus Moskau vor. Immer war die Antwort negativ. Plötzlich sagte er: »Klemajte pomilowatj! – Klemajte ist zu begnadigen!« Das war ich mit meinem litauischen Namen. Ich war die Einzige, der man die Gnade erwiesen hatte, sie freizulassen. Die anderen haben vor Enttäuschung geweint, einige haben mich umarmt. Ich aber war wie geschockt, ich hatte doch noch drei Jahre vor mir. Plötzlich war die Zukunft da, das war ein komisches Gefühl. Keine Freude. Irgendwie habe ich damals schon gespürt, dass mir die Freiheit nichts Gutes bringen würde. Ich hatte noch nicht vergessen, was ich erlebt hatte. Aber ich konnte doch nicht sagen: »Ach, wissen Sie, ich würde lieber hierbleiben …« Warum ausgerechnet ich begnadigt wurde, darüber kann man heute nur spekulieren. Vielleicht, weil ich Deutsche war? Schließlich hatte sich die politische Situation geändert. Stalin war tot, und der Krieg lag bereits mehr als zehn Jahre zurück, wenn er auch längst noch nicht vergessen war.

Es dauerte noch ein paar Tage, bis die Entlassungspapiere vorbereitet waren. Man drückte mir einen Laufzettel in die Hand, auf dem ich abzeichnen lassen musste, dass ich alle Bücher, die Bettwäsche und die Lagerkleidung zurückgegeben hatte. Als der Beamte mir das Entlassungspapier ausstellte, sprach er nicht mit mir, zündete sich nur eine Papirossy an. Erst als ich ihn bat, mir die Kippe zu lassen, sah er mich an und gab mir eine ganze Zigarette, Marke Weißmeerkanal. Ich durfte rauchen, während er schrieb, dass ich aus dem Lager freigelassen worden war. Er musste aus der Akte meinen Namen, meinen Geburtsort und mein Geburtsdatum abschreiben. Und als er blätterte, sah ich, dass außen auf der Akte in roten Druckbuchstaben geschrieben stand »bjes graschdanstwa«, ohne Staatsangehörigkeit. Normalerweise durften die Gefangenen ihre Akte nicht sehen. Was das bedeutete, »Staatsangehörigkeit«, wusste ich nicht. Gefragt habe ich nicht, ich wunderte mich nur, dass da nicht stand, dass ich eine Deutsche bin. Erst heute weiß ich, dass Nationalität und Staatsangehörigkeit nicht dasselbe sind. Ich weiß nicht mehr, ob ich nur eine Bescheinigung oder auch schon meinen ersten Pass bekommen habe, ich kann mich einfach nicht daran erinnern. Damals hatte das für mich auch keine Bedeutung.

Dann musste ich zur Buchhaltung, um den Erhalt des Reisegeldes zu quittieren. Man fragte mich, wohin ich fahren wollte. Ich dachte kurz nach, wohin sollte ich? Ich konnte nur zurück nach Litauen, ein anderes Ziel hatte ich nicht. Es ging alles ganz schnell, hinter dem Tor hat man mir erklärt, wie ich mit dem Bus zum Bahnhof kam und wann ich in den Zug einsteigen müsse. Dann hat man mir die Fahrkarte in die Hand gedrückt und mich zur Freilassung beglückwünscht: »Posdrawljajem s swobody – herzlichen Glückwunsch zur Freiheit!«

Warum man mich damals, der Tag meiner Entlassung war der 14. November 1955, nicht nach Deutschland geschickt hat, das frage ich mich heute. Anfang September 1955 hatte Bundeskanzler Adenauer zum ersten Mal Moskau besucht. Dort unterzeichnete er gemeinsam mit dem sowjetischen Ministerpräsidenten Bulganin ein Abkommen zur Aufnahme diplomatischer Beziehungen zwischen den beiden Ländern. Die letzten deutschen Kriegsgefangenen und Zivilinternierten verließen die Sowjetunion 1955/56, auch die Arbeit des Roten Kreuzes wurde nicht mehr behindert. Im Mai 1957 vereinbarte man sogar, die Arbeit des Suchdienstes des Roten Kreuzes zu unterstützen. Doch keinem in der Lagerverwaltung kam es in den Sinn, dass auch ich, das kleine deutsche Mädchen, jetzt, da ich begnadigt worden war, in meine Heimat zurückgeschickt werden müsste. Ich hatte als Ziel Kalvarija genannt und nun eine Fahrkarte dorthin. Ich war ganz durcheinander. Aber ich erinnere mich, auf der Fahrkarte stand »bjes prawa prodatj«, ich durfte die Karte nicht weiterverkaufen oder sie zurückgeben. Und da stand ich also am Bahnhof in Kineschma, ich hatte ein Kleid an, klobige Stiefel, dicke Strümpfe und eine graue Jacke. Die Jacke war ein bisschen wattiert, aber es war keine »foufajka«, keine dicke Wattejacke. Eine kleine Innentasche hatten mir die Mädchen noch eingenäht, da konnte ich die Bescheinigung und das bisschen Geld, das mir die Gefägnisbeamten gegeben hatten, hineinstecken. Und ich hatte ein graues Tuch auf dem Kopf.

Von dem Geld habe ich mir sofort ein paar Papirossy gekauft. Und so saß ich da und rauchte und rauchte und rauchte. Als ich mich umsah, kam es mir vor, als wüssten alle Menschen, dass ich aus dem Kinderstraflager kam. An die Bahnfahrt kann ich mich nicht erinnern, nur daran, dass ich mich schämte, wegen meines Aussehens. Die Leute im Zug, Alte, junge Männer, Frauen mit Kindern, guckten mich komisch an. Es war schon Herbst, und ich war leicht angezogen. Ich fühlte mich unwohl, mir war kalt, und in mir war nur ein bisschen Freude darüber, dass ich frei war. Und auch nur so lange, bis die Gedanken kamen, wie es in Litauen weitergehen sollte. Ich war doch schon fast erwachsen, auf mich wartete niemand. Keine Mutter, kein Vater, keine Geschwister. Niemand. An diese Gefühle kann ich mich noch gut erinnern. Auch daran, dass ich oft an meine Mutter gedacht habe, daran, wie sie gestorben ist. Das war immer, wenn ich die Frauen mit ihren Kindern ansah, die ungefähr so alt wie ich damals waren.

Tod der Mutter

Wenn ich mich an den Tod meiner Mutter erinnere, steht mir heute noch ein genaues Bild vor Augen: Meine Mutter liegt in einer Ecke auf dem Fußboden, sie schreit immer und weint und stöhnt. Ich konnte nicht verstehen, was los war. Ich wusste nur, Mutti hatte Hunger, genau wie wir Kinder.

Ich war siebeneinhalb Jahre alt damals, Ende April 1945, als Danzig bereits seit einem Monat in sowjetischer Hand war. Meine Mutter, Martha Otto, und wir Kinder hatten uns gut zwei Wochen nach dem Endkampf um die alte Hansestadt aus dem völlig zerstörten Stadtzentrum in einen der westlichen Vororte, wahrscheinlich nach Bischofshügel, geflüchtet und dort in einem leerstehenden Haus Unterschlupf gefunden. Wir hausten dort gemeinsam mit anderen Frauen und Kindern.

So gut sie konnten, kümmerten sich die fremden Frauen um meine Mutter. Eines Tages schickten sie mich mit den Worten hinaus: »Deine Mutti muss etwas essen, geh auf die Wiese und hol Sauerampfer, und von den Lindenbäumen kannst du die ersten Knospen abreißen, das wird deiner Mutti wieder auf die Beine helfen.« An diese Worte erinnere ich mich heute noch, und auch daran, dass ich eine Schürze anhatte, in der vorne eine große Tasche war. Ich lief so schnell ich konnte hinaus zu den Linden, wo schon andere Kinder die ersten zarten Blätter sammelten. Die Knospen waren noch sehr klein, und so dauerte es einige Zeit, bis ich genug gepflückt hatte und zum Haus zurücklief. Als ich schließlich in der Wohnung ankam, in der meine Mutter lag, durfte ich nicht in das Zimmer. Meine Schwester Christel stand an der Tür, sie weinte. Die Frauen wollten mich nicht hineinlassen, aber ich war ein störrisches Kind, ich wollte zu meiner Mutter, die in den letzten Tagen immer nur nach mir geschrien hatte: »Liesabeth! Liesabeth! Wo ist mein Kind Liesabeth?« Doch sie gaben nicht nach. Ich sah die Erwachsenen und meine Geschwister an und verstand, dass unsere Mutter gestorben war. Da fing auch ich an zu schreien. Als ich später in das Zimmer durfte, lag Mutti auf dem Fußboden. Sie war schon kalt. Und dann habe ich verstanden, dass wir keine Mutter mehr hatten. Sie war noch jung, wurde gerade einmal siebenunddreißig Jahre alt.

Nun waren wir drei Otto-Kinder alleine. Christel war damals dreizehn. Sie war die Älteste und fragte die anderen Frauen um Rat, was sie tun, wohin sie mit uns gehen sollte. Und als alle sagten: »Geht zurück in eure Heimat, nach Wehlau. Hier könnt ihr nicht bleiben, und in den Westen kommt ihr auch nicht«, da packte Christel die Sachen zusammen, die noch übriggeblieben waren, nachdem die Russen meiner Mutter fast alles fortgenommen hatten. Jedes von uns drei Kindern hatte nur noch eine kleine Tasche. Wie wir nach Wehlau kommen sollten, wusste Christel nicht. Sie hörte sich lange um, bis sie endlich eine Gruppe von Frauen fand, die ebenfalls dorthin wollten. Auch ein paar Nachbarinnen aus der Pflegerkolonie waren darunter, denen konnten wir uns anschließen. Und so gingen Christel, Manfred und ich dahin zurück, von wo wir wenige Monate vorher, mitten im kalten, ostpreußischen Winter, aufgebrochen waren. Ein Stück des Weges ging es in einem offenen Güterwaggon, doch meistens hieß es laufen. Wie lange wir unterwegs waren und mit wem, daran erinnere ich mich nicht, das spielte für mich keine Rolle, ich war noch klein und trottete einfach mit.

Gut erinnern kann ich mich aber daran, wie wir nach Wehlau kamen und über die Brücke gingen, welche die Alle an der Stelle überspannt, wo jedes Jahr im Juni der große Wehlauer Pferdemarkt stattgefunden hatte. Manchmal waren dort bis zu zwanzigtausend Pferde zu sehen gewesen, Arbeitspferde, Kutsch- und Reitpferde, vor allem aber Trakehner aus den ostpreußischen Gestüten. Und natürlich Kaltblüter, die dicken, starken Arbeitspferde. Auf hundert Bewohner Ostpreußens kamen zwanzig Pferde, viermal so viel wie im restlichen Deutschland. 1940 hatte es den Pferdemarkt zum letzten Mal gegeben, mein Bruder Manfred war mit seinen Freunden dort gewesen, das erzählte er mir später. Unsere Mutter interessierte sich nicht für Pferde, und Vater war bereits irgendwo an der Westfront als Sanitäter. Er hatte bis zum Kriegsbeginn als Krankenpfleger gearbeitet, zuerst in der Heil- und Pflegeanstalt Allenberg, dann in Sachsen. Mutter war nicht berufstätig, sie kümmerte sich um uns drei Kinder.

In Wehlau brachte Christel uns gleich zu der Wohnung in der Pflegerkolonie, wo unsere Familie jahrelang gelebt hatte, doch dort wimmelte es nun von russischen Soldaten. Einer trug gerade einen Stuhl aus dem Haus, als wir ankamen. Das war unser Stuhl, und ich schrie ganz laut: »Christel, der klaut unseren Stuhl!« Aber sie tat nichts, hielt mir nur den Mund zu. Schnell wurde klar, dass wir nicht in unsere Wohnung zurückkonnten, sie war von russischen Soldaten besetzt. Dann hieß es, wir sollten nach Klein-Weißensee, dort sei ein großes Gut, dort gäbe es Arbeit und leerstehende Häuser. So war es auch tatsächlich. Eines der kleinen Arbeiterhäuschen war völlig unzerstört, dort zogen wir Kinder unter dem Dach in ein kleines Zimmer ein. Die meisten Möbel hatten die Russen bereits abtransportiert, nur ein altes Bett stand noch da, außerdem ein kleiner alter Ofen, auf dem wir kochen konnten, wenn es etwas zu kochen gab. Die russischen Soldaten waren in das große zweistöckige Gutshaus gezogen und versuchten nun, mit Hilfe der deutschen Arbeiter den Hof zu bewirtschaften. Aber es waren kaum Menschen dort, die etwas von Landwirtschaft verstanden, es gab fast nur alte Leute und Kinder wie uns.

Zwanzig Tage Freiheit

Als ich nach meiner Begnadigung Ende 1955 nach Kalvarija zurückkam, hatte sich dort kaum etwas verändert. Über zwei Jahre war es her, dass ich zum letzten Mal in der kleinen litauischen Stadt gewesen war. Und nun stand ich da und wusste nicht, wohin. Weil ich nicht auf der Straße übernachten wollte, ging ich zu den Familien, die mich von früher kannten. Wenn ich irgendwo anklopfte und die Leute die Tür öffneten, sagten sie meist: »Oh, Maritje, wo warst du denn so lange?« Dann antwortete ich ehrlich: »Im Kinderstraflager.« – »Und warum?« – »Ich habe was geklaut.« Wenn sie das hörten, waren die Menschen erschrocken, manche gar entsetzt, und machten mir die Tür vor der Nase zu. Lügen konnte ich nicht, denn es hätte sich schnell herumgesprochen, dass ich mich in Kalvarija bei der Miliz melden musste. Ich besaß noch keinen Pass. Man hatte mir gesagt: »Geh mit dem Papierstück, was wir dir bei der Entlassung geben, zur Miliz, dort bekommst du einen Pass.« Und so habe ich das dann auch gemacht. Allerdings erst, als ich so ganz ohne fremde Hilfe nicht mehr weiterwusste. Es war ja schon kalt.

Den ganzen Tag hatte es geregnet, und es war früh dunkel geworden, doch ich hatte am Abend des ersten Tages in Kalvarija immer noch keinen Platz, wo ich übernachten konnte. Wieder zu der Brücke über die Šešupė gehen wollte ich nicht, denn da lagen keine Blätter, keine Lumpen mehr, nichts. Um nicht zu frieren, ging ich die Straße auf und ab und schaute dann und wann in die beleuchteten Fenster. Ich wusste nur, hier kann ich nicht rein und da auch nicht. Dann habe ich noch einmal irgendwo angeklopft, aber es hieß nur »Geh weg!«. Schließlich bin ich doch zur Miliz gegangen und habe dort meine »sprawka«, meine Bescheinigung, gezeigt. Das war das Papier, auf dem stand, dass ich aus dem Kinderstraflager Kineschma kam. Ich habe gefragt, ob ich nicht wenigstens bei ihnen übernachten könnte. Es waren nicht alle Beamten da, nur die, die Nachtwache hatten. Sie hatten ein bisschen Mitleid mit mir und sahen, dass ich wirklich sehr müde war, deshalb haben sie mir erlaubt, auf der Bank neben dem Ofen zu schlafen. Sie wussten ja, dass ich am kommenden Tag zu ihrem Obersten musste, um für das Papier einen Pass zu bekommen. Bevor ich einschlief, hat einer noch gesagt, dass er mich wecken würde, bevor die anderen kämen.

Am nächsten Morgen ging ich ans Flüsschen, um mich ein bisschen zu waschen, wenigstens Hände und Gesicht. Dann kaufte ich mir von den paar Kopeken, die mir geblieben waren, ein Brot, das ich langsam aufaß. Anschließend rauchte ich noch eine Zigarette und ging wieder zur Miliz. Dort arbeiteten Russen und Litauer, mit denen ich Litauisch sprach, das ich immer noch besser konnte als Russisch.

Nach kurzer Zeit hielt ich meinen ersten sowjetischen Pass in der Hand. Aber der nutzte mir nicht viel. Denn in ihm stand geschrieben: »Wydan na assnowanije nomer takojto – ausgestellt auf Grundlage des Dokumentes Nr. soundso«. Das bedeutete, dass ich in einem Lager gewesen, dass ich vorbestraft war. Einen solchen Eintrag verstand damals jeder in der Sowjetunion sofort. Weiter standen da noch mein Name Klemajte Maria Alberto – der Vatersname Alberto, weil mein Vater Albert hieß –, dann mein richtiges

Geburtsdatum 6. Oktober 1937 und auch der richtige Geburtsort, Paterswalde bei Wehlau. Außerdem war als Nationalität deutsch eingetragen. Wieder hat keiner gefragt, warum ich noch in Litauen war, eigentlich hätten die doch wissen müssen, dass alle Deutschen nach Deutschland geschickt worden waren. Und ich wusste damals nicht, dass auch ich das Recht gehabt hätte, nach Deutschland zu fahren.

Den Pass gaben die Beamten mir mit den Worten: »Jetzt such dir eine Wohnung oder ein Zimmer, wir melden dich an. Und dann kannst du dir eine Arbeit suchen.« Das war leicht gesagt, denn wo sollte ich eine Wohnung finden? Und ohne Wohnung gab es keine Arbeit. Das war ein »samknutnij krug – ein geschlossener Kreis«, wie die Russen sagen. Ein Teufelskreis.

Die zweite, dritte und vierte Nacht schlief ich am Bahnhof. Bereits nach diesen wenigen Tagen hatte ich begriffen, dass ich wieder zu den Bauern aufs Land gehen musste, denn in der kleinen Stadt Kalvarija fand ich nichts, weder Wohnung noch Arbeit, obwohl ich alles versuchte. Wenn ich jemandem meine Hilfe anbot, um etwas zu essen zu bekommen, hörte ich stets »nein«. Ich war ja nicht mehr das kleine, magere Mädchen, ich war ja schon fast achtzehn und sehr kräftig. Ich habe bei vielen Menschen geklopft, die mich aus meiner Kindheit kannten. Bei den Eltern von der Birutje war ich zuerst, ihr Vater, der Kommunist mit der Narbe, machte mir die Tür auf, er schickte mich gleich wieder weg. Nur bei Tante Jusje war ich nicht. Weil die Frau und die ganze Familie in meiner Erinnerung viel zu gut waren, schämte ich mich, denn dort hätte ich den Pass zeigen und die Wahrheit sagen müssen. Vielleicht war es aber auch ein bisschen Stolz, sogar Hochmut. Ich habe wirklich nach Arbeit gesucht, ich war sogar beim »klebonas«, beim Pastor, aber der sagte nur: »Ich verstehe dich, aber wir haben wirklich keine Arbeit für dich. Geh weiter, wir können dir auch nicht helfen.«

Auf dem Land war ich schlau genug, nicht gleich zu sagen, wo ich die letzten Jahre gewesen war. Ich erzählte den Bauern irgendetwas, und sie glaubten mir. Eine Nacht schlief ich bei den einen, eine Nacht bei anderen. Aber ich wurde sehr schnell müde vom Herumziehen, weil alles noch sehr viel schwerer war als in meiner Kindheit. Es war kein Sommer, es war auch kein Frühling oder Herbst, es war Winter, ein Winter, der nur noch nicht viel Schnee gebracht hatte. Arbeit gab es zu dieser Jahreszeit wenig, und die Frauen waren sehr vorsichtig, wenn sie mir die Tür aufmachten. Meist stellten sie viele, viele Fragen, und dann hieß es: »Ajk, ajk, ajk tolau … – geh weiter.« Da bin ich zu den Kerschuljes gegangen. Und der Pietras hat zu seiner Frau gesagt: »Ach, lass sie doch übernachten.« Und nachts habe ich dann …

Ich hatte doch bei der Miliz gesagt: »Wenn ihr mir nicht helft, dann schickt mich bitte in das Kinderlager zurück, da habe ich ein Bett, was zu essen und Arbeit, und niemand will etwas von mir.« Aber sie haben nur geantwortet: »Wir haben keinen Grund, dich dorthin zurückzuschicken.« – »Soll ich was klauen?«, habe ich gefragt. – »Mach das, wenn du unbedingt wieder ins Lager willst«, war die Antwort des Obersten. »Aber nach Kineschma kommst du nicht mehr, du bist ja schon fast achtzehn«, das haben mir die Milizbeamten sofort gesagt.

Die schoben mich einfach weg, ich denke, sie wussten nicht, wie sie mir helfen sollten. Wahrscheinlich konnten sie mir auch gar nicht helfen, denn damals gab es kaum Arbeit in Kalvarija. Die halbe Stadt lag noch in Ruinen, die wenigen Wohnheime waren überfüllt, es waren zu viele Menschen dort. Es gab nur eine kleine Ziegelei, die wurde Mitte der fünfziger Jahre gerade aufgebaut, und eine große Scheune, wohin die Bauern ihre Schafe zum Scheren brachten. Die Schafwolle wurde ganz fein gekämmt und dann aufgerollt. Dafür brauchte man Arbeitskräfte, aber nicht viele. Dann gab es noch das Krankenhaus, doch selbst da waren alle Stellen besetzt, man konnte mir nicht einmal eine Beschäftigung als Putzfrau anbieten. Dort, im Krankenhaus, sagte man mir schließlich auch, dass die Deutschen längst weg seien, und wunderte sich, warum ich immer noch in Litauen rumlief.

Ich war ein großes Mädchen, in den Augen der Männer bereits eine junge Frau. Und ich hatte Angst vor den Männern. Die sahen mich an, als ob ich eine Straßenhündin wäre. Jeder versuchte, mich hier anzufassen und da zu kneifen, das war scheußlich. Ich dachte immer öfter darüber nach, ob ich wieder klauen sollte, dann hätte ich endlich wieder meine Ruhe. Deshalb bin ich aufs Land, zu den Kerschuljes gegangen und habe gefragt, ob ich den Winter über bei ihnen bleiben könne, ich würde alles tun, wie ich ihnen auch damals geholfen hätte. Aber die sagten gleich nein. Und auf einmal stieg das böse Blut wieder hoch in meinen Kopf. Damals als Kind, als sie mich brauchten, konnte ich mich dort den ganzen Sommer aufhalten. Und jetzt hatte ich doch gesagt, ich bin in Not, bitte, helft mir, ihr kennt mich doch. Bitte, nur bis zum Frühling, es wird jetzt bald kalt, ich weiß nicht wohin! Die Ona hatte immer noch so einen roten Kopf, sie war ganz aufgeregt. Und dann hat ihr Mann, der Pietras, gesagt: »Lass sie übernachten.« Aber noch am Abend hat die Ona gesagt: »Maritje, morgen gehst du aber weiter!«

Nachts lag ich auf dem Strohsack und wusste nicht mehr weiter. Ich war doch schon bei allen gewesen, die mir hätten helfen können. Und dann habe ich mich in der Nacht entschlossen, etwas zu klauen. Ich habe mit dem Teufelchen gesprochen, und das hat gesagt: »Verdammt noch mal, du hast hier so viel gearbeitet als Kind, und guck mal, jetzt darfst du nur eine Nacht bleiben, also beklauen wir die jetzt!« Und das habe ich getan. Ich nahm selbstgewebte Decken und Tischdecken mit, außerdem noch die Gummistiefel von der Ona, denn meine eigenen Schuhe waren schon kaputt. An einem Schuh fehlte die Sohle, und ein Zeh guckte heraus. Das waren noch die Schuhe aus dem Lager. Die ließ ich stehen und schlüpfte schnell in Onas Stiefel. Außer diesen Gummistiefeln brauchte ich die Sachen nicht, die ich bei den Kerschuljes gestohlen hatte.

Mit meinem Diebesgut ging ich nach Kalvarija zurück, wo ich ruhig darauf wartete, dass man mich verhaftete. Ich habe mich nicht versteckt. Als der Kerschuljes mit dem Pferdewagen kam, hat er mich sofort gesehen und ist zur Miliz gefahren. Ich hätte weglaufen können, aber ich habe es nicht getan. Der Pietras hat mich nicht geschlagen, er hat nur gesagt: »Maritje, warum hast du das getan?« Der tat mir leid, ich habe geweint. Vielleicht habe ich mir auch nur selbst leidgetan.

Als wir bei der Miliz warteten, saß er auf der Bank und aß ein Stück Brot. Ich guckte ihm dabei zu, ich war ja schon wieder hungrig, mein ganzes Leben war ich immer hungrig. Er hat gleich verstanden, was ich wollte. Er hat das Brot durchgebrochen und auch etwas vom selbstgemachten Käse abgebrochen und mir beides rübergegeben. Ich habe nur leise danke gesagt.

Das Gerichtsgebäude in Kalvarija war nicht weit von der Kirche entfernt, es lag etwas unterhalb, am Steilufer der Šešupė. Dort brachte man mich hin und sperrte mich in eine der Zellen für Untersuchungshäftlinge. Das war am 18. Dezember 1955, eine knappe Woche vor Weihnachten. Es dauerte fast sechs Wochen, bis ich schließlich am 31. Januar 1956 rechtskräftig verurteilt wurde. Die Verhandlung war nach kaum fünf Minuten beendet, man stellte mir nur ein paar kurze Fragen. »Hast du geklaut?« – »Ja.« – »Was hast du geklaut?« – »Gummistiefel und Decken.« – »Warum hast du das geklaut?« Ich sagte, dass ich lieber im Lager sein wollte, wo ich Arbeit und ein Dach über dem Kopf hätte, als rumzulaufen. Und dann haben die mich noch gefragt: »Warst du bei den Behörden?« – »Ja, ich war dort.« Und als ich dann erzählte, dass ich dort gefragt hatte, ob ich wieder klauen sollte, um zurück ins Lager zu kommen, und der Oberste ja gesagt hatte, wollte mir der Richter nicht glauben. Kein Milizbeamter würde einen solchen Rat geben. Und dann gab es das Urteil, sechs Jahre für Diebstahl und »sa brodaschnitschestwa – Herumstreicherei«.

Auf Etappe

Im Februar 1956 wurde ich von Kalvarija nach Kaunas gebracht, ich kam wieder in das große Hauptgefängnis. Dort blieb ich dieses Mal einige Wochen, bis genügend Frauen für die »Etappe«, so heißt es auf Russisch, wenn Gefangene irgendwohin transportiert werden, zusammengekommen waren. Zuerst ging es mit dem »tschornij woron«, dem Schwarzen Raben, zum Bahnhof. Dann sperrte man die Gefangenen in die Waggons. All das kannte ich schon. Die Fahrt ging vorerst nur bis Orscha, dort war die »peresilka«, ein riesiges Sammelgefängnis, wo jeden Tag neue Gefangene eingeliefert wurden. Wir sollten nur wenige Tage da bleiben, bis genügend Frauen für einen Transportzug in den Gulag beisammen waren. Aus Litauen, Estland, Lettland, der Ukraine und Weißrussland brachte man in den fünfziger Jahren Frauen und Männer nach Orscha, das an einem zentralen Eisenbahnknotenpunkt liegt. Von hier aus geht es in den Westen nach Minsk, Vilnius und Kaliningrad, nach Osten Richtung Moskau und Wladiwostok, aber auch nach Riga und Sankt Petersburg, Kiew oder Rostov am Don.

Wir wurden auf dem zentralen Gefängnishof ausgeladen, wenig später mussten wir antreten, Haltung annehmen und Namen und Strafmaß aufsagen, bevor wir eine lange, steile Treppe hinaufgeführt wurden. Die Zellen waren im zweiten oder dritten Stock. Vor mir ging eine alte Frau, die hatte ihre Sachen in einem großen, karierten Tuch. Sie schaffte es nicht, das schwere Bündel die Treppe hinaufzuschleppen. Der Gefängniswächter stieß die Frau grob in den Rücken, die fiel auf der Treppe hin, und da brüllte er sie an: »Nu, starucha, schewelis! – Nun los, Alte, beweg dich endlich!« Ich ging hinter der Frau, und als ich das sah, kam wieder der kleine ostpreußische Teufel in mir hoch. Ich wurde wütend und schrie den Mann an, auf Russisch. Und da hat er sich rumgedreht und mich angeschrien. Ich wollte mich für die alte Frau einsetzen und sagte: »Warum stößt du sie, sie hat doch keine Kraft mehr. Stell dir mal vor, jemand würde deine eigene Mutter so herumstoßen. Sie haben wohl das Recht zu tun, was Sie wollen!« Da schrie der zurück: »Saknis suka! – Halt die Schnauze, du Straßenköter!« Das hat mich noch wütender gemacht. Ich wollte ihm die Schulterklappe nicht abreißen, aber ich wollte ihn wegen der »suka« ins Gesicht schlagen. Der Mann ahnte das, er packte meine Hand und drehte sie zur Seite, so dass ich stolperte. Und um nicht die Treppe hinunterzufallen, habe ich mich an ihm festgehalten. Dabei ist die Schulterklappe abgerissen. Er hat mir sofort ein paar Ohrfeigen gegeben, dann wurden wir Gefangenen schnell in die Zellen eingesperrt. Als er ging, sagte er zu mir: »So, räudige Hündin, dafür wirst du noch was erleben!«

In der Zelle wurde dann ein Protokoll geschrieben, darin stand, dass ich den Beamten auf der Treppe angefallen hätte. Dass ich mich für die alte Frau eingesetzt hatte, zählte nicht. Sie hat geweint und gebettelt, aber das half nichts. Auch die anderen Frauen haben für mich gesprochen, ohne Erfolg, das Protokoll wurde so geschrieben, wie die das wollten, und ich musste bis zum Weitertransport ganz unten in den Keller, in den Karzer.

Da war es kalt, es gab keine Heizung, keine Matratze, nur ein nacktes Holzbrett für die Nacht. Ich hatte mich gerade hingelegt, da kamen drei Wächter herein. Sie hielten mir den Mund zu und vergewaltigten mich einer nach dem anderen.

In der Nebenzelle war ein Gefangener, der alles mitbekam, obwohl ich nicht schreien konnte. Der Mann hat an die Tür geklopft, die haben aufgemacht und ihn gefragt, was er wolle. »Gebt mir das Mädchen«, hat der gesagt, und da haben die drei gelacht. »Was willst du denn mit der? Die ist doch jetzt schon fertig!«, haben sie gesagt, dann hat mich trotzdem einer von denen an der Schulter gepackt und auf den Gang gezerrt. »Was kriegen wir dafür?«, fragten sie den Gefangenen. Und dann habe ich gesehen, wie der seitlich aus dem Mund zwei Zähne herausnahm, zwei Goldzähne. Dann haben sie mich in seine Zelle geschoben, und ich blieb in der Ecke sitzen. Ich dachte, dass es nun weitergehen würde. Ich habe dagesessen, geduckt wie ein kleiner ängstlicher Hund.

Als sie die Tür abgeschlossen hatten und lachend weggingen, die waren total betrunken, da sprach der Mann ganz ruhig mit mir. Er war jung, nur wenige Jahre älter als ich, und er hatte überall Tätowierungen, das weiß ich noch. Er sagte: »Beruhige dich, hab keine Angst, ich tue dir nichts.« Von den Beamten hatte er noch eine Schachtel Papirossy bekommen, ich glaube, es war die Marke Bjelomurkanal, Weißmeerkanal. »Rauchst du?«, fragte er mich, und ich nickte. Dann hat er mir eine Zigarette angezündet und sie mir in den Mund gesteckt. »Wie heißt du? Wie alt bist du? Wo kommst du her?«, fragte er mich, und ich antwortete in meinem schlechten Russisch. Er merkte sofort, dass ich keine Russin war, und ich sagte, ich käme aus Litauen. »Ich brauche dich nicht, leg dich auf das Bett, ich tue dir nichts«, sagte er noch und gab mir seine Jacke zum Zudecken.

Ich zitterte, vor Angst und vor Kälte, und ich war ganz ausgepumpt. Mein Mund blutete, denn die hatten mich geschlagen, als ich einen von denen gebissen hatte. Der Gefangene hat mir noch ein Tuch gegeben und mir den Mund abgewischt. Ich lag dann da unter seiner Jacke und beobachtete ihn, er ist in der Zelle immer hin und her marschiert und hat mit den Armen Sportübungen gemacht. Ich dachte immer: »Das ist doch nicht wahr, das kann doch nicht sein, dass der mich in Ruhe lässt ...« Und dann bin ich eingeschlafen.

Ganz früh am nächsten Morgen wurde ich von dem Mann geweckt, er wusste, dass die Wärter bald kommen und mich in meine Zelle zurückbringen würden. An dem Klappern ihrer vielen Schlüssel hörte man sie bereits von weitem. Es war ein merkwürdiges Gefühl, ich hätte den Mann damals am liebsten umarmt, für seine Menschlichkeit. Der war ja selbst im Karzer, ihm war auch kalt, und er hat mir nicht nur nichts getan, sondern sogar noch seine Jacke gegeben. Und was zu rauchen. Als ich ging, schenkte er mir noch ein paar Zigaretten und eine Seite Streichhölzer, das war ein kleiner Vorrat für die nächsten Tage.

Der Mann war ein Russe, das hatte ich in dem Gespräch gemerkt, und wohl ein richtiger »wor w sakonje«, ein Berufsverbrecher. Für einen einfachen Dieb hätte doch niemand an einer Kordel Zettel und Zigaretten runtergelassen. Das habe ich später beobachtet, ich war ja noch ein paar Tage dort, und er hat mich immer wieder gefragt, ob die Wärter mich in Ruhe ließen. Das hatte er wohl mit denen ausgehandelt. Der Mann hatte irgendwelche Freunde dort im Gefängnis und stand in der Rangordnung viel höher als die anderen Diebe. Er war ein vernünftiger Dieb, und er war bestimmt kein schlechter Mensch. Ein schlechter Mensch hätte mich nicht so behandelt.

Frauenstraflager Pukso-Osero

Nach Orscha hatte man uns in vergitterten Passagierwagen gebracht. Weiter ging es dann in riesigen Pullmanwaggons. Diese Güterwaggons hatten die Sowjets während des Krieges aus den USA erhalten. Auf den dreistöckigen »naren«, Holzpritschen, mussten einige Dutzend Frauen Platz finden. Keine wusste, wo es hingehen würde. Einige weinten, andere sangen, erzählt wurde wenig, worüber hätten wir auch in dieser Situation reden sollen. Manche sprachen auf der ganzen Fahrt kein Wort.

Als Erstes kämpften einige Frauen um die besten Plätze, das waren die auf den unteren Pritschen, die Plätze an der Tür und die an den vier kleinen Fenstern. Oben gab es so gut wie keine Luft zum Atmen. In dem Waggon standen ein Kessel mit Wasser und einer für die Notdurft. Die Luft war schrecklich. Wir Jüngeren konnten das noch aushalten, aber die älteren Frauen kippten um. Und dann zeigte sich wieder ein bisschen Menschlichkeit: Wir haben die, die ohnmächtig geworden waren, an die kleinen Fensterchen gezerrt, damit sie Luft schnappen konnten. Einige erfahrene Frauen vermuteten, dass der Transport ins Gebiet Archangelsk, vielleicht aber auch nach Workuta ging, denn der Zug fuhr durch die endlose Taiga immer Richtung Norden.

Als wir im Lager Pukso-Osero ankamen, ging der Winter langsam zur Neige, doch bis zur Schneeschmelze sollte es noch ein paar Wochen dauern. Fünf oder sechs Tage hatte die Fahrt von Orscha ins Lager gedauert, denn die Waggons mit uns Gefangenen waren immer wieder von den planmäßigen Zügen abgekoppelt worden. Dann hatten sie stundenlang auf einem Nebengleis gestanden, bis sie an den nächsten Zug angehängt worden waren. Irgendwann einmal blieb der Zug stehen, Hunde bellten, und dann wurde die Tür geöffnet. Das war frühmorgens, gerade zum Sonnenaufgang. Luft strömte herein, was da los war, werde ich nie vergessen. Jede wollte die Erste sein, die aus dem stinkenden Waggon herauskam. Gleich waren wir von Soldaten mit Hunden umringt und wurden ins Lager gebracht. Der Eingang war nicht weit von einem kleinen See entfernt.

Pukso-Osero war ein großes Dorf an der Endstation der Stichbahn, die hundertachtzig Kilometer südlich von Archangelsk von der Strecke Moskau–Kotlas–Archangelsk nach Osten in die Taiga abgeht. Diese »Mechreng'skaja«-Linie mit ihren diversen Seitenstrecken war Ende der dreißiger Jahre von Häftlingen erbaut worden und nur für Transporte von Gefangenen sowie Gütern in und aus den Straflagern bestimmt. Als ich dort war, gehörte Pukso-Osero mit seinen Lagern, in denen Mitte bis Ende der fünfziger Jahre stets zwischen zehn- und vierzehntausend Häftlinge einsaßen, zum berühmt-berüchtigten Lagersystem von Kargopol. Heute sind die meisten Straflager verschwunden, nur noch im Umkreis von wenigen Kilometern um das russische Raketentestgelände Plessezk existieren einige Lager mit verschärften Haftbedingungen. Das Kosmodrom und die Kosmonautenstadt Mirnij waren zu meinen Zeiten Ende der fünfziger Jahre erst in der Planungsphase.

Als wir im März 1956 angekommen waren, wurden alle sogleich aufs Lager verteilt, mit Ausnahme von mir. Da ich gerade einmal achtzehn Jahre alt war, wollte der Lagerleiter mich in diesem »Besserungs- und Arbeitslager« nicht aufnehmen. Er sagte: »Ich habe hier ein viel zu schweres Kontingent, und das Mädchen ist zu jung, das gehört noch nicht hierhin.« Dann gab es einen großen Streit zwischen dem Leiter des Konvois, der uns dorthin gebracht hatte, und dem Lagerleiter, Aleksej Wassiljewitsch Pawlenko. Für uns war er immer »graschdanin natschalnik – Bürger Lagerleiter«. Nicht »towarischtsch – Genosse«, nein, »Bürger« nannten wir ihn.

Pawlenko und der Offizier vom Transport haben sich so laut gestritten, dass ich alles hören konnte. »Der Zug ist schon weg«, sagte der Offizier, »wir können das Mädchen doch nicht einfach unter den Arm nehmen und irgendwo anders hinbringen.« Ich saß in der »prochodnaja«, der Durchgangsschleuse ins Gefängnis. Man hat mir sogar das Essen dorthin gebracht, so lange hat es gedauert, bis eine Entscheidung gefällt wurde. Dann kam eine Frau in Uniform, sie führte mich in eine Baracke.

Auf dem Lagergelände standen einige Dutzend solcher Baracken, alle waren aus dicken Holzstämmen gebaut. Die Bäume hatten Gefangene geschlagen, auch ich war schon drei Tage später im Holzeinschlag. Die Wohnbaracken für jeweils achtzig bis hundert Frauen bestanden aus einem einzigen großen Raum, in dem zweistöckige Holzpritschen und in der Mitte ein großer Ofen standen. In meiner Baracke war kaum eine der Frauen, mit denen ich im Waggon zusammen gewesen war, aber es wurde Litauisch gesprochen. Und dann hat man mir meinen Schlafplatz gezeigt, ich bekam eine Matratze, eine Decke, ein Wattekopfkissen, wie es damals dort üblich war.

Es dauerte nicht lange, dann kam wieder eine Soldatin und führte uns Neuankömmlinge zum Baden in die Banja, ins Waschhaus. Da wurde sofort nach Läusen geguckt, das machte auch eine Gefangene, die war so was wie eine kleine Krankenschwester. Wir mussten die Hände hochheben, dann wurde hier geguckt und da geguckt. Der Kopf wurde mit einem Pulver behandelt, da kam ein riesiger Lappen drüber, und wir mussten noch eine Zeitlang sitzen bleiben. Erst dann bekam jede von uns ein kleines

Stückchen grau-schwarze Seife. Wir konnten unsere Höschen, die Socken und was wir sonst noch hatten, waschen. Dann bekamen wir Bekleidung: Strümpfe, Hosen bis zum Knie, Hemden ohne Knöpfe, nur zum Zubinden. Drüber trugen wir schwarze Kleider, schwarze Wattejacken und Wattehosen, grobe Stiefel. Später bekamen wir Filzstiefel für den Winter. Zwei Tage durften wir uns in der Baracke ausruhen, erst dann ging es zur Arbeit in den Wald.

An den rauen Umgangston mussten wir uns sofort gewöhnen. Es gab eigentlich nur Kommandos, schon morgens schallte es aus den überall aufgehängten Lautsprechern über den ganzen Lagerplatz: »Aufstehen! – Antreten zum Abzählen! – Die 1. Baracke – Abmarschieren in den Essraum!« Ich empfand diesen Drill als Schikane. Auf dem umzäunten Lagergelände, wo auf allen Wachtürmen bewaffnete Soldaten saßen, mussten wir in Formation in den Essraum marschieren! Nur abends, wenn wir freie Zeit hatten, dann durften wir uns auch einfach so auf dem Lagergelände bewegen. Ich konnte in die Bibliothek gehen, wann ich wollte. Aber zum Essen ging es nach Baracken getrennt in Formation und im Gleichschritt.

»Durch Arbeit zur Besserung!«

Als wir Neuankömmlinge nach diesen zwei Tagen Schonfrist schließlich zum Holzeinschlag hinausmussten, ging es durch das große Lagertor, an dem links und rechts große Transparente mit den Losungen »Durch Arbeit zur Besserung!« und »Mit reinem Gewissen in die Freiheit!« hingen, auf ein riesiges Feld mitten in der Taiga. Dort waren die Bäume bereits von anderen Strafgefangenen gefällt, auf Einheitsmaß geschnitten und abtransportiert worden. Nur die Baumstümpfe standen noch. Bald kam ein riesiger Traktor. Wir Frauen befestigten Ketten an den Baumstümpfen und an dem Fahrzeug, der Traktor zog die Baumstümpfe heraus und zerrte sie alle auf einen riesigen Haufen. Wir mussten nur noch die kleineren Holzstücke aufsammeln, die überall herumlagen, und dann wurde ein Feuer gemacht. Das war unsere erste Arbeit. Es hört sich so an, als ob das leicht gewesen wäre, aber wir mussten die »norma«, die Norm, machen. Die »norma« war sehr wichtig. Erst wurde gesagt, welche Fläche die ganze Brigade schaffen musste, dann teilte die Brigadierin uns ein: »Ihr fünf müsst bis zum Abend dieses Stück machen, ihr fünf die Ecke dort und ihr fünf werdet das Feuer anzünden.« Alles wurde geregelt. Man musste es schaffen, sonst bekam man »strafnoj pajok«, das war die kleine Strafessensration. Ich habe mich jeden Tag sehr angestrengt, hungern wollte ich nicht.

Es dauerte ein paar Tage, bis die anderen Gefangenen versuchten, die Neuen zu unterdrücken. Sie sahen sich erst einmal an, wie wir arbeiteten. Dann hieß es auf einmal: »Maria! So heißt du doch? Du musst heute hier helfen!« – »Wieso soll ich das tun? Ich habe hier mit meinen Frauen genug zu tun.« – »Nein, du wirst hier helfen!« Erst flogen die Worte hin und her, dann folgten Ohrfeigen, darauf Schläge. Bis die Brigadierin kam und »Perestantje, perestantje! Rabotajtje! – Hört auf! Hört auf! Ihr sollt arbeiten!« brüllte. »Wenn du die Brigadierin bist, dann erklär mir mal, warum ich für die arbeiten soll!«, schrie ich zurück. Und dann erklärte mir die Brigadierin, dass ich das doch verstehen müsse, dass jeden Tag jemand krank sei und die »obschaja norma« gemacht werden müsse, das war die Norm für die gesamte Brigade. Einer müsste dem anderen helfen. Das aber wollte ich nicht, denn ich wusste, dass diejenigen, für die ich schuften sollte, nicht krank, sondern vollkommen gesund und auch jung genug zum Arbeiten waren. Die größte Wut aber hatte ich auf die Frauen, die im Lager in meiner Baracke am Feuer saßen und sich amüsierten. Die Frauen, die ihre Arbeit machten, schafften infolgedessen ihre eigene Norm nicht und bekamen weniger zu essen. Abends bei der Brotverteilung saßen sie da und weinten, denn sie bekamen nur ganz kleine Rationen, auf denen Holzstöckchen mit einem Stück Papier steckten, worauf ihre Namen standen. Dabei hatten sie fast für zwei gearbeitet. Ich konnte und ich wollte das nicht einsehen. Deshalb weigerte ich mich standhaft, in diesem ungerechten System mitzumachen.

Eines Tages waren wir Frauen schließlich doch alle gemeinsam draußen im Holzeinschlag. Und ich weigerte mich wieder, für die anderen zu arbeiten, für die fünf, sechs »blatnije«, die in jeder Brigade waren. Das waren Weiber, die liefen immer rum, als wollten sie sagen: »Ach, was wir für tolle Frauen sind ...« Das waren keine Kameradinnen. Aber plötzlich standen die anderen Frauen aus der Brigade neben mir. Wir hatten alle einen Holzknüppel in der Hand, dann wurde geschimpft, mit Worten, die es in Deutschland nicht gibt und die man nur in einem Lager hören kann. »Wir haben genug für euch gearbeitet, es reicht«, sagten sie. Und sie würden nicht zulassen, dass die Wilde, die »dikaja«, das war ich, verprügelt werde. Sogar die älteren Frauen standen auf. Was sich dann abspielte, war eine kleine Revolution. Dann ging die Brigadierin zum Lagerleiter, um ihm die ganze Sache zu erklären, dass die einen die anderen für sich arbeiten lassen wollten, aber die sich das nicht mehr gefallen ließen. Daraufhin kam ich in eine andere Brigade, und es herrschte wieder Frieden, fürchterlich geflucht und gestritten wurde aber immer noch.

Eine Zeitlang arbeitete ich mit den Pferden, das hatte ich in meiner Kindheit in Litauen gelernt. Ich musste die Tiere morgens und abends füttern und tränken und sie dann vor die kleinen Wagen spannen, mit denen alle Transporte auf dem Lagergelände gemacht wurden, so brachten wir das Wasser in die Baracken und holten das Holz aus dem Wald. Ich habe die Wagen selbst gefahren, das war nicht schwer, die Pferde gehorchten mir. Der Leiter des Pferdestalls und der Pferdebrigade hieß Bojko, der war schon ziemlich alt, aber er hat mich immer in den Arm genommen, um mich zu trösten. Wenn jemand von der Lagerleitung dabei war, musste ich ihn »graschdanin Bojko – Bürger Bojko« nennen, sonst war er für mich einfach »djadja Bojko – Onkel Bojko«.

Bojko war ein hochgewachsener älterer Mann von kräftiger Statur, der, was in Russland unüblich war, nur selten eine Mütze trug, so dass sich mir seine schlohweißen Haare, die sich schon ein wenig lichteten, einprägten. Er gehörte zu den freien Zivilangestellten, die mit ihren Familien im nahe gelegenen Dorf oder in einem der Häuser lebten, welche im Laufe der Zeit ein paar Meter vom Lagerzaun entfernt gebaut worden waren. Bojko hatte nie hinter Gittern gesessen, zumindest hat er mir nie davon erzählt. Aber wie war er in diesen entfernten, unwirtlichen Winkel der Sowjetunion gekommen, wenn nicht als Strafgefangener oder Verbannter? Als einer der Millionen Sowjetbürger, die vor allem in den dreißiger und vierziger Jahren verfolgt und in den Gulag geschickt worden waren – oft genug ohne jede Schuld. Viele der Männer und Frauen, die diese Hölle überlebt hatten, siedelten sich in der Nähe der alten Lager an. Vielleicht war Bojko aber auch einem Angehörigen gefolgt, den der Bann Stalins getroffen hatte? Er sprach nicht darüber. Dafür war die Zeit auch noch nicht reif.

Bojko ging jeden Morgen noch vor der Dienstbesprechung in »seinen« Pferdestall, wo er von einigen der vierzig bis fünfzig mittelgroßen, kräftigen und robusten Pferde begrüßt wurde. Über ihr Schnauben und Wiehern freute er sich jedes Mal. Das konnte ich gut verstehen, mir ging es genauso. Wir menschlichen Mitglieder der Pferdebrigade erwarteten unseren Chef währenddessen in seinem Arbeitszimmer, das gleich rechts hinter dem Haupteingang des Stalles lag. Der Raum war spartanisch eingerichtet. Einen Schreibtisch hatte Bojko nicht, er saß an dem großen Tisch, der mitten im Raum stand. Wer zu ihm kam, nahm auf einem der beiden Stühle Platz, die aus der Produktion eines der Männerlager stammten. Waren alle etwa zwanzig Mitglieder der Pferdebrigade versammelt, setzten sie sich auf die Bänke, die an den Wänden standen. Seine vielen Papierstapel verstaute Bojko in einem Schrank, den er vorsichtshalber mit einem großen Vorhängeschloss sicherte, obwohl ihm im Lager noch nie etwas entwendet worden war.

Bojko war ein ruhiger Mensch, der die Gefangenen nie anbrüllte und sich nur selten aufregte. Sein einziges Interesse galt dem Wohl seiner Pferde, deshalb beobachtete er ganz genau, wie die einzelnen Frauen die Tiere behandelten. War eine von ihnen unaufmerksam oder gar grob, ging er sogleich zur Lagerverwaltung und ließ die Gefangene aus seiner Brigade entfernen. Wie ich mit den Pferden umging, das gefiel dem Mann.

Mein erstes Pferd war Meren, ein eigenwilliger brauner Wallach mit dicker, schwarzer Mähne. Er war sehr stark und hatte einen guten langen Schritt, aber er arbeitete nur, wenn er wollte. Meren konnte einfach irgendwo stehen bleiben und ging dann störrisch wie ein Esel nicht mehr weiter. Aber ich musste die Norm machen. Deshalb habe ich mich mehrmals bei Bojko über das Pferd beklagt. Aber der sagte nur: »Ich weiß, er wird so lange stehen, wie es ihm gefällt. Du musst sehen, wie du mit ihm zurechtkommst.« Einmal hat Meren mich gebissen, ich habe an der linken Brust noch die Narbe, man hatte ihn von hinten geschlagen, als wir die Kartoffeln anhäufeln mussten. Dabei musste eine Frau das Pferd führen und die andere steuerte den Pflug. Wir haben uns bei dieser Arbeit immer abgewechselt. Ich führte Meren, als er stehen blieb. Und die andere hat ihm von hinten mit der Leine auf den Po gehauen. Da hat er protestiert, hat sich auf die Hinterbeine gestellt und als er runterkam, hat er mich gebissen. Ich hatte zwar eine »foufajka« an, aber er hat so fest zugebissen, dass ich eine offene Wunde hatte. So etwas hatte er vorher noch nie gemacht. Und da wurde mir klar, dass etwas nicht in Ordnung war. Ich beobachtete, dass er nach vorne gehen wollte, aber dann immer zurückzuckte. Und endlich habe ich gesehen, dass sich am Geschirr ein Draht unter dem Kummet gelöst hatte. Der stach Meren immer in die Brust, das blutete schon ein bisschen. Ich habe den Draht gleich weggebogen. Da hat er sich beruhigt und den ganzen Tag brav mit uns die Kartoffeln angehäufelt.

Ich hätte sicher noch lange mit diesem Pferd gearbeitet, wäre da nicht die junge, hübsche Gorlinka gewesen. Gorlinka – auf

Deutsch heißt das Turteltaube oder Turteltäubchen – war ein Apfelschimmel mit viel Temperament, ein Pferd, das mir gleich aufgefallen war. Doch leider ließ Gorlinka sich auch im Alter von drei Jahren noch von niemandem reiten und vor keinen Wagen spannen.

Als eines Tages der Hufschmied kam, hatte auch der seine liebe Not mit dem jungen Pferd, es ließ sich nicht beschlagen. Ich beobachtete, wie die Männer hinter dem Stall die Stute quälten, sie hatten einen Strick so fest um ihre Unterlippe geknotet, dass das Blut spritzte, das Pferd vor Schmerzen in die Knie ging und sich bepinkelte. Sie hat mir so leidgetan, wie sie so laut stöhnte. Da bin ich zu Bojko gelaufen und habe ihm gesagt: »Nicht einmal ein Pferd kann solche Schmerzen aushalten.« Er antwortete: »Nun, was meinst du? Was sollen wir denn tun?« Und dann habe ich gesagt, dass die Männer mir helfen sollen, das Geschirr aufzulegen und sie in den Schlitten einzuspannen. Ich habe mich schnell auf den Knien in dem Schlitten festgeklemmt und »jetzt loslassen« gesagt. Da lief die junge Stute wie verrückt im Galopp los. Es war nicht Winter, es war entweder Herbst oder Frühling, hinter dem Stall war das Feld frisch gepflügt und einige Kilometer lang, da hatte ich keine Angst, dass sie mich irgendwo umwerfen würde. Zuerst reagierte sie nicht auf die Zügel, sie bemerkte sie nicht, weil sie die Trense zwischen die Zähne geklemmt hatte und voranstürmte. Ich hatte großen Respekt vor diesem Pferd, denn ich hatte lange Zeit beobachtet, dass es niemanden an sich heranließ. Um die Stute und mich selbst zu beruhigen, sprach ich mit ihr: »Nun, dann lauf doch, lauf doch, du Mistkerl!«, habe ich zu ihr gesagt. »Wenn du laufen willst, dann lauf, das ist allein deine Sache. Wir haben ein ganz großes Feld vor uns.«

Nach einer Weile habe ich gemerkt, dass sie die Trense nicht mehr festhielt, und versucht, langsam umzudrehen. Die hat mir sehr leidgetan, sie war vollkommen mit Schaum bedeckt, vom Kopf bis zum Schwanz. Und als sie nicht mehr konnte, ist sie Schritt gegangen. Sie nahm den Kopf nach unten – ich wusste, was das bedeutete. Ich hatte ja in Litauen beobachtet, wie die Bauern die Pferde zum ersten Mal einspannten oder ritten. Die haben das genauso gemacht wie ich mit Gorlinka. Woher hätte ich das sonst auch wissen können.

Als ich mit der erschöpften Stute zum Stall zurückkam, warteten die Männer auf uns, sie hatten das Schauspiel von Anfang bis Ende beobachtet. Auch Bojko war dabei. Gorlinka stand mit hängendem Kopf da und zitterte. Ohne Theater zu machen, ließ sie sich von mir ausspannen, mit Stroh abreiben und eine Decke überlegen. Stolz wie ein Weltmeister führte ich das Pferd in den Stall. Dann sagte ich zu Bojko, dass ich die Stute behalten wolle. Ein paar Tage lang musste das junge Tier noch den Schlitten über das Feld ziehen, bis ich es wagte, einen Wagen mit Rädern zu nehmen. Als ich richtig mit ihr fahren konnte, wurde die »wilde Gorlinka« mein Arbeitspferd, Meren hatte ausgedient.

Ich denke, die Geschichte mit Gorlinka war der Grund, dass Bojko mich fragte, weshalb ich so gut mit Pferden umgehen könne. Lange hatte er mich beobachtet und sich gewundert, wie schnell ich mein Pferd morgens einspannen und wie exakt ich es lenken konnte. Er lud mich in sein Büro ein, gab mir etwas Machorka zum Rauchen und stellte eine Tasse heißen Tee vor mich hin. Dann fragte er, wer mir das beigebracht habe, wilde Pferde zu zähmen. Ich erzählte ihm, dass ich das in meiner Kindheit in Litauen gelernt hatte. Er wollte wissen, wo meine Eltern sind. Da habe ich nur gesagt, dass ich keine Eltern habe. Später erzählte ich ihm dann doch meine ganze Geschichte. Dass ich meine Eltern im Krieg verloren hatte und alleine durch Litauen gezogen bin. Bojko hat nie meine Akte gesehen, nur ihm habe ich gesagt, dass ich eine Deutsche bin.

Mit der Zeit stellte sich heraus, dass Gorlinka, das kleine Biest, niemanden an sich heranließ außer mir. Das war nicht gut, denn die Pferde hatten auch ihre Arbeitsstunden, die sie ableisten mussten. Und wenn ich einmal aus irgendeinem Grund nicht arbeiten konnte, dann stand Gorlinka im Stall. Später hieß der Arbeitsauftrag, in die Taiga zu fahren, und das schien mit Gorlinka sehr schwierig, weil sie zu nervös war. Sie war nicht so stabil wie Majka, Weterok und die anderen Pferde. Im Wald mussten wir ja die Baumstämme auf den Platz schaffen, von wo sie abtransportiert wurden. Und da mussten die Pferde langsam und vorsichtig sein. Gorlinka konnte das nicht, sie musste immer schnell gehen, am liebsten traben. Trotzdem habe ich Bojko gesagt, dass ich versuchen würde, sie in den Wald mitzunehmen, wenn sie sonst niemandem gehorchte. Er war einverstanden, zweifelte aber daran, dass ich mit ihr die Norm schaffen würde. Doch alles hat gut geklappt, und so habe ich mit diesem Pferd gearbeitet, bis ich aus dem Lager entlassen wurde.

Auch in meiner Freizeit war ich fast jeden Tag bei Gorlinka im Stall, weil ich mit jemandem reden musste. Zu erzählen gab es immer etwas. Manchmal habe ich mich über das Leben beklagt, ich habe ihr gesagt, dass ich müde sei und dass ich auch keine Mutter mehr habe. Ihre Mutter war ja schon zum Schlachter gekommen. Gorlinka war immer ganz ruhig, wenn ich mit ihr gesprochen habe. Ich konnte im Ständer von hinten an sie herangehen, sie hat mich nie getreten. Meine Tochter kennt die Geschichte von Gorlinka, sie mag Pferde sehr gern und hat immer nachgefragt, wie das damals war. Ich habe ihr alles erzählt, und am Ende hat sie enttäuscht zu mir gesagt: »Dann warst du ja eine Verräterin. Als du freigelassen wurdest, warum hast du da das Pferd im Stich gelassen?« Bojko hatte nämlich gesagt: »Wenn das so weitergeht, wenn Gorlinka nur dir gehorcht, dann geht sie ohne dich zum Schlachter!«

Bojko fragte mich mehrmals, was nach Verbüßung der Haftstrafe aus mir werden sollte, aber ich wusste keine Antwort auf seine Frage. Und dann hat er zu mir gesagt: »Kannst du dir vorstellen, dass du nach dem Lager und der Lagerschule einmal Tierärztin werden wirst?« – »Ja, das kann ich«, habe ich gesagt. »Aber wie soll das gehen?« – »Wart nur ab, ich helfe dir dabei«, hat er mir da versprochen. Wie er das machen wollte, hat er mir leider nicht verraten.

Taiga

Das Lager war beinahe autark, das musste es auch sein, da wir im Winter bei heftigem Schneefall lange Tage von der Außenwelt abgeschnitten waren. Erst nach der Schneeschmelze, durch die Wege und Straßen wiederum tagelang unpassierbar wurden, war das Lager jederzeit zu erreichen. In Ostpreußen, Litauen oder später in Nasarowo dauerte die Tauperiode viel länger als in Pukso-Osero. Wenn der Schnee hier, in Nordrussland, Ende Mai taute, dann ging das meist sehr schnell. Auf einmal war der Schnee weg – und über Nacht war alles grün. Man konnte den Pflanzen beim Wachsen zuschauen.

Bau- und Brennmaterial holten wir Frauen aus dem Wald, Wasser in großen Holztonnen aus dem nahe gelegenen See. Bis zur Auflösung des Lagers Ende 1994 wurde das noch so gemacht. Die Gefangenen hielten Hühner, Enten und Kühe und bauten in der Taiga auf den unter großen Mühen gerodeten Flächen Gemüse an: Kartoffeln, Weißkohl, Rote Bete. An Möhren und Zwiebeln kann ich mich nicht erinnern. Beinahe alles war aus eigener Produktion, nur Roggen, Weizen und Graupen wurden mit dem Pferdewagen aus dem Dorf geholt.

Das Brot wurde im Lager in einer kleinen Bäckerei gebacken. Wir bekamen unsere tägliche Ration – ich weiß nicht mehr, wie viel Hundert Gramm das waren – stets am Abend, das war schlimm. Denn wir mussten das Brot immer sofort aufessen – alle haben das gemacht –, sonst wurde es nachts geklaut. Man konnte es sich nicht einteilen, damit man am Morgen zum Frühstück noch etwas hatte. Das war wirklich problematisch, was anderes Gutes zu essen hatten wir ja nicht. Was gab es schon: morgens Tee und Brei, mittags verdünnten Brei und abends Brei mit Brot.

Nach der Ernte, die – wenn das Wetter mitspielte – meist so gut ausfiel, dass unser Frauenlager die umliegenden Männerlager und auch das Dorf Pukso-Osero mitversorgen konnte, musste das Gemüse ein wenig gesäubert und getrocknet werden, bevor es tief unter der Erde in großen Mieten eingelagert wurde. Unter der Schneedecke hielt es sich bis zum nächsten Frühjahr, manchmal sogar bis zur nächsten Ernte.

Mit meinem Pferdchen pflügte ich die Felder, setzte Kartoffeln und kleine Gemüsepflanzen, die andere Frauen, die körperlich nicht so belastbar waren wie ich, im März oder April im Gewächshaus vorgezogen hatten. Ich durfte dort nicht arbeiten, ich fuhr nur den Mist mit dem Pferdeschlitten oder Pferdewagen hinein, damit das Gemüse auf den warmen Frühbeeten vorgezogen werden konnte. So wuchs es in Pukso-Osero viel schneller als an anderen Orten, andernfalls wäre es auch nicht reif geworden. Für die Kartoffeln war die Vegetationszeit meist lang genug, Weißkohl und Rote Bete aber blieben häufig recht klein. Während wir Frauen ernteten, konnten sich unsere Pferde ein wenig ausruhen, bis der Wagen beladen war. Auch für das Vieh wurde vorgesorgt. Zweimal wurde im Sommer in dem sumpfigen Gelände Heu geschnitten, zum Trocknen aufgeschichtet und anschließend in die Scheunen gebracht.

Heumachen war eine extrem schwere Arbeit, wegen der Myriaden von Mücken, die, sobald es warm wurde, über dem Wasser hingen. Dort im Norden gab es ganz kleine Mücken, wir nannten sie Moskitos, vielleicht waren es Kriebelmücken. Sie stürzten sich in dicken grauen Schwärmen auf uns schwitzende Arbeiterinnen, vom Rauch der Machorka ließen sie sich nicht beeindrucken, geschweige denn vertreiben. Manchmal konnten wir kaum noch etwas sehen. Die Mücken waren so angriffslustig, dass wir die Ärmel unserer Baumwolljacken am Handgelenk fest zubinden mussten, sonst kletterten die Biester dort hinein und stachen zu. Davon bekamen die meisten Frauen schmerzende blaue Flecken, ich auch. Da wir keine Handschuhe hatten, waren unsere Hände von den Stichen stets dick angeschwollen. Erst im zweiten Jahr bekamen wir Moskitonetze, die wir uns über den Kopf ziehen konnten.

Bevor es losging mit dem Heumachen, wurden wir gefragt, wer schon mal mit der Sense gearbeitet hatte, dann musste man vortreten und zeigen, was man konnte. Ich hatte das in meiner Kindheit gut gelernt, aber hier mussten wir im Wasser arbeiten, und wir sollten das Gras möglichst tief abschneiden, weil das feuchte das beste war. Neben mir arbeitete mal eine junge Frau, eine Litauerin oder eine Lettin, die hat mir aus Versehen die Spitze der Sense unterhalb des Knies ins Bein geschlagen. Das tat schrecklich weh, aber weil wir im Wasser standen, habe ich nicht sofort gesehen, dass es blutete.

Meistens aber war ich zur Waldarbeit in der Taiga eingeteilt. Solange Schnee lag, also im Frühjahr, im Herbst und im Winter, fällten wir dort Bäume, vor allem große, dicke Fichten, die in die Männerlager transportiert wurden, in denen es Sägewerke gab. Die einzigen Werkzeuge, die wir Strafgefangenen hatten, waren eine Axt und eine sehr scharfe Säge, die wir zu zweit bewegten. An vielen Wintertagen war es sehr kalt, manchmal zeigte das Thermometer zwischen dreißig und vierzig Grad unter null. Aus den Baumwipfeln fiel uns der Schnee ins Genick, wo er sofort taute, weil wir bei der schweren Arbeit schwitzten. Deshalb war unsere Gruppe meist in eine Dampfwolke gehüllt. Wenn ein Baum gefällt war, mussten wir zuerst mit der Axt die Seitenzweige abschlagen und anschließend den Stamm in Stücke sägen. Die Arbeit war sehr schwer, und es war fast unmöglich, jeden Tag die Norm zu machen. Ich habe es aber so gut wie immer geschafft. Wegen meiner kräftigen Fäuste und meiner körperlichen Kraft haben mich die Frauen damals »eiserne Maria« genannt.

Ich bin bis heute begeistert von der Taiga, auch wenn es sie jetzt vielleicht nicht mehr so wie früher gibt. Dort in Pukso-Osero wuchsen schöne Birken und ganz hohe, gerade und dicke Fichten oder Tannen. Solche Bäume gibt es in Deutschland nicht, glaube ich. Wenn wir eine »perekur« – eine Raucherpause – machten, dann war es das Erste, dass wir unseren Rücken ausstrecken wollten. Der tat ja immer sehr weh von der harten Arbeit. Und dann habe ich sogar mitten im Winter Tannenzweige auf einen großen Haufen geworfen und mich mit dem Rücken darauf fallen lassen.

Wenn man in die Tannenspitzen schaute, die hoch oben ein wenig schaukelten, dann war das wunderschön, genauso wie in einer Kinderwiege. Man konnte alles vergessen und ganz weit wegfliegen. Mit den Gedanken, irgendwohin. Ich dachte ja noch immer, dass meine Mutter mich von da oben aus sah. Mit ihr habe ich mich manchmal unterhalten. Ich erzählte ihr, dass ich nicht wüsste, was aus mir werden sollte, und dass ich die einzige Deutsche in dem Lager war, ganz weit weg von meinen Geschwistern. Ich habe sie gefragt, ob sie wisse, wo mein Vater sei. Und dann habe ich ihr gesagt, dass ich meinen Vater und meine Geschwister irgendwann einmal in Ostpreußen suchen wolle.

Ein großes Wunder war das »Nordlicht«, auf Russisch heißt es »sewernoje sijanije«. Das kannte ich aus Litauen nicht, auch später in Nasarowo hat es das nicht gegeben. Aber in Archangelsk, da gab es das sogar sehr oft. Als ich das Nordlicht zum ersten Mal sah, hatte ich Angst, ich weiß nicht, warum. Das ist merkwürdig, der halbe Himmel ist grünlich, bläulich, dunkelblau, lila, und es bewegt sich, aber ganz, ganz langsam. Man denkt: »O Gott, jetzt fällt uns der Himmel auf den Kopf!« Es ist dann ganz windstill, so dass man draußen ein Streichholz anzünden kann. Das brennt, ohne zu flackern. Wenn es das Nordlicht gibt, ist es auch immer sehr kalt, so minus vierzig Grad, bei solchen Temperaturen mussten wir nicht mehr zur Arbeit gehen. Ich erinnere mich, beim ersten Mal sagte eine von uns: »Es geht los!« – »Was geht los?«, habe ich gefragt. – »Nun, das Leuchten!« Die Fenster waren ja ziemlich klein, aber die Frau hatte das Nordlicht schon bemerkt. Wir waren sehr faul an solchen arbeitsfreien Tagen, die meisten haben geschlafen oder Karten gespielt. Ich habe immer gelesen. Das Buch habe ich schnell zur Seite gelegt, meine »foufajka« angezogen und bin nach draußen gegangen. Da habe ich es dann gesehen. Das Wort »schön« passt hier nicht, es ist viel zu schwach, denn beim Anblick des Nordlichts hält man unwillkürlich den Atem an. Manche haben sich geärgert, weil es bedeutete, dass es noch kälter geworden war. Andere haben – so wie ich – lange draußen vor der Baracke gestanden und sich das angeschaut. Später habe ich immer auf das Nordlicht gewartet, weil ich so begeistert davon war. Das dauerte manchmal eine gute halbe Stunde, es bewegte sich am Horizont wie eine Gardine, die sich ganz leicht im Wind wiegt. So etwas Schönes kann man nicht einmal im Kino sehen.

Die ganze Natur im Norden war wunderschön, vom Frühling bis in den Herbst, obwohl der Sommer sehr kurz war. Es gab wilde Blumen auf den Wiesen und in den Sümpfen, am Seeufer wuchsen riesige gelbe und weiß-gelbe Schwertlilien, die den Blick immer auf sich zogen. Aber es gab auch kleine Blumen und weiß blühende Faulbeerbäume, die später blaue essbare Beeren tragen.

Überhaupt wuchs einiges im Wald und in den Sümpfen, womit wir unseren Speiseplan aufbessern konnten: Es gab zuerst Massen von dicken, roten, sauren Moosbeeren, ein paar Wochen später dann süße Preiselbeeren. Die fanden wir sogar im Winter, wenn wir die Bäume möglichst tief am Boden absägen mussten. Sobald wir den oft zwei Meter hohen Schnee beiseite geschafft hatten, fanden wir unten an den Baumwurzeln nicht selten ganze Büschel von gefrorenen Preiselbeeren. Die lutschten wir wie Eis, Preiselbeereis, das war köstlich! Ob es Pilze gab, weiß ich nicht, im Spätsommer und im Herbst waren wir nicht im Wald, sondern zur Ernte auf den Feldern. Außer Moosbeeren und Preiselbeeren gab es noch »moroschka«, das waren große hellgelbe Beeren. Später habe ich die nie wieder gesehen. Sie schmeckten süßsauer, auf Deutsch heißen sie Moltebeere, Sumpfbrombeere oder Lakka, ich habe das in einem Wörterbuch nachgelesen.

Es gab Birken, Tannen und Fichten und auch ein paar Eichen, aber die waren sehr viel kleiner als in Ostpreußen. Außerdem gab es schönes, wildes Gras und allerlei blühende Gewächse. Und Eisenhut, daran erinnere ich mich gut, der blühte schön blau, war aber giftig. So kalt es im Winter war, so heiß waren die kurzen Sommer. Oft gab es deshalb auch starke Gewitter mit schrecklichem Donner und Regen, bei denen glücklicherweise nie jemandem etwas passierte.

Lagerhierarchie

Als Neue war für mich in der Baracke nur ein Platz auf einer der oberen Pritschen geblieben, die besten Plätze unten waren längst besetzt. Später bekam ich dann auch einen Platz unten, das war gemütlicher, außerdem ging es nicht anders. Die Frau unter mir war einmal nass geworden, dann ein zweites Mal. Die hat mich zuerst ausgeschimpft, dann wurde ich verprügelt. Im Kinderstraflager war das auch schon so gewesen, niemand wollte mir glauben, dass ich nichts dafür konnte, alle dachten, ich wollte mir auf diesem Weg einen guten Platz ergattern. Als dann in Pukso-Osero acht, neun starke Frauen auf mich losgingen, da schaffte ich es nicht, sie mir vom Hals zu halten. Erst als ich sagte: »Ehrlich, ich tue es ohne Absicht, ich habe das schon nach dem Krieg gehabt, ihr dürft mich nicht dafür schlagen«, da haben die dann verstanden, dass ich die Frau unter mir nicht extra nass gemacht hatte, und dann bekam ich unten einen Platz, mitten in der Baracke, dort, wo der riesige Ziegelofen stand. Dieser Ofen wurde die ganze Nacht über von der Barackenältesten geheizt.

Diese Frau ging nie raus zur Arbeit, obwohl sie recht kräftig war. Sie blieb die ganze Zeit im Lager. Frühmorgens, wenn wir noch schliefen, holte sie unsere Wattesachen und Filzstiefel aus der großen Trockenkammer. Sobald die Brigaden morgens zur Arbeit gegangen waren, machte sie sauber, heizte den Ofen, goss Wasser in die langen Becken im Waschraum. Das Wasser holte sie immer in einem Holzbottich, mit einem der kleinen Pferdewagen, wie ich auch einen fuhr. Das Wasser für das ganze Lager, in dem etwa zweitausend Frauen inhaftiert waren, kam aus dem See. Mehrere Pferdegespanne fuhren deshalb den ganzen Tag hin und her. Im Sommer waren es hohe Karren mit großen Rädern, im Winter Schlitten. An ein paar Stellen führten lange, breite Stege in den See, damit man mit den Pferden dorthin fahren und die Holzfässer ins saubere Wasser lassen konnte.

Auf diesen Stegen saßen im Sommer abends die Männer aus

dem nahen Dorf, sie rauchten, angelten und zogen tonnenweise Fische aus dem See. Im Winter verharrten sie stundenlang unbeweglich auf ihren Holzkisten neben den kleinen Löchern, die sie ins Eis gebohrt hatten. Wir konnten dies vom Lager aus, das ein wenig erhöht lag, beobachten. Doch von dem Süßwasserfisch bekamen wir nichts. Wir bekamen »kilka«, das sind kleine, eingesalzene Fische, die stammten nicht aus diesem See. Auf Deutsch heißen sie Sprotten. Ich hasse sie bis heute. Die sind so klein, die konnte man ganz einfach essen. Sie wurden immer mit Gerstengraupen gekocht, das gab es manchmal wochenlang jeden Tag, eklig. Oder wir bekamen Schtschi, Kohlsuppe. Besonders wenn der Frühling kam, hatten wir tagelang das gleiche Essen, die Vorräte waren dann ja aufgebraucht.

Die Barackenälteste, die »starosta«, war gut zu mir, vielleicht weil ich mit Abstand die Jüngste im Lager war. Aus Dankbarkeit für manches gute Wort half ich ihr nach kurzer Zeit schon abends, die nasse Kleidung in die Trockenkammer zu bringen. Morgens stand ich früher auf, um ihr zu helfen, die Sachen wieder hereinzuholen, dann musste sie nicht ganz so oft hin- und herlaufen. Und wenn ich etwas zum Rauchen hatte, teilte ich es mit ihr. Dann saßen wir beiden so ungleichen Frauen im Waschraum unter der kleinen Lampe und redeten ein wenig über unser Leben. Die Frau, eine Russin, erzählte mir, dass sie seit 1953 im Gulag war, weil sie sich ein wenig zu sehr gefreut hatte, als der große Führer Stalin gestorben war. Ihre Nachbarin in der Kommunalka – der Gemeinschaftswohnung – hatte sie angeschwärzt.

Viele der Frauen in meiner Baracke, vielleicht sogar die Mehrzahl, waren jedoch Kriminelle, sehr viele Schwerverbrecherinnen waren darunter. Oft gab es Schlägereien, denn immer wieder wollte eine in der Hierarchie aufsteigen, sich über die anderen erheben. Als ich das zum ersten Mal erlebte, habe ich verstanden, warum der Lagerleiter mich nicht hatte aufnehmen wollen. Hier war wirklich ein sehr schweres Kontingent, hier waren brutale

Frauen. Das waren fast alles »blatnije«, Berufsverbrecherinnen. Sie haben immer wieder versucht, mich zu unterdrücken, aber ich konnte gut mit den Fäusten arbeiten, das haben sie sofort gemerkt. Mit den Fäusten und mit den Füßen. Sogar mit dem Kopf konnte ich gut zuschlagen. Ich war nicht einverstanden damit, dass es einige gab, die tagsüber in unserer Baracke saßen, rauchten und »tschefir« tranken, das ist ganz starker, schwarzer Tee, und ich sollte deren Norm erfüllen. Dabei war ich nicht besonders frech, ich habe niemanden unterdrückt, ich wollte nur nicht für andere arbeiten müssen.

Die Kriminellen waren Menschen ganz ohne Moral, das habe ich beobachtet und oft genug auch am eigenen Leib erfahren. Das waren Frauen, für die das Leben eines anderen Menschen nichts zählte. Sie konnten beim Kartenspiel um das Leben einer Frau spielen. Diejenige, die das Spiel verlor, musste dann eine andere umbringen. Es klingt unglaublich, aber das war damals wirklich so. Einmal stand morgens der Kopf einer jungen Frau auf der Treppe, die Augen waren offen und sie hatte eine Spielkarte im Mund. Das war scheußlich, ihre Leiche haben wir später im Plumpsklo gefunden. Zwei Jahre später hat es einen ähnlichen Mord gegeben, auch da haben wir frühmorgens im Plumpsklo eine Leiche gefunden, die Beine schauten oben heraus, und sie war schon eingefroren. Nie ist herausgekommen, wer das gemacht hatte. Solche Grausamkeiten sind insbesondere in den Frauenstraflagern vorgekommen. Meist wurden sie von denen verübt, die zwanzig Jahre oder noch mehr abzusitzen und nichts mehr zu verlieren hatten.

Wenn die »blatnije« doch einmal bei brutalsten Gewalttätigkeiten erwischt worden waren, kamen sie unter verschärfter Haftordnung in die BUR, die »barak usilenower regima«, oder in den Karzer. Diese beiden Baracken waren in einer Ecke des Lagers, abgetrennt durch mehrere Reihen Stacheldraht, zwischen denen sich eine Gasse befand, in der scharfe Schäferhunde liefen. Den »zoopark«, den Zoo, nannten wir diesen Bereich, an dessen Ecken kleine Wachtürme standen. Nachts wurden die Baracken von

Scheinwerfern angestrahlt. Wegen Schlägereien kam auch ich mehrmals in den Karzer, nie aber in die BUR, zum Glück, denn dann wäre ich erneut vor Gericht gekommen und sicherlich zu einer Haftstrafe in einem Lager mit verschärften Bedingungen verurteilt worden.

In Pukso-Osero gab es Frauen, die ihre Kinder umgebracht hatten, die Männern das Geschlecht abgeschnitten, sogar solche, die mehrere Menschen getötet hatten. Die mussten zwanzig oder noch mehr Jahre absitzen. Und ich war da wegen »Herumstreicherei« und weil ich was geklaut hatte. Damals war ich schon wütend darüber, dass man mich dorthin geschickt hatte, ich bin es heute noch. Ich hatte das nicht verdient, in diesem schlimmen Lager sein und um mein Leben kämpfen zu müssen.

Wie im Kinderstraflager Kineschma sahen auch in Pukso-Osero die Soldaten, die auf den Wachtürmen saßen, nur tatenlos zu, wenn wir Weiber uns bis aufs Blut schlugen, obwohl sie den Lagerleiter hätten rufen oder die Frauen auseinandertreiben müssen. Messer hatten wir Gefangenen zwar nicht, auch keine Gabeln, wir besaßen alle nur Löffel. Aber diese Löffel konnte man ebenso scharf machen wie ein Messer und sie dann bei einer Schlägerei dem Gegenüber in den Bauch stoßen. Auch ich besaß solch einen scharfen Löffel, aber ich benutzte ihn nur zum Brotschneiden. Obwohl ich manchmal in Versuchung war.

In den neunziger Jahren waren in diesem Lager immer noch Gewalttäterinnen inhaftiert, erfuhren wir bei unseren Dreharbeiten. Immer noch arbeiteten sie im Holzeinschlag. Doch bald nach unserem Besuch wurde das Lager aufgelöst.

Neben den vielen Schwerverbrecherinnen und den wenigen kleinen Diebinnen gab es in unserem Lager noch eine große Gruppe von politischen Häftlingen. Auf die Meinung dieser »Politischen«, die nach Paragraph 58 verurteilt worden waren, hörte unser Lagerleiter Pawlenko. Wenn er konnte, gab er ihnen sogar bessere Arbeitsplätze, in der Küche zum Beispiel.

Als die politischen Gefangenen in meiner Baracke merkten, dass ich unterdrückt wurde, gingen sie zu ihm, um ihn zu bitten, »die Wilde«, so nannte man mich zu Anfang im Lager, in ihre Brigade zu verlegen, »sonst bringen sie die um«. Ich hatte schon überall blaue Flecken und konnte nur noch in Begleitung von sechs, acht Frauen zum Plumpsklo gehen, weil die anderen aus meiner Brigade mich verprügeln wollten. Lagerleiter Pawlenko erklärte sich einverstanden, ich kam in die Arbeitsbrigade der Politischen und auch in eine andere Baracke. Die Frauen mit Paragraph 58 waren vor allem Estinnen, Litauerinnen, Lettinnen, nur ganz wenige Russinnen waren darunter.

Die Frauen aus dem Baltikum halfen mir ein ums andere Mal, sie hatten Mitleid mit mir. Viele waren Vertreterinnen der Intelligenz. »Intelligent« wurde lange Jahre in der Sowjetunion wie ein Schimpfwort benutzt, schon deshalb waren sie verdächtig. Und man konnte in den Gulag kommen, wenn einfach irgendjemand behauptete, dass man ein antikommunistisches Lied gesungen oder eine antisowjetische Anekdote erzählt hatte. Die Frauen in meinem Lager waren Lehrerinnen und Ärztinnen, die Frau eines Pastors war auch dabei. Die litauischen Ärztinnen zum Beispiel hatten den Waldbrüdern geholfen. Manche Frauen wussten aber nicht einmal, warum und wofür sie bestraft worden waren, weshalb sie Haftstrafen von zehn, fünfzehn und auch fünfundzwanzig Jahren abzusitzen hatten.

Einmal, das war in der Anfangszeit, als ich erst wenige Monate im Lager war, da wurde ich von den Kriminellen in ihre Baracke verschleppt. Wie in allen sowjetischen Lagern gab es auch in Pukso-Osero sexuelle Übergriffe von Frauen auf Mitgefangene: Diese Frauen mussten Männer spielen, und es wurde »Hochzeit« gemacht. Sie haben mich an einer Holzpritsche angebunden, mir den Mund zugehalten, und zu viert haben sie mir dann gezeigt, wie das gemacht wurde, die Liebe zwischen Frauen. Es war nur gut, dass die Frauen aus meiner Baracke, die Litauerinnen und die Estinnen, gemerkt hatten, dass ich nicht bei der Arbeit war. Die sind

zum Pawlenko gegangen und haben ihm gesagt, dass die Jugendliche verschwunden war. Und sie wussten auch, dass ich mich kurz
vorher geprügelt hatte. Da wurden dann alle Baracken durch-
sucht, und schließlich haben sie mich gefunden.

Lernen, lernen, lernen

Wenn wir den ganzen Tag schwer arbeiten mussten, dann kamen
wir abends in die Baracke, warfen uns auf unsere Pritschen und
wollten nur noch schlafen, schlafen, schlafen. Aber ich hatte irgendwann einmal die Bibliothek für mich entdeckt. Das war ein
großer Raum mit vielen Regalen, da standen die Bücher drauf, und
es gab Zettel mit den Namen der Autoren. Aber die kannte ich zuerst nicht. Eine Gefangene hat in der Bibliothek gearbeitet. Als ich
das erste Mal dort war und mich angemeldet hatte, da fragte sie
mich, was ich lesen wollte. Ich hatte keine Ahnung. Man darf sich
nicht vorstellen, dass es da nur zehn Bücher gab. Nein, die Aus-
wahl war sehr gut, auch wenn die Bücher alt waren. Ich habe
Mayne Reid gelesen, Cooper, Jack London, ich habe die Bücher
verschlungen, eins nach dem anderen, und so habe ich langsam
auch gutes Russisch gelernt.

Manchmal habe ich mich mit den anderen Frauen auch über die
Bücher unterhalten, am Anfang habe ich gefragt: »Was bedeutet
dieses Wort?«, oder ein anderes Wort, und sie haben es mir auf Litauisch gesagt. Bald brauchte ich keine Hilfe mehr, und wenn die
anderen längst schliefen, saß ich noch im Pinkelraum. Da gab es
eine kleine Birne als Nachtbeleuchtung, unter der habe ich stundenlang gelesen. Fast jeden Abend bin ich in die Bibliothek gegangen und habe mir ein neues Buch geholt. Es gab viele ausländische
Bücher, aber auch russische, Makarenko zum Beispiel, »Flaggen
auf den Türmen«. Makarenko war ein Pädagoge, der hat sich damals in der Sowjetunion für die Waisenkinder eingesetzt. Später
habe ich erfahren, dass er das ständige dumme Marschieren schon

in den zwanziger Jahren in den »Kinderkolonien« eingeführt hatte. Er hielt das für eine gute Erziehungsmethode, ihm hatten wir das Theater also zu verdanken.

Dann habe ich natürlich Gorki, »Die Mutter«, und Aleksej Tolstoi gelesen, das ist einer, der immer mit viel Phantasie geschrieben hat, auch über andere Planeten. Nicht der, der »Krieg und Frieden« geschrieben hat. Das habe ich natürlich auch gelesen. Sehr gerne las ich aber auch Jules Verne. »Zwanzigtausend Meilen unter den Meeren« und andere seiner Bücher verschlang ich meist in nur einer Nacht. Außerdem las ich alles, was mit Indianern zu tun hatte. Dass Jules Verne ein Phantast war, dass es das, was er in seinen Büchern beschrieb, nicht gab, das wusste ich. Aber ich glaubte fest daran, dass es die Indianer gab. Und mein Traum war immer, irgendwann einmal zu ihnen zu fahren. Ich hatte das Gefühl, mit ihnen in ihrem Land in Frieden leben zu können.

In dem kleinen, langgestreckten Gebäude, wo die Bibliothek war, befand sich auch die Lagerschule. Wer wollte, ging nach der Arbeit dorthin, gezwungen wurde niemand. Ich besuchte den Unterricht regelmäßig, auch wenn es mir manchmal schwerfiel, mich nach der anstrengenden Arbeit noch einmal aufzuraffen. Ich wollte immer richtig schreiben und lesen können, deshalb bin ich hinmarschiert, ich hatte ein Ziel, das wollte ich erreichen, deshalb hat mir das nicht so viel ausgemacht. Die Lehrerinnen waren auch Sträflinge, vor allem Frauen aus meiner Baracke.

Wir haben weiter schreiben geübt, zuerst aber noch einmal beim ABC angefangen, damit wir richtig und schön schreiben lernten. Fast jede Stunde gab es ein Diktat, oder wir mussten aus den Büchern – es wurde nur noch Russisch gesprochen – laut etwas vorlesen. Schließlich bekamen wir die »Hausaufgabe«, im Buch etwas durchzulesen und am nächsten Abend das Gelesene nachzuerzählen. Dann wurden wir sogar nach unserer Meinung gefragt. Unsere Lehrerinnen hatten, glaube ich, kein festes Programm. Rechnen, Geographie und Geschichte, diese Fächer existierten nicht. Die Hauptsache waren Lesen und Schreiben. Es gab kein Zeugnis, keine Bescheinigung, ich blieb mein Leben lang ohne Ausbildung, wofür ich mich stets schämte. Wenn ich später gefragt wurde, sagte ich deshalb immer ganz selbstsicher: »Ich habe die Fünfklassenschule absolviert.« Das konnte niemand kontrollieren und war absolut glaubwürdig.

Selbstverständlich hatte das Lager einen »Club«. Er befand sich im Essraum, wo auch die »freie Betätigung« stattfand. Hier gab es verschiedene Laiengruppen, zum Beispiel einen Chor, eine Tanz- und eine Theatergruppe. Ich war aber nur im Chor, weil ich gut singen konnte. Zuerst sollte ich sogar mit einem anderen Mädchen gemeinsam singen, ganz alleine und vorne am Bühnenrand. Aber das hat nicht gut geklappt, ich hatte zu viele Hemmungen.

Wir haben verschiedene Lieder gesungen, die haben wir richtig geübt, bis wir sie fehlerfrei konnten. Zum Beispiel Lieder aus den Filmen »Wolga, Wolga« und »Zirkus«, das sind Filme mit Ljubow Orlowa, das war eine ganz berühmte und beliebte Schauspielerin. Es gab auch Frauen, die sehr gut tanzen konnten, etwa den ukrainischen Karpak mit Akkordeonbegleitung. Zu bestimmten Festtagen mussten wir dann gemeinsam auftreten, zu Silvester, am 1. Mai und am internationalen Frauentag, am 8. März. Außerdem am 9. Mai, dem Tag des Sieges, und am Tag der Oktoberrevolution im November. Da gab es jedes Mal ein richtiges Konzertprogramm, zu dem auch die Angehörigen der Lagerbediensteten aus dem Dorf kamen. Dort gab es kein »Dom Kultury« – kein Kulturhaus.

Die Lagerleitung fand, dass es ein gutes Zeichen war, wenn jemand in einer solchen Gruppe war. Wir sollten schließlich im Lager bessere Menschen werden. Nach kurzer Zeit meinten sie schon, dass ich auf dem Weg dahin war. Das stand dann auch in meinen Papieren, und es war ein großer Pluspunkt, als die Kommission aus Moskau kam. Außerdem zählte es viel, dass ich schon ohne Bewachung mit den Pferden außerhalb des Lagers arbeiten durfte.

Valentina

Ich war einige Monate im Lager, da kam Valentina Aleksejewna Djakowa. Ich hatte mich bereits ein wenig mit verschiedenen Frauen aus den baltischen Republiken angefreundet. Insbesondere zu den Litauerinnen hatte ich mehr Vertrauen als zu den Russinnen. Mit Valentina war es anders. Ich weiß nicht mehr genau, wann das war, aber es muss schon Winter gewesen sein. Ich weiß jedoch noch genau, wofür sie bestraft worden war. Valentina hatte in Nasarowo, das ist nicht weit von Krassnojarsk in Zentralsibirien, als Verkäuferin gearbeitet. Dort kam sie her, und dort wohnten auch ihre Eltern und Geschwister. Sie hatte nichts gestohlen, aber bei einer Kassenprüfung wurde festgestellt, dass ein gewisser Betrag fehlte. Dafür hatte Valentina ein paar Jahre Straflager bekommen. Aus einem anderen Lager hatte sie bereits nach Moskau geschrieben und um Begnadigung gebeten, woraufhin ihr ein paar Jahre erlassen wurden. Das war fast schon ein Beweis für ihre Unschuld, dafür, dass jemand anders das Geld unterschlagen hatte. Während Valentina Aleksejewna darauf wartete, entlassen zu werden, schickte man sie noch für einige Monate nach Pukso-Osero. Die Bearbeitung der Papiere dauerte in den fünfziger Jahren häufig sehr lange.

Valentina hatte in meiner Baracke eine der unteren Pritschen bekommen, nicht weit von meiner »nare«. Eigenartigerweise hatte sie sogleich ohne Zänkerei einen so guten Platz erhalten. Und das, obwohl sie sonst derart ängstlich und zurückhaltend war, dass ich sie mit Fäusten verteidigen musste, damit ihr niemand ihre tägliche Essensration streitig machte oder ihr gar die »peredatscha« – das Päckchen von zu Hause – abnahm. Mit der Zeit wussten die anderen, dass ich Valentina Aleksejewna schützte, und so ließen sie die Frau in Ruhe.

Valentina war nur ein Jahr älter als ich, 1936 geboren. Und sie rauchte. Wir haben uns beim Rauchen kennengelernt. Das war zu der Zeit, als ich immer so schrecklichen Hunger hatte und mich dauernd übergeben musste. Um den Hunger zu unterdrücken, habe ich besonders viel geraucht. Eines Tages stand sie neben mir und sagte: »Du solltest lieber nicht rauchen.« – »Das geht dich nichts an, halt dich da raus!«, habe ich ihr geantwortet.

Sie hatte mich ein paarmal beobachtet, beim Ausbrechen. Ich arbeitete zu der Zeit im Wald. Als ich dann nachts immer hin und her laufen musste und schlimme Rückenschmerzen bekam, da erst gestand ich mir ein, was mit mir los war. Außer ein paar Frauen aus meiner Brigade wusste niemand etwas, weder die Lagerleitung noch die Bediensteten. Ich hatte das schon früher bei einer Frau gesehen, da hatte ich Schmiere gestanden, als sie das Kind bekam. Ob sie es umgebracht hat, weiß ich nicht. Allerdings habe ich mehrmals im Plumpsklo beim Saubermachen kleine Leichen gefunden. Die Frauen hatten die Kinder wohl nicht haben wollen, und diejenigen, die schon lange im Lager waren, wussten sicherlich nicht, dass ihnen seit Mitte 1954 für eine Abtreibung keine zusätzliche Gefängnisstrafe mehr drohte. Fast 400 000 Frauen waren zwischen 1937 und 1954 deswegen ins Straflager gekommen.

Kinder kamen in den Lagern immer wieder auf die Welt. Irgendwo in der Nähe, nur ein paar Hundert Kilometer von Pukso-Osero entfernt, gab es sogar ein Speziallager für Mütter mit Kindern. Entweder waren die Frauen in der Untersuchungshaft oder auf den wochenlangen Transporten geschwängert worden, oder sie waren noch von ihren Männern schwanger. Aber es kam auch vor, dass Frauen im Lager schwanger wurden, so wie vom Wind. Es gab dort Männer, zwar nur Männer in Uniform, aber die waren ja auch nicht heilig. Besonders die jungen Frauen hatten manchmal was mit den Leitern der Wachmannschaften, sie gingen jeden Abend zu ihnen in die Wachstube. Und dann wurden auch immer Freiwillige gesucht, die in der kleinen Kaserne saubermachen sollten. Gott weiß, ob es da wirklich schmutzig war. Einmal hat sich der stellvertretende Lagerleiter in eine hübsche Gefangene verliebt. Da hat er seine ganzen Sterne verloren.

Als das Kind eines Nachts kam, wusste ich nicht, wohin damit, es lag zwischen meinen Beinen, und plötzlich fing es ganz leise an zu schreien. Das war kein richtiges Schreien, eher ein »mäh«, wie es eine kleine Ziege macht. Ich wollte die Knie zudrücken, damit niemand wach wurde. Da sprang Valentina hoch, offenbar hatte sie nicht geschlafen, und sie hat das nicht zugelassen. Ich weiß nicht, warum. Ich habe sie das nie gefragt. Sie hat nur gesagt: »Tu es nicht, das ist eine Sünde, sei nicht so ein Viehstück wie die anderen!« Ich hatte ihr mal erzählt, dass ich keine Familie hätte. Das hatte sie sich gemerkt, und da sagte sie: »In dieser Woche werde ich entlassen, und für das, was du für mich getan hast, du hast mich hier im Lager immer beschützt, helfe ich dir. Ich habe in Sibirien Eltern und Geschwister, und ich nehme dein Kind mit.«

Hätte ich mich bei den Lagerbeamten gemeldet, ich wäre nicht bestraft worden. Fürs Kinderkriegen musste man keine Nachteile befürchten. Trotzdem war ich mit Valentinas Vorschlag einverstanden. Ich wusste, woher das Kind stammte, und in dieser Nacht, als es zur Welt gekommen war, erzählte ich Valentina die Geschichte in Orscha. Am Schluss sagte ich: »Verdammt noch mal, weißt du, dieses kleine Stück hier, das waren diese drei Männer in Orscha. Jetzt habe ich mich schon in diesem Lager angepasst, und deshalb will ich bis zum Ende meiner Strafe auch hier bleiben!« Ich schrie diese Worte heraus, so dass die anderen Frauen wach wurden. Sie schimpften aber nur, wir sollten ruhig sein.

Valentina sagte mir, ich solle dem Kind die Brust geben, aber ich hatte überhaupt keine Brust. Am nächsten Morgen ist sie mit dem Bündelchen zu den Ärzten gegangen, und ich ging zur Arbeit. Valentina brauchte in dieser Woche nicht mehr zu arbeiten, weil ihre Papiere schon fertig waren. In der Brigade sagte sie jemandem, dass »die Wilde« ein wenig geschont werden müsse. »Die darf im Moment noch nicht schwer arbeiten«, hat sie gesagt, da waren wir seit Wochen in der Taiga, beim Bäumesägen. Dann hat sie mir noch Lappen gegeben, die ich mir zwischen die Beine legen sollte.

Draußen haben einige Frauen zuerst zu mir gesagt: »Das geht uns nichts an, du bist nicht die Erste, der es so ergeht«, dann haben aber doch einige für mich in den ersten Tagen mitgearbeitet.

Die Norm musste unter allen Umständen geschafft werden, aber ich konnte nicht, weil ich immer Blut in den Hosen hatte. Zur Lagerleitung hat Valentina gesagt: »Das ist das Kind von der Maritje, die kann das Kind aber nicht gebrauchen, sie hat ja keine Familie. Ich nehme es mit.« Ohne mich noch einmal zu fragen, erlaubte die Lagerleitung Valentina Djakowa, mein Kind, das Kind der »Wilden«, bei ihrer Entlassung aus dem Lager mitzunehmen.

Heute denke ich, und das denke ich schon lange Jahre, dass ich mich an dem Kind schuldig gemacht habe. Ich habe falsch gehandelt. Ich hätte zu den Beamten gehen und sagen sollen, dass es mir schlecht ging und ich immer ausbrechen musste. Da gab es Ärzte, die festgestellt hätten, dass ich schwanger war. Die hätten auch feststellen können, dass das passiert war, als ich schon im Gefängnis saß, nach der Gerichtsverhandlung. Die hätten mir keine Vorwürfe gemacht, mich nur in ein anderes Lager geschickt, wo die Arbeit nicht so schwer gewesen wäre. Ich aber habe die ganze Zeit hart gearbeitet, schwere Holzstämme getragen. Als man mir ansah, dass ich schwanger war, hatten die Frauen mir zugeflüstert: »Man kann ein Kind auch abtreiben, indem man schwere Stämme schleppt.« Ich wollte das Kind nicht, ich hasste das Kind schon, bevor es auf der Welt war. Mit Fäusten habe ich auf meinen Bauch eingeschlagen.

Nur mit einer Frau habe ich über meinen Zustand gesprochen. Das war die Frau, der ich zuvor geholfen hatte, als sie ein Kind bekommen und ich am Plumpsklo Schmiere gestanden hatte. Sie sagte zu mir: »Ach, nur nicht daran denken, nur nicht daran denken!« Dann hat sie mir erklärt, dass das Kind schnell dort reinfallen und nicht leiden würde. Es würde nicht verstehen, was mit ihm passiert.

Valentina hat verhindert, dass ich mein Kind in das Plumpsklo geworfen habe. Sie hat es tatsächlich mitgenommen, als sie entlassen wurde. Für die Fahrt hat ihr die Ärztin ein paar Dosen Kondensmilch mitgegeben, als Nahrung für das Mädchen. Das habe ich aber erst später erfahren. Im Lager habe ich versucht, das Kind so schnell wie möglich zu vergessen.

Das ganze Lager war bis zu den Dächern eingeschneit, wenn der Nordostwind sich in einen eiskalten Buran verwandelte, der stets ungeheure Schneemassen mit sich brachte. Wenn ein solcher Sturm drohte – das geschah mehrmals im Winter –, gab es in jeder Baracke Wachen, die mit riesigen hölzernen Schneeschaufeln ausgerüstet waren. Jeweils zwei Frauen mussten Tag und Nacht abwechselnd an der Tür stehen und den Schnee vor dem Haupteingang der Baracke wegschieben. Alle kamen dran, nur die »blatnije« haben sich gedrückt. Der Buran dauerte manchmal zwei, drei Tage und Nächte, er heulte so laut, dass man nicht schlafen konnte. Die Arbeit außerhalb des Lagers wurde eingestellt, es arbeiteten nur diejenigen, die die Tiere betreuten, außerdem die Frauen in der Küche und in der Bäckerei.

Jede hatte eine halbe Stunde Schneedienst, danach konnte man sich ausruhen. Mir hat das immer Spaß gemacht, ich konnte dabei singen. Ich habe sogar für diejenigen Schnee geschaufelt, von denen ich wusste, dass sie übermüdet waren. Ich habe dann gesagt: »Ich mache deine Schicht mit, leg dich so lange hin!« Irgendwie passte das zu mir. Auch in der Taiga, beim Holzfällen, habe ich für die anderen mitgearbeitet. Wir mussten ja ich weiß nicht mehr wie viele Kubikmeter Holz machen, aber für mich war das keine schwere Arbeit, ich hatte nun mal diese ungewöhnliche körperliche Kraft. Ich habe den anderen geholfen, die Norm zu erreichen, aber das hat mir nicht weh getan, wirklich nicht.

Wenn der Buran aufgehört hatte, türmte sich der Schnee neben dem Eingang, und es schauten nur noch das Dach und der Schornstein der Baracke aus dem Schnee. Das war wunderbar. In Nasarowo hatten wir später auch ein paarmal einen heftigen Buran, so dass der Schnee bis zum Dach ging. In Sibirien müssen die Türen stets nach innen aufgehen, weil man sonst nicht hinauskommt, wenn man eingeschneit ist. So aber macht man die Tür auf, wenn der Schneesturm vorüber ist, und kann gleich anfangen, ein Loch zu schaufeln. Das habe ich öfter erlebt. Und dann gibt es noch ein ungeschriebenes Gesetz: Man muss sofort nach den Nachbarn gucken. Und ihnen, wenn nötig, zu Hilfe kommen.

Wenn der Buran wütete, gab es keinerlei Verbindung zwischen Lager und Dorf. War es wieder ruhig, so mussten wir sogleich die Strecke der kleinen Eisenbahn freischaufeln, die das Lager mit dem Dorf bis zum heutigen Tag verbindet. Wir arbeiteten meist im Dunkeln, weil es dort oben im Winter nur wenige Stunden hell ist. Das Mondlicht genügte, um im Schnee alles zu sehen. Ohne Schwierigkeiten schaufelten wir Weiber ganz lange Gänge. Vom Dorf kam uns dann schon ein Bulldozer entgegen, der die Schneemassen zur Seite schob. Das mächtige Fahrzeug konnte man von weitem hören, solch einen Lärm machte es.

Einmal haben wir mitten im Winter, als wir im Holzeinschlag waren, einen Bären gesehen. Wir hatten keine Angst, denn er war weit weg. Und es konnte ja auch kaum etwas passieren, weil wir von bewaffneten Soldaten bewacht wurden, die Hunde dabeihatten. Als wir den Bären sahen, da waren die Hunde schon unruhig. Ein Bär, der im Winter wach ist und herumläuft, bedeutet eine Gefahr. Einer der Soldaten ist zur Bewachung bei uns geblieben, die anderen haben den Bären verfolgt, aber sie haben nur die Spuren gefunden, der war schon über alle Berge. Außer Bären gab es in der Gegend nur noch Wölfe, aber die habe ich nie gesehen, nur heulen gehört.

Zu meinen Zeiten hat nie eine Gefangene versucht, aus dem Lager zu fliehen, wo hätte sie in der Taiga auch hinlaufen sollen. Trotzdem hieß es stets zur Warnung: »Der erste Schuss geht in die Luft, der nächste auf die Beine.« Jeden Morgen gab es das gleiche Ritual: Alle Frauen marschierten zum Tor, dort wurden wir noch einmal gezählt, dann wurde das Tor aufgemacht, und die gesamte Arbeitsbrigade wurde vom sogenannten Konvoi, Soldaten mit Hunden, in Empfang genommen. Außerhalb des Lagers wurden die Gefangenen noch einmal gezählt. Schließlich zeichnete der Verantwortliche an der Schleuse ab, wie viele Frauen er zur Arbeit in

Empfang genommen hatte. Bevor wir losmarschieren durften, brüllte der Unteroffizier dann jedes Mal: »Ein Schritt nach links oder nach rechts gilt als Fluchtversuch. Die Wachen haben das Recht, ohne Vorwarnung zu schießen!« Es hat glücklicherweise nie einen Zwischenfall gegeben, so dass die Soldaten hätten schießen müssen.

»Mit reinem Gewissen in die Freiheit!«

1959 wurden die Akten aller in der Sowjetunion einsitzenden Gefangenen – wohl über eine Million Menschen – daraufhin überprüft, ob sie nach den korrekten, auf ihre Vergehen zutreffenden Paragraphen verurteilt worden waren und ob man ihnen das richtige Strafmaß verordnet hatte. Nahezu jeder Fünfte wurde nach dieser Untersuchung freigelassen, darunter viele politische Gefangene, vor allem aus den baltischen Staaten. Die meisten konnten bald nach Hause fahren, die hatten sich gut geführt, sehr gut gearbeitet, sie hatten nur gute Beurteilungen. Und so fielen sie unter das neue Strafgesetz. Manche hatten schon acht oder zehn Jahre Haft hinter sich und noch genauso viele vor sich, aber sie wurden in die Freiheit entlassen. Auch in unserem Lagerbezirk wurden von den vierzehntausend Häftlingen, die in verschiedenen Lagern rund um das Dorf Pukso-Osero eingesperrt waren, dreitausend aus dem Gulag entlassen.

Die Moskauer Überprüfungskommission sah jede, wirklich jede Akte an. Das ging natürlich ganz langsam, obwohl die wirklich von morgens bis abends arbeiteten. Wenn sie einen Tag lang Akten durchgegangen waren, sahen sie sich manchmal auch noch die Leute an, zu denen die Akten gehörten. Außerdem mussten die Lagerbeamten für jeden eine Beurteilung schreiben.

Als die Kommission zu uns kam, war es Oktober, der Winter kündigte sich bereits mit Nachtfrösten und den ersten Schneefällen an. Eines Morgens kam der Lagerleiter, Aleksej Wassiljewitsch Pawlenko, in die Baracke. Er hatte einen Zettel in der Hand und rief all diejenigen auf, die an diesem Tag nicht zur Arbeit gehen sollten. Wir wussten, was das bedeutete, weil die Kommission schon ein paar Tage im Lager war. Die Frauen, die vor mir dran waren, weinten, als sie aus dem Raum herauskamen. Wahrscheinlich hatten sie ganz lange Strafen. Bei einigen wurden die Strafen gekürzt, bei den meisten aber geschah nichts. Viel Hoffnung hatte ich also nicht, aber ich wollte unbedingt aus dem Lager raus, denn das war ja die Hölle, und ich war schon über zwanzig. Ich sagte mir, dass es dieses Mal in der Freiheit schon klappen würde, denn ich hatte oft mit den anderen Frauen darüber gesprochen, warum es beim ersten Mal schiefgegangen war.

Das Gespräch mit den Moskauer Beamten war für mich nicht leicht, die hatten vorher schon die Charakteristik gelesen, und da stand die Wahrheit über mich drin, dass ich mich oft geprügelt hatte und sehr wütend werden konnte. Zum Glück stand da aber auch, dass ich sehr gut arbeitete, sehr aktiv und hilfsbereit war. Ich glaube, das hat mir geholfen. Die wollten dies und das wissen und sahen mich immer ganz komisch an, dann fragten sie: »Warum steht bei dir Nationalität deutsch, obwohl alle sagen, du bist eine Litauerin?« Ich hatte gleich verstanden, dass die alles sahen. Sie flüsterten einander dauernd ganz leise etwas ins Ohr, was ich nicht verstehen konnte, und dann habe ich einfach die Wahrheit gesagt. »Ja, ich bin eine Deutsche.« – »Warum bist du Deutsche? Warum steht bei dir Nationalität deutsch?« Da habe ich gesagt: »Weil meine Eltern Deutsche waren.« – »Und wo sind deine Eltern?« Da habe ich ein bisschen gelogen und gesagt: »Meine Mutter ist verhungert und mein Vater ist gestorben.«

Damals hatte ich oft gehört, dass es für die Kinder immer schlecht war, wenn der Vater beim deutschen Militär gegen die Rote Armee gekämpft hatte. Die Schuld des Vaters haben die Russen immer auf die Kinder übertragen, das hatten mir schon die Litauer gesagt und auch die Frauen aus den anderen baltischen

Republiken. Deshalb habe ich gesagt, dass ich eine Waise sei. Vater hatte zwar nie gekämpft, aber das wusste ich damals noch nicht. Und hier wollte ich neutral bleiben. Dann tuschelten sie wieder, ich konnte nicht verstehen, was sie sagten. Bis die Frage kam: »Nehmen wir einmal an, wir würden Sie jetzt aus dem Gefängnis entlassen, was würden Sie dann tun?« Die hatten nun »wy – Sie« zu mir gesagt, nicht mehr »ty – du«, wie es im Lager üblich war. Da sagte ich, was viele gesagt haben: »Ich bin erwachsen, ich bin kräftig, ich bin gesund, ich werde arbeiten.« – »Und Sie müssen die Abendschule besuchen, denn Sie haben keine Schulausbildung.« – »Jawohl, gut, ich werde auch in die Abendschule gehen«, damit war ich einverstanden. Dann haben sie mich rausgeschickt. »Wir werden jetzt eine Entscheidung treffen, heute Abend gibt der Lagerleiter das Ergebnis bekannt.« Das war bei allen so, keine hat den Beschluss sogleich erfahren.

Solange die Kommission im Lager war, hängte Pawlenko jeden Abend eine große Liste auf. Alle, die an dem Tag bei den Beamten gewesen waren, standen auf dem Plakat. In großen Buchstaben standen in der ersten Spalte die Namen der Gefangenen, daneben gab es drei weitere Spalten: freigesprochen, soundso viele Jahre erlassen, keine Änderung. Die Frauen, es waren Hunderte, standen bereits wartend in der Kälte, wenn er kam und das große Transparent unter der Lampe aufhängte. In dem Haufen war immer der Teufel los. Die einen fluchten, die anderen umarmten einander und weinten, alle wirbelten durcheinander, man hörte Freudenschreie, Schimpfen und Schluchzen.

An dem Abend stand auch mein Name, »Klemajte«, auf dem Transparent und dahinter in dicken Lettern »freigesprochen«. Diesmal habe ich mich gefreut, ich war sehr müde von der schweren Zeit im Lager. Erst später, erst ganz tief in der Nacht, kam die Angst zurück und mit ihr die Frage: »Was wird jetzt weiter mit mir?«

Die Frauen, die wussten, dass ich keine Familie hatte, fragten mich, wo ich nun hinwollte. Ich hatte keine Ahnung. Dann haben

Liesabeth mit ihren Geschwistern Christel und Manfred
vor dem Elternhaus in Wehlau, 1938.

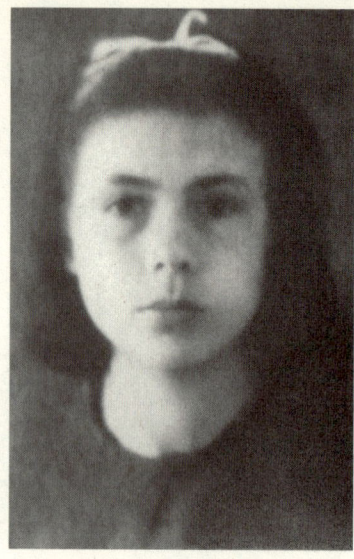

Liesabeths Eltern *(links)* Martha und Albert Otto, 1935. Christel *(rechts)*, der Liesabeth sehr ähnlich sah, starb 1948 im Alter von sechzehn Jahren an Auszehrung. Auf diesem Bild aus dem Jahr 1947 ist ihr Gesicht bereits durch Hungerödeme angeschwollen.

Liesabeth in Friedland/Ostpreußen, 1940.

»Tante Jusje« – Juzefa und Kazimiras Linkevicius in den frühen 1940er Jahren.

Mittagspause vor der Ziegelei in Kalvarija/Litauen, 1961: Liesabeth *(Mitte)* mit zwei Kolleginnen, ebenfalls ehemalige Strafgefangene.

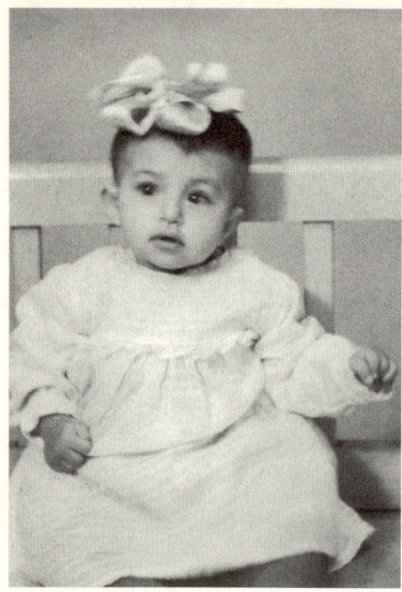

Liesabeths Tochter Nonna
wurde 1962 in Narwa/Estland
geboren. Sie wurde nur
eineinhalb Jahre alt.

Die kleine Nonna nach ihrem Tod im September 1963. In der Sowjetunion
war es Brauch, Verstorbene zu fotografieren.

Liesabeth *(rechts)* in der Sowchose Kusnezkij bei Karaganda/Kasachstan, 1965.

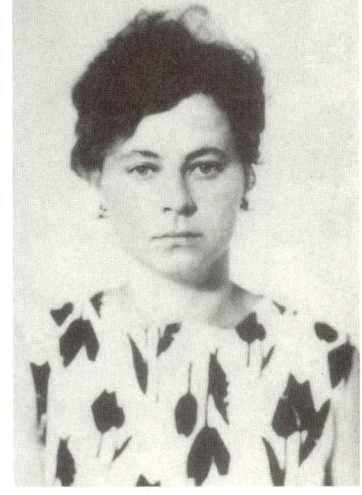

Liesabeth lernte ihren Ehemann Wladimir Logwinenko 1965 im sibirischen Nasarowo kennen. Beide Aufnahmen stammen aus dieser Zeit.

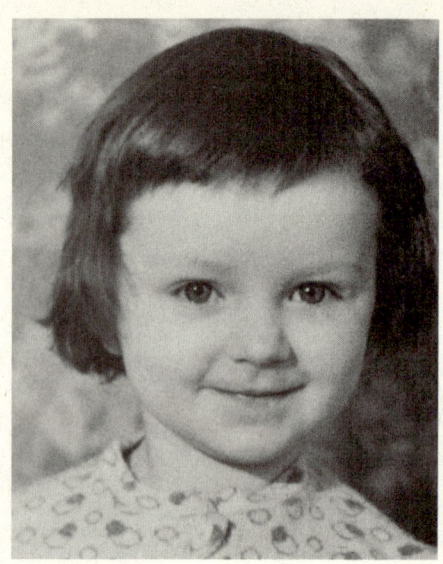

Am 27. September 1966
wurde Tochter Elena geboren,
im Februar 1967 fand die
Hochzeit statt.

Liesabeth, Wladimir und
Elena im Frühjahr 1967.

Liesabeth mit Arbeitskollegen in Nasarowo, 1966.

Während der Arbeit passte eine alte Nachbarin, »Tjotja Klawa«,
auf Elena auf.

Liesabeth als Busbegleiterin Anfang der siebziger Jahre. Elena durfte häufig im Führerhaus mitfahren.

Nasarowo 1969: Elena im Pelzmäntelchen vor der Holzbaracke, in der sie und Liesabeth lebten.

DEUTSCHES ROTES KREUZ

IN DER BUNDESREPUBLIK DEUTSCHLAND
SUCHDIENST MÜNCHEN

DRK-SUCHDIENST 8 MÜNCHEN 40 INFANTERIESTRASSE 7a

Гражданке
Марии Альбертовне ЛОГВИНЕНКО
СССР
Ставропольский Край
город Пятигорск
улица 10 лет ВЛКСМ 79-57
СССР

UNSER ZEICHEN:　　　　　TAG:
I-10-го-ме-вФ　　　　　9.3.1976 г.

Мария Альбертовна ЛОГВИНЕНКО, родившаяся 6.10.1937 г.
Ваше письмо от 28.1.1976 г.

Многоуважаемая госпожа Логвиненко!

С большой радостью имеем честь сообщить Вам сегодня, что мы нашли Вашу семью.

Вы являетесь дочерью господина Альберта Отто, родившегося 30.3.1899-го года в Якобсдорфе, район Велау и называетесь Элизабет ОТТО, родились 6.10.1937-го года в Патерсвальде, район Велау.

Ваш отец проживает с Вашим братом Манфредом в Федеративной Республике Германия в

~~8 5061 Берне, Амторштр.13~~　　　~~8 2901 Венен, Филеберг~~

Оба были весьма счастливы получить от Вас наконец известие.

Ваш отец разыскивал Вас годами через посредничество Службы Розыска Германского Красного Креста. Ввиду того, что Вы теперь носите совершенно другую фамилию, розыск не мог дать положительного результата. Но он никогда не терял надежды всё же еще что-либо о Вас услышать.

Ваш брат позвонил сегодня нам по телефону и попросил нас Вам немедленно написать. Он и Ваш отец по понятным причинам хотят вступить в ближайшем будущем с Вами в переписку и получить ближайшие сведения о Вас и узнать о Вашем жизненном пути. Так как они оба не владеют русским языком, мы сделали им предложение вести первоначальную корреспонденцию через нашу служебную инстанцию. Мы будем письма переводить и пересылать Вам. В случае, если и Вы это желаете, Вы можете избрать этот путь.

Ваш отец был бы также весьма обрадован получить от Вас несколько фотографий.

Мы надеемся, что контакт скоро наладится.
Адрес Вашего отца гласит: 2901 Венен, Ахорнштр.36. ФРГ.
　　　　　　　　2901 Wehnen, Ahornstr.36　BRD
　　　　　　　　　　С дружеским приветом

　　　　　　　　　　по поручению

Nach mehr als dreißig Jahren das erste Lebenszeichen von Vater und Bruder.
Das Rote Kreuz schrieb: »Wir haben die Ehre, Ihnen heute mit großer Freude
mitteilen zu dürfen, dass wir Ihre Familie gefunden haben … Ihr Vater hat Sie
jahrelang gesucht … und nie die Hoffnung verloren, irgendwann einmal etwas
über Ihren Verbleib zu erfahren …«

Ankunft in Deutschland im Durchgangslager Friedland, September 1976:
Links am Rand Liesabeth, daneben ihr Bruder Manfred. Bereits ein Jahr später
kehrte Liesabeth nach Sibirien zurück. Das Porträt entstand in Hamburg kurz
vor ihrer Abreise.

Mit dem Vater Albert Otto nach Elenas Taufe, 1977.

Zurück in Nasarowo, Sibirien, 1978.

Liesabeth und Elena *(hinten)* mit Anna und deren zukünftigem Ehemann vor der Hochzeit 1979.

Heimkehr nach Ostpreußen: Am neuen Haus in Ijewskoje, 1980.

»Ihre Ziegen hören aufs Wort«, stand 1985 über Liesabeth in der Kaliningrader *Prawda*.

Liesabeth mit Enkel Sascha vor
der Tür ihres Elternhauses in
Wehlau, 1994.

Wiedersehen mit der Jugendfreundin Renje in Litauen, 1994.

Im Frauenstraflager Pukso-Osero in der Nähe von Archangelsk (hier der Lager-
eingang) sitzen fast vierzig Jahre nach Liesabeths Einlieferung noch immer
Gefangene ein.

Lagerzaun mit Wachturm, 1994: Ab hier wurde zu Liesabeths Zeiten auf
Ausbrecherinnen ohne Vorwarnung scharf geschossen.

Innenansichten: Seit den fünfziger Jahren scheint sich im Lager kaum etwas verändert zu haben, die Frauen arbeiten noch immer mit Pferd und Wagen.

Liesabeth in ihrem Gemüsegarten in Ijewskoje, 2001.

sie gesagt: »Hör mal, der Bojko hat dir doch angeboten, falls du rauskommst, dann kannst du hierbleiben.« Bojko wollte dafür sorgen, dass ich an eine Schule für Tierärzte kam. Das hatte er mehrmals gesagt. Ich weiß nicht, warum ich nicht zu Bojko gegangen bin, ich glaube, ich wollte damals weg, nur weg aus dieser Lagergegend. Mit den Litauerinnen sprach ich darüber, welches Pech ich nach dem Kinderstraflager in Litauen gehabt hatte. Dass ich nicht hatte klauen wollen, aber der Winter vor der Tür gestanden und ich keine Bleibe gefunden hatte. Sie rieten mir, lieber nicht nach Litauen zu gehen: »Du kannst jetzt so gut Russisch, du kannst auch nach Russland gehen.« Ich habe mich dann umgehört, viele Orte sind mir genannt worden, viele Ratschläge habe ich bekommen. Die meisten meinten, ich sollte in eine Stadt fahren, wo ein großer Betrieb sei, wo viele Arbeitshände gebraucht würden.

Zuerst wollte ich nach Sibirien zu Valentina und meiner Tochter fahren, aber dann stellte ich mir vor, ich käme dort an ohne Geld, ohne Kleidung, ohne Arbeit und würde dem Kind sagen: »Guten Tag, hier bin ich, ich bin deine Mami.« Und so entschloss ich mich, erst ein wenig Geld zu verdienen und später zu Valentina zu fahren.

Völlig überraschend für alle entschied ich mich aber für einen ganz besonderen Ort: Bachtschyssaraj, eine kleine Stadt auf der Krim, von der eine der Frauen im Winter, wenn die Gefangenen abends von der Freiheit träumten, häufig erzählt hatte. Die Frau war dort aufgewachsen, sie schwärmte von ihrer Heimatstadt, in der Puschkin oft geweilt hatte, die übersetzt »Schlossgarten« heißt und als Perle Asiens auf europäischem Boden galt. »Bachtschyssaraj«, das klang weit weg von jeder Zivilisation, wunderbar verführerisch. Nach einer fremden, bunten, herrlichen Welt, in der überall Blumen blühten und in der es immer warm sein würde. Von einer Zukunft im warmen, fernen Afrika konnten die anderen Frauen träumen, Bachtschyssaraj war mein Paradies in erreichbarer Nähe.

Als am nächsten Tag die Papiere fertig gemacht wurden und ich ohne nachzudenken als Ziel Bachtschyssaraj angab, fragte mich niemand, warum ich ausgerechnet dorthin wollte. Die Kommission hatte mich freigesprochen, da interessierte es niemanden mehr, was ich vorhatte. Die hatten viel zu tun, jeden Tag wurden Dutzende von Frauen amnestiert. Sie hatten keine Zeit, über das Schicksal einzelner Gefangener nachzudenken.

Als ich vor dem Lagertor stand, hatte ich nichts als meine Entlassungspapiere und eine Fahrkarte nach Bachtschyssaraj/Gebiet Krim/Ukraine in der Hand. Ein letztes Mal fiel mein Blick auf die riesigen Transparente mit den Losungen »Arbeit führt zur Besserung!« und »Mit reinem Gewissen in die Freiheit!«, an denen ich Hunderte Male vorbeigegangen war. Wieder stand auf der Bahnkarte »Bjes prawa prodatj – Verkauf und Rückgabe verboten«. Wieder war es Herbst. Aber dieses Mal war ich kein Kind mehr, am 21. Oktober 1959, dem Tag meiner Freilassung, war ich zweiundzwanzig Jahre alt. Zwei Drittel meines Lebens hatte ich auf der Straße beziehungsweise in einem Lager verbracht. Nun sollte alles anders werden, ich wusste, es würde schwer, aber eine kleine Hoffnung hatte ich mir bewahrt.

4.
Kreuz und quer durch
die Sowjetunion

Auf die Krim

Als sich das Tor hinter mir schloss und ich alleine vor dem Lager stand, da hatte ich meine Freiheit, die ich so lange vermisst hatte. Doch niemand wartete auf mich, und obwohl ich nach Bacht-schyssaraj auf der Krim wolle, wusste ich nicht einmal, wo das war. Ich wusste nur eins ganz genau, ich wollte irgendwo Fuß fassen. Ich wollte Arbeit haben und ein Dach über dem Kopf, und danach wollte ich weitersehen. Ich wusste, wie schwer es sein würde, denn in meinen Papieren stand ja wieder, dass ich aus dem Straflager kam, und dazu noch, dass ich eine Deutsche war. Ich musste mich – wie so viele Jahre in meiner Kindheit – wieder selbst versorgen, denn alles, was ich hatte, war die Häftlingsbekleidung an meinem Leib. Und dieses Stück Papier in der Tasche meiner Watteja-cke, mit dem ich mich bei den Behörden ausweisen konnte. Aber solche Personen wie ich waren bei keinem Amt gerne gesehen. Ich war auch nicht die Einzige, die gerade aus einem Lager entlassen worden war, damals waren wir Zehntausende, wahrscheinlich sogar Hunderttausende.

Ich war frei, darüber war ich froh, gleichzeitig aber hatte ich große Angst vor der Zukunft. Keinesfalls wollte ich nun nach Sibirien fahren, denn ich schämte mich vor meinem Kind, weil ich eine mittellose, ehemalige »setschka« – eine Strafgefangene – war. Aber ich schämte mich auch für das Kind, weil es ein Kind der Schande war, schließlich war es aus einer Vergewaltigung hervorgegangen. Als ich vor dem Lagertor stand, da wollte ich alles vergessen, ich wollte einen Strich unter mein bisheriges Leben ziehen. Deshalb bin ich zuerst nach Taganrok gefahren, dort konnte ich etwas Neues anfangen. Ich wollte ein anständiger Mensch werden, erst mal gut verdienen. Und wenn ich es dann eines Tages geschafft hätte, das wusste ich ganz tief in meinem Inneren, dann würde ich nach Sibirien fahren, um dort nach Valentina und meinem Kind zu suchen.

Bis nach Bachtschyssaraj bin ich nie gekommen.

Nach und nach gesellten sich weitere Frauen zu mir, bis uns offene Lastwagen abholten – dabei war es bereits sehr kalt – und nach Plessezk brachten, das war die nächste öffentliche Bahnstation an der Fernstrecke Archangelsk–Moskau. Dort erst drückte man uns die Fahrkarten und einen Zettel in die Hand, worauf stand, mit welchem Zug wir fahren und wo wir jeweils umsteigen mussten. Auf dem Bahnsteig patrouillierten viele Milizionäre, die uns beobachteten und mehrmals langsam und genau unsere Papiere kontrollierten. Immer wieder kam es vor, dass Gefangene aus einem der vielen Straflager in der Gegend ausbrachen. Nur in unserem Lager hat es in meiner Zeit nie eine Frau versucht. Aber selbst als ich vierzig Jahre später mit den Fernsehleuten noch einmal dort war, hatte man uns gewarnt, in der Gegend von Plessezk und Pukso-Osero Anhalter mitzunehmen, solche Personen könnten nur entlaufene Sträflinge sein. An der Kleidung könne man sie nicht erkennen. Anders als Ende der fünfziger Jahre. Da sah man auf den ersten Blick, dass meine Kameradinnen und ich ehemalige Strafgefangene waren, denn wir trugen alle das gleiche schwarze Kleid, darüber eine Wattejacke und ein Tuch auf dem Kopf. Darunter versteckten sich meine inzwischen schon wieder schulterlangen, lockigen Haare.

Zuerst war die Fahrt ganz gemütlich, weil ich nicht alleine war, dann aber mussten die anderen irgendwo umsteigen. Ich weiß nicht mehr, ob ich auch einen anderen Zug nahm oder ob die Strecke an Moskau vorbeiführte. Wahrscheinlich bin ich aber in Moskau umgestiegen. Da muss mir jemand geholfen haben, ich war doch noch nie in einer solch großen Stadt gewesen, noch nie mit der Metro, einer Bahn unter der Erde, gefahren. Der Zug über Marzewo geht weiter bis in den Kaukasus, und in Marzewo, daran erinnere ich mich, musste ich umsteigen.

Während der ganzen Reise war ich sehr bedrückt, dass mich die Menschen immer von der Seite ansahen, dass ich ihnen verdächtig vorkam. Aber irgendwer hatte erzählt, dass es von Marzewo aus nicht mehr weit war bis nach Taganrok. Das ist eine ziemlich große Stadt. Der Mann kannte sich dort aus und hat mir von einem Werk erzählt, in dem Eisenbahnen und Lokomotiven repariert wurden. Dort hoffte ich Arbeit zu finden.

Marzewo, dicht bei Taganrok und nicht weit von Rostov am Don, ist bis heute ein großer Eisenbahnknotenpunkt. Direkt bei meiner Ankunft wandte ich mich an die Bahnhofsmiliz. Da es schon spät am Abend war, konnte mir niemand mehr weiterhelfen, die Chefs waren bereits nach Hause gegangen und der Wachhabende war mit der Frage überfordert, wie er mir, dieser jungen Frau, die geradewegs aus einem Straflager kam, zu einer Bleibe und einer Arbeit verhelfen konnte. Ich übernachtete auf dem Bahnhof. In der Nacht kontrollierten Milizionäre mehrfach meine Papiere. Ein paar Männer mittleren Alters beobachteten mich eine Zeitlang, dann boten sie mir eine Übernachtungsmöglichkeit an, ich war ja sehr hübsch. Aber sie wollen natürlich auch was dafür haben. Ich bin aus dem Bahnhofsgebäude hinausgegangen, damit sie mich in Ruhe ließen.

Am nächsten Morgen meldete ich mich wieder bei der Miliz, als die Obersten zum Dienst erschienen waren. Da konnte ich dann endlich meinen Pass und den kleinen Zettel vorlegen, den man mir im Lager mitgegeben hatte. Darauf stand in Russisch: »Klemajte, Maria Albertowna, geboren dann und dann, ist ohne Familie und benötigt deshalb besondere Hilfe.« Ich hatte Glück, der Leiter der Bahnhofsmiliz nahm die Sache selbst in die Hand. Er rief sogleich im Eisenbahndepot von Taganrok an, um mir Arbeit zu verschaffen, ich wurde sogar Zeugin, wie er sich für mich einsetzte: »Man muss einer jungen Frau Arbeit geben.« … »Sie kommt aus dem Straflager, aus dem Norden.« … »Doch.« … »Doch!« Er stritt heftig mit der Person am anderen Ende der Leitung. Und ich stand da und wunderte mich: Da gab es wirklich jemanden, der mich unterstützte.

Er hat mich dann sogar von Marzewo nach Taganrok begleitet, bis zum Eisenbahndepot. Dort wurden Arbeitskräfte gebraucht, das stimmte, aber nicht solche aus einem Lager. Als wir da ankamen, hat dieser Mann noch einmal meinetwegen mit denen gestritten. Die wollten mich immer noch nicht nehmen, da hat er sie angeschrien. »Wo soll sie denn jetzt hin? Die hat schon zweimal gesessen! Seid ihr Menschen oder nicht?« – »Wir können sie nicht gebrauchen, die soll in die Fabrik gehen.« Dort hat der Milizionär dann auch angerufen, aber die Landmaschinenfabrik hatte noch keine Unterkünfte für ihre Arbeiter, während das Eisenbahndepot ein gutes, großes Wohnheim hatte. Deshalb wollte er mich auch da unterbringen. Das ging hin und her, bis endlich ein alter Mann sagte: »Nun, was soll's. Dann wollen wir ihr mal helfen. Und hoffen, dass das gutgeht.« Gleich darauf haben sie mich in das Wohnheim gebracht.

Ich bekam ein Bett in einem Zimmer, in dem bereits zwei junge Frauen wohnten. Der Leiter des Wohnheims sagte den beiden sofort, woher ich kam, eine überflüssige Information, man sah es mir ja an. Noch am selben Tag musste ich mich im Werk melden, man händigte mir die Arbeitskleidung aus und ließ mich gleich ein paar Stunden mithelfen, um zu sehen, ob ich zupacken konnte. Als die Schicht zu Ende war, ging ich mit den anderen Arbeitern zum Wohnheim zurück. Niemand sprach mit mir. Mit so einer wollte keiner etwas zu tun haben.

Dass ich kein Geld mehr hatte, bemerkten die jungen Frauen und Mädchen, die in dem Heim lebten, sofort. Ich war sehr hungrig, ich konnte mir nicht einmal Brot kaufen. In der Gemeinschaftsküche beobachteten sie jeden meiner Schritte, sie beschatteten mich regelrecht, wohl aus Angst, ich könnte ihnen Lebensmittel wegnehmen. Anfangs versuchten sie sogar, mich, ihre neue Zimmergenossin, die aus dem Lager kam, zum Stehlen zu verführen, indem sie in der Küche leckere Sachen und auf ihren Betten schöne Dinge liegen ließen, statt sie einzuschließen. Aber ich habe nichts genommen, ich verstand, die wollten mich auf die Probe stellen. Stattdessen habe ich ein paar Mal kleine Stückchen Brot aus dem Mülleimer geholt. Das war nicht viel und meistens schon ein bisschen verschimmelt. Außerdem habe ich die Kippen aufgesammelt, damit ich was zum Rauchen hatte.

Auf dem Tisch in der Küche stand Salz, davon durften sich alle nehmen, so viel sie wollten, ohne dafür zu bezahlen. Bevor ich zur Arbeit ging, aß ich jeden Morgen zwei Löffel von diesem Salz und trank ein, zwei Glas Wasser hinterher. So konnte ich den Hunger eine Zeitlang unterdrücken. Das beobachteten meine Mitbewohnerinnen zwar, unternahmen aber nichts. Nach ein paar Tagen war mein Gesicht vom Wasser ganz dick aufgequollen, und ich fühlte mich schwach. Trotzdem ging ich weiter zur Arbeit im Instandsetzungsdepot, wo ich die Ersatzteile für die Dampfloks reinigte. Dazu musste ich die schweren Teile vom Regal auf den Arbeitstisch hieven und sie dann mit schwarzem Öl abreiben. Danach wienerte ich so lange, bis das Metall glänzte, und stemmte die Teile ins Regal zurück. Eine schwere Arbeit, eigentlich für kräftige Männer.

Obwohl viele der Frauen mehrmals miterlebt hatten, wie ich zusammenbrach, hatten nur wenige Mitleid mit mir. Nach ein paar Tagen halfen mir endlich zwei Russinnen, die aus dem Norden kamen. Die eine war eine Art Etagenfrau, zuständig für alle Zimmer auf meinem Stockwerk. Sie hatte irgendwie erfahren, dass ich aus dem Lager gekommen, aber ehrlich war. Die andere Frau war Galina Schyrschowa. Sie lebte im Nebenzimmer und war schwanger. Diese beiden Frauen waren menschlich zu mir. Sie hatten gesehen, dass ich mir nicht mal ein Stück Brot leisten konnte. Sie sind zum Obersten, dem Abteilungsleiter, gegangen und haben sich für mich eingesetzt: »Ja, gut, die ist aus dem Straflager gekommen. Die wird niedergeschlagen sein. Man macht ihr sicherlich dauernd Vorwürfe. Aber sie hat bei uns nicht mal eine Nadel geklaut. Sie hat nichts zum Essen. Tut doch etwas. Die kippt bald wieder um, die frisst doch nur Salz und Wasser.«

Damals gab es Gewerkschaften, da ist der Abteilungsleiter sofort hingegangen. Mir ging es wirklich schon sehr schlecht, ich hatte inzwischen drei Tage nichts mehr gegessen und schwer gearbeitet, aber ich hatte große Angst, jemandem etwas wegzunehmen. Von der Arbeitsstelle wurde ich direkt ins Wohnheim zurückgebracht, nicht in mein Zimmer, sondern auf die Sanitätsstation. Dort wurde mein Blutdruck gemessen, dann hieß es: »Die Frau ist sehr schwach.« Ich wurde drei Tage krankgeschrieben, obwohl ich meine Arbeit gerade erst aufgenommen hatte.

Vom »profsojus« – der Gewerkschaft – bekam ich sofort eine kleine finanzielle Unterstützung, das Geld musste ich nicht einmal zurückzahlen. Ich weiß nicht mehr, um welche Summe es sich handelte. Als ich in dem Krankenzimmer lag, kamen zwei Frauen, die brachten mir dieses Geld und auch noch Nahrungsmittel, ich glaube Butter und Weißbrot. Außerdem brachten sie mir ein Paar Handtücher, eine ganz billige Stoffjacke – Gummistiefel hatte ich im Werk bekommen, die gehörten zur Arbeitskleidung –, einen Becher, eine Schüssel und einen Topf mit Deckel. Nun konnte ich mir was kochen. Die Frauen in der Krankenstation hatten mir noch gesagt, ich solle langsam mit dem Essen anfangen, zuerst etwas Flüssiges, eine Suppe. Nach drei Tagen war ich wieder gut auf den Beinen.

Später konnte ich mich bei Galina, einer der beiden Frauen, revanchieren. Wir arbeiteten in derselben Brigade, bei der Arbeit hatten wir uns auch angefreundet. Galina erwartete ein Kind, war aber nicht verheiratet, deshalb lachten die anderen Frauen sie aus. Irgendwie mochten sie sie nicht, vielleicht, weil sie nicht aus dem Süden, sondern aus dem Nordural kam. Dort lebten ihre Eltern und Geschwister, denen sie in einem Brief von ihrer Schwanger-schaft berichtet hatte und zu denen sie zurückkehren wollte, um dort ihr Kind zu bekommen. Aber dann bekam sie zur Antwort: »Nein! Wenn Du es geschafft hast, alleine schwanger zu werden, dann musst Du auch alleine damit zurechtkommen!« Als Galina nur noch die Möglichkeit sah, sich umzubringen, stand ich ihr bei. Ich habe ihr gesagt: »Das geht nicht! Das ist doch kein Grund, dass du dich umbringst! Bring doch das Kind zur Welt, das muss doch schön sein! Ich helfe dir, irgendwie schaffen wir das schon.«

Ich hatte bereits meinen ersten Lohn erhalten, als Galina von ihren Eltern abgewiesen wurde. Ich musste nicht mehr hungern, konnte es mir sogar leisten, von meinem Lohnvorschuss Hemdchen und Windeln für Galinas Kind, es war ein Mädchen, zu kaufen. Aus Dankbarkeit dafür, dass sie mir geholfen hatte. Doch die Freund-schaft brach auseinander, als Galina später in Mutterschaftsurlaub ging.

Eine kurze Zeit gefiel es mir im Wohnheim sehr gut, da war ich nicht mehr alleine. Ich hatte ein kleines Tier, einen Igel, den hatten mir die anderen Mädchen geschenkt. Nach wenigen Wochen ha-ben sie ihn mir aber wieder weggenommen. Ich kam von der Ar-beit nach Hause, da war die Kiste weg und der Igel auch. Wahr-scheinlich, weil er Seidenstrümpfe und andere Dinge geklaut hatte, die meinen beiden Zimmergenossinnen gehörten. Ich habe mit dem Igel unter einer Decke geschlafen. Aber der stank ganz schön, der hat ja sein Bedürfnis im Zimmer gemacht. Ich habe zwar ver-sucht, alles sauberzumachen, doch das ging nicht immer. Die Sei-denstrümpfe, die eines Tages verschwunden waren, hat das eine Mädchen später hinter der Heizung gefunden, der Igel hatte sich daraus ein Nest gebaut. Dabei hatte sie mich anfangs beschuldigt, dass ich die Strümpfe geklaut hätte. Wenn er nachts unter meiner

Decke lag, dann hat der Igel seine Nadeln immer schön flach angelegt und überhaupt nicht gepiekst. Irgendwie wusste er, dass ich ihm nichts tat, ich habe ihn ja auch gut gefüttert.

Einige Wochen plagte ich mich bei der schweren Arbeit im Eisenbahndepot von Taganrok. Bis ich fast täglich Nasenbluten bekam, obwohl ich doch völlig gesund war. Als der Werksleiter dies bemerkte, schickte er mich zu der Ärztin in der Krankenstation. Sie meinte, die Arbeit – die Brigade, in der ich war, bearbeitete vor allem große Teile der Dampfloks, die wir auch hin und her transportieren mussten – sei doch etwas zu schwer für mich, ich solle mich ein paar Tage erholen. Seitdem Galina im Mutterschaftsurlaub war, gab es außer mir keine Frauen mehr in dieser Brigade, sonst arbeiteten dort nur Männer. Mein Leben lang habe ich lieber mit Männern als mit Frauen gearbeitet, deshalb hatte ich dem Werksleiter bei der Einstellung gesagt, dass ich stark und zu jeder Arbeit bereit sei, dass ich auch Männerarbeit annehmen würde. Aber jetzt hatte ich mir wohl zu viel zugemutet.

Wegen des Nasenblutens wurde ich bald auf eine andere, leichtere Arbeitsstelle versetzt. Dort mussten die Arbeiter und Arbeiterinnen die Waggons waschen, innen und außen. Wenn ein Zug ankam und die Passagiere am Bahnhof ausgestiegen waren, wurde er auf ein Nebengleis gezogen. Dort wartete unsere Putzbrigade mit ihren Lappen, Eimern und Bürsten, um zuerst einmal von innen alles blitzsauber zu machen. Später kamen die Dächer, der Fußboden und die Toiletten dran. Schließlich wurden die Waggons noch von außen mit dem Wasserschlauch abgespritzt. Ich wäre gerne an diesem Arbeitsplatz geblieben, aber dann machte mir einmal mehr mein aufbrausender Charakter einen Strich durch die Rechnung, das ostpreußische Teufelchen meldete sich wieder zu Wort.

Ende der fünfziger Jahre wurde für die Arbeiter des Eisenbahndepots noch eine weitere Unterkunft gebaut. Diejenigen, die bereits in einem Wohnheim lebten, mussten beim Bau helfen, indem sie jede Woche, jeden Monat eine bestimmte Anzahl von Stunden ableisteten. Das konnte an einem Sonnabend sein oder an einem Sonntag, jedenfalls in der freien Zeit. Natürlich half auch ich regelmäßig auf dem Bau.

Doch da traf ich immer wieder eine Frau, mit der ich mich nicht vertrug. Die hatte mich gleich am Anfang schon einmal »nemjetzkaja faschistka – deutsche Faschistin« genannt. Irgendwie hatte sie herausbekommen, dass ich eine Deutsche war. Dabei hatte ich es niemandem verraten. Sie hat mich immer angekratzt, immer beleidigt, aber ich schwieg. Man hatte mir bei der Einstellung gleich gesagt, ich solle vorsichtig sein und mich im Wohnheim mit niemandem streiten. Und ich war auch sehr vorsichtig. Es kam sogar vor, dass einige, die mich kannten, zu der Frau sagten: »Verdammt noch mal, lass die Maria doch in Ruhe, die arbeitet besser als du!« Aber irgendwann hat dieses Weib dann zu einer anderen gesagt: »Warum verteidigst du die eigentlich, das ist doch eine Deutsche!« Da hat jemand erwidert »Na und!« – schon ergab ein Wort das andere, und ich habe ihr gesagt: »Das geht dich doch überhaupt nichts an. Ich frage ja auch nicht, wer du bist.« – »Ich bin Russin, und du bist hierhergekommen, um uns das Brot wegzufressen!«, schrie sie mich an. Die war etwas kleiner als ich. Da bin ich aufgestanden, ich hatte gerade die Ziegel abgelegt. Ich stand also auf und sagte ihr: »Versuch nur, mir nahezukommen. Versuch nur, mir nahezukommen.« – »Jetzt werd ich dir's zeigen«, drohte sie und ging auf mich los. Neben mir lag irgendwo auf den Ziegeln der »masterok«, eine Maurerkelle. Ich hielt es nicht mehr aus und griff nach dem Ding. Das habe ich in ihre Richtung geworfen und sie am Kopf getroffen. Leider. Die Frau schrie laut auf. Sie hatte eine kleine Wunde, die leicht blutete.

Ungefähr fünfzehn Frauen und Männer hatten das Ganze mit angesehen. So schnell, wie die Situation eskaliert war, beruhigte sie sich auch wieder. Zuerst. Ich saß da, rauchte und dachte: »Verdammt noch mal, jetzt komme ich wieder in den Knast.« Man hatte mich doch gewarnt: Streite nicht, sei immer still, sei die kleine, die liebe Maria. Bereits nach einer halben Stunde kamen zwei Milizbeamte, um mich abzuholen. Einer der beiden Männer sagte noch zu mir: »Jetzt wirst du Probleme bekommen. Sie hat zwei Brüder, und einer von beiden arbeitet bei uns. Die verprügeln dich, oder sie bringen dich um.« Das hieß natürlich nicht, dass sie mich töten wollten, das sagt man nur so auf Russisch, wenn man eine ganz starke Drohung aussprechen will.

Auf der Wache wurde ein Protokoll geschrieben. Ich gab gleich zu, dass ich der Frau die Kelle an den Kopf geworfen hatte. Doch warum? Ich sagte, dass sie mich ständig beschimpft und beleidigt und mich sogar eine »räudige Faschistin« genannt hatte. Diese Aussage aber gefiel den beiden Milizionären nicht, und sie redeten so lange auf mich ein, bis ich erklärte, selbst den Streit vom Zaun gebrochen zu haben.

So stand es schließlich auch im ersten Protokoll. Dann aber kam ein Milizionär mit dicken Sternen auf den Schulterklappen, der holte mich in eine Untersuchungszelle und sprach mit mir: Er habe das Protokoll gelesen, aber inzwischen hätten sich fünf oder sechs Menschen als Zeugen für mich eingesetzt und ausgesagt, dass die Frau mich provoziert habe. Dann sagte der Offizier: »Ich verstehe die Situation sehr gut, angesichts der Tatsachen, dass du vorbe-straft bist und dass ihr Bruder in einer anderen Milizabteilung ar-beitet, können sie dich wieder einbuchten. Wegen ›Prügeleien in der Öffentlichkeit‹. Das bedeutet wieder drei bis fünf Jahre, we-gen der Körperverletzung. Willst du etwa wieder in den Knast?« – »Um Gottes willen, nein! Ich kann mich bei ihr entschuldigen«, antwortete ich sogleich. – »Damit wird die Frau sich nicht mehr zufriedengeben. Sie war bereits hier in meinem Büro und hat ge-droht, dich da hinzubringen, wo du hergekommen wärst!« Dann aber fügte der Milizionär, ein älterer Mann mit grauen Haaren, hinzu: »Ich habe noch eine einzige Möglichkeit, dir zu helfen. Dein Chef hat auch angerufen und sich für dich eingesetzt, du hast also Menschen, die dir helfen wollen, aber du kommst vors Gericht, und da wird das nicht reichen. Du hast der Frau etwas angetan, das hast du zugegeben, und du bist vorbestraft. Das Einzige, was ich noch tun kann, ist, deinen Chef anzurufen, wir melden dich ganz schnell, innerhalb von einer Stunde, ab, du bekommst den ausstehenden Lohn und kaufst dir sofort eine Fahrkarte irgend-wohin. Man wird nicht nach dir suchen. Ich werde unterschrei-ben, dass ich dich bis zum Beginn der Gerichtsverhandlung auf freien Fuß gesetzt habe.« – »Gut. Ich fahre weg«, willigte ich ein, »ich will nicht mehr ins Gefängnis.« Fast entschuldigend antwor-tete der Milizionär noch: »Ich möchte dir gerne helfen, aber das ist alles, was ich für dich tun kann.«

Das Wohnheim war von der Milizstation nicht weit entfernt, so dass man mir in kürzester Zeit die wenigen Sachen bringen konnte, die ich besaß. Auch der Lohn wurde mir bis auf die letzte Kopeke ausgezahlt, alles, was ich bereits verdient hatte. Nach sie-ben oder acht Stunden war ich aus Taganrok verschwunden. Wie die Frau herausbekommen hatte, dass ich Deutsche bin, habe ich nicht erfahren. Sie war auch nur eine einfache Arbeiterin. Viel-leicht hatte ihr Bruder bei der Miliz meine Akte gesehen. Bei der Anmeldung hatte ich ja alles angeben müssen: Vorname, Nach-name, Geburtsname, Nationalität. Ob die Frau die Deutschen hasste, weil sie im Krieg jemanden verloren hatte, weiß ich nicht. Ich hätte mich einfach nicht von ihr provozieren lassen dürfen, ich hätte das Teufelchen in mir zum Schweigen bringen müssen.

Von Taganrok bis Marzewo war es nicht weit. Die Milizbeam-ten brachten mich mit dem Dienstauto zum dortigen Bahnhof, um mich in den nächsten Zug zu setzen. Einmal mehr musste ich mich schnell entscheiden, wohin ich wollte. Im Lager hatten mir die Frauen geraten, nicht mehr nach Litauen zu gehen, weil ich dort keine Chance hätte. Aber was war mit Kaliningrad, meiner alten ostpreußischen Heimat? Die Züge aus dem Kaukasus, die nach Moskau und weiter in die baltischen Republiken gehen, fahren über Marzewo, genau wie die, die nach Kaliningrad gehen. Als ich das hörte, stand für mich fest, dass ich in meine Heimat fahren, meine Geschwister und mein Glück suchen würde. Ich wusste, dass sie dort waren, besser gesagt, ich vermutete es. Das Wichtigste aber war, dort kannte mich niemand, dort würde auch ich eine richtige Chance haben. Denn dort war ich zu Hause.

Versuchte Heimkehr

Ich kaufte mir eine Fahrkarte nach Kaliningrad. Das war ganz einfach, und niemand sagte mir, dass das ehemalige Nord-Ostpreußen eines der vielen sowjetischen Sperrgebiete war. Als ich in den Zug einstieg, kontrollierte die Zugbegleiterin meinen Pass, die Fahrkarte steckte sie kommentarlos neben die der anderen Passagiere in ihre kleine Tasche, worin sie auch das Geld für die Bettwäsche sammelte. Auf der ganzen Fahrt unterhielt ich mich kaum, das ist ungewöhnlich für eine Fahrt mit der russischen Eisenbahn. Weitere Passkontrollen gab es keine, und so kam ich ohne besondere Vorkommnisse in Kaliningrad am Südbahnhof an, dem alten Königsberger Hauptbahnhof. Die Stadt war noch sehr zerstört, sogar der Bahnhof war noch nicht vollständig wieder aufgebaut. In meinem alten Arbeitsbuch steht, dass ich am 10. August 1960 in Marzewo auf eigenen Wunsch entlassen wurde, das war zu Sowjetzeiten gleichzeitig die Standardformulierung, wenn jemandem gekündigt worden war. Zwei, drei Tage später muss ich in Königsberg angekommen sein.

Ich erinnere mich gut, als ich durch meine alte Heimat fuhr, hatte ich einen heißen Kloß im Hals. Ich bin sofort zur Bahnhofsmiliz gegangen und habe gesagt, dass ich aus Taganrok komme, keine Angehörigen habe und Hilfe brauche, um Fuß zu fassen. Aber die Milizionäre sahen mich nur erstaunt an und meinten: »Da bist du falsch hier. Du musst da und da hin.« Sie rieten mir, mich an den Sekretär des Gebietskomitees zu wenden, einen der höchsten Funktionäre in der Kaliningrader Oblast, und erklärten mir den Weg dorthin. Sie schrieben mir sogar die Nummer der Straßenbahn und die Haltestelle auf, an der ich aussteigen sollte.

Die Bahn fuhr noch über die alten Schienenstrecken aus deutscher Zeit. Sie war so langsam, dass ich, die junge Deutsche mit dem sowjetischen Pass, mir alles in Ruhe ansehen konnte. Ich war neugierig auf die Stadt, in der ich zuletzt mit meiner Mutter und meinen Geschwistern gewesen war, und ängstlich zugleich. Ich saß auf der rechten Seite und musste meinen Kopf immer drehen wie ein Vögelchen, um alles zu sehen. Ich erinnere mich noch gut, dass eine Frau zu mir sagte: »Diese Ruinen, diese verfluchten deutschen Ruinen! Die werden bald jemandem auf den Kopf fallen, die sind sehr gefährlich.«

Dass es einen grausamen Krieg gegeben hatte, wusste ich. Die letzten Kriegsmonate hatte ich selbst erlebt, deshalb wunderte ich mich nicht über all die vielen Trümmer. Die gesamte Innenstadt war noch zerstört, die Häuser, die heute dort stehen und der Stadt ihren sowjetischen Charakter geben, existierten noch nicht, ganz zu schweigen von den Glaspalästen oder den Nachbauten alter deutscher Häuser, die heute unten am Pregel stehen. Da hatte ich auch den Dom gesehen, oder das, was von ihm übrig war, und ein wenig weiter, kurz vor der Stelle, wo heute das Hotel Kaliningrad steht, war rechter Hand eine riesige, aber sehr schöne Ruine, das muss das Schloss gewesen sein.

Bei der Behörde sah man meine Papiere wieder sehr aufmerksam durch und erklärte, ich brauche eine Erlaubnis, um in Kaliningrad bleiben zu können. Ich gab an, dies seien alle meine Papiere, ich sei Deutsche, irgendwo in der Stadt wären meine Geschwister. »Spinn doch nicht rum«, bekam ich lächelnd zur Antwort, »das ist unmöglich«. Egal, was ich sagte, ich hörte immer nur »nein, nein, nein … bring uns eine Erlaubnis«. Die Offiziere schickten mich zu einer anderen Stelle. Wieder musste ich die Straßenbahn nehmen. Mein Ziel lag diesmal unweit des Nordbahnhofes, in dem Gebäude hatte einst die Gestapo ihr Quartier. Anfang der sechziger Jahre beherbergte es den KGB, heute dessen Nachfolger, den Föderalen Sicherheitsdienst FSB.

Ich bin doch wirklich dahin gegangen, ich war so dumm. In das Gebäude durfte nicht jeder hinein. Die fragten gleich: »Was willst du?« Sie haben mich geduzt, da bin ich mir fast sicher. Ich habe den Zettel vom Sekretär des Gebietskomitees gezeigt, dann durfte ich rein. Der KGB-Offizier sah meine Papiere an und fragte, ob ich mir das ausgedacht hätte, dass ich eine Deutsche sei. Dann hat er noch jemanden herbeigerufen, die beiden Männer guckten sich jetzt gemeinsam meine Papiere an und wollten wissen, wie ich überhaupt in dieses Gebiet gekommen sei. Ich habe wahrheitsgemäß geantwortet, dass ich mit dem Zug gekommen sei. Einer von beiden ging hinaus, der andere telefonierte mehrmals. Ich musste eine ganze Zeit lang warten, und schließlich hieß es: »Du darfst dich hier nicht aufhalten. Unterschreib, dass du das Gebiet innerhalb von vierundzwanzig Stunden verlässt, sonst kommst du wieder ins Straflager.« Ich habe noch ein wenig dagegengeredet und immer wieder gesagt, ich wolle meine Geschwister suchen. Aber die Offiziere meinten: »Deine Geschwister sind nicht hier, hier gibt es keine Deutschen mehr. Hier ist jetzt schon lange Russland.«

Ich begriff, dort, in dieser Situation, halfen keine Tränen und kein Betteln, und ich unterschrieb. Dann wurde ich zur Tür geführt, begleitet von den Worten, ich könne von Glück reden, dass man mich nicht festgenommen habe, denn das Gebiet Kaliningrad sei eine verbotene Zone, eine Sperrzone, ich als Deutsche dürfe mich da nicht aufhalten. Am Bahnhof zählte ich mein restliches Geld, erkundigte mich, was eine Fahrt nach Nasarowo in Sibirien kosten würde und was nach Kalvarija. Mein Geld reichte nur noch für eine Karte nach Kalvarija.

Wieder in Litauen

Als ich im August 1960 in Kalvarija ankam, hatte ich keine Kopeke mehr. Ich meldete mich beim Gorsowjet, beim Stadtrat. Dort erzählte ich meine Geschichte und betonte, dass ich als Kind nach dem Krieg immer wieder für kurze Zeit in Kalvarija gewesen sei. Wo ich nach dem Straflager gearbeitet hatte, stand in meinem

Arbeitsbuch, das konnte jeder nachlesen. Niemand fragte mich, warum ich es nur so kurze Zeit in Taganrok ausgehalten hatte, denn zur damaligen Zeit war ein häufiger Wechsel der Arbeitsstelle in der Sowjetunion an der Tagesordnung. Die Leute griffen vielmehr zum Telefonhörer, riefen im Altersheim an und erklärten dem Direktor, dass da eine junge Frau sei, der man dringend helfen müsse. Ich bin dann dahin gegangen, und der Direktor sagte zu mir: »Wenn du gut arbeitest, dann bekommst du ein Bett. Du bekommst was zu essen, bis du das erste Geld verdient hast.« Das hörte sich vielversprechend an, aber ich bin nicht lange dort geblieben. Dafür gab es einen guten Grund. Zuerst musste ich die schwerkranken Bettlägerigen pflegen, dicke Männer füttern, sie anziehen, ausziehen und ihnen sogar das Geschlecht waschen. Und obwohl die Alten krank im Bett lagen und sich kaum bewegen konnten, haben die mich in die Brust oder in den Po gekniffen. Das war eine unzumutbare Arbeit für mich, ich war doch eine junge Frau, die zu oft schlechte Erfahrungen mit Männern gemacht hatte.

Ich bin zum Direktor gegangen und habe ihm gesagt: »Geben Sie mir eine Frauenabteilung. Ich kann nicht bei den Männern arbeiten. Ich kann Ihnen nicht sagen, warum, aber ich kann nicht.« Wenn mir diese Arbeit nicht recht sei, dann solle ich in den Schweinestall gehen, bekam ich zur Antwort. Und so arbeitete ich einige Zeit bei den Muttersauen. Diese Arbeit gefiel mir sehr. Der Chef des Schweinestalls war höchst zufrieden mit mir, denn ich war fleißig und konnte gut mit den Tieren umgehen. Das berichtete er auch dem Direktor. Aber der hatte längst ein Auge auf mich geworfen. Er wollte nicht nur eine gute Arbeiterin, deshalb kam er immer öfter in den Schweinestall. Doch ich verstand es, ihn mir vom Leibe zu halten.

Warum die Männer immer hinter mir her waren, weiß ich nicht. So hübsch war ich nun auch nicht, und ich war immer grob zu denen. Vielleicht gefiel ihnen das, oder sie dachten, dass sie mit mir machen könnten, was sie wollten, weil ich aus einem Straflager kam. Ich habe den Männern nie schöne Augen gemacht. Nur eins kann ich sagen, ich hatte sehr schönes Haar, lange dunkle Locken. Ich war sehr mager, sehr beweglich und ich war immer lustig, habe immer gesungen, immer Witze gemacht. Alle Lieder, die ich mal gelernt hatte, habe ich gesungen. Mal kannte ich den ganzen Text, manchmal nur eine halbe Strophe, aber ich habe immer gesungen.

Ganze neun Monate hielt ich es im Altersheim aus, dann suchte ich mir eine andere Arbeitsstelle, in einer Ziegelei. Diese Arbeit war körperlich anstrengender, außerdem sehr schmutzig. Aber ich fühlte mich dort wohl, denn ich war in einem netten Arbeitskollektiv. Auf einem Foto sieht man mich zufrieden essend in der Mittagspause mit ein paar anderen Mädchen auf den Stufen zur Werkhalle sitzen. Auch sie hatten lange Jahre in Straflagern verbracht. Das Bild stammt aus dem Jahr 1961.

Weil das Wohnheim des Altersheimes nur für diejenigen bestimmt war, die dort auch arbeiteten, musste ich mir eine neue Bleibe suchen. Ich fand ein Zimmer bei einer Lehrerin, Frau Lolongene, die zwei kleine Kinder hatte. An meinen freien Tagen oder auch spätabends passte ich auf die Kinder auf, ich kochte für sie und spielte mit ihnen. Herr Lolongaitis war auch Lehrer. Später, als ich schon bei ihnen im Haus war, bekamen die beiden noch eine Kleine. Oft konnte Augene Lolongene nicht rechtzeitig nach Hause gehen, dann nahm ich das Bündelchen und habe es ihr in die Schule oder das Internat gebracht, wo sie gearbeitet hat. Sie konnte das Kind stillen, und ich brachte es wieder nach Hause. Natürlich nur, wenn ich frei hatte. Kalvarija war ja noch ein kleiner Ort. Wenn sie nach Hause kam, hatte ich die Kleine schon gebadet. Die hatte es gut und ich auch, denn die Lolongaitis gaben mir zu essen, und ich hatte mein eigenes kleines Zimmer bei ihnen.

In der Ziegelei teilte man mir immer die schwerste Arbeit zu. Vielleicht, weil ich immer noch »die stählerne, die eiserne Maria« hieß? Oft musste ich mit Hammer und Meißel Löcher in die Wände schlagen, davon bekam ich nach kurzer Zeit ein dick geschwollenes Handgelenk. Ich hatte so starke Schmerzen, dass ich der Lehrerin nicht einmal beim Wäschewaschen helfen konnte.

Dann wurde Augene Lolongene krank, und ich musste mich auch nachts um die Kinder kümmern. Tagsüber arbeitete ich in der Ziegelei, nachts war ich für die drei kleinen Kinder da. Ich war in dieser Zeit immer sehr, sehr müde.

Als ich bei der Lehrerfamilie lebte, hörte ich von einer »verbovka«. Man suchte Arbeitskräfte für eine große Baustelle in Baku. Anfang der sechziger Jahre wurde immer noch das Wort »verbovka« für große Anwerbeaktionen gebraucht, auch wenn der korrekte Begriff bereits »orgnabor«, organisierte Einstellung von Arbeitskräften, lautete. In der Stadt hingen große Plakate, worauf in litauischer und russischer Sprache stand: »Kräftige junge Männer und Frauen gesucht, auch solche ohne Ausbildung«, darunter die Adresse, wo man sich melden sollte. »Die größte Baustelle Aserbaidschans wartet auf eure Arme und Hände, wir bieten eine kostenlose Fahrkarte dorthin«, war der Satz, der mich damals anlockte, denn das bedeutete, dass auch Menschen wie ich dort Arbeit finden konnten. Ich dachte mir, warum eigentlich nicht. Bei den Komsomolzen, der kommunistischen Jugendorganisation, war ich nicht, ich war ja eine ehemalige »lagerniza« – ein Sträfling –, deshalb durfte ich nicht auf die »wsesojusnije komsomolskije stroiki – die Allunionsbaustellen der Komsomolzen«, und so wollte ich wenigstens beim Bau des großen Krankenhauses von Baku dabei sein. Ich hatte das Gefühl, dass ich dann mehr wert sein, zur sowjetischen Gesellschaft dazugehören würde. Viele, besonders die jungen Frauen, zogen voller Begeisterung auf die Großbaustellen des Landes. Die Beamten lockten die Menschen mit schönen Worten an diese Arbeitsplätze und gaben auch Reisegeld aus, für die Fahrkarte. Ich habe den Vertrag sofort unterschrieben und die Stelle in der Baubrigade der Ziegelei gekündigt. Bei der Anwerbung hat der Beamte alle Daten aus meinem Pass abgeschrieben, dann wollte er mir noch Übergangsgeld auszahlen, neben dem Geld für das Ticket. Aber irgendetwas in mir warnte mich davor, und ich habe es zum Glück nicht genommen.

Baku

In der Sowjetunion mussten jeder Mann und jede Frau arbeiten. Arbeit gab es genug, man konnte sie sich aussuchen. Und wenn es jemandem an einem Arbeitsplatz nicht mehr gefiel, dann suchte er sich ohne Probleme eine andere Stelle. Schwieriger war es, ein Bett in einem Wohnheim zu finden. Wenn ich mir heute mein Arbeitsbuch anschaue, dann wundere ich mich selbst, in wie vielen Städten, auf wie vielen Stellen ich gearbeitet habe.

Mitte Juli 1961 kam ich in Baku an. Die dreitägige Fahrt in den Kaukasus bei über vierzig Grad Hitze im »obschij waggon« – so heißt der Gemeinschaftswaggon vierter Klasse für mehr als achtzig Frauen und Männer bis heute – war anstrengend gewesen. Die ganze Fahrt über freute ich mich auf die neue Arbeit. Was ich nicht ahnen konnte und was auch niemand gesagt hatte, in den Augen der aserbaidschanischen Männer waren die angeworbenen Mädchen und Frauen Prostituierte. Ein normaler Mensch – so dachten sie – ließ sich nicht in eine fremde Stadt anwerben. Und eine ordentliche Frau schon gar nicht.

Die meisten jungen Frauen, die voller Enthusiasmus nach Baku kamen, waren Anfang, Mitte zwanzig, so wie ich, und wir alle wohnten in einer Unterkunft, die recht weit von der Baustelle entfernt war. Die Wohnheime der Baubrigade sahen aus wie Lagerbaracken. Es gab ein Frauenwohnheim und – durch einen Lattenzaun abgetrennt – mehrere Wohnheime für Männer, eines für Russen und zwei für Aserbaidschaner. Um die ganze Anlage verlief ein weiterer, höherer Zaun. In jedem Zimmer wohnten drei, vier oder auch mehr Personen. Bei uns waren wir zehn Mädchen. Und wir wurden umschwärmt von den kaukasischen Männern, die im benachbarten Wohnheim lebten, abends über den Zaun kletterten und dann wie Fliegen an den Fenstern der Mädchenzimmer hingen. Das gefiel uns überhaupt nicht. Wir hatten das Gefühl, dass wir für die Männer dort keine richtigen Menschen waren.

Wir waren ungefähr fünfzig alleinstehende Frauen in dem Wohnheim, wir hatten alle eine helle Hautfarbe und die meisten auch helle Haare. Die Aserbaidschaner sind ja ein bisschen dunkler als wir, die Russen nennen sie »Schwarze«. Mit den Russen hatten wir Mädchen keine Probleme. Schwierigkeiten gab es nur mit den »Schwarzen«. Das kann man sich gar nicht vorstellen, wie die sich benommen haben. Die stahlen unsere Unterhöschen durch die »fortotschka« – das kleine Fensterchen –, wenn wir sie im Waschraum zum Trocknen aufgehängt hatten. Schlimmer noch, sie standen am Fenster und zeigten uns ihr Geschlecht. Die kannten überhaupt keine Scham. Es war ekelhaft.

In die Stadt Baku traute ich mich überhaupt nicht hinaus, ich hielt mich meist im Wohnheim versteckt, so sehr fürchtete ich mich vor den Männern. Bereits wenn eine größere Gruppe von Menschen beisammen ist, fühle ich mich nicht wohl, ich versuche mein ganzes Leben stets, vor Menschenmassen zu fliehen. Außerdem mag ich die lärmende Großstadt nicht, und Baku war damals schon eine große Stadt.

Meine Kameradinnen und ich bauten ein paar Monate mit am großen Gebietskrankenhaus. Die Baustelle war so weit vom Wohnheim entfernt, dass wir Frauen jeden Tag mit einem Bus hin- und hergefahren wurden. Wir arbeiteten fast ohne Ruhetage und mussten viele, auch unbezahlte Überstunden machen, wenn der Plan nicht erfüllt worden war. Dort im Süden, am Kaspischen Meer, war es im Herbst und im Winter länger hell, entsprechend lange konnte täglich gearbeitet werden.

Ich bin schon nach etwas mehr als vier Monaten von der »Baku-Bau« wieder weggegangen, ich wollte kein Freiwild sein. Die Männer dort kamen nicht an mich ran und waren wütend auf mich, weil ich mich wehrte, wenn sie mich anfassten, nicht nur mit bösen Worten, sondern auch handgreiflich, das war wirklich gefährlich für mich. Dann gab es auch noch Streit um meinen Lohn, es kam alles zusammen. Außerdem wurde ich immer nur für die Drecksarbeit eingeteilt, weil ich keine Ausbildung hatte wie andere, wie die Valentina, sie war Kranführerin, deshalb hatte die es viel leichter mit den Männern. Valentina – das war damals ein sehr verbreiteter Vorname, so wie Swetlana oder Galina –, Valentina arbeitete hoch oben auf dem Kran, die konnte man nicht anfassen, die hätte gleich einen Stein runterfallen lassen. Und außerdem hatte sie noch Schutz, weil ihr Geliebter in Baku bei der Armee war, das war kein Schwarzer, sondern ein Russe. Sie stand fünf Stufen über mir. Und diese Valentina, an deren Nachnamen ich mich nicht erinnern kann, hat mir in Baku wahrscheinlich das Leben gerettet. Es war damals Tradition, dass die aserbaidschanischen Männer dünne, lange Messer bei sich trugen, von denen sie bei Streitereien recht schnell Gebrauch machten. Auf der Baustelle hatte es bereits mehrere Fälle gegeben, wo Mädchen mit solchen Messern schwer verletzt worden waren. Meine Angst war also nicht unbegründet.

Für die Aserbaidschaner waren die fremden Frauen und Mädchen »bljachy – leichte Mädchen«, mehr nicht. Man konnte uns bei der Arbeit unterdrücken, man konnte uns den halben Lohn vorenthalten, man konnte uns dazu zwingen, unbezahlte Überstunden zu machen, und der Brigadier konnte noch sagen: »Na ja, wenn du mit mir da in der Ecke ein paar Stunden verbringst, dann bekommst du auch bestimmt das Geld, das dir zusteht.« Uns hat man wie Vieh behandelt. Der Brigadier konnte mich auch dazu zwingen, das Plumpsklo sauberzumachen. Der Valentina konnte man das nicht sagen. Die kam morgens zur Arbeit, kletterte auf ihren Kran hoch, spuckte dann von oben runter, wurde aber von allen geachtet.

Nur zwei Aserbaidschanerinnen waren in unserer Brigade. Eine hat mit mir zusammengearbeitet, die war auch ungelernt, aber sie durfte jeden Tag bereits nach einer halben Schicht nach Hause gehen und dies und jenes tun, ich musste deshalb für sie mitarbeiten, das hieß, für zwei arbeiten. Und als der Brigadier den Lohn brachte – ich weiß nicht mehr, wie die Aserbaidschanerin hieß, aber damals habe ich ihren Nachnamen auf der Lohnliste sofort gesehen –, da habe ich nur gesagt: »Ach du liebe Güte!« Klemajte soundso viel, und die bekam mehr als doppelt so viel wie ich. Als ich das sah, war ich so empört, dass ich den Brigadier, das war auch ein Aserbaidschaner, beim Hals gepackt, ihn geschüttelt und gesagt habe: »Was soll das? Ich hab für die gearbeitet, vielleicht hast du dich vertan und das ist andersherum. Ich habe doch fast jeden Tag für sie mitgearbeitet.« Der hat mich einfach zur Seite gestoßen. Ich weigerte mich, das Geld zu nehmen. Da sagte er nur: »Wie du willst, ich habe das nicht ausgerechnet, das macht die Buchhalterin.« Und dann bin ich doch wirklich auch noch dorthin gegangen, um mein Recht zu bekommen. Da hat man mir gesagt: »Du musst mit dem Brigadier verhandeln. Tu, was er will, und du bekommst den richtigen Lohn!« Er hatte mir längst deutlich gemacht, wenn ich ihn hinter der Mauer an meinen Hintern ranließe, dann würde es mit der Arbeit leichter werden und mit dem Lohn, andernfalls hätte ich keine Chance.

Valentina gab mir ein paar Ratschläge, wie ich diesen Typen loswerden konnte, der mich so ungerecht behandelte, weil er mich haben wollte. Ich sollte ihm sagen: »Ich bin zu einer bestimmten Zeit an den Bäumen hinter dem Wohnheim, und dann bekommst du mich!« Dann würde er mich erst einmal in Ruhe lassen und darauf warten, dass ich endlich käme.

Ich war nicht die einzige junge Frau, der es so erging. In anderen Brigaden und auf anderen Baustellen war es genauso. Abends im Wohnheim sprachen wir oft über die Übergriffe der »Schwarzen«. Und dann hieß es meistens: »Mach dir nichts draus, du bist nicht die Einzige.« Wir konnten uns nicht wehren. Ich hatte es ja noch gut, weil ich nur die Fahrkarte genommen hatte, die anderen aber hatten auch das Übergangsgeld eingesteckt, konnten nicht fort, sie hatten noch nicht einmal ihre Pässe. Die lagen im Safe in der Buchhaltung. Ich aber hatte meine Papiere immer bei mir, deswegen konnte ich auch mit dem Taxi, das Kranführerin Valentina für mich bestellte, zum Bahnhof fliehen, als die Situation allzu bedrohlich wurde.

Valentina hatte ihre Mutter, die auf einer Sowchose im Gebiet

Leningrad lebte, in einem Brief gebeten, sie möge mir helfen, da ich nicht in Baku bleiben könne, sonst würde man mich irgendwann umbringen. Nachdem wir uns am Hauptbahnhof verabschiedet hatten, sahen wir einander nie wieder. Ich weiß nicht, was aus Valentina geworden ist.

Nicht einmal, als Nonna auf die Welt kam, hörten wir voneinander. Dabei war Nonna der andere Grund, weshalb Valentina mich zu ihrer Mutter geschickt hatte. Nonna, Kirschlikör und eine Wette im Wohnheim, an der Valentina nicht unbeteiligt gewesen war. Nonna gab es ja nur wegen dieser blöden Wette.

Alle hatten mich immer die »Unberührbare« genannt. Und irgendwann, als wir zu mehreren zusammen gewesen waren, hatte die Valentina zu mir gesagt: »Kannst du mit einem jungen, hübschen Mann die Nacht in einem Zimmer verbringen? Da ist doch nichts dabei.« Und ich habe gesagt: »Klar, da ist nichts dabei.« Ich dachte damals, da passiert doch nichts, ich schlafe im Bett und der auf dem Boden oder umgekehrt, was soll schon geschehen? Das war die Wette. Der junge Mann – ich kannte ihn – hatte aber alles vorbereitet, Kirschlikör und Schokoladenbonbons und Butterbrote mit Wurst, das war alles ganz lecker, ein kleiner Tisch war schön gedeckt. Damit hatte ich allerdings nicht gerechnet. Erst einmal habe ich gegessen, dann habe ich den Likör getrunken, der schmeckte wunderbar, und dann fing er an, mich zu streicheln. Das hat mir gefallen. Dann hat er mich geküsst. Ich konnte mich nicht daran erinnern, dass mich jemals jemand geküsst hatte, und dann auf einmal, da war eine Couch, dann ist es eben passiert.

Ajkaz hieß er, ich glaube, er war russisch-armenischer Abstammung, ein hübscher, netter Mann. Und diese Nacht hatte dann Folgen. Das habe ich aber erst viel später gemerkt, da habe ich zu Valentina gesagt: »Mit mir stimmt irgendwie was nicht …« Da hat sie gefragt: »Hattest du was mit Ajkaz?« Und dann musste ich zugeben, dass ich die Wette verloren hatte. Ich konnte sie doch nicht anlügen. Ajkaz hatte auch immer und immer wieder nach mir gefragt, vielleicht war er sogar ein bisschen verliebt in mich.

Aber das hat er mir leider nie gesagt. Valentina war entsetzt, sie sagte nur: »Ach du meine Güte, du bist schwanger!«

Sie hat mir sehr geholfen, denn sie fühlte sich schuldig, das hat sie auch ihrer Mutter geschrieben: »Ich fühle mich ein wenig verantwortlich, ich bin schuld daran, dass sie schwanger ist.« Unterwegs hatte ich den Brief nicht aufgemacht, ich habe ihn erst gelesen, als die Mutter ihn mir gab. Ich hatte doch immer gedacht, man bekommt nur dann ein Kind, wenn einer von beiden, der Mann oder die Frau, das will.

Nonna

Valentinas Mutter, Nadeschda Walentinowna, half mir so gut sie konnte. Bereits wenige Tage nach meiner Ankunft in Slanzy sorgte sie dafür, dass ich, die Freundin ihrer Tochter, eine Stelle in der Sowchose fand, in der sie selbst seit Jahrzehnten arbeitete. Slanzy ist ein kleiner Ort knapp zweihundert Kilometer südwestlich von Sankt Petersburg. Er liegt an der Grenze zu Estland, unweit von Narwa. Einige Wochen konnte ich in Nadeschdas kleinem Haus wohnen, dann brachte sie mich in einem Wohnheim der Sowchose unter. Beim besten Willen war es zu eng gewesen, denn außer Valentinas Mutter lebten noch ihre beiden jüngeren Schwestern und der Bruder mit seiner Frau in dem Haus. Es hatte außer der Küche und einem schmalen Flur nur zwei weitere kleine Zimmer. Die waren mit dünnen Brettern abgeteilt, so dass man einander nicht sah, jedoch alles hörte. Valentinas Mutter schlief in der Küche und ich bei den beiden Schwestern. Ein paar Wochen ging das gut, bis sich die beiden Frauen bei ihrer Mutter beklagten: »Maria weint die ganze Nacht, und wir können nicht schlafen.« Und dann hat Nadeschda mir gesagt: »Mädchen, es tut mir sehr leid, aber das geht nicht so weiter. Du kannst noch eine Zeitlang in der Sowchose arbeiten, dann wirst du genug Geld für das Kind haben, wenn es auf der Welt ist. Du weißt, in der Sowchose gibt es ein Wohnheim für die Arbeiterinnen. Ich habe dir da ein Zimmer besorgt.«

Bereits am nächsten Tag zog ich um. Das Zimmer im Wohnheim war kostenlos, wer in der Sowchose »Rodina« – Heimat – Arbeit hatte, dem stand eine Unterkunft zu.

Ich arbeitete zuerst im Kälberstall. Da ich dort aber kaum etwas verdienen konnte, ging ich zum »otdjel kadrow«, der Personalstelle, und bat darum, mit den Männern im Wald Bäume fällen zu dürfen. Keiner ahnte, dass ich schwanger war, ich hatte mit niemandem darüber gesprochen. Nur Valentinas Mutter wusste Bescheid.

Und dann bin ich mit den Männern in den Wald gegangen. Erst haben die das Gesicht verzogen: »Wir müssen hier die Norm erfüllen, und das schaffen wir jetzt mit dir nicht mehr …« Die wussten ja nichts über mich. Es war noch zeitiger Frühling, als ich dort anfing, da lag noch Schnee. Aber als sie ein paar Wochen gesehen hatten, wie ich arbeitete und dass ich meine Norm immer gut schaffte, weil ich Erfahrung mit Axt und Säge hatte, da haben sie mich akzeptiert.

Ich ahnte zwar, dass solch eine schwere Arbeit nicht gut ist, wenn man ein Kind erwartet, ich wusste aber, dass ich mehr Geld verdienen musste, als ich im Kälberstall bekam, das reichte ja kaum, um mich selbst zu ernähren. Ich würde Geld brauchen, wenn das Kind auf die Welt kam. Ich arbeitete so lange, bis ich am Feuer zusammenbrach. Die Männer aßen, und ich schaute ihnen zu. Dann ging alles so schnell, dass ich nicht einmal Zeit hatte, zur Seite zu gehen.

Gegen dieses Kind hatte ich keinen Hass, ich war neugierig, wie das Leben mit so einem kleinen Kind sein würde. Und ich hatte immer noch Schuldgefühle, weil ich der Valentina Djakowa das Kind aus dem Lager mitgegeben hatte. Ich wusste, dass ich Geld verdienen musste, ich wusste nicht, dass man nicht rauchen durfte, dass man nicht so lange so schwer arbeiten durfte, dass man sich satt essen musste, all das wusste ich zu dieser Zeit noch nicht. Niemand hat mit mir darüber gesprochen. Zu der Zeit, als ich bei der Arbeit zusammenbrach, schämte ich mich, ich war doch nicht verheiratet, hatte leichtfertig mit einem Mann geschlafen, ich hatte das Gefühl, dass in mir ein Bastard aufwuchs, das jedenfalls würden die Leute sagen.

Als ich wieder wach wurde, beugte sich einer der Männer über mich. »Maria! Maria!«, schrie er. Ich trug eine lange, weite Wattejacke, die alles verdeckte. Der Brigadier machte die Knöpfe auf – und sah das Bäuchlein: »Ach du Heiliger! Die kriegt jetzt ein Kind!« Er war sehr erschrocken, das sah man ihm an, denn unsere Brigade war weit vom nächsten Ort entfernt. Das einzige Transportmittel waren die Pferdeschlitten, mit denen wir jeden Morgen in den Wald fuhren. Aber wie sollte man mich damit schnell ins Dorf bringen? Die Männer standen hilflos herum und starrten mich an. Dann fragten sie, was sie für mich tun könnten. Als ich um etwas Essen bat, da stellten sie alles vor mich hin, was sie noch hatten: Brot, Knoblauch, Zwiebeln und Speck. Solche guten Sachen hatte ich schon lange nicht mehr gegessen, weil ich mir jede Kopeke vom Mund absparte.

Wenn ich morgens um fünf Uhr aufstand, aß ich zwei Scheiben Brot mit ein bisschen Margarine. Die eine Scheibe bestreute ich mit Salz, die andere mit Zucker. Das Gleiche nahm ich mit zur Arbeit und aß es mittags. Fast jeden Abend kochte ich mir Kartoffeln, die waren ebenfalls ganz billig. Satt war ich eigentlich nie, ich hatte immer Hunger. Damals war ich ganz dünn, und mein Bäuchlein hatte ich unter der »foufajka« versteckt. Wie viel ich damals verdient habe, weiß ich nicht mehr, auch nicht, was ein Brot kostete, später, so erinnere ich mich, kostete ein Laib zwischen 14 und 20 Kopeken, das war noch bis Ende der achtziger Jahre so. Sobald ich meinen Lohn bekam, habe ich eingekauft. Zwei Bettlaken zum Beispiel, zwei warme Windeln, ein Kopfkissen, das mit Watte gestopft war, und noch ein paar Kleinigkeiten.

Am 22. Mai 1962 kam Nonna zur Welt. Bereits kurz nach der Geburt erfuhr ich, dass mein kleines Mädchen einen Herzfehler hatte. In Slanzy riet man mir, in die nahe gelegene Stadt Narwa zu ziehen, da das Kind unter ständiger ärztlicher Beobachtung sein musste.

Ich bekam sogleich eine Beschäftigung im Kuhstall der Sowchose »Narwa«, als Nachtwächterin bei den Milchkühen. Die Stelle war ideal, denn die Arbeit war leicht, ich musste nur die Ställe saubermachen und auf die Tiere aufpassen. So konnte ich tagsüber bei meinem Kind sein und trotzdem Geld verdienen. Bald schon hatte ich die Herde fest im Griff, zweihundert Kühe waren das, die kannten meine Kommandos ganz genau, nach einer Woche wussten sie, was ich von ihnen wollte: »Alle stehen auf, verdammt noch mal, alle machen jetzt Pipi, Aa!« Dann habe ich das schnell weggefegt, neue Holzspäne ausgestreut, davon gab es dort genug, und alles war wieder sauber. Da der Stall nicht weit von dem Haus entfernt war, in dem ich mit dem Baby wohnte, konnte ich, sobald die Kühe ruhig waren, zu Nonna gehen, um nachzuschauen, was mit ihr war. Ich gab ihr etwas zu trinken und wechselte die Windeln. Wenn ich wieder in den Stall zurückging, ließ ich die kleine Lampe, die neben dem Bett stand, brennen.

Bereits nach wenigen Wochen kam der Brigadier zu mir, um mir die Schlüssel für den Kühlraum, in dem die Milch aufbewahrt wurde, anzuvertrauen. Wenn abends gemolken wurde, kam die Milch in ein riesiges Becken, nachts musste sie dann mehrmals mit einem Sieb, das an einem langen Stock befestigt war, bewegt werden. Morgens kam die frische Milch dazu, das Ganze wurde anschließend von großen Lastwagen abgeholt und nach Narwa, nach Leningrad oder nach Ichwa gebracht.

Als der Brigadier mir den Schlüssel gab, fragte ich ihn sogleich, ob ich mir auch etwas von der Milch nehmen dürfe. Schon mehrmals hatte ich nachts heimlich eine Kuh gemolken, aber die Melkerin hatte das am nächsten Morgen sofort bemerkt. Sogleich hieß es: »Das war natürlich die Maria, die hat ja schon im Lager gesessen. Und dann hat sie auch noch ein krankes Kind!« Die Melkerin wartete abends auf mich, um mir zu sagen, ich solle die Kuh nicht mehr anmelken, ich könne sie damit verderben. Und ich antwortete lapidar, dass ich das aus meiner Kindheit in Litauen wisse. Der Brigadier erlaubte mir schließlich, ein wenig Milch für Nonna mitzunehmen, doch ich schleppte immer fünf oder sechs Liter nach Hause. Daraus machte ich Quark. Das Schönste aber war, wenn die Milch ein paar Stunden gestanden hatte, dann war eine ganz dicke Schicht Sahne obendrauf. Ich hatte nun Sahne, Quark, Kartoffeln und Zwiebeln, das war für mich schon in Ordnung, denn so wurde ich endlich mal wieder satt.

Meine Nachbarin, Tjotja Warwara, Tante Barbara, die nachts ein wenig auf Nonna aufpasste, hatte eine Kuh. Die Milch – das waren jeden Tag fünf bis zehn Liter – brachte sie zum Markt, um sie dort zu verkaufen. Wenn ich Milch übrig hatte, verkaufte Tjotja Warwara auch diese Milch. Die alte Frau hatte Mitleid mit mir und meinem Mädchen, sie saß wieder und wieder stundenlang bei Nonna, wenn ich nicht da war und die Kleine nicht schlafen konnte. Die Wände im Wohnheim waren sehr dünn, und wenn Warwara hörte, dass Nonna weinte, ging sie in mein Zimmer, die Tür war ja nie abgeschlossen. Tjotja Warwara war der einzige Mensch, mit dem ich damals ein paar Worte wechselte, sie war eine alte, kranke Frau, zu der ich Vertrauen haben konnte.

Mit den anderen Frauen, die in der Sowchose als Melkerinnen arbeiteten, redete ich nicht. Auch wenn es heißt, dass selbst heute jeder fünfte Russe in seinem Leben einmal im Gefängnis war, kann man sich gar nicht vorstellen, wie damals die Leute behandelt wurden, die aus dem Lager entlassen worden waren. Egal, ob es Männer oder Frauen waren. Man hat sie erniedrigt und verhöhnt. Deshalb fühlte ich mich auch immer ganz klein, und wenn dann noch jemand erfuhr, dass ich eine »Njemka«, eine Deutsche, war, dann war es besonders schlimm. Nur wenige wollten mit mir Kontakt haben, so wie Tjotja Warwara. Wenn man sich traf, dann hieß es nur »Guten Morgen!« – »Guten Morgen!«, das war schon alles. Ich habe immer als Erste gegrüßt, dann haben sie auch geantwortet. Vielleicht war ich aber so zurückhaltend, dass die Leute mich deshalb nicht angesprochen haben.

Auch Tjotja Warwara konnte ich nicht alles erzählen. Sie wusste, dass ich im Lager gewesen war, aber ich habe ein bisschen gelogen. Ich erzählte ihr, dass ich in einem Kinderheim gewesen sei, das waren ja viele Menschen in Russland damals. Und dort im Kinderheim, da hätten wir was geklaut und deshalb sei ich in den Knast gekommen. Ich habe ihr nicht gesagt, dass ich so lange Jahre als Bettelkind herumgelaufen bin, das hätte sie wahrscheinlich nicht verstanden.

Das Einzige, was für mich zählte, das war Nonna. Ich tat für sie, was ich konnte. Ich freute mich über die Fortschritte der Kleinen, wenn sie etwa nach dem Fläschchen griff. Und ich hatte eine Arbeit, ein Klappbett, auf dem ich schlief, und ein Bett für das Kind.

Regelmäßig ging ich mit meinem kleinen Mädchen zur ärztlichen Untersuchung. Und beinahe hätte Nonna es bis zur Operation in Leningrad geschafft. Die sollte im Herbst 1963 sein, dann wäre das Kind eineinhalb Jahre alt und die Sommerhitze vorüber gewesen.

Eine Krankenschwester hatte mir eine Adresse in Leningrad gegeben, wo ich hinschrieb und um Hilfe für mein Kind bat. Sehr schnell bekam ich die kurze Antwort, dass man den Brief erhalten habe und nun etwas unternommen werde. Parallel dazu hatten auch die Kinderärzte bei der »Djetskaja Konsultazija«, der Stelle, wo Nonna regelmäßig untersucht wurde, ein Schreiben aus Leningrad bekommen. Die Ärzte wunderten sich, dass man sie wegen Nonna um eine Diagnose bat und die Kleine in dem berühmten Leningrader Institut behandeln wollte, bis ich ihnen erklärte, dass ich selbst dort hingeschrieben hatte.

Mir fehlte zwar jede Erfahrung, wie ein Arzt sich um ein krankes Kind kümmern musste, aber von den Spezialisten fühlte ich mich gut betreut. An der Mündung der Narwa in die Ostsee lag direkt am Meer ein schöner Kurort, der heute Narva-Jõesuu heißt, dort musste ich mit meinem kleinen Mädchen hin. Es gab da ein Institut mit Abteilungen für Tuberkulose-, Herz- und Knochenkranke. Im Untersuchungszimmer saßen mehrere freundlich aussehende Männer, die meisten schon grauhaarig. Einer von ihnen hat sich vorgestellt, an seinen Namen kann ich mich allerdings nicht mehr erinnern. Ich musste Nonna ausziehen, und sie fragten mich, wann die Kleine geboren worden war und das wievielte Kind sie sei. Da habe ich gelogen und stolz »Das erste!« gesagt. Dann sollte ich erzählen, wie die Schwangerschaft verlaufen war. »Ganz normal«, habe ich geantwortet und verschwiegen, dass ich bis kurz vor der Geburt im Holzeinschlag gearbeitet hatte, danach hatten sie mich auch nicht gefragt.

Schließlich sollte ich das Kind wieder anziehen. Nonna saß auf dem Tisch, sie war sehr schwach, sie hat versucht, mit Bleistiften zu spielen. Dann hieß es: »Könnten Sie uns nun mit Ihrer Tochter alleine lassen?« Ohne zu zögern ging ich hinaus, wovor sollte ich Angst haben, es waren vier Männer. Nonna hat nicht geweint, das hätte ich gehört, als ich vor der Tür wartete. Dann ging die Tür auf, und ich sollte wieder hineinkommen.

Ich durfte mich setzen, und man bot mir ein Glas Wasser an. Ich hatte gleich verstanden, dass das keine einfachen Ärzte waren. Sie sagten mir: »Wissen Sie, dass Ihr Kind nicht lebensfähig ist?« Ich war noch sehr ängstlich und habe nur geantwortet: »Ich weiß, dass meine Tochter sehr krank ist.« Sie erklärten, dass es eine einzige Möglichkeit gebe, Nonnas Leben zu retten, man müsse sie am Herzen operieren. Einer der Ärzte war ein berühmter Chirurg – Krassnopjorow oder so ähnlich hieß der, glaube ich –, das hatte mir die Krankenschwester schon gesagt. Damals kostete es nichts, wenn man ins Krankenhaus musste und operiert wurde. Ich hätte sogar die ganze Zeit bei Nonna bleiben dürfen. Was hätte ich also dagegen sagen sollen? Sie fragten mich noch, wie sich die Kleine nachts verhielt, und ich habe erzählt, dass sie nicht richtig atmen konnte, ständig schwitzte und ich sie so hinlegen musste, dass sie fast im Sitzen schlief. Und dass sie immer weiß-blaue Lippen hatte und blaue Fingernägel. All das war eindeutig.

Nachdem sie sich vergewissert hatten, dass ich lesen und schreiben konnte, gaben sie mir ein Papier. Da stand sehr viel geschrieben, ich habe nicht alles durchgelesen, sondern nur gefragt, wann sie operiert werden soll. Und da hieß es: »Jetzt geht es nicht, wir müssen abwarten, bis das Wetter etwas kühler wird, wir geben Ihnen Bescheid.« Ich musste unterschreiben, dass ich niemanden beschuldigen würde, wenn die Kleine die OP nicht aushielte. Die Ärzte warnten mich, die Chancen stünden 97:3. Drei Prozent Chancen, dass sie den Eingriff durchhalten und als Invalide weiterleben würde, behindert, gegen siebenundneunzig Prozent Wahrscheinlichkeit, dass sie ihn nicht überstehen würde.

Meine Tochter sollte in einem ganz berühmten Institut, einem Militärinstitut, ausgezeichnet mit Rotbanner und Leninorden, behandelt werden. Wahrscheinlich war es das einzige Krankenhaus in der Sowjetunion, das bereits Anfang der sechziger Jahre solche Operationen durchführen konnte. Die Tochter der Krankenschwester war auch dort operiert worden und am Leben geblieben, aber sie war bei dem Eingriff schon neun Jahre alt gewesen.

Nonna starb, bevor die Benachrichtigung kam. Am 6. Oktober, meinem sechsundzwanzigsten Geburtstag, erhielt ich eine Karte aus Leningrad, auf der stand: »Sie werden mit Nonna von Ihrem Kinderarzt nach Leningrad in unser Institut gebracht, zur Operation in unserem Hause.« Da fing ich erst richtig an zu weinen, ich habe fast geschrien. Mein Kind war am 22. September gestorben, es war keine eineinhalb Jahre alt geworden, es hatte gerade sitzen, laufen und »Mama« sagen können. Ich wollte nicht begreifen, dass Nonna kurz vor der Operation sterben musste. Es dauerte lange, bis ich mich wieder beruhigen konnte. Warum, warum nur hatte mein kleines Mädchen nicht länger leben dürfen?

Nonna ging es schon sehr schlecht, als es eines Tages klopfte und ein junger Mann nach einem Glas Wasser fragte. Ich wunderte mich, denn ich wohnte im ersten Stock des Wohnheims, und fragte, warum er ausgerechnet zu mir kam, unten wohnten doch auch Leute. Er sagte nur »Orscha« und »die Bremse« und fragte dann noch einmal nach meinem Namen, er suche eine junge Frau mit Namen Klemajte. Ich weiß nicht, wie der mich damals gefunden hat. Der Fremde hieß Jewgenij, Jenja, und war ein Freund des Mannes, der mich für zwei Goldzähne im Sammelgefängnis von Orscha in seine Zelle geholt und vor den Wärtern beschützt hatte. Wenn ich ihn träfe, würde ich ihn heute noch erkennen. Er muss mit Jenja über mich gesprochen haben. Und die Verbrecher hatten stets ihr eigenes gut funktionierendes Informationssystem, sie fanden, wen sie wollten. Jenja wurde gesucht, wegen dreifachen Bankraubs und des Diebstahls von zwei Wolgas. Und dann sagte er noch: »Ich weiß, dass ich dich jetzt in diese Sache mit hineinziehe, weil ich zu dir gekommen bin.«

Warum ich ihm nicht die Tür vor der Nase zugemacht habe, kann ich nicht erklären. Ich hatte doch nur eine Sorge, Nonna, die schon im Krankenhaus lag. Am nächsten Tag brachte er Windeln und Strampelanzüge, mir schenkte er ein Kleid und einen Mantel. Alles gestohlene Sachen, wie ich ein paar Wochen später feststellen musste, als die Polizei kam und bei mir eine Hausdurchsuchung machte.

Jenja war kleiner als ich, sah auch nicht besonders gut aus, trotzdem sagte ich nicht nein, als er mir anbot, mich mit dem Auto ein wenig spazieren zu fahren. Er fuhr einen dieser alten, tonnenschweren Wolgas mit dem Hirsch vorne auf der Kühlerhaube und der durchgehenden breiten vorderen Sitzbank. Diese Ausflüge mit dem Auto machten mir großen Spaß, was hatte ich sonst auch schon vom Leben? Nur meine Arbeit und die Sorge um mein krankes Kind. Der Mann – er hatte zweimal bei mir im Zimmer und einmal im Kuhstall übernachtet – wurde einige Zeit später festgenommen. Man hatte lange nach ihm gefahndet, sein Steckbrief hatte in Zeitungen und auf Plakaten gestanden. Ihm fehlten der Ringfinger und der kleine Finger an der rechten Hand, das wurde ihm zum Verhängnis, als er irgendwo in der Nähe von Leningrad auf einer Bank saß und einem Passanten Feuer gab. Da er einiges auf dem Kerbholz hatte – neben den Banküberfällen und dem Autodiebstahl auch noch mehrere Einbrüche und eine Vergewaltigung –, wurde er zuerst zur Höchststrafe von fünfundzwanzig Jahren, dann zu fünfzehn Jahren Gefängnis verurteilt. Hinzu kam das Verbot, sich in den ersten fünfzehn Jahren nach seiner Freilassung in irgendeiner großen Stadt niederzulassen.

Ich kam auch nicht ungeschoren davon, ich bekam ein Jahr wegen Falschaussage, denn ich hatte den jungen Mann nicht verraten. Das saß ganz fest in mir drin, schon seit meiner Kindheit, als ich gelernt hatte, dass man die Waldbrüder niemals verraten durfte, und im Straflager hieß es auch immer: »Man darf niemanden verraten. Wenn du gefragt wirst, dann schweige«, das war Ehrensache. Auf irgendeinem Wege hatte der Mann, bevor er ins Straflager kam, es noch geschafft, seinen Schwestern in Leningrad zu sagen, sie sollten sich um mich kümmern, was sie auch taten.

Als Nonna im Sterben lag, saß ich sechzig Kilometer von Narwa entfernt in Kingissepp in Untersuchungshaft. Sie wollten mich zuerst nicht zu meinem Kind lassen. Erst als es schon ganz schlimm mit ihr stand, durfte ich endlich nach Narwa fahren, die Kleine ist dann in meinen Armen gestorben. Anschließend wurde sie obduziert, das konnte ich an den Nähten sehen, die sie an der Brust und am Kopf hatte, ich hatte den kleinen Sarg ja noch drei Tage bei mir zu Hause stehen, weil sie ihn nicht abgeholt haben.

Ich weiß nicht mehr, wer Nonna nach ihrem Tod damals fotografiert hat, bis heute habe ich die Fotos aufbewahrt, die Bilder von der Kleinen im Sarg. Sie hatte ganz lange schwarze Wimpern, sie war wirklich ein sehr schönes Kind. Die Ärzte aus Leningrad hatten gesagt, dass man ihr auf keinen Fall Antibiotika geben sollte. Das habe ich den Ärzten in Narwa auch gesagt, aber die haben ihr trotzdem solche Spritzen gegeben, weil alle jungen Mütter immer sagten, dass man ihren Kleinen keine Spritzen geben solle. Ich denke, die Antibiotika waren auch ein Grund, weshalb sie gestorben ist, bevor sie in Leningrad operiert werden konnte.

Nonna sollte auf dem städtischen Friedhof von Narwa beerdigt werden. Der war aber im Frühjahr und im Winter häufig von Hochwasser bedroht und bereits mehrmals überflutet worden.

Deshalb wünschte ich mir, dass mein totes Kind auf der anderen Seite der Narwa in Iwangorod sein Grab fand. Ein paar Nachbarn begleiteten mich zur Beerdigung auf den Friedhof, der auf einem bewaldeten Hügel hoch über dem Fluss liegt. Ich konnte nur ein einfaches Holzkreuz mit Nonnas Namen, dem Geburts- und dem Todestag auf den Grabhügel stellen lassen. Ihr Foto war nicht darauf.

Nach Nonnas Beerdigung musste ich zurück in die Untersuchungshaft. Es sollte noch lange Monate dauern, bis ich Mitte März 1964 verurteilt und aus der Sowchose »Narwa« entlassen wurde, »wegen Haftstrafe« steht in meinem Arbeitsbuch. Meine Strafe betrug ein Jahr, ich musste sie in der Nähe von Leningrad absitzen, wo es eine Nähfabrik für gefangene Frauen gab.

Als ich Ende März 1965 entlassen wurde, holte mich die Schwester des jungen Mannes ab, der schuld daran gewesen war, dass ich wieder ins Gefängnis musste. Ich weiß nicht einmal mehr ihren Namen. Ich war wieder mit dem Zettel herumgelaufen, dass ich dem Lager nichts schuldig war, und lange bevor sich die Gefängnistore für mich öffneten, hatte die Frau schon dagestanden, ich hatte sie gleich erkannt, und wir haben einander gewunken. Vor dem Tor hat sie mich bei der Hand genommen und umarmt.

Im Gefängnis hatte sie mich zweimal besucht und mir eine »peredatscha« gebracht, ein Versorgungspaket mit Lebensmitteln. Wir bekamen dort sehr schlechtes Essen, und die Angehörigen durften ein-, zweimal im Monat ein Paket abgeben. Als ich sie gefragt hatte, warum sie das für mich tue, sagte sie nur: »Mein Bruder hat mich darum gebeten.« Warum er das gemacht hatte, was aus ihm geworden ist, weiß ich nicht. Die ersten Nächte in Freiheit konnte ich bei Jenjas Schwester bleiben, sie hatte auch einen Koffer mit meinen Kleidern für mich aufbewahrt, während ich im Gefängnis war. Für all diese Hilfe war ich ihr dankbar. Doch dann machte ich mich auf den Weg nach Kasachstan. Dort wollte ich endlich ein neues Leben anfangen.

Sowchose »Kusnezkij«/Karaganda

Im März 1965 hatte ich meine dritte und letzte Haftstrafe hinter mir. Nahezu acht Jahre hatte ich bereits hinter Gittern verbracht: zwei Jahre im Kinderstraflager Kineschma, vier Jahre im Besserungs- und Arbeitslager Pukso-Osero, ein Jahr in dem Leningrader Gefängnis und fast ein Jahr in Untersuchungshaft. Nun war ich frei. Ich war siebenundzwanzig Jahre alt, und wieder war mein einziger Gedanke, irgendwohin zu fahren, wo mich niemand kannte. Meine beiden Makel, Deutsche und gerade aus einem Straflager entlassen worden zu sein, standen schwarz auf weiß in meinem Pass, den ich überall, wo ich hinkam, vorlegen musste. Bei meiner Entlassung hatte man mir geraten, ich solle entweder nach Sibirien oder nach Kasachstan gehen, dort lebten viele Deutsche. Nach Sibirien wollte ich nicht. Ich hatte die Hoffnung, dass es in Kasachstan besser sei, wegen der vielen Russlanddeutschen, die von Stalin kurz nach Kriegsbeginn 1941 dorthin verbannt worden waren. Mit einem hatte ich nämlich nicht gerechnet: dass ich in dieser Sowchose »Kusnezkij«, wo ich Arbeit gefunden hatte, dass ich von diesen Deutschen irgendwo hinter Karaganda in Nordkasachstan nicht als Deutsche anerkannt werden würde.

Bei meiner Ankunft wurde ich gleich zur Feldarbeit eingeteilt, schließlich war ich auch nach einem Jahr in der Näherei immer noch sehr kräftig. Draußen, auf dem Feld, hörte ich Namen, die nicht russisch klangen. Die dort lebenden Deutschen waren Russlanddeutsche, deren Vorfahren zur Zeit Katharinas der Großen eingewandert waren. Doch wenn ich den Frauen und Männern ganz unsicher auf Russisch sagte: »Ich bin auch eine Deutsche ...«, dann wurde ich nur schräg angeschaut und ausgelacht. »Ja, wenn du eine Deutsche bist, warum sprichst du dann kein Deutsch?«, musste ich mir sagen lassen. Wenn ich solche Worte hörte, fühlte ich mich weggestoßen. Ich fühlte mich überhaupt miserabel, moralisch und körperlich, denn auch das Klima in der Steppe bekam mir nicht. Ständig blies ein starker Wind, der den Sand vor sich her trieb. Ich hatte dauernd Nasenbluten. Am 31. März 1965 war ich in der Sowchose »Kusnezkij« eingestellt worden, und am 20. August wurde ich wieder »auf eigenen Wunsch entlassen«.

Genau eine Woche später fand ich eine neue Arbeitsstelle im Kohleabbaugebiet von Nasarowo, einer Stadt, die Mitte der sechziger Jahre etwa 50 000 Einwohner hatte. Nasarowo liegt zweihundertvierzig Kilometer westlich von Krassnojarsk am Tschulym, das ist ein Nebenfluss des Ob, ein wenig abseits der Transsibirischen Eisenbahn. Es war die Heimat von Valentina Djakowa, das hatte ich mir genau gemerkt.

Eigentlich war ich auf dem Weg nach Abakan und weiter nach Schuschenskoje gewesen, dorthin hatte ich mich bereits in Karaganda anwerben lassen, ich wollte beim Bau des großen Jennissei-Staudamms mithelfen. Dort wurden Tausende von Arbeitskräften benötigt, denn Staudamm und Wasserkraftwerk sollten schon ein Jahr später, 1966, fertiggestellt sein. Drei Jahre dauerte es noch, bis der Stausee gefüllt war. 1970 erzeugte das Kraftwerk den ersten Strom, da hatte der Stausee von Krassnojarsk seine heutige Länge von knapp vierhundert Kilometern erreicht.

Es hieß, bei Abakan könne man gut verdienen, dort fände man ein Zimmer, und viele junge Leute gingen dorthin. Das hatte in einer Zeitung gestanden, die ich in der Sowchose »Kusnezkij« in die Hand bekommen hatte. Wahrscheinlich die *Prawda* oder die *Iswestija,* das waren jahrzehntelang die wichtigsten landesweit verbreiteten Zeitungen. Da stand auch, dass man Lenin nach Schuschenskoje verbannt hatte. Das war ein berühmter Ort damals, ich hatte davon im Kinderlager bereits gehört.

Außerdem sprach sich auch herum, dass man dort gut arbeiten und viel Geld verdienen konnte. Einer erzählte das dem anderen. Und es hieß, dass dort jede Frau einen Mann finden konnte. Das war aber keine »verbovka« mehr, so wie zur Arbeit auf der Baustelle in Baku. Es gab kein Reisegeld und auch kein Geld für den Übergang. Und so habe ich mich von der Sowchose »Kusnezkij«

nach Abakan auf den Weg gemacht, sobald ich genug Geld für eine Fahrkarte hatte. Von dort aus wollte ich dann weiterfahren.

Als ich in Abakan ankam, musste ich die Nacht auf dem Bahnhof verbringen. Für mich kein Problem, denn es war Sommer, und viel Gepäck, auf das ich hätte aufpassen müssen, besaß ich nicht. Ein kleines dünnes Holzköfferchen war mein ganzes Eigentum, und das trug ich ständig bei mir. In der Bahnhofshalle saßen mehrere Familien, die Leute unterhielten sich. Viele Männer und Frauen kamen gerade von der Großbaustelle. Als sie hörten, dass ich dorthin wollte, rieten sie mir alle ab – ich solle mich dort bloß nicht blicken lassen. Mit einer Frau unterhielt ich mich länger: »Sieh mal, ich habe einen starken Mann und kam dort trotzdem kaum zurecht«, warnte sie mich. »Es ist nicht so, wie das in den Zeitungen steht, es wird nicht gut bezahlt, die Wohnheime sind unverschämt eng und dreckig, dort gibt es Wanzen, Läuse und Kakerlaken. Oft werden Mädchen vergewaltigt, weil es viel mehr Männer als Frauen gibt. Und wenn die Männer besoffen sind, dann müssen sich die alleinstehenden Frauen einschließen, es kann sogar passieren, dass die Fenster aufgebrochen werden, nur weil die Männer an die Weiber ranwollen.«

Als ich von den Vergewaltigungen hörte, da stand für mich fest, dass ich dort nicht hinwollte. Ich zählte mein Geld und überschlug, wie weit ich damit kommen würde, ich hatte noch ungefähr hundert Rubel. Zuerst kaufte ich mir etwas zum Essen und zum Rauchen, dann erst sah ich mir die Liste mit den Fahrpreisen an. Ich hatte keine Idee, wohin ich gehen könnte.

Nach einiger Zeit wandte ich mich noch einmal an die Frau, die mir von Abakan erzählt hatte, um etwas mehr über die Lage dort zu erfahren. Die Nacht war lang. Die Frau erzählte von der Baustelle am Staudamm, und auch ich begann ein wenig von mir zu erzählen. Ich sagte ehrlich, dass ich aus dem Knast kam und keine Familie hatte. Nur dass ich eine Deutsche war, verschwieg ich vorsichtshalber. »Was rätst du mir«, fragte ich die Frau, »wo kann ich jetzt ganz schnell Arbeit finden?« Da wurde ihr Mann auf einmal wach und sagte: »Na, du musst eine große Baustelle finden, oder du gehst in den Kohleabbau, den gibt es hier in der Umgebung überall. Du bist groß und kräftig genug für eine solche Arbeit.« Als er vom Kohleabbau sprach, da fielen mir Valentina Djakowa – das war die Valentina aus dem Lager – und Nasarowo ein, da wollte ich doch schon seit Jahren aus einem ganz bestimmten Grund, über den ich nie sprach und wenig nachdachte, irgendwann einmal hin.

Ursprünglich hatte ich vorgehabt, zuerst einmal in der Gegend von Nasarowo Arbeit zu finden, Fuß zu fassen, Geld zu verdienen und später mal zu Valentina zu fahren. Jetzt aber fasste ich mir ein Herz und kaufte eine Fahrkarte direkt dorthin. Sie kostete fünfzig Rubel, knapp fünfzig Rubel blieben mir also noch für den Neuanfang. Nirgendwo wartete jemand auf mich. Wohin sollte ich sonst, wenn nicht nach Nasarowo? Und auf einmal schien mir dieser Ort genau die richtige Wahl zu sein, obwohl ich dann ganz in der Nähe von Valentina und meinem Kind sein würde.

Neun Jahre waren vergangen, seitdem sie mit dem Säugling aus dem Lager Pukso-Osero fortgefahren war. Meine Schuldgefühle konnte ich in dieser ganzen Zeit nur selten vollständig verdrängen. Manchmal wurde ich nachts von ihnen geweckt, dann erlebte ich noch einmal, wie mein erstes Kind im Lager auf die Welt gekommen war und wie ich es dieser Frau, die ich kaum kannte, mitgegeben hatte. Fast sechs Jahre waren vergangen, bis ich mich nun endlich entschlossen hatte, nach Sibirien zu fahren und herauszufinden, wie es Valentina und meiner Tochter ging. Vielleicht kann man den Gemütszustand, in dem ich mich befand, vorsichtige Neugier nennen. Etwas neugierig, aber auch sehr vorsichtig bin ich nach Nasarowo gefahren. Aber auch dort hatte ich wieder Schwierigkeiten, ein Dach über dem Kopf zu finden und Arbeit.

Nasarowo

Jahrelang bin ich in dem Riesenreich Sowjetunion hin und her gefahren, ich war in Litauen, am Schwarzen Meer, in Estland, im Gebiet Leningrad, am Asowschen Meer, in Kasachstan und in Aserbaidschan. Immer wieder hatte ich versucht, Fuß zu fassen, nie war es mir gelungen. Nie hatte ich es an einem Ort länger ausgehalten als ein Jahr. Nun war ich in Nasarowo. Doch ich war Deutsche, war zweimal im Straflager und einmal im Gefängnis gewesen – und ich hatte einen hitzigen Charakter. Was ich wollte? Arbeiten und endlich einmal zur Ruhe kommen, ein ganz normales Leben führen, so wie andere Menschen auch. Ich war bereit, hart zu arbeiten und jemandem – wenn jemand für mich Verständnis haben würde – auch meine Treue zu schenken.

Mehrere Nächte habe ich in Nasarowo auf dem Bahnhof verbracht und am Tage überall in der Stadt versucht, eine Stelle und eine Übernachtungsmöglichkeit zu finden, eine Wohnung oder auch nur eine kleine Ecke für mich. Aber solange ich keine Arbeit hatte, wollte mir niemand eine Wohnung geben, ich hatte ja kein Geld. Und solange ich nirgendwo angemeldet war, bekam ich auch keine Arbeit. Bei der Kohlengrube hatte man mir gesagt: »Bring die Anmeldung, dann bekommst du eine Arbeit im Reparaturwerk bei der Werkseisenbahn.« Da war er wieder, der »samknutnij krug« – der Teufelskreis. Und da hat mich Wladimir angekratzt, angesprochen, meine ich. Damals war ich sehr hübsch, und ich hatte den Eindruck, dass er mich wollte. Mein Geld war schon fast weg, da kam er und brachte mir Brot und Speck. Im Bahnhofsbuffet hat er mir noch starken, heißen Tee gekauft, dann machte er mir ein Angebot: »Ich habe mein eigenes Haus, ja, ich hatte Frauen, aber die haben mich verlassen, und jetzt bin ich wieder allein. Willst du nicht zu mir kommen?« Und ich habe gesagt: »Unter einer Bedingung: Ich brauche eine Anmeldung!« So haben wir das verabredet, denn die »propiska« – die Anmeldung – war sehr wichtig in jener Zeit, als man sich in der Sowjetunion nicht so frei bewegen konnte wie im heutigen Russland.

Wladimir war etwas älter als ich, er war Jahrgang 1934. Wie versprochen, meldete er mich sofort an, und ich bekam am Tag darauf eine Arbeit bei der Werkseisenbahn. Zuerst war ich in der Gleis-Reparaturbrigade. Dort arbeiteten nur Frauen unter der Aufsicht eines männlichen Brigadiers. Wir zogen die riesigen Schrauben an den Bahnschwellen nach, reparierten die Weichen und versetzten die langen Schienen dorthin, wo sie im Kohleabbau benötigt wurden.

Zu Hause musste ich die Frauenpflicht erfüllen, im Bett, da gab es keine Wahl. Ich habe Wladimir aber auch das Haus in Ordnung gebracht und den Garten und alles. Das hat ihm gefallen, er hat gesehen, dass ich keine Angst vor der Arbeit hatte. Dann bekam ich den ersten Lohn und den zweiten Lohn, und ich habe mehr verdient als er. Damals konnte ich mit dem Geld gut auskommen, denn ich machte regelmäßig Überstunden, und es reichte, all das zu kaufen, was ich zum Leben brauchte. Satt war ich jeden Tag, das war das Wichtigste. Und ich hatte ein Dach über dem Kopf. Schade nur, dass es einem Mann gehörte, der mir nicht allzu gut gefiel. Mit der Zeit merkte ich, dass Wladimir sehr grob war. Doch einfach wieder weggehen konnte ich nicht, sonst hätten sich die Milizbeamten an meine Fersen geheftet. Wladimir hatte schon angefangen, mich zu schlagen, als er mir eines Tages anbot, mich zu heiraten. Seine einzige Bedingung war, ich sollte ihm ein Kind zur Welt bringen. Ich willigte ein, denn ich wollte so gern anders heißen, ich hatte ja immer noch den litauischen Namen. Vor allem aber wollte ich einen neuen Pass, in dem nicht geschrieben stand »ausgegeben auf Grundlage der Bescheinigung soundso«.

Bald darauf wurde ich schwanger, da wusste ich allerdings bereits, dass ich mit dem Vater des Kindes ganz sicher nicht leben konnte. Der hat mich immer viel zu hart geschlagen. Dass er da schon eine Geliebte hatte, das erfuhr ich erst später. Es war wie mit der kleinen Nonna, ich wollte das Kind, ich wollte einen Menschen für mich haben, einen Verwandten, einen, der für immer zu mir gehören würde. Wladimir hat mir oft Vorwürfe gemacht: »Ach, du

Faschistin! Du Deutsche, du ›lagerniza‹, Sträfling ...« Es war furchtbar. Einen Tag wollte ich das Kind behalten, am nächsten wollte ich die Schwangerschaft abbrechen, manchmal wusste ich nicht mehr, was ich tun sollte. Zum Glück unternahm ich gar nichts.

Wladimir hatte früher schon Frauen gehabt, die schwanger von ihm weggegangen waren oder die Schwangerschaft abgebrochen hatten. Deshalb hatte er die Befürchtung, dass ich das Gleiche tun würde. Als er von meinen Zweifeln erfuhr, wurde er wütend, er drohte mir, mich umzubringen, und beobachtete mich von da ab auf Schritt und Tritt, damit ich nicht abtreiben konnte. Aber ich hatte keine Angst vor dem Mann, denn ich wusste, ich hätte mich einfach bei der Arbeit und bei der Miliz abmelden und irgendwo hinfahren können. Aus irgendeinem Grund entschied ich mich, das Kind zur Welt zu bringen, danach würde ich immer noch von ihm weggehen können.

Ich lebte bereits seit einigen Monaten mit Wladimir in seinem Häuschen unweit des Bahnhofs, in der Uliza Sowchosnaja, als ich von irgendjemandem hörte, dass in der nahe gelegenen Besamungsanstalt eine gut bezahlte Arbeitsstelle frei geworden war, für die man niemanden finden konnte. Ich stellte mich dort vor und wurde sofort eingestellt. Der Leiter der Anstalt hatte mit einem Blick richtig eingeschätzt, dass ich, die junge Frau, die da vor ihm stand, keine Angst vor den mächtigen Tieren hatte – die Bullen waren siebenhundert bis tausend Kilo schwer – und absolut zuverlässig war. In dem Stall standen Rinder ganz unterschiedlicher Rassen, Holsteiner waren ebenso dabei wie die kleine, zähe, sibirische Rasse und gelbbraune Bullen mit starkem Nacken, die fast wie Wisente aussahen. Es gab Milchrassen und solche, die Fleisch liefern sollten. Die Bullen waren sehr gefährlich, nur an einer Stange konnten sie nach draußen geführt werden, wo sie jeden Tag an eine automatische Longe angekettet eine Stunde im Kreis gehen mussten. Jeden dritten Tag brachten wir sie zu dem Ochsen, der – nachdem er eine Beruhigungsspritze bekommen hatte – als Kuhersatz diente, während er in aller Ruhe sein Haferstroh kaute. Ein Zootechniker fing den Samen auf.

Neben mir arbeiteten in der Besamungsanstalt noch zwei Männer, jeder von uns drei Arbeitskräften musste sich um neun Tiere kümmern. Einmal hat einer meiner Kollegen volltrunken versucht, einen Bullen herauszuführen. Der hat sich losgerissen und mit dem Mann Fußball gespielt, der Kollege war anschließend behindert, so viele Knochen hatte er sich gebrochen. Ich war stets vorsichtig, nicht etwa ängstlich, doch ich näherte mich meinen Tieren stets mit dem nötigen Respekt.

Diese gefährliche Arbeit war so hochbezahlt, dass ich doppelt so viel verdiente wie Wladimir, der eine gute Stelle als Elektriker hatte. Außerdem konnte ich jede Woche auch noch Futter für unsere Kuh nach Hause schaffen und so viel Mist für den Garten, wie ich brauchte. Das einzige Problem bestand darin, dass meine Kollegen allzu oft zu tief ins Glas blickten und deshalb morgens, wenn das Auto vorfuhr, um sie zur Arbeit abzuholen, noch immer ihren Rausch ausschliefen. Da half auch kein Hupkonzert, und wenn der Fahrer mit seinen Scheinwerfern in das Haus hineinleuchtete, standen nur die wütenden Nachbarn auf, nicht aber der gesuchte Arbeiter. In einem solchen Fall – und das kam oft vor – musste ich auch an meinem einzigen freien Tag in der Woche einspringen. Wenn ich während meiner eigenen Schicht für zwei, manchmal sogar für drei arbeiten musste, dann bekam ich am Ende des Monats einen Teil des Lohnes meiner Kollegen ausgezahlt. Ein paarmal akzeptierte der Leiter des Betriebs das Fehlen der Männer, er verwarnte sie nur. Wenn dies nicht half, wurden sie wegen Unzuverlässigkeit entlassen.

Mit mir aber war er sehr zufrieden, denn ich kam nicht nur regelmäßig und pünktlich zur Arbeit, ich fütterte und pflegte »meine« Tiere auch vorbildlich. Egal, wann ein Rinderzüchter vorbeikam, um sich einen Vererber und seinen Stammbaum anzuschauen, bei mir war alles in Ordnung. Das Fell der Tiere glänzte,

denn sie wurden jeden Tag geputzt, was sie sich gerne gefallen ließen, und alle siebenundzwanzig Bullen standen vorzüglich im Futter. Das muss man sich mal vorstellen, die bekamen frische rohe
Eier, Milch und Öl, sie wurden besser ernährt als wir Menschen.
Die Zuchtbullen von Nasarowo waren im ganzen Kreis, sogar bis
in die Hauptstadt Krassnojarsk berühmt.

Als ich 1967 von Wladimir wegging, musste ich schweren Her-
zens auch die Arbeit in der Besamungsanstalt kündigen. Man hätte
mich, »die so gut arbeitete wie zwei Männer«, sehr gerne behalten, doch es gab kein Zimmer in der Nähe, wo ich hätte wohnen
können, und auch keinen Krippenplatz für Elena, über den der Leiter der Besamungsanstalt hätte verfügen können. Mir blieb folglich nur, mir einen anderen Arbeitsplatz zu suchen.

Im September 1966 war Elena zur Welt gekommen, wenige
Monate später hielt Wladimir Wort, er heiratete mich und adop-
tierte seine Tochter. Ich erhielt seinen Nachnamen – Logwinenko –,
den trage ich noch heute. Ein weiteres Jahr lang versuchte ich, mit
ihm auszukommen, doch es ging nicht. Als die kleine Elena dann
laufen konnte und kräftig geworden war, verließ ich Wladimir.
Längst hatte ich mir Arbeit in einem Holzverarbeitungsbetrieb gesucht, eine Stelle, die mir gleichzeitig einen Platz im Wohnheim
verschaffte. Ich habe mich nicht gleich von ihm scheiden lassen,
erst später. Ich glaube, er wollte die Scheidung, weil er kurz nachdem ich weggegangen war, eine andere Frau gefunden hatte. Mit
der lebt er heute noch zusammen. Elena war schon zweimal bei
ihm, mit ihren Kindern. Er lebt jetzt im Ural, östlich von Jekate-
rinburg.

Als ich mit Nonna schwanger gewesen war, hatte ich oft daran gedacht, Valentina Djakowa und meine erste Tochter zu suchen.
Dann war Elena unterwegs, und diese Gefühle kamen wieder, stärker noch als damals, sie ließen sich nicht mehr unterdrücken. Ich
machte mich also auf die Suche nach Valentina und meinem Kind.

Die beiden in Nasarowo zu finden war gar nicht so einfach. Im

Lager hatte Valentina mir zwar genau erklärt, wo ihre Eltern wohnten, doch die waren in der Zwischenzeit gestorben. In dem kleinen Holzhäuschen am Stadtrand wohnten nun andere Leute. Sie sagten mir, dass Valentina in einem »awtobusnoje transportnoje predprijatije« – einem staatlichen Busunternehmen – am Busbahnhof arbeitete. Ich fuhr zum Depot – später bekam ich dort selbst eine Stelle als Busbegleiterin –, wo ich Valentina sogleich fand. Sie sah mich an und erkannte mich direkt. Bei unserer ersten Begegnung unterhielten wir uns nicht lange. Zuerst habe ich ihr kurz erzählt, wie ich nach Nasarowo gekommen war und dass ich dort seit ein paar Monaten mit einem Mann zusammenlebte. Dann fragte ich sie: »Wo ist meine Tochter? Welchen Namen hast du ihr gegeben? Ich möchte das Kind sehen ...« Sie sprang von ihrem Sitz auf und sagte erst einmal nein. Dann hat sie mich angeguckt und gesagt: »Sie heißt Anna, sie ist in Ordnung.« Ich stand da und schwieg. Dann musste ich ihr schwören, dass ich dem Kind nie zu nahe kommen würde. Als wir uns verabschiedeten, lud Valentina mich zu sich ein, unter der Bedingung, dass ich nichts vom Lager erzählte, wenn die Kinder dabei waren. Sie meinte, es sei an der Zeit, die Vergangenheit aus dem Gedächtnis zu streichen. »Gib mir dein Wort, dass niemand jemals etwas davon erfahren wird, nicht einmal davon, dass ich gesessen habe«, fügte sie noch hinzu.

Ein paar Tage später erhielt ich von Valentina eine Karte, auf der stand, wann ich sie besuchen solle. Sie wohnte in einem Hochhaus auf der dritten Etage, ich kam abends dorthin. Ich hatte kleine Geschenke eingekauft, ein paar Süßigkeiten, Lebensmittel, und brachte auch noch etwas von zu Hause mit. Ich lebte ja noch bei Wladimir, und da gab es immer etwas aus dem Garten. Die Mädchen waren nicht da, sie gingen in die zweite »smena« – die zweite Unterrichtsschicht am Nachmittag. Wir saßen und sprachen über alles und über nichts. Ich war sehr aufgeregt. Als wir gerade am Fenster rauchten, kamen die beiden Mädchen in den Hof. Valentina sagte: »Die Große, das ist Anna, und die andere ist meine Tochter Luda.« Und dann kamen sie in die Wohnung, zogen sich aus, guckten mich beide lächelnd an. Für mich war das sehr schwer, mein Kind zu sehen und zu wissen, dass ich ihm nicht sagen durfte: »Ich bin deine Mami, ich bin gekommen, um nun meine Pflicht zu übernehmen. Bitte verzeih mir.« Valentina hat nur gesagt: »Hier, das ist eine alte Bekannte, wir sind befreundet. Sie heißt Maria.« Dann haben sie mich artig begrüßt, ich habe die Tasche aufgemacht, ihnen was gegeben, sie haben sich bedankt und sind im Wohnzimmer verschwunden. Valentina redete weiter, dass sie verheiratet gewesen und jetzt geschieden sei und nun alleine mit den beiden Töchtern lebe. Ihr früherer Ehemann denke, dass Anna seine Tochter sei. So haben wir uns wieder angefreundet. Ich war zwar selber arm, aber ich habe von nun an immer alles zu Valentina gebracht, was ich hatte. Schweinefleisch, Eier, Kartoffeln, die hatten ja keinen Garten. Das war das erste Treffen, ich war mit Elena schwanger, also war das Anfang 1966.

5.
Tochter Elena

Allein mit Kind

Als Elena geboren wurde, hieß sie noch Klemajte mit Familienna-
men. Erst als Wladimir mich geheiratet hatte, wurde sie eine Log-
winenko. Für Elena habe ich immer gekämpft, ich hatte sehr viel
Kraft. Nachdem ich von Wladimir weggegangen war, haben alle
Nachbarn, egal, wo ich wohnte, immer gestaunt, wie ich das Kind
betreut habe. Später hat mich jemand gefragt, ob ich wegen der
Anna Schuldgefühle hatte. Ja, ich hatte immer ein Schuldgefühl.
Ich wollte bei den anderen beiden Mädchen, bei Nonna und bei
Elena, etwas gutmachen, ihnen Gutes tun. Ist das so schwer zu verstehen? Wenn Elena als kleines Mädchen weinte, dann habe ich sie
an mich gedrückt und gestreichelt und geschaukelt und immer nur
gesagt: »Weine nicht, Kleine, weine nicht, Würmchen, ich bin
stark, ich werde alles für dich tun, wir werden es beide gut haben.
Ich bin stark, wir beide werden alle Schwierigkeiten meistern. Du
wirst sehen, alles wird gut.« Ich habe ihr die verschiedensten Lieder gesungen, dann hörte sie auf zu weinen. Elena ist jeden Abend
bei mir eingeschlafen. Jahrelang schliefen wir zusammen, ich habe
sie immer an mich gedrückt.

Eigentlich hatte ich mir einen kleinen Alexej, einen »Aljoscha«,
gewünscht. Ich wollte einen Jungen, der mich – wenn er einmal

groß wäre – beschützen könnte. Ich streichelte meinen dicken Bauch und sprach mit dem »Jungen«. Als die Wehen einsetzten, wurde ich gerade noch rechtzeitig ins »RodDom«, ins Geburtshaus, gebracht. Die Entbindung verlief ohne Komplikationen, nur dass die Ärzte enttäuscht riefen: »Och, das ist ja ein Mädchen«, als sie das Kind abnabelten. Sie wussten, dass ich einen Jungen wollte. Die Größe eines Jungen hatte das Baby mit seinen fast fünf Kilogramm und zweiundsechzig Zentimetern Länge allerdings spielend erreicht.

Ich wollte das Kind zuerst nicht sehen, deshalb brachte man es mir auch erst nach vierundzwanzig Stunden, eingewickelt wie eine Mumie, nur das Gesichtchen frei – so war es jahrzehntelang in Russland üblich. Wladimir freute sich über seine Tochter, auch wenn er sie nur aus gehörigem Abstand sehen durfte. Man zeigte ihm die Kleine am Fenster des zweiten Stocks, er musste mit den anderen Männern unten auf der Straße warten. Auch mich durfte er nicht besuchen. Den Hahn, den er für mich geschlachtet und gebraten hatte, musste er in eine Einkaufstasche legen, die ich an einem Strick aus dem Fenster hinunterließ. Meine Zimmergenossinnen und ich machten uns über das Geflügel her, jede riss sich ein Stück ab. Bis es merkwürdig roch – Wladimir hatte vergessen, das Hähnchen auszunehmen! Wenn ich mich heute daran erinnere, wie es aus dem Fenster geflogen ist, muss ich immer noch lachen!

Nach neun Tagen – so lange musste eine junge Mutter mindestens im Geburtshaus bleiben – durfte ich mit meiner Kleinen nach Hause. Inzwischen hatte ich mich damit versöhnt, dass das Riesenbaby »nur« ein Mädchen war. Ich blieb noch fast ein halbes Jahr zu Hause, da es in Nasarowo Krippenplätze erst für mindestens vier Monate alte Säuglinge gab. Als Elena endlich versorgt war, nahm ich meine Arbeit in der Besamungsanstalt wieder auf.

Elena war gerade ein Jahr alt, als ich von ihrem Vater wegging. Ich hielt es nicht mehr aus. Einmal stand ich sogar an dem kleinen Fluss zwischen dem Braunkohletagebau und dem Birkenwald auf einer Brücke, genau an der Stelle, wo das Wasser hinunterschießt. Ich wusste, da kam man nicht mehr heraus, wenn man hineinfiel. Außerdem konnte ich nicht schwimmen, ich kann es bis heute nicht. Ich hatte die kleine Elena mit einem großen Tuch an mich gebunden. Sie schlief fest. Ich sah sie noch einmal an, und dann konnte ich nicht mehr in die Tiefe springen. Vielleicht hätte ich es besser getan, das habe ich noch oft gedacht; besonders in der letzten Zeit, wenn ich sehe, wie schwer Elena es heute hat.

Leicht war es nicht mit dem Kind alleine. Die Kleine konnte gerade ein bisschen laufen, als ich Wladimir verließ. Meistens krabbelte sie auf allen vieren irgendwohin, zog sich hoch und ging dann ein paar Schritte ohne Hilfe, bis sie sich wieder auf alle viere niederließ. Zuerst hatte ich mit ihr eine Unterkunft außerhalb von Nasarowo gefunden, dort war eine große Kaserne, wo im Holzverarbeitungsbetrieb immer Arbeitskräfte gebraucht wurden. Ich schleppte mit anderen Frauen die geschälten Baumstämme ins Sägewerk, an den Bandsägen arbeiteten nur Männer. Außerdem musste ich die frisch gesägten, rohen Bretter aufeinanderstapeln und mehrmals am Tag die Sägespäne zusammenfegen. Ich bekam ein kleines Zimmer in einer der Wohnbaracken auf dem Kasernengelände und einen guten Krippenplatz für mein Töchterchen. Elena wurde dort liebevoll versorgt und konnte von morgens früh bis zum späten Abend bleiben.

Um meinen kargen Lohn aufzubessern, verdiente ich mir bei den Frauen der Offiziere noch etwas hinzu. Ich putzte, wusch und bügelte, dafür erhielt ich Geld oder Lebensmittel. Hungern mussten Elena und ich auch ohne Wladimir nicht. Die kaserneneigene Banja lag neben der Wohnbaracke, in der ich mit meinem Kind lebte. Bald konnte ich mir jeden Abend den Schlüssel abholen und – nachdem ich selbst kurz in der Banja gewesen war – dort waschen. Schnell sprach sich herum, dass ich eine gute Haushaltshilfe war, und so konnte ich mir meine zusätzlichen Arbeiten bald aussuchen. Ich schaffte viel, sehr viel. Meine Kraft hat mich damals gerettet, nicht alle Frauen hielten das so durch wie ich.

Im zweiten Winter ohne Wladimir passierte dann ein Unglück: Ich rutschte auf der eisglatten Schwelle der Wohnbaracke aus und brach mir den dritten Lendenwirbel. Glücklicherweise sorgte der Kommandeur der Kaserne sogleich dafür, dass ich im Eiltempo mit seinem Dienstfahrzeug ins Krankenhaus von Nasarowo eingeliefert wurde. Er dachte auch an Elena und beauftragte eine seiner Arbeiterinnen, Galina Pawlowna, sich um mein Kind zu kümmern. Sie durfte dies auch in den folgenden Monaten während ihrer – bezahlten – Arbeitszeit tun. Ich war so unglücklich gestürzt, dass das Rückenmark stark geschädigt war, meine Beine konnte ich weder spüren noch bewegen. Als sie mir die Röntgenbilder zeigten, sagten die Ärzte ohne Umschweife, dass ich wahrscheinlich mein Leben lang gelähmt bleiben werde. Doch sie gaben mich nicht auf. Monatelang lag ich unbeweglich auf einem Holzbrett, ich magerte ab, war nach kurzer Zeit wund gelegen. Außerdem hatte ich starke Schmerzen.

Die kleine Elena brachte man mir mehrmals ins Krankenhaus. Ich konnte meine Tochter nicht einmal in den Arm nehmen. Als nach beinahe einem halben Jahr das Ärztekonsilium zu dem Schluss kam, dass ich querschnittsgelähmt bleiben würde und bald in ein Behindertenheim müsste, stellte sich die Frage, was aus Elena werden sollte. Als Erstes wurde Wladimir Logwinenko, mit dem ich zu der Zeit noch verheiratet war, gefragt, ob er sein Kind zu sich nehmen wolle, doch seine lapidare Antwort lautete: »Ich zahle Alimente für Elena, das ist schon mehr als genug. Ich möchte mein eigenes Leben leben.« Blieben das Säuglingsheim von Atschinsk oder eine Adoption.

Ein junges Ärztepaar aus Krassnojarsk, das seit einigen Wochen sein Praktikum in der Traumatologie von Nasarowo ableistete, hatte Elena bereits mehrmals gesehen und ins Herz geschlossen. Jeden Tag kamen die beiden jungen Leute zu mir, sie brachten etwas Leckeres zu essen und versuchten, mich langsam zu überreden, meine kleine Tochter zur Adoption freizugeben. Ich war kurz davor, einzuwilligen, doch als man mir eines Morgens die Adoptionsdokumente vorlas, die ich unterschreiben sollte, stand dort der Satz: »Ich, Logwinenko, Maria Albertowna, sage mich von meiner Tochter Elena Wladimirowna los.« Hätte da nicht »otka-jus« – ich sage mich los – gestanden, vielleicht hätte ich nicht protestiert, sondern unterschrieben. Aber dieses eine Wort, im Deutschen sind es vier, hat mich wachgerüttelt. Ich bin hochgefahren und habe herumgeschrien: »Nein, nein, ich will mein Kind behalten, ihr bekommt meine Elena nicht!« Ich war ganz hysterisch. Später hat mir meine Bettnachbarin erzählt, dass ich mit ganz schlimmen russischen Wörtern geschimpft habe. »Wer hat euch Schweinen denn gesagt, dass ich mich von meinem Kind lossage?«, brüllte ich. »Wie könnt ihr meine Lage ausnutzen! Ich stehe jetzt auf und bringe euch alle um! Ihr sollt mich kennenlernen!« Ich konnte aber noch nicht aufstehen, leider. Ich durfte mich auch gar nicht aufrichten, ich wurde ja gefüttert wie ein Baby. Aber ich habe mich so aufgeregt, weil man mir die gleichen Dokumente vorlegte wie den jungen Frauen im Geburtshaus, die das Kind, das sie auf die Welt gebracht hatten, loswerden wollten. So etwas Ähnliches hatte ich mit meinem ersten Kind im Lager Pukso-Osero gemacht, als ich es Valentina mitgegeben hatte, und das wollte ich nicht noch einmal tun. Ich zitterte am ganzen Körper, beruhigen konnte ich mich erst, nachdem mir die Stationsschwester eine Morphium-spritze gegeben hatte, das machte sie beinahe jede Nacht, damit ich ein wenig schlafen konnte.

Gegen Abend versuchte ich noch einmal mich aufzurichten, nun mit Hilfe eines Bettlakens – und konnte plötzlich die Zehen ein wenig bewegen. Über diese Fortschritte wurde der diensthabende Arzt sogleich informiert. Als er mit seinen langen, spitzen Nadeln kam, um meine Reaktionen zu überprüfen, schrie ich gleich beim ersten leichten Stechen »au!«. Bis dahin hatte ich nie etwas gespürt, egal wie tief die Nadeln in mein Fleisch gebohrt waren. Wie durch ein Wunder ist der abgeklemmte Rückenmarksnerv wieder freigekommen. Ich glaube, mein Körper hat sich so gewehrt, weil ich mit diesem einen Wort so sehr beleidigt worden war. Man hatte im wahrsten Sinne des Wortes den richtigen Nerv getroffen, so sagt man doch auch auf Deutsch.

Peu à peu ging es weiter und weiter bergauf, ich bekam Massagen, man half mir auf die Beine, ich konnte auf langen, hohen Holzkrücken, die bis unter die Achseln reichten, die ersten wackeligen Schritte machen. »Jetzt steh endlich auf, du faule Kuh!«, sagte einer der Ärzte lachend zu mir. Und bald war ich entgegen allen ärztlichen Prognosen wirklich wieder auf den Beinen.

Eigentlich muss ich den jungen Ärzten dankbar sein, dass sie mir Elena mit genau diesen Worten wegnehmen wollten, denke ich heute. Ich hätte sie sonst verloren. Aber wenn ich vielleicht doch irgendwann wieder gesund geworden wäre, dann hätte ich sie mir zurückgeholt. Es wurde zwar in der Sowjetunion immer geheim gehalten, wer ein Kind adoptiert hatte, aber ich kannte die Namen der beiden und wusste, wo sie herkamen. Ich hätte sie überall gesucht, und irgendwann hätte ich Elena sicher wiedergefunden.

Nachdem ich aus dem Krankenhaus entlassen worden war, durfte ich mehrere Monate lang nur leichte Arbeiten verrichten. Deshalb musste ich die Beschäftigung in der Kaserne kündigen, dort gab es nur Schwerstarbeit. Ein paar Tage später trat ich zuerst eine Stelle als Busbegleiterin an, kurz darauf wurde ich Streckenwärterin bei der Werkseisenbahn des Kohlereviers Nasarowo. Meinen Posten – ein kleines, vier mal vier Meter großes Holzhäuschen – hatte ich in der Nähe mehrerer Weichen. Jeder Posten war durch eine Kabeltelefonverbindung mit der zentralen Leitstelle der Werkseisenbahn und den nächsten Posten verbunden. Ich musste die Weichen sauberhalten und umlegen, wenn per Telefon der Befehl dazu kam. Anschließend stand ich vor dem Häuschen und zeigte den Lokomotivführern mit meinen roten und gelben Flaggen »Freie Fahrt!« oder »Halt!« an.

Mit der Arbeit in der Kaserne hatte ich nicht nur das Zimmer, sondern auch den Krippenplatz für Elena verloren. Immer wieder nahm ich deshalb mein Kind zur Arbeit mit, obwohl das streng verboten war. Manches Mal musste die Kleine aber auch alleine zu Hause bleiben. Bald kannte ich jeden einzelnen Lokomotivführer. Sie waren immer zu zweit im Führerhaus, und so gab ich manchen von ihnen mein Kind mit, wenn sie mit ihren leeren Waggons bei mir anhielten, bevor sie ins Kohlerevier fuhren. Auf dem Rückweg reichten sie Elena dann schnell wieder aus dem Fenster des Führerhauses hinaus. Ihr machte es nichts aus, wenn sie ein oder zwei Stunden mit fremden Männern unterwegs war.

War Elena bei mir, so musste sie im Streckenwärterhäuschen bleiben, wenn ich hinausging, ich sicherte die Tür hinter mir sogar mit einem schräggestellten Stock ab, so vorsichtig war ich. Das Mädchen durfte nur aus dem kleinen Fensterchen zuschauen, wie ich arbeitete, die Weichen vom Schnee säuberte oder umlegte. Ich versteckte mein Kind meistens, wenn jemand kam, doch der Sicherheitsingenieur der Kohlegrube, Schelychin, hatte öfter beobachtet, dass ich Elena bei mir hatte, wenn ich zur Arbeit ging. Nachdem er mich mehrfach verwarnt und bereits zweimal mitsamt Kind nach Hause geschickt hatte, wollte er mich eines Tages noch einmal in flagranti erwischen. Schließlich hatte er für Ordnung zu sorgen und ein Kind an der Strecke nichts verloren. Vor Schelychin hatten alle Respekt, auch ich. »Wer mitten in der Nacht nicht schlafen kann, der hat von dem verflixten Schelychin geträumt!«, war ein geflügeltes Wort, das unter den Streckenwärtern die Runde machte und auch auf mich zutraf.

Vierundzwanzig Stunden dauerte eine Arbeitsschicht an der Eisenbahnstrecke, danach hatte ich zwei Tage frei. Die Ablösung erfolgte normalerweise kurz vor Mitternacht, wenn ich bereits seit ein paar Stunden im Dunkeln saß. Ich durfte kein Licht machen, dabei hätte ich doch so gerne gelesen. Diese Regel war wohl aufgestellt worden, weil sonst die Lokomotivführer das rote oder grüne Lichtsignal am Häuschen nicht gesehen hätten. Die Schicht war noch nicht beendet, da klingelte eines Nachts das Telefon in meinem Bahnwärterhäuschen: »Achtung, Schelychin kommt!« Kurz entschlossen versteckte ich meine Tochter in dem kleinen

Nachtschränkchen, »tumbotschka« heißt es auf Russisch. Ich drehte es vorsichtshalber so, dass die Tür zur Wand zeigte. »Sei jetzt ganz still«, sagte ich zu Elena, dann ging ich nach draußen, um die Weichen abzufegen. Als wenig später Schelychin kam, tat ich ganz beiläufig. »Wie geht's? Wie steht's? Irgendwelche Vorfälle?«, fragte der Sicherheitsingenieur. »Nein, nichts Besonderes, alles in Ordnung! Mein Dienst ist gleich vorbei, ich mache schon sauber«, antwortete ich. Das Herz schlug mir bis zum Halse, denn Schelychin ging nicht etwa weiter, sondern schaute noch kurz in das Wärterhäuschen hinein. Mit seiner Taschenlampe leuchtete er in jede Ecke – mein Kind war nicht zu sehen. Schelychin hatte die Tür noch nicht wieder hinter sich geschlossen, als Elenas Stimme aus der »tumbotschka« zu hören war: »Mama, ist der Schweinehund Schelychin endlich weg?« Ich hielt den Atem an, doch wider Erwarten schimpfte der so Bezeichnete nicht wütend los, er ging vielmehr fort, als hätte er nichts gehört.

An diesem Abend wurde es halb eins, bis ich abgelöst wurde. Der Rückweg nach Nasarowo war ziemlich weit, er führte durch einen dichten großen Birkenwald. Alle fünfzig Meter waren Lampen an den Bäumen befestigt, sie wiesen den Weg. Elena war im Winter dick angezogen, mit Filzstiefeln und einem dicken Mantel. Sie war schwer, ich konnte sie nach meinem Unfall nicht mehr tragen, deshalb hatte ich sie immer an der Hand, so leid sie mir auch getan hat. In dieser Nacht habe ich mehrmals gemerkt, mit meinem Mädchen stimmte etwas nicht. Als ich unter einer Lampe war, habe ich sie angesehen, sie war im Gehen eingeschlafen. Sie schlief, trotzdem ging sie weiter und hielt meine Hand fest. Dann habe ich sie mir auf den Rücken gehoben, ich habe ihr gesagt »umarme meinen Hals« und sie so bis nach Hause getragen, obwohl ich mich doch noch schonen musste.

Nachdem ich meine Arbeitsstelle in der Kaserne hatte kündigen müssen, haben wir erst einmal Unterschlupf in einer Kommunalka gefunden. Die ebenerdige Holzbaracke war nicht weit von der städtischen Banja entfernt. Bereits nach wenigen Tagen bekam ich Probleme mit den Nachbarn. Auch sie waren ehemalige Sträflinge. Jede Partei hatte ein eigenes Zimmer, Küche, Flur und Toilette benutzten wir alle gemeinsam. In der Küche gab es zwei elektrische Herdplatten und fließendes Wasser, allerdings nur kaltes, außerdem ein paar Regale, auf denen einige schmuddelige Blechtöpfe und Schüsseln standen. Ich hatte meinen eigenen emaillierten Topf, zwei große Blechschüsseln zum Waschen und ein paar Teller und Tassen, die ich in meinem Zimmer aufbewahrte. Das vergammelte Klo war andauernd verstopft, und es stank so fürchterlich im ganzen Haus, dass mir oft schlecht wurde. Da die Holzwände sehr dünn waren, wurde es im Winter bei minus vierzig Grad trotz der Fernwärmeheizung so kalt, dass Decke, Fußboden und Außenwände immer von einer dünnen Eisschicht bedeckt waren. Die kleine Elena bekam eine Angina nach der anderen, obwohl ich sie nachts immer fest an mich drückte, damit sie nicht fror. Wir drehten uns dann und wann gemeinsam auf mein Kommando um, damit es unter der Decke schön warm blieb.

Drei Räume hatte die Gemeinschaftswohnung, in einem Zimmer wohnte eine vierköpfige Familie, im zweiten ein alleinstehender Mann, im dritten Elena und ich. Jeden Tag gab es Schwierigkeiten, weil die Leute randalierten oder uns das Essen klauten. Ich beschwerte mich bei der Hausverwaltung, doch es tat sich nichts. Dann ging ich bis zum Ersten Partei-Stadtsekretär von Nasarowo, um ihn um Hilfe zu bitten, ich wollte ein anderes Zimmer und eine andere Arbeit, denn mein Katz-und-Maus-Spiel mit dem Sicherheitsingenieur Schelychin musste auch ein Ende finden.

Der Erste Sekretär des Stadtkomitees der Partei war zu Sowjetzeiten eine wichtige Persönlichkeit. In Nasarowo bekleidete Viktor Wassiljewitsch Plyssow diesen Posten von Beginn der sechziger bis Mitte der siebziger Jahre. Als ich das erste Mal zu ihm ging, habe ich Elena und mich schön angezogen. Hübsch war ich ja damals. Ich bin zu seiner Sekretärin gegangen, habe die Situation beschrieben und mit Elena im Arm auch ein bisschen geweint. Ich

habe gesagt: »Ich muss mit ihm sprechen, es geht um unser Überleben!« Als sie mich mit den Worten »Kommen Sie morgen wieder!« wegschicken wollte, bin ich einfach stehen geblieben, bis
seine Tür aufging. »Morgen kann es zu spät sein«, sagte ich zu ihr
und bin schnell zu Plyssow hineingegangen, als jemand anderes
herauskam.

Ich schilderte dem Parteisekretär offen unsere Lage, ich sagte
ihm sogar, dass ich eine deutsche Kriegswaise war und einige Jahre
im Straflager gesessen hatte. Mir war klar, dass Plyssow all dies
problemlos herausfinden würde, wenn er sich nach mir erkundigte, deshalb sagte ich vorsichtshalber gleich die Wahrheit. Erst
beschwerte ich mich über die schlechte Wohnung, über die Kälte
im Winter und das Eis an den Wänden. Ich fragte ihn, warum ich
mein Kind in unserem kalten Zimmer in einer großen Schüssel waschen musste, wenn andere Kinder in einer Wanne gebadet wurden. Aber das alles zählte nicht so richtig. Bis ich ihm sagte, dass
man mich von der Arbeit zurück nach Hause schickte, wenn ich
dort mit meinem Kind erschien. Ich wollte Geld verdienen, konnte
es aber wegen Elena nicht. Ich konnte meine kleine Tochter doch
nicht bis zu vierundzwanzig Stunden alleine in dem Zimmer lassen! Und dann habe ich Elena ganz frech auf seine Couch gesetzt
und zu ihm gesagt: »Gut, dann kann ich ja jetzt zur Arbeit gehen,
ich habe bis morgen Nacht um zwölf Uhr Schicht!« – »Halt!«,
sagte Viktor Wassiljewitsch sofort. »Warten Sie, wir müssen eine
andere Lösung finden! Ich verspreche Ihnen, wir werden etwas unternehmen. Und sobald wir etwas gefunden haben, melden wir uns
bei Ihnen.«

Viktor Wassiljewitsch Plyssow berief zuerst eine Kommission
ein, die darüber befinden sollte, ob es für mich und meine Tochter unzumutbar war, weiter in der Kommunalka zu leben. Zuerst
fehlte ein konkreter Anlass, der einen Umzug gerechtfertigt hätte,
dann aber hat mein Nachbar seine Frau geschlagen, als die gerade
kochte. Er schlug sie, dann ging die Küchentür auf, und ein Topf
mit Nudeln flog dem Mann über den Flur hinterher. Da bin ich

schnell zur Banja gelaufen – dort war das einzige Telefon des Stadtviertels – und habe Plyssow angerufen. Der hatte zu mir gesagt, dass er Fakten benötige, und die gab es ja nun.

Nasarowo war damals mit seinen etwa 50 000 Einwohnern noch klein, und so dauerte es keine zehn Minuten, bis die beiden Frauen, die Plyssow mit seinem Dienstauto geschickt hatte, ins Haus kamen und die kleinen Kinder sahen, wie sie da auf dem Boden saßen, gierig die Nudeln aufsammelten und sie sich in den Mund steckten. Währenddessen ging die Prügelei zwischen ihren Eltern weiter. Sie scherten sich nicht um die fremden Leute.

Jetzt hatten die Frauen vom Wohnungsamt mit eigenen Augen gesehen, was in unserer Kommunalka los war, und trotzdem passierte nichts. Ich aber ließ nicht locker, ich ging wieder und wieder zu Plyssow, bat stets freundlich, aber äußerst bestimmt um Hilfe. Einmal erzählte ich ihm, dass die Nachbarn uns andauernd die Lebensmittel stahlen, wenn Elena alleine – mit Essen, Trinken und Nachttöpfchen versorgt – zu Hause war. Wenn ich zur Arbeit ging und mein Kind nicht mitnehmen konnte, schloss ich die Kleine ein. Elena wusste, dass sie niemandem und niemals die Tür öffnen durfte, mit einer einzigen Ausnahme – wenn ein Feuer ausbrach. Da Elena nicht aufmachte, wenn sie an der Tür klopften, öffneten die Nachbarn die Tür von außen mit einem Draht und fragten sie dann geschickt aus, wo ihre Mutter Brot, Butter oder Wurst verwahrte. Der Vorratsschrank war mehrmals leer gewesen, wenn ich hungrig von der Arbeit heimgekommen war. »Die Nachbarn waren hier«, berichtete die kleine Elena dann, »die hatten Hunger und haben sich das Essen genommen.« Es war wohl diese Geschichte, die den Ausschlag dafür gab, dass ich meine Ziele – eine Wohnung, eine andere Stelle und einen Kindergartenplatz für Elena zu bekommen – erreichte. Als ich dieses Mal das Büro von Plyssow verließ, versprach er mir: »Wir helfen Ihnen, darauf können Sie sich verlassen.«

Es dauerte tatsächlich nur noch wenige Wochen, bis ich endlich eine Postkarte mit der Aufforderung bekam, mich bei Plyssow zu melden. »Wir haben eine kleine Wohnung für Sie gefunden«, hieß es sogleich, als ich in sein Büro kam. »Notieren Sie sich die Adresse: Uliza 30 Let WLKSM«, das war der Lenin'sche Kommunistische Jugendverband der Sowjetunion, »Haus 78, Wohnung 17. Sie können in vierzehn Tagen einziehen!« Haus Nummer 78, ein fünfstöckiger Neubau, war für die Arbeiter der Zementfabrik gebaut worden. Wie Plyssow es geschafft hatte, eine einfache Streckenwärterin von der Werkeisenbahn der Kohlegrube dort unterzubringen, habe ich nie herausgefunden. Ich war überglücklich, am liebsten wäre ich Viktor Wassiljewitsch um den Hals gefallen: Zum ersten Mal in meinem Leben würde ich eine eigene kleine Wohnung haben!

Ich werde nie vergessen, wie wir endlich dort einziehen durften. Es war eine kleine Einzimmerwohnung. Neben dem Wohnzimmer, in dem Elena und ich auf der Klappcouch schliefen, gab es eine Küche und ein kleines Badezimmer mit einem Boiler, so dass wir heißes Wasser zum Baden und Waschen hatten. Die Toilette war abgeteilt, sogar die Wasserspülung funktionierte. Auch in der Küche gab es heißes Wasser aus der Leitung, gekocht wurde auf einem Gasherd. Dabei war die Miete nicht teuer. Ich konnte mein Glück kaum fassen, ich fühlte mich wie im Paradies, und dann hatte die Wohnung auch noch einen Balkon, dort konnte ich Tomaten anpflanzen. Aus dem fünften Stock schaute ich auf einen Kindergarten und ein Sportstadion, hinter dem der endlose, wunderschöne Birkenhain begann, durch den ich zur Arbeit ging.

Es war ein glücklicher Zufall, dass das Haus direkt gegenüber der Wohnung von Valentina Djakowa lag, die gerade einmal drei Häuser weiter, aber an einer anderen Straße wohnte. Wir hatten uns inzwischen bei der Arbeit im Busdepot wiedergefunden. An manchen Tagen habe ich Elena zu Valentina rübergeschickt, wenn ich wusste, dass die was übrig hatte, und umgekehrt kamen die beiden Mädchen, Luda und Anna, zu mir. Anna und Elena verstanden sich recht gut. Allerdings hatte Anna nie viel Zeit, sich ausgiebig mit Elena zu beschäftigen. Nach ihrem Schulabschluss ging sie aus Nasarowo fort, sie begann in Krassnojarsk zu studieren. Da ich niemandem zeigen durfte, dass auch Anna meine Tochter war, konnte ich nur eins tun: Ich gab immer das beste Stück meiner Elena, und das zweitbeste bekam Anna, ob es Hühnerfleisch oder etwas anderes war. Elena war damit zufrieden, denn sie war immer satt, Anna hat ihr nie etwas weggenommen.

Die Straße »30 Jahre Lenin'scher Kommunistischer Jugendverband der Sowjetunion« begann am Bahnhof und zog sich durch ganz Nasarowo bis zur Brücke am Tschulym. Im Mai oder Juni trat der Fluss regelmäßig über die Ufer, die Stadt Nasarowo konnte er aber nicht erreichen, sie lag ein wenig erhöht. Besonders schlimm war es an den Maifeiertagen 1966, da wurde sogar die Eisenbahnlinie nach Atschinsk überspült.

Nasarowo war eine nette, sympathische Stadt. Die Menschen lebten in alten Holzhäuschen und niedrigen Betonneubauten. Die Versorgung war relativ gut, bis Anfang der siebziger Jahre, als es Engpässe bei Milch und Brot gab. Da musste ich häufig anstehen, und bis ich an die Reihe kam, waren die Lebensmittel oft bereits ausverkauft, so wie später, zu Beginn der neunziger Jahre, als vieles in der auseinanderfallenden Sowjetunion defizitär geworden war und die große Hilfsaktion »Deutschland hilft der Sowjetunion« startete. Bereits 1970/71 waren in Nasarowo die Arbeiter der großen Werke und auch die Bergleute zum Protest gegen die schlechte Lebensmittelversorgung auf die Straße gegangen. »Unsere Kinder bekommen immer zu wenig Sonne und Vitamine«, sagten sie, »dann gebt uns wenigstens Milch und Brot!«

Wenn ich Hilfe brauchte, ging ich auch weiterhin zu Plyssow. Er hörte zu, wenn ich ihm meine Probleme schilderte, fragte nach und griff stets zum Telefonhörer, wenn er mir irgendwie unter die Arme greifen konnte. Als ich schon ein paar Jahre in Freiheit war, habe ich mich nicht mehr von den unten Stehenden abwimmeln lassen, ich bin immer zu den Oberen gegangen. Es ging ja auch nicht nur um mich, sondern um Elena, ihr war ich das schuldig. Bis Elena 1973 in die Schule kam, durfte sie, Plyssow sei Dank, zuerst in einen Kindergarten und dann ein Jahr in die Vorschule gehen, wo sie von Montagmorgen bis Samstagnachmittag untergebracht war. Da konnte ich zum ersten Mal in aller Ruhe arbeiten, ohne um mein Kind Angst haben zu müssen. Wenn es irgendwie ging, besuchte ich Elena aber fast jeden Abend. Die Internatsschule war nicht weit entfernt von unserem Zuhause, sie lag direkt in dem Birkenhain, dort war gute Luft, und die Kinder hatten viel Platz zum Spielen.

Am 1. September 1973 wurde Elena eingeschult. Der 1. September, heute heißt er der »Tag des Wissens«, ist seit Jahrzehnten ein großer Festtag für alle Schüler, Studenten und Lehrer. Ich hatte Elena fein gemacht, sie trug ein schwarzes Kleidchen und hatte zwei große weiße Schleifen im Haar. Valentina, Anna und Luda waren zur Feier mitgekommen, die beiden Mädchen besuchten dieselbe Schule, Anna war bereits in der achten Klasse. Alle Schulanfänger versammelten sich zum sogenannten Schulappell mit ihren Eltern, Freunden und Geschwistern auf dem Schulhof und mussten sich klassenweise aufstellen. Um neun Uhr begann die Feier: Zuerst hielten die Direktorin und ein Vertreter der Komsomol-Jugendorganisation eine Rede, beide sprachen davon, wie wichtig eine gute Schulbildung ist und dass die Schule und der Komsomol den Kindern das nötige Rüstzeug für ein erfolgreiches und glückliches Leben mitgeben würden.

Dann ertönte die Glocke zum ersten Mal für die Kleinen. Elena freute sich auf die Schule, sie lachte, als sie bei den anderen Kindern stand, und winkte mir noch einmal, als sie, an der Hand von Anna, zum ersten Mal in das Schulgebäude ging.

Ich weiß noch, dass ich sehr geweint habe. Ich musste weggehen, als die Musik spielte und alles so schön war, mit den vielen Blumen und den schönen Kleidern. Ich musste weggehen, ich konnte das nicht mit ansehen. Ich kann das bis heute nicht sehen, wenn irgendwo Kinder sich freuen, tanzen, singen und Musik erklingt. Es ist jedes Mal das Gleiche, die Tränen kommen hoch, ich kann sie nicht bremsen und ich muss weg. Ich kann das nicht aushalten, weil ich in dem Moment sehr, sehr neidisch bin. Ich hätte das alles als Kind auch so gerne erlebt. Oder doch wenigstens ein bisschen davon.

Im ersten und zweiten Schuljahr lernte Elena gut, sie hatte keine Probleme im Unterricht, dann aber, mit Beginn des dritten Schuljahrs, brachte sie immer wieder »dwojki« nach Hause. Eine »dwojka« – eine Zwei – ist im russischen Schulsystem, das fünf Notenstufen kennt, relativ schlecht. Heute macht Elena mich, ihre Mutter, für diese Noten verantwortlich, sie findet, ich hätte nie genügend Zeit für sie gehabt. Das stimmt auch, aber ich musste doch arbeiten. Ich bin nie zum Tanzen gegangen, ich war nie im Kino, ich habe mit keinem Mann geflirtet. Was ich hatte, das habe ich meiner Tochter gegeben. Aber ich war vielleicht zu hart zu ihr, ich habe sie wegen der schlechten Noten mit einem Einkaufsnetz auf den Po geschlagen. Viel später erst habe ich verstanden, dass ich das nicht hätte tun dürfen, denn ich habe Elena mit den Schlägen Angst eingejagt. Sie war so verängstigt, dass sie die Seiten, auf denen die Arbeiten mit den schlechten Noten standen, aus ihrem Heft riss und wegwarf. Im Hausflur fand ich mehrere solcher Blätter, ich erkannte Elenas Handschrift sofort. Als ich sie zur Rede stellte, bestrafte ich sie nicht nur für die schlechten Noten, sondern auch dafür, dass sie unehrlich gewesen war.

Über Kindererziehung sprach ich mit niemandem, ich glaubte zu wissen, was ich zu tun hatte. Natürlich habe ich Fehler gemacht – wer macht keine Fehler? Aber ich habe Elena alleine großgezogen. Sie wurde keine Diebin, keine Alkoholikerin, keine Drogenabhängige und auch keine Hure. Sie war ein Mädchen bis zur Heirat. Komisch, später hat sie mir angekreidet, dass sie da noch Jungfrau war, und der Oleg, ihr späterer Mann, hat ihr das auch vorgeworfen. Aber es stimmt, dass ich meine Tochter immer sehr verwöhnt habe, ich habe ihr noch die Höschen gewaschen und die Blusen gebügelt, als sie mit zwanzig Jahren als Zugbegleiterin gearbeitet hat. Ich meinte es gut, ich wollte ihr nur das geben, was ich nie hatte, ich wollte, dass sie kein so schweres Leben hatte wie ich in ihrem Alter.

Als Elenas schulische Leistungen nachließen, wurde ich mehrmals in die Schule gerufen. Keiner der Lehrer wusste, welches Arbeitspensum ich absolvierte und dass ich nicht nur keine Zeit hatte, meinem Kind zu helfen, sondern mir auch die Schulausbildung fehlte. Ich stellte einen Antrag auf verlängerte Betreuung für meine Tochter, das kostete damals nur ein paar Kopeken. Elena blieb dann länger in der Schule und hatte, wenn sie nach Hause kam, bereits zu Mittag gegessen, ihre Hausaufgaben gemacht und auch etwas zum Nachmittagstee bekommen. Wenn das Wetter schön war, ging sie mit ihren Freundinnen auf den Spielplatz des Kindergartens, ins Stadion oder in den Birkenwald. War es schlecht, spielten die Kinder in unserer Wohnung oder bei den Nachbarn, die auf derselben Etage wohnten.

Ich hatte immer ein schlechtes Gewissen, dass ich mein Kind so lange alleine ließ, weil ich so viel arbeitete. Inzwischen hatte ich wieder eine Stelle als Busbegleiterin. Manchmal war ich sechzehn, zwanzig oder noch mehr Stunden unterwegs. Ich ging, wenn Elena noch schlief, und ich kam, wenn Elena längst wieder schlief. Sie musste dann alleine ins Bett gehen. Aber es ging damals nicht anders, ich wollte, dass mein Kind genügend zu essen hatte, dass es nie hungern musste, wie ich es in meiner Kindheit getan hatte. Außerdem sollte es etwas anzuziehen haben und Bücher zum Lesen. Meine Tochter hat mir oft Vorwürfe gemacht. »Mutti«, sagte sie dann, »du hast nie Zeit für mich gehabt.« Das tut mir sehr weh. Heute versteht sie mich, das sagt sie mir jedenfalls – bis dann trotzdem wieder ein »aber« kommt. Doch ich hatte keine Wahl, ich konnte in Nasarowo nicht klauen, ich konnte auch nicht betteln wie in meiner Kindheit, dann hätte man mich verhaftet, ich konnte nur arbeiten gehen, wie es außer mir viele Frauen, die keinen Mann hatten und mit ihren Kindern allein waren, getan haben.

Elenas Vater Wladimir zahlte zwar Alimente für seine Tochter, aber dieser Betrag reichte nicht einmal für ihr Essen. Als Streckenwärterin bei der Werkeisenbahn bekam ich nur meinen Grundlohn, Überstunden konnte ich keine machen – und auch sonst nichts zur Seite schaffen. Die Kohle, die ich hätte bekommen können, nutzte mir nichts mehr, meine schöne neue Wohnung wurde mit Fernwärme beheizt. Deshalb hatte ich wieder die Stelle als Busbegleiterin angenommen. Dort hatte ich zwar noch weniger Zeit für mein Kind, doch ich verdiente erheblich mehr, weil ich nach den abgeleisteten Stunden bezahlt wurde. Und zwei weitere Vorteile hatte diese Arbeit: Seit die Lebensmittelversorgung in Nasarowo so schlecht geworden war, musste man für Brot, Milch und andere Waren des täglichen Bedarfs anstehen, dafür hatte ich aber nie Zeit, und Elena war noch zu klein. Deshalb kaufte ich auf den Busfahrten in den kleinen Dörfern und Sowchosen bei den Bauern, die ich inzwischen kannte, gute und preiswerte Lebensmittel ein. Außerdem konnte ich – wie es alle Busbegleiter taten – beim Fahrkartenverkauf ein paar Kopeken für mich abzweigen. Das machte am Monatsende in der Summe einige Rubel aus. Wenn die Fahrkarte einen Rubel und zehn Kopeken kostete, dann kassierte ich auch so viel, von meiner Fahrkartenrolle riss ich aber manchmal nur fünfzig Kopeken ab. Mir blieben dann sechzig Kopeken, die ich in meine linke Tasche stecken konnte, »kalym brala« – so heißt das auf Russisch. Und das lohnte sich sehr.

Elena war immer satt, ich selbst aber hatte oft nicht einmal die Zeit zum Essen. Zum Frühstücken kam ich – obwohl ich es mir endlich leisten konnte – nur selten. Ich stand jeden Morgen um vier Uhr auf, manchmal sogar um halb vier, wusch mich und stellte das Frühstück für Elena hin, Grießbrei, Bratkartoffeln oder Kartoffelpüree. Manchmal gab es auch Piroschki oder Frikadellen. Das Glas Milch deckte ich mit einem Unterteller ab, den Haustürschlüssel, den Elena immer an einem Band um den Hals trug, legte ich daneben. Bevor ich das Haus verließ, trank ich noch schnell eine Tasse Tee, dazu rauchte ich eine Zigarette. Das war im Frühsommer schön, denn dann stand die Sonne über dem Birkenhain auf, das habe ich immer sehr gerne beobachtet. Aber im Winter war es hart, dann hätte ich lieber mehr als nur drei, vier Stunden geschlafen, mich noch einmal herumgedreht und mein Kind an mich gedrückt. Von gemeinsamem Ausschlafen und Frühstücken konnten wir beide nur träumen: Elena musste fast jeden Morgen alleine aufstehen, wenn der Wecker klingelte. Den stellte ich immer in einen Kochtopf, damit er schön Krach machte. Ich war dann längst bei der Arbeit, denn ich wurde wie meine Kollegen bereits um halb fünf von unserem kleinen Bus abgeholt, der uns zum Depot brachte.

Manchmal schaffte ich es, schnell noch ein Stück Brot fürs Frühstück in die Jackentasche zu stecken, bevor ich die Wohnung verließ. Meist aber kaufte ich am Bahnhof kurz vor Abfahrt des ersten Busses um sieben Uhr ein paar Piroschki vom Vortag. Die aß ich dann in aller Ruhe, wenn die Passagiere eingestiegen waren und ich ihnen ihre Fahrkarten verkauft hatte. Mit dem Busfahrer bildete ich ein festes Team, das vom Dispatcher selten in der Stadt eingesetzt wurde, Grischa oder Fedja und ich waren meist über Land unterwegs. Sehr gerne fuhren wir die nur fünfzig Kilometer lange Strecke von Nasarowo in die große Stadt Atschinsk. Dorthin gab es eine gut ausgebaute Straße, sodass der Bus nur zwei bis zweieinhalb Stunden für eine Strecke brauchte. Dann konnte ich sogar nach der ersten Tour nach Hause gehen, für Elena kochen und ein bisschen mit ihr spielen, bevor ich zu dem Treffpunkt ging, den ich mit meinem Fahrer ausgemacht hatte, um die zweite Fahrt auf derselben Strecke anzutreten. Am folgenden Tag fuhr ich dann auf einer anderen Linie.

Viel öfter als nach Atschinsk ging es in die kleinen Dörfer und Sowchosen, die weitab von der Kreisstadt Nasarowo in der Taiga lagen. Auf die Überlandfahrten, manchmal fuhr der Bus eine

Stunde ohne anzuhalten, nahm ich fast immer ein Buch und Zeitungen mit. Es war zwar wegen der zahllosen Schlaglöcher oft sehr unbequem zu lesen, aber irgendwie ging es. Ich besaß viele Bücher, sie kosteten damals nicht viel. Einen Rubel oder einen Rubel und vierzig Kopeken, eine Tageszeitung kostete zwei, drei Kopeken. Ich habe zu Elena immer gesagt, man kann zwar schlecht ausgebildet sein, aber aus Büchern kann man noch sehr viel lernen. Ich glaube, dass ich die Hälfte von dem, was ich heute schreiben kann, von dem, was ich heute weiß, aus Büchern und Zeitungen erfahren habe. Ich habe auch meiner Tochter immer gesagt, sie solle lesen, lesen, lesen. Aber sie ist nie so ein Bücherwurm wie ich geworden.

Für die Strecken nach Sachapta, Berjosowka oder Schadrino brauchte der Bus allein für den Hinweg vier, fünf Stunden, denn es gab keine asphaltierten Straßen, sondern nur Feldwege, die durch eine schöne, leicht hügelige Taigalandschaft führten. Im Frühjahr und im Herbst, wenn die unbefestigten Straßen gefroren waren, ging die Fahrt meist recht schnell. Im Winter oder in der Tauperiode aber konnte niemand voraussagen, wie lange wir brauchen würden. Allzu oft blieb der Bus stecken und die Passagiere mussten ihn aus dem tiefen Matsch oder aus einer Schneeverwehung herausschieben. War es so weit, rief ich: »Alle Männer aussteigen, anfassen, das linke Hinterrad muss hochgehoben werden! Alle Frauen hinten rechts schieben!« Manchmal musste sogar noch das gesamte Gepäck ausgeladen werden. Wer mitfuhr, wusste, was auf ihn zukam, trotzdem wurde bei solchen Zwischenfällen stets fürchterlich geflucht, bis alle Passagiere wieder im Bus saßen und – manchmal erst nach einem halben oder auch ganzen Wasserglas voll Wodka – über eine solche Aktion lachen konnten. Alkohol fand sich immer in den großen Säcken oder Taschen, die die Leute bei sich hatten.

Besonders am Wochenende war der Bus in beiden Richtungen sehr voll, weil die Dörfler zum Einkaufen in die Kreisstadt und die jungen Menschen zu den Eltern aufs Land fuhren, um sich mit

Lebensmitteln für die kommende Woche einzudecken. Wenn wir ein großes Dorf erreichten und alle Passagiere ausgestiegen waren, dann konnten wir in der Stalowaja gut und preiswert essen. Zum ersten Mal am Tag wurde ich richtig satt, sogar für Elena konnte ich dann noch etwas mitnehmen. Egal, wann wir zurückkamen, wir mussten noch die zweite Fahrt machen, da war es dann schon schwieriger, etwas zum Abendessen zu bekommen. Nur im Buffet am Bahnhof gab es rund um die Uhr etwas zu essen.

Die meisten Arbeitskolleginnen, Frauen wie Valentina Djakowa oder meine ältere Freundin Nina, waren zu einer zweiten Schicht nicht in der Lage, ich aber liebte diese zweite Fahrt, die stets um vier Uhr nachmittags begann. Ich liebte sie, weil meist keine Fahrkartenkontrolleure zustiegen. Eine Kontrolle bedeutete Aufregung, denn ich musste schnell mit den Passagieren reden, damit die »ordnungsgemäß« sagten, sie seien gerade erst eingestiegen. Oft fuhren dieselben Leute mit. Die kannten mich, sie hatten auch Elena manchmal gesehen, wenn ich sie mitgenommen hatte, obwohl das nicht erlaubt war. Der Fahrer Fedja hat sie sogar vorne bei sich versteckt, wenn wir aus der Garage fuhren. Sie hat sich an seinen Knien festgehalten, wenn sie während der Fahrt Pipi machen musste. Anhalten konnten wir ja nicht wegen ihr. Und der Boden im Bus hatte große Löcher. Manche Passagiere, die wussten, dass ich das Kind hatte, sagten: »Hier hast du das Geld, eine Fahrkarte brauchen wir nicht, nur wenn ein Kontrolleur kommt.« Alle haben damals geteilt, »myschkawatj« – was unter der Achsel mitgehen lassen – nannte man das. Mit den eingefleischten Kommunisten konnte ich das natürlich nicht machen. Kostete die Fahrt einen Rubel zehn Kopeken, so bekamen sie auch Fahrkarten über genau diesen Betrag.

War ich für Überlandfahrten eingeteilt, endete die so lukrative zweite Fahrt leider häufig erst gegen ein Uhr am nächsten Morgen. Und wenn wir im Depot ankamen, war mein Arbeitstag noch nicht beendet, ich musste den Bus noch innen reinigen und dann schnell zur Kassiererin. Bei ihr gab ich die Einnahmen ab sowie

die nicht verkauften Fahrkarten. Von außen mussten nur Busbegleiter das Fahrzeug reinigen, die sich beim unkorrekten Fahrkartenverkauf hatten erwischen lassen. Auch mir war das einmal passiert. Zur Strafe musste ich einen Monat lang jeden Tag den Bus
von außen schrubben.

Suche nach Vater und Bruder

Anfang 1976 erzählte ich einer Nachbarin, dass ich Deutsche bin.
Sie hatte mich gefragt, warum ich meine Tochter immer bei mir
hatte, und da erzählte ich ihr ein bisschen aus meinem Leben. Sonst
sprach ich nicht darüber, weil ich die Erfahrung gemacht hatte, dass
Deutsche selbst mehr als dreißig Jahre nach Ende des Zweiten Weltkrieges noch unerwünscht waren. Diese Frau aber steckte mir ein
paar Tage nach unserem Gespräch einen Zettel zu; es war die
Adresse des Suchdienstes vom Roten Kreuz in Hamburg. Sie gab
mir den Rat, mich dorthin zu wenden. Meine Muttersprache hatte
ich längst vergessen, ich sprach seit vielen Jahren kein Deutsch
mehr und konnte außer meinem Namen auch kein Deutsch mehr
schreiben. Deshalb schrieb ich auf Russisch alles auf, woran ich
mich erinnern konnte, meinen Namen, die Namen der Geschwister, den des Vaters. Ich habe wirklich von ganzem Herzen geschrieben: »Ich flehe Sie an, ich will nur wissen, wer ich bin.« Den Brief
schickte ich am 28. Januar 1976 ab, ohne Hoffnung, dass mir jemals jemand antworten würde. Das Schreiben ging ja erst nach
Moskau. Ich hatte ein paar Jahre früher schon einmal beim Roten
Kreuz in Moskau nachgefragt, aber nie eine Antwort bekommen.
    In dieser Zeit war ich meist auf der mehr als sechshundert Ki-
lometer langen Fernstrecke von Nasarowo nach Abakan unterwegs – zehn Stunden brauchte der Bus normalerweise, es sei denn,
Schneeverwehungen machten die Straße unpassierbar –, bis im
Februar 1976 ein schweres Unglück geschah: Grischa, der junge
Fahrer, hatte zu viel getrunken und auf schneeglatter Fahrbahn

die Kontrolle über das vollbeladene Fahrzeug verloren. Der Bus schlingerte, kam von der Fahrbahn ab und kippte in den Straßengraben. Ich half, die Passagiere durch das vordere Fenster herauszuziehen, bis der Bus Feuer fing. Einige Menschen starben, einige Frauen hatten Schnittwunden im Gesicht, und auch ich wurde schwer verletzt. Noch heute habe ich eine große Narbe über das ganze linke Bein.

Aus dem Krankenhaus wurde ich entlassen, weil man mir dort nicht mehr helfen konnte. Ich war ans Bett gefesselt, mein Bein war verbrannt, außerdem hatte ich eine beidseitige Lungenentzündung. Valentina versorgte mich, sie wechselte die Verbände und besorgte sogar Penicillin. Und da kam auf einmal die Postträgerin hoch und überreichte mir ein Telegramm. Das war am 9. März 1976. Doch das Telegramm war auf Deutsch, und ich konnte es nicht lesen. Valentina bat die Frau, bei der Poststelle jemanden zu finden, der die wenigen Worte übersetzte. Als sie am Nachmittag zurückkam, stand unten auf Russisch, dass mein Vater und mein Bruder in Deutschland lebten, in Westdeutschland. Dass es zwei Deutschlands gab, das wusste ich aus Zeitungen und auch aus dem Fernsehen, ich hatte mir kurz zuvor einen Fernsehapparat auf Kredit gekauft. Es war in Russland bekannt, dass es die DDR gab, das russische Deutschland, das hieß »Nascha Germanija«, unser Deutschland, und dann gab es Westdeutschland, das faschistische Deutschland. Mir war es gleichgültig, als ich hörte, dass mein Bruder und mein Vater im faschistischen Deutschland lebten. Ich wollte zu ihnen, egal, wo das war, wenn es in Afrika gewesen wäre, wäre ich auch dorthin gefahren.

Was für ein Gefühl ich damals hatte, das kann ich nicht mit Worten erklären, das muss man selbst erlebt haben. Ich hatte sofort wieder hohes Fieber. Ich hatte Vater und Bruder nach über dreißig Jahren gefunden, für mich war das wie ein Schock, bei meinem sehr schlechten Gesundheitszustand. Die Ärzte hatten mir kaum noch eine Chance gegeben, aber als die Postträgerin das Telegramm brachte und sich herausstellte, worum es ging, da wusste ich, dass ich nicht aufgeben durfte. Man hatte mich bereits wie eine Halbtote behandelt, aber jetzt musste ich wieder hochkommen, ich hatte meine kleine Tochter, ich musste für unsere Zukunft sorgen, jetzt brauchte ich Kraft. Ich habe meine letzten Reserven aufgeboten, und dann geschah das zweite Wunder, die Ärzte konnten es kaum glauben, aber auf einmal wurde ich langsam gesund.

Bald bekam ich auch in russischer Sprache eine offizielle Antwort des Suchdienstes in Hamburg. Sie begann mit den Worten: »Sehr geehrte Frau Logwinenko, wir haben die große Ehre und Freude, Ihnen mitzuteilen, dass wir Ihre Familie gefunden haben. Sie sind die Tochter von Herrn Albert Otto, geb. 30.03.1899 in Jakobsdorf, Kreis Wehlau. Ihr Vater lebt mit Ihrem Bruder Manfred in der Bundesrepublik Deutschland. Beide sind sehr glücklich, endlich etwas über Ihren Verbleib erfahren zu haben, nachdem sie Sie jahrelang vergeblich über den Suchdienst des Deutschen Roten Kreuzes gesucht haben. Da Sie einen vollkommen anderen Namen tragen, konnte diese Suche keinen Erfolg verzeichnen. Ihr Bruder hat uns heute angerufen und gebeten, uns unverzüglich mit Ihnen in Verbindung zu setzen. Aus verständlichen Gründen möchten Ihr Vater und Ihr Bruder so bald wie möglich mit Ihnen in Briefwechsel treten und von Ihnen und Ihrem Lebensweg erfahren. Da sie beide der russischen Sprache nicht mächtig sind, haben wir ihnen den Vorschlag gemacht, ihre erste Korrespondenz über unsere Dienststelle zu führen. Wir werden ihre Briefe übersetzen und sie dann an Sie weiterleiten. Wenn auch Sie das wünschen, so können auch Sie diesen Weg wählen. Es wäre ebenfalls sehr schön, von Ihnen einige Fotografien zu erhalten.« Dann folgten die Adressen von meinem Vater und meinem Bruder. Außerdem stand da noch, dass die beiden sich Mühe geben würden, uns so schnell wie möglich nach Deutschland rüberzuholen, wenn ich einverstanden wäre.

Natürlich war ich einverstanden. Von diesem Moment an war mein einziges Ziel, mit dem Kind zu meinem Vater in die Bundesrepublik zu fahren. Das Erste, was ich dachte, war, »einen alten

Mann muss man versorgen und ihm beistehen. Also werde ich mich um ihn kümmern müssen.« Von dem Land wusste ich nicht viel, damals schrieb man in der *Komsomolskaja Prawda* oder in den *Nasarowskije Westi* über das Leben der Menschen im anderen Deutschland nur, dass es sehr schwer sei, Arbeit zu finden, dass sehr viele Menschen auf den Straßen hungerten. An die deutsche Botschaft und an das Rote Kreuz habe ich deshalb geschrieben: »Ich kann gut arbeiten, ich bin gesund, ich kann alles tun … Und wenn es sein muss, kann ich meinem Vater auch helfen.« Der war ja schon ziemlich alt. Ich schrieb, dass ich ihn unterstützen würde. Ich glaubte wirklich, dass die Alten hungerten, ich wusste ja nicht, dass das nur sowjetische Propaganda war.

Die Briefe zwischen der Bundesrepublik, Moskau und Nasarowo waren erstaunlicherweise nie lange unterwegs. Mein Vater und mein Bruder Manfred schrieben ans Rote Kreuz, dort wurden die Briefe ins Russische übersetzt und ich bekam sie schon wenig später. In einem Brief stand, daran erinnere ich mich genau, »sobald du losfährst, schicke ein Telegramm, wir holen dich in Braunschweig ab«.

Als ich die ersten Briefe vom Deutschen Roten Kreuz bekommen hatte, bin ich noch einmal zu unserem Parteisekretär Plyssow gegangen. Der hatte mir so oft geholfen, und ich wollte ihm beweisen, dass ich ihn nicht belogen hatte. Ich werde nie vergessen, wie er damals zu mir sagte: »Überlegen Sie sich das sehr gut, ob Sie in den Westen fahren … Sie sind hier aufgewachsen, Sie haben es sehr schwer gehabt und es trotzdem geschafft …« Damals verstand ich seine Worte nicht, heute denke ich, er hat manches vorausgesehen.

Es dauerte nur wenige Monate, bis ich alle Papiere für die Ausreise zusammenhatte und mit Elena nach Moskau zur deutschen Botschaft fahren konnte. Zuvor wurde ich noch von Wladimir geschieden, das war glücklicherweise eine reine Formalität. Dann verkaufte ich die wenigen wertvollen Sachen, die ich besaß: die kleine Waschmaschine, den Fernseher und die Couch. Irgendjemand hatte mir gesagt, dass ich die Rubel nicht mit nach Deutschland nehmen durfte, und so habe ich für Elena die schönsten Kleidungsstücke eingekauft, die ich in Nasarowo finden konnte. Eine Hose, ein Oberteil und eine Jacke, alles zueinander passend in Orangetönen. Ich glaube, die Sachen waren in der DDR hergestellt worden. Meine sämtlichen Personaldokumente musste ich bei der Miliz abgeben, dafür erhielt ich eine Bescheinigung, die ich in der Gebietshauptstadt Krassnojarsk vorzeigen musste, um dort den Ausreisepass mit Stempel zu bekommen. Fast drei Tage waren Elena und ich mit der Transsibirischen Eisenbahn von Krassnojarsk nach Moskau unterwegs. Es war ein schöner Spätsommer, »babe leto« – Altweibersommer, sagen die Russen. Die Blätter waren schon gelb und rot, wir haben viel aus dem Fenster geschaut und die Fahrt genossen, obwohl ich sehr aufgeregt war. Das kann man ja verstehen. Ich fuhr nach Deutschland, in meine Heimat, zu meinen Verwandten. Und wie viele Jahre hatte ich allein in der Sowjetunion gelebt – einunddreißig Jahre.

Nach unserer Ankunft in Moskau wandte ich mich sogleich an die Botschaft der Bundesrepublik Deutschland, die sich damals in einem kleinen, alten Gebäude in der Bolschaja Grusinskaja 17 befand, nicht weit vom Weißrussischen Bahnhof entfernt. Ich brauchte noch das Visum zur Einreise nach Westdeutschland, dafür wurde ein Foto von Elena und mir aufgenommen. Es dauerte nur einen Tag, dann waren die Papiere fertig. Trotzdem mussten wir noch zwei oder drei weitere Tage in Moskau bleiben, weil es uns nicht gelang, von dem Geld, das mir der Vater geschickt hatte, Eisenbahnfahrkarten nach Deutschland zu kaufen. Offiziell waren alle Züge ausgebucht. Ein kleines Bestechungsgeld half schließlich weiter.

Ich weiß nicht mehr, in welchem Hotel wir übernachtet haben. Eine Unterkunft zu finden war nicht leicht, überall hieß es »mjest njet« – es gibt kein Zimmer. So war das lange Jahre in der Sowjetunion, selbst wenn fast alle Zimmer frei standen. Es waren sehr viele Reisende in diesem Hotel, alle lagen oder saßen unten in der

Eingangshalle, und nur die Familien mit kleinen Kindern bekamen Betten. Elena war schon zu groß, und da habe ich dann einen
kleinen Trick angewandt, weil ich sehr, sehr müde war. Ich habe
zu Elena gesagt, sie solle weinen. Das hat sie sofort gemacht, sie
war ebenfalls todmüde. Und sie hat sich da so hineingesteigert,
dass sie fast hysterisch wurde. Das konnte die Frau, die am Empfang saß, schließlich nicht mehr ertragen, und so hat sie uns ein
Zimmer im ersten Stock gegeben. Als ich sah, dass dort fast alle
Zimmer leer standen, bin ich wieder nach unten gegangen und
habe das den anderen Menschen gesagt. Geholfen hat es ihnen
aber nichts.

Elena und ich haben den Roten Platz besichtigt, wir waren im
Zoo und auf dem großen Ausstellungsgelände WDNH, der All-
unionsausstellung. Und wir waren in einem schicken Restaurant,
rechts neben dem Großen Theater. Dort haben wir noch einmal
viel Geld ausgegeben. Was wir gegessen haben, weiß ich allerdings
nicht mehr. Als es dann endlich weitergehen sollte, habe ich ein
Telegramm an Vaters Adresse geschickt, da hatte ich schon die
Zugfahrkarte in der Tasche: »Bin unterwegs – Zugnummer – Ab-
fahrtszeit ab Moskau.« Fast zwei Tage hat es dann noch gedauert, bis ich mit Elena in Braunschweig war. Der Zug kam mitten
in der Nacht an. Ich hatte große Sorgen, wie würde unser neues
Leben werden?

6.

Im Westen

Wiedersehen nach über dreißig Jahren

Während der ganzen langen Fahrt dachte ich darüber nach, ob mein Telegramm auch angekommen war und ob uns jemand am Bahnhof abholen würde. Mit im Abteil war ein älteres Ehepaar, das selten zu Unterhaltungen aufgelegt war, sich lieber in seine Bücher vergrub. Und ich hatte nichts zu lesen mitgenommen! Über meine Sorge, mutterseelenallein mitten in der Nacht in Braunschweig am Bahnhof zu stehen, sprach ich deshalb nur mit dem Zugbegleiter, ich wollte Elena keine Angst machen. Das war ein Pole, er fuhr bereits seit Jahrzehnten auf der Strecke Moskau–Paris, das war die Endstation des Zuges im Westen. Der Mann sagte zu mir: »Wenn dich keiner abholt, wird es schwer, weiterzukommen, so spät sind nur wenige Menschen am Bahnhof. Dann geh in die große Halle und warte. Dort ist es warm«, es war ja schon der 23. September, »und du kannst da bis morgen bleiben. Aber wenn du einen Polizisten siehst, dann geh zu ihm und zeig ihm die Adresse, die du hast. Der wird dir sicher helfen.«

Als es hieß, wir seien in Berlin, hielten wir gleich zweimal an. Beim ersten Mal kamen mehrere Soldaten mit Hunden in unseren Waggon. Ich hatte in meinem Leben jahrelang unter der Aufsicht von Militärs gelebt, deshalb hatte ich vor Beamten immer ein wenig Angst, auch jetzt. Am liebsten hätte ich mich verkrochen, so habe ich mich ganz klein gemacht. Ich verstand nichts, der Zugbegleiter sagte uns, wir sollten alle Sachen zur Kontrolle vorlegen. Da habe ich innerlich geschwitzt, nicht außen. Die Hunde kamen in die Abteile hinein und beschnüffelten alles. Wir saßen ganz leise und versuchten, den Tieren nicht in die Augen zu schauen, dabei waren das wunderbare Schäferhunde, sie glänzten, ihr Fell war zum Streicheln schön. Dann fuhr der Zug ein Stückchen weiter, bis es wieder hieß: »Die Pässe heraus zur Überprüfung.« Doch dieses Mal kamen keine Hunde und auch nicht so viele Männer. Nur zwei, die sagten dann sogar »danke«, als sie mir die Pässe zurückgaben. Das hatte es in der DDR nicht gegeben. Die hatten nur rumgeschrien.

Als der Zug schließlich damals nachts in Braunschweig anhielt, war meine Hauptsorge, mit dem Kind und dem wenigen Gepäck – ich hatte nur einen Koffer und einen Eimer mit Beeren – auf den Bahnsteig hinauszukommen. Außer uns stieg niemand aus. Und dann stand ich da, hielt meine Tochter an der Hand – es war ganz still und kalt –, und auf einmal hörte ich nur: »Liesabeth!« und ich dachte, ich kippe um. Das war mein richtiger Name, den ich so lange Jahre nicht gehört hatte, ich drehte mich um, und da sah ich einen starken, großen Mann. Ich wusste sogleich, dass das Manfred war. Ich hatte mein Kind vergessen, ich hatte das Gepäck vergessen, ich lief, ich habe ihn umarmt, aber ich konnte mit ihm nicht reden. Ich hatte ja damals meine Muttersprache vergessen. Ich habe ihn nur umarmt, und wir zitterten beide. Ich habe sehr gezittert, vor Kälte und Aufregung.

Manfred hatte zwei Pappbecher mit Kakao gekauft. Einen für mich, einen für Elena. Zum ersten Mal in unserem Leben tranken wir heiße Schokolade. Mein Vater war nicht mit nach Braunschweig gekommen, nur zwei weitere Personen, an die ich mich nicht mehr erinnern kann. Dann stiegen wir alle ins Auto und fuhren zu einem kleinen Hotel in der Nähe. Es gab noch ein paar belegte Brote und Tee aus der Thermoskanne.

Am nächsten Morgen ging es weiter in das Durchgangslager Friedland. Mitte der siebziger Jahre waren da vor allem Übersiedler aus Polen und aus Rumänien, aus der Sowjetunion kamen erst vereinzelt Russlanddeutsche. Elena und ich wurden medizinisch untersucht. Auch unsere Lungen wurden durchleuchtet, denn damals gab es in den Ostblockländern häufig Tuberkulose, vor allem bei den armen Menschen. Heute gibt es sie leider wieder. Manfred händigte man irgendwelche Papiere aus, ich verstand nicht, worum es ging.

Schließlich brachte mein Bruder uns nach Wehnen, das ist ein kleiner Ort in der Nähe von Oldenburg. Manfred klingelte an einem kleinen Haus, ein Mann öffnete die Tür, und ich wusste sofort, dass es mein Vater war. In der Diele wurde mir ganz komisch zumute. Elena hat mir später erzählt, dass ich auf die Knie gefallen sei und Vaters Beine umarmt hätte. Heute erinnere ich mich ungern an diese Situation, aber ich weiß noch, dass ich damals nur geweint habe. Wir haben alle geweint, Manfred, Vater, Elena und ich. Manfred blieb noch eine Weile, dann ging er nach Hause, er wohnte am anderen Ende des Grundstücks.

Auch mit dem Vater konnte ich natürlich nicht sprechen. Albert Otto, ein gutaussehender, magerer, hoch aufgeschossener Mann mit weißen Haaren, hatte Essen vorbereitet, das war alles. Es gab kein Fest, nichts Besonderes. Nur abends kam eine Nachbarin mit einem Blumenstrauß. Margret Otto, Manfreds Frau und damit meine Schwägerin, lag zu der Zeit im Krankenhaus in Oldenburg, sie hatte etwas mit der Leber, die ganze Aufregung um mich sei schuld daran, hat man mir damals erklärt. Am nächsten oder übernächsten Tag fuhr Manfred mit Elena und mir dorthin. Das war für mich damals eine neue Welt, alles war so sauber und so schön. Im Krankenhaus konnte eine der Schwestern Russisch, wir haben ein bisschen gesprochen.

Später, nach einigen Tagen, erklärte man mir durch eine Dolmetscherin, dass ich zur Schule müsse, um Deutsch zu lernen. Elena sollte in ein Pensionat, in ein Internat. Aus Russland wusste ich nur, dass ein Internat für kranke oder dumme Kinder war. Ich verstand nicht, warum Elena dorthin sollte, sie war doch ganz normal. Warum konnte sie nicht bei mir bleiben? »Die Stadt Oldenburg wird das Internat bezahlen«, hieß es. Und dann wurde Elena nach Celle gebracht. Das war schlimm, aber das Schlimmste war, dass ich mich nicht erklären, nicht sagen konnte, dass ich sie bei mir haben wollte. Sie war doch noch so klein. Und ich wusste nicht, was ein Pensionat oder ein Internat war. Auch nicht, wo Celle ist. Man hielt mir eine Landkarte unter die Nase, aber ich verstand doch nichts, ich verstehe bis heute nichts von Landkarten. Dann hieß es einfach, es müsse so sein. Elena musste Deutsch lernen. Und auch ich musste zur Schule. Für mich ging das alles viel zu schnell.

Familienbande

Als ich nach Deutschland in die neue Welt kam, war meine Sprachlosigkeit für mich vielleicht das größte Problem. Die Dolmetscherin war nur wenige Stunden da, und unsere Versuche, uns mit Händen und Füßen zu unterhalten, brachten selten ein gutes Ergebnis. Ohne Sprache aber konnte ich den Menschen um mich herum nicht begreiflich machen, dass ich mein Kind bei mir behalten wollte. Elena sollte sich erst einmal langsam an alles gewöhnen, und zwar im Haus des Großvaters. Das war ihr Opa, da sollte sie bleiben. Neun Jahre hatte ich alles für Elena entschieden, und plötzlich zählte mein Wille nichts mehr. Elena weinte, ich weinte. Doch man klopfte mir nur wohlwollend auf die Schulter, als wollte man sagen, dass alles seine Richtigkeit habe und gut würde.

Bevor Elena Anfang November 1976 nach Celle ins Internat gebracht wurde, kam noch ein Fernsehteam aus Hamburg. Die Aufnahmen wurden in Manfreds Haus gemacht, denn es war viel größer als das unseres Vaters. Sehr merkwürdig fand ich aber, dass mein Vater, der mich so lange gesucht und nun endlich gefunden hatte, nicht dabei sein durfte. Später habe ich Manfred gefragt, warum – ich war fleißig beim Lernen, und meine Muttersprache kam schnell zurück. Schneller, als alle erwartet hatten. Aber ich bekam keine Antwort auf diese Frage. Mehrere Male war es sogar so, dass ich bei Manfred im Haus saß und die Margret meinem Vater mit dem Schlüssel die Tür vor der Nase zugemacht hat, wenn sie sah, dass er über das Grundstück kam. Dabei hatte er sie schon längst durch das Fenster gesehen.

Bereits ein paar Monate später musste ich beim Vater ausziehen, eine Entscheidung, die Manfred und Margret alleine getroffen hatten. Manfred hatte gesehen, dass ich öfter weinte. Ich konnte ihm nicht sagen, dass ich seelische Probleme hatte und dass ich mit niemandem darüber reden konnte. Manfred und Margret haben in der Nähe eine Wohnung für mich gefunden und mich dahin gebracht. Da standen zwei Betten und der Schrank, den ich heute noch habe. Den habe ich überall mit hingeschleppt. Manfred sagte zu mir: »Hier wirst du wohnen, und Elena wird in den Ferien auch hierherkommen. Aber dem Vater darfst du nicht sagen, dass du hier bist.« Zu Vater haben sie gesagt: »Liesabeth zieht aus, sie nimmt nichts mit, nur ihre Kleider und das, was man Elena geschenkt hat.« Bekannte von Manfred und Margret hatten mich damals sehr reichlich mit Kleidung bedacht. Die Kleider waren nicht neu, für mich aber bedeuteten sie schon Reichtum.

Als sie mich in die Wohnung gebracht hatten, sagten Manfred und Margret noch, es werde besser für mich sein, wenn ich dort alleine leben würde. Dabei war das Haus des Vaters groß genug für uns alle. Es hatte drei Zimmer, einen Vorraum und eine Küche. Die kleine Wohnung, in der ich nun lebte, war nach dem Tod der Vormieterin frei geworden. Die Möbel hatten Manfred und Margret gekauft.

Ich habe damals mit niemandem gesprochen. Vor ein paar Jahren, als wir die Reportage drehten, war ich mit den Journalisten noch einmal in dem Haus und habe mich mit den Nachbarn unterhalten, die dort schon wohnten, als Elena und ich da waren. Niemand erinnerte sich an eine Frau mit Kind, die aus der Sowjetunion gekommen war. Dabei haben wir damals nebeneinander gewohnt, Tür an Tür. Und sehr groß war das Haus auch nicht.

Dann hatte Elena zum ersten Mal Ferien. Von Celle aus fuhr sie mit einem anderen Mädchen nach Oldenburg, dort wurde sie von Manfred und Margret am Bahnhof abgeholt. Später hieß es: »Wir haben alles für dich getan und du hast uns alles vor die Füße geschmissen.« Das stimmt, die haben damals alles getan, auch wenn nicht alles richtig war. Nach meiner Meinung hat nie jemand gefragt. Manfred und Margret haben Elena in unsere neue Wohnung gebracht. Nun war meine Tocher endlich wieder bei mir. Vater wusste noch nicht, wo ich lebte. Bis zu ihm, Elenas Opa, war es nicht weit. Über die Straße lag das große Pflegeheim für Behinderte, in dem mein Vater nach dem Krieg lange gearbeitet hatte. Dort ging man durch den Park, und dann war man schon fast an seinem Haus.

Ich war froh, als Schulferien waren und ich Elena wieder bei mir hatte. Ich buk sogleich Mehlflinsen, eine Art Pfannkuchen, und Elena guckte sich in der neuen Wohnung um. Schon am nächsten Tag aber schrie sie: »Ich will zu Opa, ich will zu Opa!« Mit ihren zehn Jahren wusste sie schon genau, was sie wollte. Mein Vater hatte Elena in der kurzen Zeit sehr verwöhnt. Zuerst lief er mit Bananen hinter ihr her. Elena wusste nicht einmal, was das ist, sie probierte zwar, spuckte die Banane aber gleich wieder aus. Dann versuchte er es mit Apfelsinen und vielen Süßigkeiten, irgendetwas hatte er immer, womit er Elena etwas Gutes tun wollte. Elena war damals sehr mager, und der Opa meinte, sie müsse zunehmen. Der alte Mann dachte immer, das Kind habe zu viel gehungert, obwohl Elena nie gehungert hatte. Wenn es einmal knapp war, hatte ich selbst auf das Essen verzichtet.

Nach zwei oder drei Tagen hatte Elena sich schon ein bisschen mit den Nachbarskindern angefreundet, sie spielten zusammen zwischen den Häusern. Auf einmal sagte Elena: »Ich gehe spazieren.« Ich erlaubte es ihr, habe aber noch hinzugefügt, sie solle nicht weit weg gehen. Dann klingelte es, ich machte die Tür auf, Elena kam rein, sie hatte etwas in der Hand, eine Tüte. »Woher hast du das?«, habe ich sie gleich gefragt. – »Mutti, du weißt doch, dort bei Opa hat mir jemand ein Fahrrad geschenkt. Ich habe mir das Fahrrad geholt.« Sie erzählte mir das auf Russisch. Dann habe ich gefragt: »Was macht Opa denn?« Da hatte ich schon vergessen, dass er nicht wissen durfte, wo wir wohnten. Dann klingelte es noch einmal. Und da stand mein Vater vor der Tür, mit zwei Tüten, und sagte: »Liesabeth, Kind, darf ich mal zu dir reinkommen?« Das tat mir weh. Ich hatte bisher etwas anderes im Leben gelernt. Wenn Eltern die Kinder besuchen, auch wenn die in verschiedenen Wohnungen wohnen, dann muss der Vater nicht um Erlaubnis bitten, um reinkommen zu dürfen. Ich habe zu meinem Vater gesagt: »Woher weißt du, wo wir wohnen?« Und dann hat Elena auf Russisch gesagt: »Opa tat mir so leid, der wollte wissen, ob wir gut wohnen …« Er war einfach hinter ihr hergegangen. Sie wusste das, sie hat ihn zu uns geführt. Ich weiß nicht, warum Manfred und Margret nicht wollten, dass Vater mich besuchte, weshalb er nicht wissen durfte, wo ich mit Elena lebte. Ich vermute nur – vielleicht irre ich mich auch –, sie dachten, dass Vater ein schlechter Mensch war und mit mir nichts zu tun haben sollte.

Zweimal brachte Manfred mich mit dem Auto nach Celle zu Elena. Ich hatte keine Vorstellung davon, wie weit es von Oldenburg bis dahin war, doch das dritte Mal konnte ich nicht mehr abwarten. Ich wollte zu meiner Tochter und verließ mich darauf, dass jeder mir, einer Frau, die erst wenig Deutsch konnte, helfen würde. Ich war sehr aufgeregt, aber ich bin nach Celle gefahren, ganz alleine. Einfach mit dem Bus zum Bahnhof, das war die Linie 10 von Wehnen nach Oldenburg, die musste ich immer benutzen, um zur Schule zu fahren, denn die lag gegenüber vom Bahnhof. Vater hatte mir vorher Geld gegeben, fünfzig D-Mark, damit bin ich dann abgehauen. Ich hatte das Geld gespart, ich wusste ja, was die Fahrkarte kostete, hin und zurück.

Aus Celle habe ich zuerst mal bei Manfred angerufen, Vater

hatte kein Telefon. Der Neffe war am Apparat, ich konnte ihm nur sagen: »Liesabeth, Celle.« Da war der Teufel los. Später hat Manfred gesagt: »Als ich das hörte, dachte ich, mich hat ein Pferd getreten.«

Elenas Internat war schnell gefunden. Ich hatte die Adresse in der Tasche, außerdem war ich schon zweimal dort gewesen. Als ich meine Tochter in die Arme schloss, weinte Elena. Sie war damals die Jüngste im Internat, außer ihr waren fast nur sehr viel ältere Jungen und Mädchen dort. Sie waren sechzehn, siebzehn Jahre alt und vor allem aus Polen. Nur wenige waren wie wir aus der Sowjetunion in den Westen gekommen. Die Jugendlichen ärgerten die Kleinen immer, sie drangsalierten sie und forderten Geld von ihnen, wenn die Kinder Besuch gehabt hatten. Fast wie im Kindergefängnis Kineschma regierte im Internat eine kleine Kindermafia. Elena wäre am liebsten mit mir nach Wehnen zurückgefahren, doch das ging nicht, ich hatte die Worte von Manfred und Margret im Ohr: »Wir haben uns lange Zeit um dieses Internat bemüht, die Stadt Oldenburg trägt die ganzen Kosten, du willst uns doch nicht etwa blamieren und Elena dort wegholen?« Noch tat ich, was man von mir erwartete.

Als ich alleine in der kleinen Wohnung lebte, begannen die Streitereien zwischen mir, Manfred und Margret. Denn sobald ich etwas Deutsch verstand, versuchten mein Bruder und seine Frau, mir klarzumachen, dass mein Vater an allem, was in der Familie Schlimmes passiert war, die alleinige Schuld trug. Ich finde, das war ungerecht von den beiden. Zuerst einmal wurde mir beigebracht, dass mein Vater schuld war, dass Manfreds Mutter gestorben ist. Manfred und Christel waren die Kinder der ersten Frau meines Vaters. Er hätte ihre Mutter retten können, aber statt sie ins Krankenhaus zu bringen, habe er ihr Schlafspritzen gegeben oder ein Schlafmittel, dabei waren ihre Eierstöcke geplatzt. Und dann hieß es, dass mein Vater auch schuld an meiner Mutter Tod gewesen sei.

Vater war Ende des Zweiten Weltkriegs Sanitäter. Bereits im Ersten Weltkrieg war er an der linken Hand verletzt worden, seitdem zitterte sie ständig. Daher musste er im Zweiten Weltkrieg auch nicht an die Front. Als Krankenpfleger von Beruf arbeitete er im Lazarett. Das Kriegsende erlebte er in Frankreich, doch er war nicht lange an der Westfront, gerade einmal sechs Monate. Als die Sowjetarmee immer näher an Ostpreußen herankam, hatte man ihm Ende 1944 zehn Tage Urlaub gegeben. Er sollte seine Frau und seine Kinder in den Westen bringen, doch er tat es nicht. Deshalb verloren meine Mutter und Christel ihr Leben, Manfred und mir war es schlecht ergangen. Das war der Vorwurf, den mein Bruder Manfred unserem Vater machte.

Immer und immer wieder hörte ich: »Vater ist schuldig, Vater ist schuldig ...« Bis ich zu ihm ging und ihn in meinem schlechten Deutsch fragte: »Zehn Tage Urlaub, Mutter und Christel, Manfred und Liesabeth ... Warum bist du nicht früher gekommen?« Mein Vater antwortete: »Kind, ich glaubte doch nicht, dass die Russen kommen würden, und wir hatten so viel Arbeit. Ja, ich hatte zehn Tage Zeit, aber ich hatte viel zu tun. Und ich glaubte wirklich nicht, dass euch etwas passieren würde.« Unser Vater war da schon zur Räumung der Heil- und Pflegeanstalt Allenberg, in der inzwischen ein Lazarett untergebracht war, abkommandiert worden. Anfang Januar begleitete er einen der Krankentransporte in den Westen. Uns, seine Familie, nahm er nicht mit. Ob er es gekonnt hätte? Ich glaube nicht, er war doch nur ein einfacher Krankenpfleger.

Viele Ostpreußen konnten sich – so wie mein Vater – nicht vorstellen, dass es zum Einmarsch der Russen kommen würde, deshalb waren außer meiner Mutter und uns drei Geschwistern Ende Januar 1945 noch Hunderte und Aberhunderte Frauen, Kinder und alte Leute in Wehlau, die schließlich verzweifelt versuchten zu fliehen. Bis dahin war keine einzige Bombe auf die Stadt gefallen. Was Krieg hieß, hatten die meisten Wehlauer erst aus den Berichten der Menschen erfahren, die bereits im Sommer 1944 in Königsberg ausgebombt worden waren. Später berichteten durchziehende Flüchtlinge von dem, was sie durchgemacht hatten. Ich war aber noch so klein, dass ich nichts davon mitbekam.

Seitdem ich in der Bundesrepublik lebte, war ich immer sehr nervös. Elena war nicht da, ich musste tüchtig Deutsch lernen und immer viel üben. Und dann brachte man mir noch bei, dass Vater an allem schuld sei. Ich habe viel geraucht und geweint, Vaters Nachbarin, die alte Frau Schröder, hat das bemerkt. Ich tat ihr leid, aber sie konnte mir nicht helfen. Das hat sie mir vor ein paar Jahren erzählt. Sie konnte sich an die ganze Situation gut erinnern. Und sie meinte, wenn die Frau Otto, Vaters dritte Frau, noch gelebt hätte, dann wäre das alles nicht passiert. Sie soll sehr nett und gütig gewesen sein, leider habe ich sie nicht mehr kennengelernt.

Kindheitserinnerungen

Manchmal sprach ich mit meinem Bruder über unsere gemeinsame Kindheit in Wehlau. Manfred sagte oft: »Die Liesabeth hat so viel in ihrer Erinnerung, was ich selbst längst vergessen habe.« Unser Vater hörte dann immer sehr interessiert zu, denn er kannte diese Geschichten alle nicht, weil er seine Frau und uns drei Kinder bereits wenige Jahre nach meiner Geburt verlassen hatte, um in einer Irrenanstalt in der Nähe von Leipzig zu arbeiten.

Wenn Manfred von der Wehlauer Zeit erzählte, dann fiel ihm zuerst ein, dass ich, seine kleine Schwester Liesabeth, ein sehr freches Kind gewesen war. Und dass ich meine älteren Geschwister fast jedes Mal, wenn sie etwas taten, was unsere Mutter ihnen verboten hatte, verpetzte. Ich war vier, fünf und immer mit den großen Kindern unterwegs. Einmal, es war Frühling, hatte meine Mutter uns verboten, auf das Eis der Alle zu gehen. Das war zu gefährlich. An diese Geschichte kann ich mich gut erinnern. Manfred war auf das Eis gegangen, obwohl schon Wasser darauf stand und es am Rand abgebrochen war, so dass er rüberspringen musste. Da bin ich zu meiner Mutter gelaufen und habe gesagt: »Mutti, der Manfred ist auf dem Eis und schaukelt sich. Da sind noch andere Jungen dabei.« Und da ist meine Mutti sofort mit dem Gürtel in der Hand dort hingegangen und hat den Manfred so verprügelt, dass der geschrien hat. Danach wurde ich von Manfred und den anderen Jungen überall gekniffen, ich sollte auch mal schreien.

Ich glaube nicht, dass mich meine Mutter bevorzugt hat, weil ich ihr Kind war. Christel und Manfred waren nur Vaters Kinder, das hatte sie manchmal gesagt. Mich hat sie auch ordentlich verprügelt, wenn ich frech war. Hinter unserem Haus waren die Plumpsklos. Zwei auf der einen, zwei auf der anderen Seite. Jede Partei hatte ihr eigenes Klo und einen eigenen Schlüssel. Unser Nachbar, ein junger Mann, war blind. Dem habe ich einen schlimmen Streich gespielt, da war ich wohl fünf oder sechs. Ich hab mein Geschäft gemacht und in der Faust was aufgefangen. Ich wusste, dass der Nachbar nur wusste, wo der Zaun und das Häuschen waren. Jeden Morgen ging er zur selben Zeit zu dem Plumpsklo. Und an einem Tag habe ich kurz, bevor er kam, mit der Scheiße das Schloss völlig zugeklebt und saß da und beobachtete, wie der arme blinde Mann kam, den Schlüssel reinstecken wollte, aber auf einmal hatte der ganz dreckige Hände. Und dann fing er an zu schimpfen: »Wer hat das getan? Verdammt noch mal! Wer war das?« Außer mir hatte das niemand tun können. Da hat mich meine Mutter wirklich über einen Stuhl gelegt, die hat mich richtig mit dem Gürtel verprügelt, dafür habe ich sie bekommen. Das habe ich nie wieder getan, vielleicht aber was anderes Freches. Ich kann mich nicht erinnern, dass der arme blinde junge Mann mir was angetan hätte. Ja, warum habe ich das gemacht? Weil ich frech war. So einfach aus Spaß. Ich wollte meinen Spaß haben, so wie später mit den Pferden in Litauen.

Meine Mutter hatte es nicht leicht, uns drei Kinder ohne den Vater zu erziehen. Das Geld, das er nach Hause schickte, das war der größte Teil seines Gehaltes, reichte kaum zum Leben. Umso glücklicher war sie darüber, dass wir in unserem Haus bleiben durften, obwohl die Wohnungen in der Pflegerkolonie nur für Mitarbeiter der Heilanstalt Allenberg bestimmt waren.

In jedem Haus wohnten vier Familien, jede hatte ihren eigenen Eingang. Wenn man in unser Haus hineinkam, ging links eine Treppe nach oben. Da war ein kleines Zimmer, in dem ein Bett stand, wohl auch noch ein Schrank, sonst nichts. Das war das Zimmer, in dem meine Mutter sich mit mir aufhängen wollte. Warum sie das vorhatte, weiß ich nicht, ich habe das nur genau in meiner Erinnerung. Vor mir sehe ich den Strick und einen Haken, an dem hing eine Lampe. Ich weiß nicht, ob die elektrisch war. Aber wie meine Mutter damals mit mir nach oben gegangen ist, hinter uns die Tür zugemacht hat und auf dem Bett stand, um zu versuchen, an dem Haken den Strick aufzuhängen, das habe ich genau in Erinnerung. Ich weiß auch noch, dass sie mich hochgehoben hat, da hing der Strick schon an dem Haken. Und dann weiß ich nur noch, dass ich mich mit all meinen Kräften gewehrt habe. Ich habe geschrien, ich habe geweint, und meine Mutter hat auch geweint. Und weil ich mich gewehrt habe, saßen wir beide dann plötzlich auf dem Bett. Mutti hielt mich im Arm, und der Schrecken war vorüber. Das war in dem Zimmer oben, wenn man die Treppe hochging. Wozu wir das Zimmer sonst hatten, daran kann ich mich nicht erinnern.

Ich war meist im Erdgeschoss, in der Küche bei meiner Mutter oder in dem Zimmer, das hinter der kleinen Küche und dem Ofen lag. Dort stand, wenn man rechts durch die Tür ging, links an der Wand das Bett, in dem Manfred schlief. Geradeaus standen zwei weitere Betten, dort schliefen meine Mutter, Christel und ich. Ich lag als Kleinste in der Mitte.

Unser Vater war fast nie da. Ich erinnere mich nur, wie er uns einmal zu Weihnachten besuchte, da trug er schon Uniform. Es muss das letzte Weihnachten zu Hause gewesen sein, 1944. Mein Vater kam spät abends zu Fuß vom Bahnhof. Er stellte seinen Koffer in das kleine Zimmer, wo rechts vom Eingang der geschmückte

Tannenbaum stand, und nahm mich mit beiden Armen hoch, bis zur Decke. Ich war ein wenig erschrocken, bis mir jemand sagte, dass der Mann unser Vater sei. Dann machte er den Koffer auf, darin waren riesige, dicke rote Äpfel. Das war für uns Kinder besonders schön, solche Äpfel hatten wir schon lange nicht mehr gegessen. Die haben wunderbar geduftet. Das hat sich in meiner Erinnerung fest eingegraben. Die schönen roten Äpfel, und dass in der Ecke neben dem Weihnachtsbaum Vaters Gewehr stand. Dabei waren in dem Koffer noch mehr Lebensmittel, über die wir vier uns sehr gefreut haben. Meine Mutter hatte doch am zweiten Weihnachtstag auch noch Geburtstag. Ich glaube nicht, dass wir damals gut gegessen haben. Ich war ganz dünn, Manfred und Christel waren auch nicht dick. Ich weiß, dass es oft Pellkartoffeln gab, ich glaube, Mutti machte sie mit einer Mehlsoße. Manfred erzählte mir später einmal, dass die Lebensmittel seit Kriegsbeginn rationiert waren. »Normalverbrauchern« standen fünfhundert Gramm Fleisch, drei Kilo Brot, zweihundert Gramm Butter, zweihundertfünfzig Gramm Margarine und zweihundertfünfzig Gramm Zucker pro Woche zu, aber gegen Ende des Krieges gab es vieles nicht mehr. Und wie groß war die Ration für Kinder?

Woran ich mich auch noch sehr gut erinnere, ist, dass hinter dem Haus ein Stall stand. Der steht heute noch. Und da hatten wir Hühner, fünf Hühner. Das weiß ich deshalb so genau, weil jedes Familienmitglied sein eigenes Huhn hatte – vielleicht durfte man auch nicht mehr Hühner halten –, und das war mit einem bunten Faden gekennzeichnet. Am Flügel. So wussten wir genau, wem welches Huhn gehörte. Und jedes Mal, wenn die Hühner laut wurden, weil sie ein Ei gelegt hatten, dann liefen wir Kinder schnell hin, um festzustellen, wessen Huhn das Ei gelegt hatte, wem gehörte das Ei? Wie gut mein Huhn Eier gelegt hat, weiß ich heute nicht mehr. Ich kann mich nicht einmal mehr an die Farbe seines Bändchens erinnern.

Später, als ich meine Muttersprache endlich wieder erlernt hatte, sagte mein Vater mir ehrlich, dass er damals insbesondere aus finanziellen Gründen kein weiteres Kind hatte haben wollen. »Martha, ich habe dich geheiratet, aber bitte bloß kein Kind!« Das hatte er zu meiner Mutter gesagt. Ich sollte nicht auf die Welt kommen. Und vielleicht wäre es auch besser gewesen.

Was ich meinen Bruder Manfred nie fragte, war, ob und wie lange ich in Wehlau in die Schule gegangen bin. Vom Alter her hätte ich im Herbst 1944 noch eingeschult werden müssen. Da kamen – wie ich später gehört habe – sehr viele Wehlauer Kinder zur Einschulung in der Turnhalle an der Schanze zusammen. Es gab keine Feier wie heute, und schon nach wenigen Tage Schule wurde der Raum als Notlazarett benötigt. Dann fanden noch ein paar letzte Tage Unterricht im »Gesellschaftshaus Wehlau« statt. Aber ich kann mich an keine Lehrerin, an keine Schulstunde und auch an keine Einschulung erinnern. Nur daran, dass man mir mit einem dünnen Stock auf die Finger geschlagen hat. Oder habe ich das geträumt? Als Sascha, mein erstes Enkelkind, eingeschult wurde, habe ich versucht, mich zu erinnern, aber es gelingt mir bis heute nicht. Ich weiß nur, dass ich schon ein paar lateinische Buchstaben lesen konnte, als ich in Litauen herumlief. Aber ich weiß nicht, wo, wann und von wem ich die gelernt hatte.

Versuchte Flucht

Manfred hat mir auch viel über unsere Flucht aus Wehlau erzählt, das meiste hatte ich vergessen. Aber ich weiß genau, das war Anfang 1945, da bemerkten auch wir Kinder die Panik um uns herum. Bei uns in der Diele standen schon viele Sachen eingepackt. Und auf einmal hieß es: »Anziehen! Auch wir müssen auf die Flucht gehen.« Jedes von uns Kindern bekam einen kleinen Rucksack, da waren ein paar Sachen drin und ein Stoffschildchen mit unserem Namen. Ich weiß noch, dass ich im letzten Moment eine Puppe in meinen Rucksack gepackt habe. Unsere Mutter hatte sehr viel schweres Gepäck auf dem Rücken, außerdem noch eine

Tasche und einen Koffer. Dann sind wir losgegangen. Zum Bahnhof. Der war nicht weit von unserem Haus entfernt. Die Menschen, die aus der Stadt kamen, hatten einen viel längeren Weg. Trotzdem fiel es uns schwer, unser ganzes Gepäck dorthin zu schaffen.

Es lag viel Schnee in diesem Januar, und es schneite ohne Unterlass, als nun auch unsere Familie die ostpreußische Heimat verlassen musste. Meine Mutti ging immer ein paar Meter nach vorne und stellte einen Teil des Gepäcks ab. Eines von uns Kindern musste dabeibleiben, dann ging sie zurück, holte den Rest des Gepäcks, und es ging wieder ein paar Meter weiter. Bis wir endlich am Bahnhof ankamen. Dort mussten wir gemeinsam mit vielen anderen Menschen auf einen Zug warten. Wie lange das dauerte, konnte Manfred mir auch nicht sagen, aber er bestätigte, dass es von Wehlau aus mit der Bahn weiterging. Er war sogar der Meinung, dass der Zug am 21. Januar 1945 fuhr und der letzte Flüchtlingstransport war, der Wehlau verlassen hat.

Der 21. Januar war ein Sonntag. Noch am frühen Morgen wurde über Lautsprecher verkündet, es bestünde keine Gefahr für die Stadt, doch um zehn Uhr – die Russen standen bereits in den Vororten – läuteten die Kirchenglocken Sturm. Endlich gab die Kreisleitung den Räumungsbefehl und die Treckerlaubnis mit der Anweisung aus, die Bevölkerung der Stadt solle sich Richtung Süden retten. Dass die Rote Armee immer näher rückte und kaum noch vom Volkssturm aufgehalten werden konnte, hatten viele Wehlauer bereits von den Flüchtlingen gehört, die seit zwei Tagen in endlosen Trecks durch die Stadt zogen, da die Reichsstraße Nummer 1, die über Königsberg nach Berlin führte, den Wehrmachtstransporten vorbehalten war. Nachts lagerten die Menschen auf den Schanzenwiesen zwischen Alle und Pregel, auf denen sonst der Pferdemarkt stattgefunden hatte. Kaum ein Bewohner der Stadt hatte sich aber diesen Trecks angeschlossen oder sich selbständig auf den Weg in den Westen gemacht. Die meisten Menschen harrten aus und hofften wie mein Vater und wir auf das Beste. Vielleicht würde alles so kommen wie im Ersten Weltkrieg, als die Russen bereits einmal in Ostpreußen standen. »So schlimm war das damals nicht«, erzählten die alten Leute, die das erlebt hatten. »Die Russen sind auch nur Menschen.«

Ich hatte immer gedacht, wir wären von Wehlau direkt nach Königsberg gefahren. Doch Manfred hat erzählt, dass der Zug uns nach Heiligenbeil gebracht hätte, wo es aber nicht weiterging, deshalb fuhren wir zurück nach Königsberg. Dort waren wir vier auf einmal im Hafen. Da lagen riesige Schiffe, aber auch ein paar kleinere; das war für uns Kinder sehr interessant, wir hatten vorher noch nie Schiffe gesehen.

Unsere Mutter hatte sich einer Gruppe von Frauen und Kindern aus Wehlau angeschlossen. Irgendjemand brachte uns zu einem dieser Schiffe, mir kam es damals riesig vor. Die Leiter, über die wir an Bord klettern mussten, war steil und hoch. Ich erinnere mich, da oben standen junge Soldaten, und jeder, der da hochkam, bekam von denen etwas in die Hand, so ein Päckchen, in glänzendes Papier eingewickelt. Darin waren frischer Speck, Salz und Brot. Und dann mussten wir alle eine Treppe runtersteigen, aber da unten gab es keine Bank, keine Stühle, keine Kisten, nichts, es war alles schwarz vom Kohlenstaub. Wir mussten uns schön nebeneinander auf unsere Taschen und Koffer setzen. Ich hatte meinen Rucksack noch, das weiß ich genau. Ob Mutti noch ihr ganzes Gepäck hatte, weiß ich nicht. Und dann kamen immer mehr Frauen mit Kindern runter, ganz, ganz viele, wie Ameisen. Die wurden auch alle so hingesetzt wie wir. Das Schiff hatte kein Dach, es war ein ganz einfaches Schiff, wie ein Trog. Und nach einiger Zeit setzte sich der Trog in Bewegung.

Der Kohlenkahn, mit dem wir aus Königsberg durch den Seekanal Richtung Pillau fuhren, war eines von vielen Schiffen, die die alte Hansestadt im Schutze der Nacht verließen. Wie immer ging es im Konvoi, eins hinter dem anderen, einige waren mit leichter Flak bewaffnet. Vorneweg fuhr ein Eisbrecher, bis wir Pillau hinter uns gelassen hatten und auf der Ostsee waren. Da hat der Kohlenkahn ganz stark geschaukelt. Das jagte uns Angst ein. Und dann kamen die Flugzeuge, die flogen ganz niedrig und fingen an zu schießen. Ich kann mich nicht erinnern, ob jemand getroffen wurde, aber die Panik und das Geschrei waren schlimm. An noch etwas kann ich mich erinnern, davon hat auch Manfred gesprochen: Hinten auf dem Schiff, da stand ein Gewehr, das drehte sich immer, das war wohl ein Maschinengewehr, und die Soldaten haben versucht, damit die Flugzeuge abzuschießen. Aber es kamen immer mehr. Mutti griff erst nach mir, dann nach meinen Geschwistern. Dabei wollte ich doch gucken, das war ja alles sehr interessant, was verstanden wir Kinder schon vom Krieg. Meine Mutter musste mich mit Gewalt auf den dreckigen Boden drücken, über mir lagen Manfred und Christel, darüber warf sich unsere Mutter. Ich glaube, dass Mutti blaue Augen hatte, und ich habe noch gut in Erinnerung, dass ihre Augen nicht mal winkten, die guckten nur nach unten. Sie hatte wohl auch Angst.

Komischerweise hatte ich immer noch die Puppe bei mir. Als wir aufstanden, war ihr Kopf eingedrückt. Was habe ich da ein Theater gemacht, das war das Schlimmste für mich. Ich habe immer nur geschrien: »Ihr habt meine Puppe kaputtgemacht! Ihr habt meine Puppe kaputtgemacht!«

Die Erwachsenen hatten genau registriert, wie viele Flüchtlingsschiffe in dem Konvoi gewesen waren. Lange Zeit sprachen sie darüber, dass zwei der vorderen Schiffe gesunken waren. Lange Zeit war auch das Schreien von Menschen, die im Wasser schwammen, zu hören gewesen. Es waren nur Frauen und Kinder und alte Leute auf den Schiffen.

Wie lange unsere Flucht über die Ostsee dauerte, daran können Manfred und ich uns nicht mehr erinnern. Uns Kindern schien, die Fahrt über die aufgewühlte See dauerte eine Ewigkeit. Als die Schiffe endlich in Danzig anlegten, waren es nicht mehr viele.

Als wir in Danzig ankamen, brannte die Stadt bereits, überall wurde geschossen. Wir wurden in einem tiefen Keller unter einem großen Haus untergebracht. Manfred hat mir gesagt, das sei das

Zeughaus gewesen, mitten in der Stadt. Er hat mir ein Buch mit Bildern von Danzig gezeigt, da war auch dieses große, schöne, mit Figuren verzierte, alte Gebäude drin. Unten im Keller waren riesige Räume, vielleicht waren es auch Hallen, da saßen wir. Männer mit Uniform kamen, und die hatten Bonbons, runde Bonbons. Jedem von uns Kindern steckten sie immer wieder so ein Bonbon in den Mund. Das schmeckte gut. Und wem es ganz schlecht ging, da waren ja auch Verwundete, der bekam von ihnen ein paar Schlucke Wasser.

Die Menschen schrien aus Angst, in dem Keller lebendig begraben zu werden oder zu ersticken. Niemand durfte die Tür oder die Fenster aufmachen. Dann gab es plötzlich einen lauten Donner, die Decke bewegte sich, durch die zickzackförmigen Risse quollen Staub und Qualm. Als irgendwann viel später die Tür aufging, kamen russische Soldaten hinein. Sie jagten alle Flüchtlinge die Treppe hoch, auf die Straße hinaus. Doch niemand wusste, wohin, denn es brannte immer noch überall. Irgendwie flüchtete sich meine Mutter mit uns Kindern in den weniger zerstörten Westen der Stadt, Manfred meinte, der Stadtteil habe Bischofsberg geheißen. Russische Soldaten sperrten uns Deutsche in den Keller eines unzerstörten Hauses, niemand wusste, wie lange wir dort eingeschlossen bleiben sollten.

Als die Tür wieder aufging, das ist meine eigene Erinnerung, danach brauchte ich Manfred nicht zu fragen, da kamen die russischen Soldaten rein und haben mit Taschenlampen alle beleuchtet. Die schrien immer »Uhr, Uhr!«, sie wollten alle Uhren haben. Ein Mann wurde angeschossen, ich weiß nicht, ob zufällig oder mit Absicht, da schrien die Frauen wieder. Mutti hat gesagt, wir sollten auch schreien, es war ein großes Chaos. Den Russen machte es aber nichts aus, unser Schreien. Und dann holten die sich einer nach dem anderen Mädchen und Frauen raus. Nach einiger Zeit brachten sie sie wieder in den Keller. Und dann musste meine Mutter auch gehen. Wir haben uns alle drei an ihr festgehalten, aber die Soldaten hatten Gewehre, und damit haben sie uns zur

Seite gestoßen, von der Mutter weg. Mutti hat versucht, uns zu beruhigen: »Seid still jetzt. Es muss so sein. Ich komme wieder.« Und als Mutti schon die Treppe hochgestiegen war und oben stand, da sah ich, dass sie sehr schöne Strümpfe anhatte. Ich weiß nicht, warum. Und dann hat sie ihre Strümpfe heruntergelassen. Sie hat sich nach unten gebeugt und die Strümpfe runtergeschoben. Sie wollte nicht so schön aussehen, vermute ich. Aber damals habe ich nur gedacht, das sieht aber hässlich aus, wenn die Strümpfe so runterfallen.

Es dauerte lange, bis Mutter zurückkam. Sie kam wieder, aber sie war ganz verändert. Sie schaukelte ganz müde und legte sich neben uns, mit dem Gesicht nach unten. Ich habe nicht gehört, dass sie weinte, aber ihr ganzer Körper hat gezuckt. Vorher aber hat sie Christel noch ganz schnell zwei Zöpfchen geflochten, ich habe ihr dabei geholfen. Dann hat sie sie ganz weit in die Ecke hineingeschoben und gesagt, dass Manfred und ich uns vor Christel hinsetzen sollten. Mutti lief eine Spur von Blut aus dem Mund. Dann kamen immer noch andere Frauen und Mädchen, die schrien. Besonders die jüngeren Mädchen waren nicht zu beruhigen. Das alles ging eine Ewigkeit so weiter. Irgendjemand sagte: »Drei Tage und drei Nächte wird das jetzt dauern, und dann werden die Russen damit aufhören.«

Als unsere Familie Wehlau wohl mit dem letzten Zug verlassen hatte, blieben vor allem alte Leute und Kranke in der Stadt zurück. Auch sie erlebten die Russen, Soldaten der 3. Weißrussischen Front, die Wehlau fast kampflos am 24. Januar 1945 einnahmen. Die Zurückgebliebenen wurden verhört, einige Verdächtige sogleich erschossen. Wohnungen und Häuser wurden geplündert, das Beutegut auf Lkw verladen und in die Sowjetunion geschickt. Durch Kriegseinwirkungen waren nur wenige Häuser zerstört, doch ein Großteil der Innenstadt wurde von sowjetischen Soldaten in Brand gesteckt und ein Raub der Flammen. Nur wenig mehr als die Hälfte der Gebäude blieb erhalten, im Königin-Luise-Haus wurde die Kommandantur eingerichtet, im Schleusenhaus ein kleines Krankenhaus für Deutsche. Der sowjetische Stadtkommandant setzte einen deutschen Kommunisten als Bürgermeister ein, unter ihm hatten viele ältere Bürger schließlich zu leiden. Bald verwandelte sich der alte Marktplatz in einen russischen Basar, auf dem der Schwarzhandel florierte. Doch von all diesen Veränderungen erfuhren meine Geschwister und ich erst, als wir in unsere Heimatstadt zurückkehrten.

Irgendwann einmal haben Manfred und ich auch darüber gesprochen, wie Mutti gestorben ist. Und über Klein-Weißensee. Wie wir drei dort gelebt haben. Endlich konnte ich Manfred erklären, dass ich Christels Sachen nicht hatte klauen, sondern eintauschen wollen, aber Frau Schwarz sie mir weggenommen hat. Und dann hat Manfred ein bisschen erzählt, wie es ihnen ergangen ist, nachdem ich weggelaufen war. 1948 ist Christel gestorben, verhungert. Manfred ist im selben Jahr mit einem Kindertransport nach Deutschland gekommen. Er hat auch viel Schlimmes erlebt, vielleicht war er deshalb so böse auf meinen Vater. Und auf die Russen, die hasste er. Ich konnte meinem Bruder nicht erzählen, dass es auch gute Russen gab. Das wollte er nicht hören. Oder konnte er es sich nicht vorstellen? Weil in seinen Augen die Sowjetunion das »Reich des Bösen« war, wie es später der amerikanische Präsident Ronald Reagan sagte? Ich kam zur Hochzeit des Kalten Krieges nach Deutschland, zu einer Zeit, als sich niemand vorstellen konnte, dass der Eiserne Vorhang jemals fallen würde.

Leben in Deutschland

Mit meinem Vater verstand ich mich leidlich. Wenn wir uns stritten, dann über banale Dinge, zum Beispiel, wenn mein Vater unzufrieden mit mir, seiner wiedergefundenen Tochter, war. So schmeckte dem alten Mann mein Essen nicht. Er verbot mir gar, das gemeinsame Mittagessen zuzubereiten, und kochte immer

selbst. Einmal habe ich am Wochenende angefangen mit dem Saubermachen. Das war auch so ein kritischer Punkt. Ich habe die
Couch weggeschoben, ich wollte beweisen, dass ich den Fußboden waschen kann. Ich habe alles, auch den Heizkörper, schön sau-
bergemacht, mit Schaum, wie Vater mir das gezeigt hatte, und war
fast schon fertig. Da kam mein Vater rein. Er schob die Couch von
der Wand, nahm einen weißen Lappen und untersuchte dann
wirklich, ob ich das richtig gemacht hatte. Meinen aufbrausenden
Charakter habe ich von meinem Vater. Und da kam nach langer
Zeit das ostpreußische Teufelchen wieder hoch. »Das kannst du
dir nicht gefallen lassen«, sagte es zu mir. Und was habe ich gemacht? Mit dem Fuß habe ich den Eimer umgestoßen, und das
ganze Wasser samt Schaum stand wieder auf dem Boden. Dann
bin ich rausgegangen und habe mir eine Zigarette angezündet.

Im Garten stand eine riesige Hollywoodschaukel. Dort setzte
ich mich hin. Als ich so dasaß, eine Zigarette nach der anderen
rauchte und schaukelte, hörte ich meines Vaters Schritte. Da habe
ich ganz leise auf Russisch zu mir gesagt: »Sjejtschas palut-
schisch« – jetzt bekommst du sie. Ich dachte, der kommt, um mit
mir zu schimpfen. Ich wagte es nicht, mich umzudrehen. Doch
mein Vater brachte mir eine Tasse Kaffee, so, als wolle er sich bei
seiner Tochter entschuldigen. Ich nahm den Kaffee, dann saßen
wir beide schweigend nebeneinander. Ich weinte. Auch mein Vater kämpfte mit den Tränen.

Aus irgendeinem Grund erzählte er meinem Bruder von diesem
Vorfall. Ich hörte danach nur das Streiten, das ewige, aufgeregte,
laute Streiten zwischen den beiden Männern. Erst viel später, als
ich mehr Deutsch verstand, begriff ich, dass sich Vater und Manfred meist wegen mir stritten.

Mein Vater hat die ganze Zeit nicht verstanden, aus welchem
Land ich gekommen war. Manfred hatte ihm nur von Hunger,
Dreck und Elend berichtet. Und von dummen und brutalen Russen, die unsere Schwester immer wieder in einem Keller einsperr-
ten und sie dort vergewaltigten. Vielleicht dachte unser Vater des-

halb, die Sowjetunion sei ein Land wie im Mittelalter, wo immer und überall nur Kälte und Wildnis sind. So hat er zum Beispiel auch lange Zeit gedacht, Elena habe Haare auf dem Rücken wie ein Bär, weil sie in Sibirien geboren wurde. Er hat das wirklich ernst gemeint. Einmal, als ich Elena gebadet habe, ist er ins Badezimmer reingekommen. Ich habe ihn gefragt, was er wolle. Wir sind es nicht gewöhnt, dass ein Mann reinkommt, wenn zwei Weiber baden, auch nicht, wenn es der eigene Vater ist. Dann hat er gesagt: »Gucken, nur gucken!« – »Ja, und was willst du gucken?« – »Haare, Haare! Elena Sibirien!« Er dachte, wenn sie in Sibirien auf die Welt gekommen war, dann müsste sie Bärenhaare, ein Fell wie ein Bär auf dem Rücken haben. Das hat mir weh getan. Nicht wegen Elena, nein, es tat weh, dass der alte Mann so etwas Dummes dachte.

Im Großen und Ganzen war das Verhältnis zwischen mir und meinem Vater recht gut, so kommt es mir heute vor. Leider haben wir nicht so oft und so lange über die Sowjetunion gesprochen. Ich hätte ihm viel erzählen können, viel Gutes von den Russen. Gestritten haben wir nur über Kleinigkeiten; aber das wurde besser, als ich nicht mehr bei ihm wohnte. In diesem Punkt hatten Manfred und Margret recht behalten.

Seit meiner Ankunft in Deutschland ging ich jeden Sonntag mit Elena in die Kirche. Die kleine Gemeinde hatte eine stattliche Backsteinkirche, direkt am Friedhof gelegen. Jedes Mal blieb ich in der Eingangshalle stehen, dort, wo linker Hand in goldenen Lettern Hunderte von Namen in Stein gemeißelt waren. Dort stand »Martha Otto, geb. 26.12.1907, gest. 24.04.1945, Christel Otto, geb. 17.10.1931, gest. 04.04.1948, Liesabeth Otto, geb. 06.10.1937, vermisst«. Jedesmal, wenn ich das las, meinen Namen zwischen all den Toten und Vermissten, musste ich weinen. Manfred und Margret haben mich nie gefragt, warum, und sie haben sich nie darum gekümmert, dass mein Name von dieser Liste verschwand. Zwanzig Jahre sollte es noch dauern, bis meine ostpreußischen Bekannten, die in Oldenburg lebten, es schafften, meinen Namen entfernen zu lassen. Heute ist unter den Namen meiner Mutter und meiner Schwester eine leere Zeile.

Als ich mit Elena nach Deutschland kam, war sie noch nicht getauft, obwohl ich regelmäßig mit dem Kind betete, das habe ich später auch mit meinen Enkelkindern getan. Auch über die langen Jahre in der Sowjetunion hatte ich mir meinen Gottesglauben bewahrt. Russisch-orthodox sollte Elena aber nicht getauft werden, dieser Glaube war mir fremd geblieben, doch eine evangelische oder katholische Gemeinde gab es in den sechziger und siebziger Jahren in Nasarowo nicht.

1977 sollte endlich Elenas Taufe sein. Als ich mit ihr darüber sprach, erklärte sie: »Ja gut, aber Manfred und Margret sollen nicht dabei sein. Wenn die kommen, dann gehe ich nicht in die Kirche!« Mit ihren zehn Jahren war sie ganz schön störrisch. Mein Vater war dann einer der Taufpaten.

Elena mochte Manfred und Margret nicht, das war vom ersten Tag an klar. Auf Russisch hat sie mich angeschrien: »Die lächeln doch nur!« Und ich meinte: »Aber die sind doch nett zu uns ...« – »Die sind zwar nett, aber die lieben uns nicht!«, hat Elena da geantwortet. Und leider hatte sie recht. Das habe ich aber erst viel später begriffen.

Lange war ich bereit, mich unterzuordnen und mir fast alles gefallen zu lassen. Denn vieles war mir in Deutschland sehr fremd, und vieles verstand ich noch nicht, insbesondere nicht, wie die Menschen mit Geld umgingen. Immer häufiger kam es in den folgenden Monaten zu Streitereien über Geld, das mir mein Vater gab, über mein Verhalten, meine Vergangenheit. Bis ich meine Sachen packte und nach Hamburg ging. Ich wollte mir und allen anderen beweisen, dass ich alleine leben, selbst für Elena und mich sorgen konnte. Seit meinem siebten Lebensjahr hatte niemand mehr für mich entschieden, trotzdem hatte ich überlebt, mich stets alleine durchgeschlagen. Und nun, mit vierzig Jahren, sollte ich im reichen Deutschland dazu nicht mehr in der Lage sein?

Mein Vater unterstützte mich finanziell, ich hatte alles, was man zum Leben brauchte, Kleidung, gutes Essen, eine eigene Wohnung, mir fehlte es an nichts. Ich hatte alles – außer der Wärme und der Ehrlichkeit, die ich brauchte. Ich weinte damals viel, sehr viel. Man wollte mich nicht verstehen. Außerdem kann man – wie die Russen sagen – in einem solchen Alter nicht einfach so das Fell wechseln. Ich war doch schon vierzig. Ich hatte viele Jahre ein anderes Leben geführt, ganz anderes erlebt als die Menschen im Westen. Ich wollte nicht mehr wie ein kleines Kind versorgt und bei der Hand genommen werden. Obwohl ich nicht mitgehen wollte, hat man mich mit Gewalt gezogen. Das war einer der Gründe, weshalb ich schließlich wieder zurückging. Aber das zählte in den Augen meines Bruders nicht, ebenso wenig wie der zweite Grund, dass ich Anna in Sibirien zurückgelassen hatte. Ich dachte viel an meine erste Tochter. Und es gab niemanden, mit dem ich über dieses Kind und meine Probleme reden konnte. Erst beherrschte ich die Sprache nicht, und später, als ich nach Hamburg ging, da hatte ich schon aufgegeben. Da hatte ich schon die feste Absicht zurückzugehen in die Sowjetunion. Aber das war monatelang mein Geheimnis.

Dabei hätte jeder sehen können, dass es mir schlechtging. Als ich nach Deutschland kam, war ich mit meinen fünfundachtzig bis neunzig Kilo sehr kräftig. Nach einem halben Jahr wog ich nur noch achtundsechzig Kilo, obwohl ich nicht arbeiten musste und gutes Essen bekam. Aus dieser Zeit gibt es ein Foto, da stehe ich in einem geblümten Sommerkleid im Garten neben meinem Vater unter einem Apfelbaum. Eine Nachbarin, Frau Schröder, hat es gemacht. Bis heute erinnert sie sich an mich, an die traurige junge Frau, die sich oft im Garten versteckte und weinte. »Ich konnte Liesabeth aus dem Küchenfenster sehen, aber ich wusste nicht, wie ich ihr hätte helfen können«, sagt sie heute. Frau Schröder kann nicht begeifen, dass ich aus Wehnen wegging. Sie weiß auch zu wenig davon, was in mir vor sich ging. Meine Enttäuschung, mein Zorn und meine Traurigkeit haben sich angesammelt wie ein kleiner Schneeball, der – wenn man ihn einen Berg hinunterrollen lässt – immer mehr Schnee um sich sammelt. Mir ging es immer schlechter. Nachts konnte ich nicht schlafen, ich merkte, da stimmte etwas nicht, da lief etwas falsch. Und das Teufelchen regte sich auch wieder. Ab und zu hob es den Kopf und gab gute Ratschläge: »Geh erst mal nach Hamburg, dann kannst du weitersehen.«

Ich wusste doch genau, wo ich geboren war, dass Wehlau, dass Ostpreußen meine Heimat ist. Wehnen war für mich keine Heimat. Und ich fühlte mich stark genug, nach Ostpreußen zurückzugehen. Der Gedanke an meine wahre Heimat, das war auch noch etwas Schnee, der den Schneeball größer werden ließ. Ich wusste zwar, dass Kaliningrad ein Sperrgebiet war, das hatte ich ja einige Jahre vorher erfahren, aber vielleicht konnte ich nach Sibirien zurückgehen und von dort aus vorsichtig erkunden, wie ich nach Ostpreußen übersiedeln könnte.

Das Erste, was ich nach meinem Umzug nach Hamburg machte: Ich fuhr nach Celle, um meine Tochter aus dem Internat zu holen. Elena schrie »Hurra!«, als ich kam. »Hurra, wir fahren nach Hause!« Nach einem knappen Jahr in Deutschland hatte ich meine Muttersprache wiedergefunden, ich hatte keinerlei Schwierigkeiten mehr, mich auszudrücken. Und so sagte ich der Leiterin des Internats einfach: »Jetzt hole ich meine Tochter für immer ab.« Auf deren erstaunte Fragen: »Wieso? Warum denn? Seid ihr hier nicht zufrieden? Und was wird Herr Otto sagen?«, antwortete ich nur: »Herr Otto ist keine Mutter für mein Kind. Das Kind ist mein Kind. Das Kind gehört nicht dem Herrn Otto.« Ich packte Elenas Sachen zusammen, und wir fuhren nach Hamburg.

Die ersten Wochen lebten wir bei einer alten Dame, bis ich eine Wohnung am Stadtrand gefunden hatte. Die Miete bezahlte das Sozialamt, noch erhielt ich Arbeitslosenunterstützung. Hamburg-Rahlstedt war damals noch sehr ländlich, nicht weit von der Wohnung begannen die ersten Felder. In der Stadt selbst hätte ich nicht leben können, denn seit meiner Kindheit fühlte ich mich nicht wohl in großen Städten. Mit ihrem Lärm, dem Autoverkehr und den vielen Menschen machten sie mich nervös.

Ein paar Wochen arbeitete ich als Pferdepflegerin, doch lange hielt ich auf dem nahe gelegenen Reiterhof, wo einige Dutzend Pferde standen, nicht durch. Meine erste Aufgabe bestand darin, die Boxen und Ständer auszumisten. Niemand sagte mir, wie viele ich pro Arbeitstag säubern musste, deshalb machte ich mich mit großem Eifer an die Arbeit. Ich wollte zeigen, wie schnell und wie gut ich anfassen konnte. Doch Pferdemist ist sehr schwer, wenn er länger liegen bleibt, festgetreten wird und nur frisches Stroh daraufkommt. Nach einer Woche täglich zehn Stunden Schwerstarbeit brach ich zusammen. Ich hatte mir und meinem Körper zu viel zugemutet.

Obwohl ich über meine erste Tochter Anna immer häufiger nachdachte, sprach ich mit Elena nur sehr selten über sie. Dabei kamen von Anna und Valentina zahllose Briefe. Auch ich schrieb oft und schickte Pakete nach Nasarowo, um die beiden zu unterstützen. Zuerst hatte mir Manfred dabei geholfen. Er wusste, wie man die Zollpapiere ausfüllen musste. Nun machte ich das selber. Als dann in einem der Briefe stand, Anna liege im Krankenhaus und befände sich in einem lebensbedrohlichen Zustand, wollte ich zurück, ich wollte mein Kind nicht ein zweites Mal im Stich lassen.

Elena ging im Herbst 1977 schon in Rahlstedt in die Schule, in die dritte oder vierte Klasse. Die Schule lag schräg gegenüber von dem Haus, in dem wir wohnten. Das war sehr praktisch, genau so, wie ich es mir gewünscht hatte. Elena machte es keinerlei Schwierigkeiten, in der normalen deutschen Grundschule mitzukommen. Nur mit den Klassenkameraden hatte sie immer wieder Probleme. Eines Tages kam sie nach Hause, schleuderte ihren Ranzen in die Ecke und schrie mich auf Russisch an: »Verdammt noch mal, ich gehe nicht mehr in deine doofe Schule! Geh doch selber da hin!« Sie zitterte am ganzen Körper, und es dauerte ein wenig, bis sie zu erzählen begann: »Die Kinder haben mich geschlagen, nur weil ich gesagt habe, dass ich eine Russin bin!« Ich hatte meiner Tochter nie verboten zu erzählen, dass sie aus Russland gekommen war. Warum sollte sie sich auch dafür schämen? Und nun wurde Elena deshalb von Mitschülern schikaniert. Sie hatten ihr eine Schultasche auf den Kopf geschlagen und Sand in die Haare geworfen.

Nachdem sie sich ein wenig beruhigt hatte, ging ich zu ihrer Klassenlehrerin, die mir bestätigte, was passiert war, und sich anbot, mit meiner Tochter zu sprechen, falls sie sich wirklich weigern sollte, wieder in die Schule zu gehen. Doch dazu kam es nicht mehr, denn am folgenden Tag fand eine Reihenuntersuchung statt: Ein hellgrauer Röntgenwagen fuhr auf den Schulhof, die Kinder stellten sich klassenweise auf und wurden eins nach dem anderen durchleuchtet. Elena hatte schrecklichen Husten, sie war immer noch ganz durcheinander, weil die Mitschüler sie drangsaliert hatten, und die Ärzte entdeckten einen Flecken in ihrer Lunge, einen einzigen kleinen Flecken. Alle anderen Kinder waren gesund, und in der Schule wurde der Verdacht geäußert, Elena habe eine Lungenkrankheit, sie müsse dringend von einem Spezialisten untersucht werden. Die Anschrift erhielt ich von der Klassenlehrerin. Auch dieser Arzt fand bei der Untersuchung wieder das Fleckchen, und er fragte, wann der Husten angefangen hatte. Ich antwortete: »Hier in Hamburg.« – »Wo ist das Kind geboren?« – »In Sibirien.« Das stand auch in den Papieren, in allen Akten. Ich weiß heute wirklich nicht mehr, ob das noch ein Stoß war oder ob ich mir das eingebildet habe. Aber der Arzt hat gesagt: »Wenn Sie wollen, dass das Kind gesund ist, dann bringen Sie es dahin, wo es geboren wurde.« Elena kann sich auch noch an diese Worte erinnern. Und dann hat sie gejubelt: »Wir fahren nach Hause, wir fahren nach Hause!«

Kurz nach diesem Arztbesuch ging ich zum ersten Mal zum sowjetischen Konsulat in Hamburg. Das war Am Feenteich, eine Adresse, die ich bis heute nicht vergessen habe. Als ich mit Elena dort hinkam, musste ich nicht lange warten. Es lebten erst wenige Russen im Westen, und die Deutschen, die ein sowjetisches Visum beantragten, wurden innerhalb kurzer Zeit abgefertigt. An einem der Schalter fragte ich, ob es möglich wäre, dass ich mit meinem Kind nach Sibirien zurückkehrte. Und die Beamten haben gesagt: »Ja, natürlich. Schreiben Sie eine ›sajawlenije‹, einen Antrag, und dann müssen Sie abwarten.« Was habe ich damals geschrieben? Ich musste einen Grund nennen. Es gab Anna, darüber wollte ich nichts mitteilen, und dieses Fleckchen in Elenas Lunge. Das war der andere kleine Grund, der aber nicht so wichtig war wie Anna, das sagt Elena heute noch.

Was ich in meinem Antrag genau angegeben habe, weiß ich nicht mehr. Aber über den Fleck in der Lunge habe ich auf jeden Fall geschrieben und darüber, dass ich zurückwollte. Nachdem ich die Papiere abgegeben hatte, fragte ich, ob ich auf eine positive Entscheidung hoffen dürfe. Der Konsularbeamte zuckte nur die Schultern. »Das entscheiden nicht wir«, sagte er. »Das wird in Moskau entschieden, da müssen Sie mindestens zwei, drei Monate auf eine Antwort warten.« Komischerweise ging die Bearbeitung des Antrags dann ganz schnell. Bereits wenige Tage später kam aus Moskau die Antwort, dass ich mit Elena wieder in die Sowjetunion einreisen durfte.

Meinen sowjetischen Auslandsreisepass hatte ich nicht abgegeben, als ich kurz nach meiner Ankunft in der Bundesrepublik kleinen, grauen deutschen Personalausweis bekam. Kaum ein Jahr später war dann ein Schreiben von der sowjetischen Botschaft aus Bonn gekommen, dass ich mich entscheiden sollte, ob ich den sowjetischen Pass behalten wolle. Den Brief hatte ich Manfred gezeigt, und er hatte gesagt, ich könne den russischen Pass kaputtmachen, zerreißen. Aber das war ein Dokument, und Dokument ist Dokument, und deshalb habe ich den Pass nicht zerrissen, ich hatte ihn immer bei mir. In Hamburg habe ich ihn im Konsulat sofort gezeigt, die haben ihn behalten und ich bekam einen anderen, auch mit dem Ährenkranz, mit dem CCCP. Der war dann für die Einreise nach Russland.

Nachdem ich die offizielle Erlaubnis zur Rückkehr in die Sowjetunion und meinen neuen Pass in den Händen hielt, fuhr ich zu meinem Vater, um Abschied zu nehmen. Ich sagte ihm: »Ich bin so weit, ich ziehe zurück.« Vater hat geweint. Dann hat er gefragt: »Liesabeth, muss das denn sein?« Und ich habe geantwortet: »Vater, ich bin gekommen, mit Elena, wir beide, wir wollen uns nur von dir verabschieden. Vielleicht sehen wir uns nicht mehr wieder. Bitte verzeih mir. Jetzt hast du jahrelang auf mich gewartet, aber wir haben uns nicht verstanden, hier will ich nicht bleiben, weil ich merke, dass es nicht geht.« Ich habe ihm auch noch gesagt, dass ich versuchen werde, nach Ostpreußen, in unsere alte Heimat, zurückzugehen. Er hat damals nicht geglaubt, dass ich das schaffen würde. Und schließlich hat er gesagt: »Liesabeth, ich will dich nicht überreden. Kind, du bist ein erwachsener Mensch, und du musst selber wissen, was du tust.« Diese Worte habe ich mein ganzes Leben nicht vergessen. »Wo wirst du denn wohnen, wenn du zurückkommst?« Das wusste ich ja selbst nicht, aber ich war mir sicher, dass ich zurechtkommen würde. Er hat mir sofort erlaubt, das Geld von Elenas Konto abzuheben, das Geld, das er ihr zur Taufe geschenkt hatte: »Das gehört Elena, und du als Mutter hast das Recht, das Geld mitzunehmen.« Dann hat er mich gefragt, wie lange ich bleiben könnte. »Bis morgen. Morgen muss ich zurück und die Sachen packen«, habe ich gesagt.

Vater sprach gute Worte, ruhige Worte. Ich weiß, er war wirklich nicht reich – er hatte mir einmal sein Sparbuch gezeigt –, trotzdem sagte er nach unserem Gespräch: »Ich nehme jetzt das Fahrrad, fahre zur Bank und hole dir noch etwas Geld. Was brauchst du, um dir da ein Häuschen zu kaufen?« Ich wusste es nicht genau, schätzte aber fünf- bis siebentausend Rubel. Damals betrug der Wechselkurs eins zu drei, also einen Rubel für drei Deutsche Mark, sogar etwas mehr als drei Deutsche Mark.

Bevor er zur Bank fuhr, ging mein Vater zu Manfred, um ihm die neuen Nachrichten mitzuteilen. Mein Bruder kam sogleich durch den Garten zu mir herüber. Da war dann der Teufel los. Manfred hat Dampf abgelassen und endete mit den Worten: »Jetzt zweifle ich wirklich daran, ob du überhaupt meine Schwester bist!« Und das war dann der Punkt auf dem i. Als ich mich auf den Weg zum Vater gemacht hatte, war ich noch voller Zweifel gewesen, ich hatte Angst vor dem Zurückgehen, ich war ja mit den Nerven am Ende. Aber Manfreds Worte waren zu viel. Wenn er mich an diesem Tag in den Arm genommen und gesagt hätte: »Es ist noch nicht alles zu spät, überlege es dir noch mal, vielleicht kann man noch was ändern ...« Aber nein, er kam rein und hat mir nur Vorwürfe gemacht. Und da wusste ich, bei Manfred und Margret würde ich niemals Verständnis finden.

Dabei war Manfred für mich damals sehr viel wichtiger als der Vater. Das Stückchen gekochte Rübe, das er mit mir in der Nacht geteilt hat, nachdem ich die Butter alleine aufgeschleckt hatte und deswegen von Christel verprügelt worden war, dieses Stück Rübe, das er mir in dem Stall in Klein-Weißensee gegeben hatte, habe ich bis heute nicht vergessen. An meinem Bruder hing ich mehr als an meinem Vater, denn Manfred war der Faden nach Ostpreußen, zu meiner Schwester Christel, zu meiner Mutter und zu meiner glücklichen Kindheit.

Aber als er mich so beschimpfte und sich schließlich auch noch darum sorgte, was die Nachbarn und die Bekannten sagen und was die Behörden denken würden, da wurde ich auf einmal kalt. Bis dahin hatte ich noch ein kleines bisschen Hoffnung gehabt. Ich hätte einen Bruder gebraucht, der sich mit mir hingesetzt und gesagt hätte: »Jetzt wart mal. Wir können noch alles gut machen. Du bist noch nicht so weit. Du hast deine Koffer noch nicht gepackt.« Aber einen solchen Bruder hatte ich nicht.

Als mein Vater von der Bank kam, war ich blass, Manfred rot im Gesicht, Elena weinte und Manfred schrie nun auch noch Vater an. Doch unser Vater, der sich seinem Sohn gegenüber nie durchgesetzt hatte, sagte dieses eine Mal ganz ruhig: »Ja, Manfred, ich gebe ihr Geld, die muss sich da drüben ein Dach über dem Kopf schaffen. Sie ist halt so, wie sie ist.« Seine Stimme war hart und bestimmt, als er das sagte. Manfred ging, die Tür knallte er hinter sich zu. Das war der ganze Abschied.

Rückkehr

Kurz nach Weihnachten 1977 reiste ich zurück in die Sowjetunion, diesmal mit dem Flugzeug, nicht mit der Bahn, das ging schnell und kostete damals nicht viel. Gerade einmal ein Jahr und drei Monate hatte ich es mit Elena in der Bundesrepublik ausgehalten. Nach dem traurigen Abschied von Vater und Bruder hatte ich es jetzt eilig, ich wollte das neue Jahr in Nasarowo feiern, fröhlich und ausgelassen, wie ich es kannte. Bei meinem Umzug wurde ich vom Hamburger Konsulat unterstützt, hier wusste man, welche Transporte wann von Ost nach West oder auch in die Gegenrichtung gingen. Kurz vor Weihnachten fuhr ein sowjetischer Lastwagen mit zwei Fahrern leer Richtung Russland. Einer der Konsulatsmitarbeiter rief bei den Männern an und fragte sie, ob sie meine Sachen gegen Bezahlung mitnehmen könnten. Dieses Zubrot ließen sich die beiden nicht entgehen, Hamburg lag fast auf ihrer Route. Außerdem wollten die Fahrer, es waren Esten, das gefiel mir besonders gut, das Jahresende auch zu Hause verbringen, die hatten es genauso eilig wie ich.

Zur verabredeten Zeit stand dann der Lkw in Rahlstedt vor dem Haus. Die Männer luden die wenigen Möbel ein, die ich besaß. Die zwei Betten, in denen Elena und mein Enkel Sascha bis vor ein paar Jahren geschlafen haben, die Couch und den Schrank, die heute noch in meinem Häuschen in Ijewskoje stehen. Außerdem hatte ich mehrere Rollen Teppichboden und Kisten voller Geschirr gekauft. Sogar Gläser mit Schraubverschluss packte ich ein, so etwas gab es damals in Russland nicht. Mit den Esten verabredete ich, dass wir uns am 4. Januar am westlichen Stadtrand Moskaus, an den Zollhallen im Tuschinskij Rayon, treffen würden, um die Einfuhr meines Hausstandes abzuwickeln.

Elena und ich bestiegen in Hamburg das Flugzeug, obwohl ich damals schon große Angst vor dem Fliegen hatte. Niemand begleitete uns zum Flughafen, niemand verabschiedete uns, niemand winkte uns nach. Der erste Flug ging von Hamburg nach Moskau.

Dort beschlagnahmte der Zoll Wurst und Apfelsinen. Ich sehe immer noch Elena vor mir stehen und Apfelsinen essen. Aber sie schaffte nicht alle. Ich hatte einen ganzen Korb voll mit Nahrungsmitteln. Was die Zöllner da alles kassiert haben. Auf ein Protokoll habe ich verzichtet, sonst hätten wir noch das nächste Flugzeug verpasst.

Der Anschlussflug nach Krassnojarsk ging spätabends vom Flughafen Domodjedowo. Damals gab es längst nicht so viele Autos wie heute, in gemütlicher Fahrt fuhren Elena und ich im Taxi mitten durchs tiefverschneite Moskau, vorbei am Weißrussischen Bahnhof, über die Tverskaja-Straße, die damals noch Gorkis Namen trug, Richtung Kreml. Der blieb linker Hand liegen, dann überquerten wir die Moskwa, fuhren am Grauen Haus vorbei, in dem Vertreter der Moskauer Oberschicht lebten, und ließen die Innenstadt langsam hinter uns.

Der Weiterflug nach Sibirien war zwar nicht ausverkauft, trotzdem hieß es »mjest njet!« – kein Platz mehr frei! Erst als ich Seidenstrümpfe und eine Flasche Wein aus meiner Tasche nahm, schob man mir die Flugtickets nach Krassnojarsk zu. Die verbleibenden Stunden bis zum Abflug der Maschine kurz vor Mitternacht verbrachten Elena und ich zwischen Wartesaal und Buffet. Dort gab es heißen Tee aus dem Samowar, mit Käse und Salami belegte Brote und mit Quark gefüllte süße Mürbeteigtaschen, »tworoschniki«. Knapp sechs Stunden dauerte der Flug in die mittelsibirische Großstadt Krassnojarsk, wir schliefen fast die ganze Zeit. Nur noch wenige Hundert Kilometer von unserem Ziel Nasarowo entfernt wurde es noch einmal spannend, denn es flog nur eine einzige »Anuschka« nach Atschinsk, eine kleine Antonow 24, die nur wenige Plätze hatte. Doch irgendwie gelang es mir, auch für diese Maschine Tickets zu ergattern. Es war längst dunkel, als wir in Atschinsk landeten, der Bus nach Nasarowo war Stunden zuvor abgefahren. Die letzten vierzig Kilometer bis »nach Hause« fuhren Elena und ich mit dem Taxi, auch das war damals noch bezahlbar.

Spätabends am 31. Dezember 1977 war ich mit meiner Tochter wieder zurück in Sibirien, in Nasarowo. In Hamburg hatte ich noch für die Feier eingekauft: guten, schweren Wein und Likör, Schwarzer Kater hieß der, und was zum Essen. Ich war ja immer in Briefkontakt mit Valentina Djakowa gewesen, und ich wusste, dass die es in Nasarowo mit Nahrungsmitteln nicht gut hatten. Valentina hatte auch dem Konsulat in Hamburg und der Dienststelle in Moskau geschrieben, dass sie bereit sei, mich aufzunehmen. Diese Sicherheit hatten die Behörden verlangt, damit ich mit dem Kind nicht auf der Straße stand. Valentina, Walja, hatte die nötigen Papiere alle unterschrieben, dafür habe ich sie dann auch reich beschenkt. Ich war sehr dankbar, dass Valentina und Anna sich für mich eingesetzt hatten, als ich zurückwollte. Meinen geschiedenen Mann, Wladimir, hatte ich zuerst gefragt, aber der hatte zurückgeschrieben: »Nein, das will ich nicht. Ich werde sie nicht aufnehmen, ich will mit Deutschen nichts zu tun haben.« Dabei war Elena seine Tochter.

Die Valentina hat mir geholfen. Aber sie dachte nicht, dass wir so schnell kommen würden. Der Tisch war schön gedeckt, alles türmte sich, die meisten Gäste waren schon da. Und da ging die Tür auf, und wir kamen rein. Von nun an war ich nicht mehr Liesabeth Otto, sondern wieder die Maria, Maria Albertowna Logwinenko.

Alle freuten sich über meine gerade noch rechtzeitige Heimkehr, ein Grund mehr zu einer ausgelassenen Silvesterfeier. Als sie mich so mager wiedersahen, ich hatte während der Zeit in Deutschland fast zwanzig Kilo abgenommen, wunderten sie sich und machten sich mit den Worten »zwei Bretter und ein Rohr« über mich lustig. Aber hinter meinem Rücken begannen sie über »die Heimkehrerin aus Deutschland« zu reden. Warum war ich, Liesabeth Otto, die sie nur als Maria kannten, aus dem Westen zurückgekommen? Da stimmte doch sicher irgendetwas nicht.

Ein paar Tage später nahm ich Valentina mit nach Moskau, als kleines Dankeschön für ihre Unterstützung. Walja war noch nie in der sowjetischen Hauptstadt gewesen, noch nie geflogen. Elena blieb in Nasarowo bei Bekannten, Anna, mein verlorenes Kind, lag noch im Krankenhaus, aber sie war außer Lebensgefahr. Wie verabredet wollte ich in der Zollstelle Tuschino den Lkw mit meinen Sachen in Empfang nehmen und dann weitersehen. Einen Container für den Bahntransport zu bekommen war damals nicht leicht, normalerweise musste man einen ganzen Monat darauf warten. Doch ich nahm all meinen Mut zusammen und ging zum Transportministerium. Dort fragte ich mich durch, bis ich zu einem Beamten kam, der sich in meinem Falle zuständig fühlte. Ich sagte meinen Spruch auf: »Ich komme aus Deutschland, mein Kind liegt krank in Sibirien, die ganzen Betten, die Bekleidung und die Nahrungsmittel sind im Lastwagen, und ich bekomme keinen Container. Wie sieht das aus, was soll ich jetzt machen?« Erstaunlicherweise fand ich sogleich Verständnis und Unterstützung: »Fahren Sie bitte morgen sofort zur Zollhalle«, hieß es, »ein Traktor wird mit den Containern kommen.«

Die beiden Fahrer hatte ich bereits in Hamburg bezahlt. Nun standen die Männer ganz hinten in einer endlosen Schlange von Lastwagen. Es war Januar, es war kalt, es schneite. Die Zollhalle war voller Fahrzeuge und Menschen, die mit ihren Papieren aufgeregt durcheinanderliefen. Ich aber musste nur die Transportpapiere ausfüllen und auflisten, was in dem Lkw war. Dann bekam ich ohne längeres Warten die Nummer für den Traktor und die Container, die in die Halle gebracht werden sollten. Ich war aufgeregt und rief: »Jungs, stellt euch hinter diesen Lastwagen!« Aber die beiden Fahrer rührten sich nicht von der Stelle. Sie konnten das nicht glauben: »Was? Hinter den da? Aber da vorne stehen doch noch achtunddreißig andere Autos.« Erst als sie merkten, dass ich keinen Scherz machte, sind die von ganz hinten gekommen, haben alle überholt und sich strahlend vorne eingereiht. So einfach ist es, einem Menschen eine richtige Freude zu machen. Dafür haben sie mir dann weitergeholfen, ich musste doch noch mit den Zollbeamten verhandeln.

Die Moskauer Zöllner bekamen Nescafé. Nescafé Gold, den mochte ich selbst gerne, außerdem Schokolade und noch ein paar Kleinigkeiten als Dankeschön. Damit waren sie zufrieden, schauten sich nicht einmal alles an, stellten vielmehr sogleich die Zollpapiere mit zahllosen Durchschlägen aus, deren Richtigkeit sie mit ihren Stempeln bestätigten. Meine Container wurden verplombt, ich bezahlte noch eine kleine Summe an Zollgebühren, damit war die Sache erledigt, und bereits nach zwei Tagen konnten wir wieder nach Nasarowo zurückfliegen. Meine Freundin hatte sich Moskau angesehen, sie war auf dem Roten Platz, im Leninmausoleum und im Revolutionsmuseum gewesen. Besonders gut gefallen hatte ihr die Tretjakow-Galerie. Die Container waren zwei Wochen unterwegs; als sie schließlich ankamen, waren sie unversehrt und nichts fehlte. So ehrlich waren die Menschen damals noch.

In der Zwischenzeit gelang es mir, von dem Geld, das mir der Vater gegeben hatte, ein Häuschen für Elena und mich zu kaufen. Außerdem schaffte ich eine Kuh an, ein paar Schweine, Kaninchen und Hühner. So hatten wir immer etwas zu essen. Auch das Geld von Elenas Sparbuch musste ich ausgeben, die D-Mark war damals in der Sowjetunion nicht sehr viel wert.

Als wir wieder in Sibirien waren, hatte ich zuerst nur Sorgen, überhaupt keine Gefühle. Ich hatte keine Zeit für Gefühle. Ich hatte Aufgaben. Es war nicht so einfach, ein Haus zu finden. Ich sah, dass es nicht besonders gut war, aber für ein besseres Haus reichte das Geld wieder nicht. Das Haus war nicht so teuer, weil es im Osten der Stadt lag, in der Uliza Krupskaja, einem Gebiet, wo die alten Holzhäuser bald abgerissen werden sollten, um Neubauten Platz zu machen. Es war nur ein paar Kilometer von Valentina entfernt. Als Vater mir das Geld gegeben hatte, damals in Wehnen, da hatte er gesagt: »Gib mir dein Ehrenwort, dass du dir für das Geld ein Dach über dem Kopf schaffen wirst.« Auch das Haus in Ostpreußen, das ich später gekauft habe, war noch von Vaters Geld, ich habe das Haus in Sibirien für siebentausendfünfhundert Rubel verkauft und den Rest zugezahlt. Von dem Geld, das ich

noch in der Hintertasche hatte. Für das Haus in Ijewskoje habe ich
fünfzehntausend gezahlt. Fünfzehntausend Rubel waren viel Geld,
aber ich habe nicht einmal gehandelt. Das war 1980, im Juni. Im
Mai war ich zum ersten Mal in Ostpreußen, um die Situation aus-
zukundschaften, nur zweieinhalb Jahre bin ich nach meiner Rückkehr in die Sowjetunion noch in Sibirien geblieben.

Bei meiner Ankunft in Nasarowo hatte ich den russischen Reisepass, in den auch Elena mit eingetragen war, und den deutschen
Ausweis, den ich in Bad Zwischenahn bekommen hatte. Es war
der kleine, grünlich-graue Personalausweis der Bundesrepublik
Deutschland. Elena hatte in Hamburg einen Kinderausweis bekommen, als die Klasse einen Ausflug machte, sie besitzt ihn heute
noch. Ich brauchte nun neue, sowjetische Papiere. Sofort nach
meiner Rückkehr aus Moskau Anfang Januar ging ich deshalb zur
Behörde. Man fragte mich nach meinen Papieren, und da habe ich
den roten russischen Reisepass und den grauen deutschen Ausweis
hervorgeholt. »Den deutschen brauchst du hier nicht«, sagte die
Beamtin und nahm ihn mir weg. Am nächsten Tag habe ich meinen neuen russischen Inlandspass bekommen. Ich konnte mich
nun anmelden, in dem Haus, das ich kurz zuvor gekauft hatte. Alles ging ganz schnell und einfach, ich musste keinen Antrag schreiben, keiner hat über Nationalität oder Staatsangehörigkeit gesprochen. Ich kannte den Unterschied immer noch nicht. Für mich war
das damals alles das Gleiche.

Wenig später musste ich wieder arbeiten gehen, das musste zur
damaligen Zeit jeder in der Sowjetunion, es sei denn, er war krank.
Als ich mir Arbeit suchte, bedauerte ich zum ersten Mal, zurückgegangen zu sein. Denn als ich mich bei meiner alten Stelle im Busdepot meldete, schleuderte man mir den schlimmsten Vorwurf ins
Gesicht, den man damals machen konnte: »Du bist als deutsche
Spionin zurückgekommen! Du hast so gute Sachen mitgebracht,
und früher hattest du nur eine Wattejacke. Wie viel verdienen denn
deutsche Spione?« Eine Topspionin, ich? Allzu schnell hatte es sich

in Nasarowo herumgesprochen, dass ich in Deutschland gewesen und mit einigen »Reichtümern« zurückgekehrt war – denn das waren die Dinge, die ich mitgebracht hatte, für die Menschen in Nasarowo. Bei meiner Freundin Valentina war einmal über Spione gesprochen worden, das hatte Phantasie und Missgunst geweckt. Ich weiß noch genau, wie ein alter Mann zu mir sagte: »Die Deutschen haben im Krieg 22 Millionen Russen umgebracht, und du hilfst denen jetzt!« Dann hat er so vor mir ausgespuckt, wie die Russen das immer machen, voller Verachtung. In dem Moment kamen die Gefühle zurück, sehr bittere Gefühle, und zum ersten Mal war auch der Gedanke da: »Vielleicht habe ich was falsch gemacht ...« Ich war ganz durcheinander, aber weil ich es so fest vorgehabt hatte, nach Russland zurückzugehen, habe ich diese Gefühle ganz unten in mir versteckt. Tagsüber. Die Gedanken, die Zweifel kamen meistens nachts, wenn um mich herum alles ruhig war.

Ich wusste, dass man mich beobachtete, das hatte ich sofort bemerkt. Später, Jahre später, kam sogar ans Tageslicht, dass die Frau, die bei mir im Haus wohnte, jedes Wort, das ich über Deutschland erzählte, an die KGB-Mitarbeiter weitergab. Das war sehr bitter. Wir hatten früher zusammengearbeitet. Aber ich hatte Verständnis. Jemand muss ja auch die schmutzige Wäsche waschen. Fast dreißig Jahre später habe ich erfahren, dass es auch in Deutschland allerlei Gerüchte gegeben hat, warum ich wieder in die Sowjetunion gegangen war. Und ein Gerücht war, ich sei KGB-Spionin gewesen und nach Russland zurückgerufen worden. Damals waren solche Zeiten, die Menschen in Westdeutschland hatten große Angst vor Kommunisten und sahen überall russische Spione. Aber in Deutschland habe ich mich ganz frei bewegt, ich hatte nie den Eindruck, dass mich jemand beschattete. Und vielleicht hat es ja auch niemand getan.

In Nasarowo hingegen hieß es nach meiner Rückkehr ganz offen: »Warum läuft diese Spionin einfach frei herum? Und warum arbeitet sie auch noch bei der Post, in der Abteilung für Fernmeldewesen?« Ich trug Telegramme aus. Nachttelegramme sowie Eiltelegramme. Außerdem arbeitete ich als Putzfrau. Ich hatte zwei Arbeitsstellen, von einem Gehalt konnten wir nicht leben. Damals hatte ich viel Kraft und war zuversichtlich. Ich war mir sicher, dass ich durchkomme, meine Tochter hochziehe und alles schaffe, was dazugehört. Jetzt denke ich, ich habe falsch gehandelt. Aber ich konnte nicht voraussehen, dass die Sowjetunion ein paar Jahre später verschwinden, dass sich auf einmal alles ändern würde.

Viktor Wassiljewitsch Plyssow, der Erste Parteisekretär von Nasarowo, der mir so viel geholfen, mich aber auch gewarnt hatte, war bereits einige Monate, bevor ich in die Bundesrepublik ausgewandert war, nach Krassnojarsk auf einen sehr viel höheren Posten in der Bauwirtschaft versetzt worden. Ich hatte das noch vor meiner Abfahrt aus der Zeitung erfahren. Als ich zurückkam, hätte ich ihm gerne gesagt: »Sie haben recht gehabt, Viktor Wassiljewitsch, ich bin dort nicht zurechtgekommen, ich hatte zu lange ein anderes Leben geführt.«

Im Gegensatz zu mir hatte Elena nach unserer Rückkehr keinerlei Schwierigkeiten. Sie ging wieder in dieselbe Schule, sogar in dieselbe Klasse, und es war so, als seien wir nie weg gewesen. Nur ein einziger Nachteil war ihr aus ihrer Abwesenheit entstanden: Sie konnte nicht mehr in die Pionierorganisation aufgenommen werden, wo die meisten ihrer Klassenkameraden waren, das war bereits in der vierten Klasse geschehen.

Neben der Schule hatte Elena mit unseren Tieren stets viel zu tun. Wir konnten uns vollkommen selbst versorgen. Manchmal hatten wir sogar noch etwas übrig, um es zu verkaufen, Milch, Quark oder Sahne zum Beispiel, denn unsere Kuh gab viel Milch. Außerdem hatten wir eine Sau mit Ferkelchen und einen Garten. Elena hat mir immer gut geholfen, sie musste sich um die Kaninchen kümmern und jeden Morgen die Kuh zum Hüter bringen. Elena ging es sehr gut, wenn man davon absieht, dass sie auf Anna immer ein wenig neidisch war. Sie meinte, dass ich Anna zu viele

Geschenke machte, und sie wusste nicht, weshalb. Außerdem war sie sehr eifersüchtig, weil ich vor allem wegen Anna in die Sowjetunion zurückgekehrt war.

Bei unserer Ankunft in Sibirien lag Anna zwar noch im Krankenhaus, sie war aber längst nicht mehr in Lebensgefahr. Monatelang war sie auf der Intensivstation gewesen. Es hatte sehr schlecht um sie gestanden, das haben mir die Ärzte bestätigt. Ich hatte für Anna Geschenke mitgebracht, mit Fell gefütterte, warme Winterstiefel und gutes Mohairgarn. Außerdem weiches Angoragarn für Valentina, die viel und gerne strickte. Solch feine Wolle hatte sie noch nie in der Hand gehabt.

Als ich nach Nasarowo zurückkam, hatte Valentina Schulden. Ihre jüngere Tochter Luda hatte geheiratet, deshalb hatte Valentina vierhundert Rubel bei Freunden geliehen. Damals verdiente Walja sehr wenig, da hätte sie lange Zeit die Raten abzahlen müssen. Ich hatte aber noch etwas D-Mark mitgebracht, und ich hatte auch noch in Hamburg bei der Bank am Bahnhof Rubel eingekauft, obwohl das nicht erlaubt war. Man durfte keine Rubel in die Sowjetunion mitnehmen, das stand auf dem Zettel, den man mir mit dem sowjetischen Geld gegeben hatte. Ich hatte noch gefragt, warum man denn dann überhaupt Rubel in Deutschland verkaufte, der Mann hinter dem Schalter war mir die Antwort schuldig geblieben, er hatte mich nur angelächelt. Die Rubel habe ich dann versteckt, ich habe die ganze Zeit darauf gesessen. In Nasarowo habe ich gleich Valentinas Schulden bezahlt und ihr einen Pelzkragen und eine Mütze geschenkt, die ich in Moskau für sie in einem Berioska-Laden, wo man nur mit harter Währung bezahlen konnte, gekauft hatte. Ich war dazu in der Lage, und ich wollte Valentina damals etwas Gutes tun, weil sie sich um mein Kind kümmerte. In mir regten sich zwar schon ein paar Zweifel an der ganzen Sache, aber ich wollte zur damaligen Zeit nicht weiter darüber nachdenken.

Habe ich meinen Vater vor dem Brand oder nach dem Brand noch einmal besucht? Ich kann mich nicht erinnern. In der Nacht auf den 22. Juni 1978 oder 1979 wurde unser Haus angezündet. Der 22. Juni ist der Tag der Jugend und auch der Tag des Überfalls Hitlerdeutschlands auf die Sowjetunion, deshalb habe ich das Datum bis heute nicht vergessen. Elena und ich schliefen schon. Zum Glück hatten wir aber einen Hund, der wie verrückt zu bellen begann. Deshalb wurde ich wach, schaute raus und sah, dass es unnatürlich hell war. Ich bin in meinem Nachtanzug rausgesprungen, habe geschrien und angefangen, die Tiere zu retten. Die Nachbarn kamen alle sofort zur Hilfe, und der Wächter in dem Geschäft, das unten an der Straße war, hat die Feuerwehr gerufen. Die war zwar schnell da, aber wie immer kam – ein Auto ohne Wasser. Zum Glück hatte ich das Haus versichert, es ist alles niedergebrannt, der Stall, die Banja, die Sommerküche, das Holzlager und das Wohnhaus.

In dieser Zeit war ich noch einmal bei meinem Vater in Deutschland. Wieder mit dem Zug, aber dieses Mal alleine, ohne Elena. In der Zeit in Sibirien habe ich weiter Deutsch geübt, die Platten von Heino und Peter Alexander, die ich mitgenommen hatte, wieder und wieder angehört und mitgesungen. Die hatten eine gute Aussprache. Mit Elena habe ich immer Deutsch gesprochen, sie konnte es ja sehr gut. Und ich habe jede Woche einen Brief an meinen Vater geschrieben, das war auch eine gute Übung. Man kann sagen, dass ich meine Muttersprache wiedergefunden hatte und fast perfekt Deutsch beherrschte, als ich nun bei ihm war.

Endlich sprachen wir uns aus. Vater sagte, ich hätte nicht weglaufen sollen, man hätte das alles regeln können, das mit Anna, und irgendwie hat er mich so zum Weinen gebracht. Noch einmal habe ich ihn gefragt, warum er meine Mutti, meine Geschwister und mich nicht aus Wehlau gerettet hat, damals, Ende 1944, als die Russen schon ganz nahe waren. Und auf einmal hat er mir den Arm um die Schulter gelegt, meine Hand genommen und sie an seine Lippen geführt. »Kind, ich weiß, dass ich schuld bin an deiner Vergangenheit«, hat mein Vater gesagt. »Wenn du kannst, dann verzeihe mir.« In dem Augenblick habe ich ihm alles verziehen, wenngleich ich vorher immer ein wenig böse auf ihn gewesen war, weil er uns damals irgendwie im Stich gelassen hatte, er hätte uns doch retten können. Aber das war Schicksal, er konnte nicht vorhersehen, was passieren würde, ich habe ihm alles verziehen, bis zum heutigen Tag.

Anna

Fast zwei Jahre nach unserer Rückkehr aus der Bundesrepublik heiratete auch Anna. Sie studierte schon eine Zeitlang in Krassnojarsk, in ihrer Freizeit lief sie Ski, sie war eine sehr erfolgreiche Langläuferin. In Krassnojarsk lernte die Studentin einen Absolventen der Offiziersschule kennen, und es dauerte nicht lange bis zur Hochzeit. Man heiratete jung in der Sowjetunion. Die große Feier fand bei Valentina in Nasarowo statt. Ich half bei den Vorbereitungen, dafür hatte ich D-Mark zurückgelegt. Ich bin nach Moskau geflogen – in Nasarowo gab es doch damals nichts –, um dort feine Sachen einzukaufen, als Geschenke, als Mitgift, die Eltern einem Mädchen bei der Hochzeit mitgeben: Decken, Bettwäsche, schöne Nachthemden und goldene Ohrringe. Gerade noch rechtzeitig einen Tag vor der Trauung kam ich sehr zufrieden von meiner Einkaufsreise nach Moskau zurück.

Im Standesamt lagen alle Papiere des Brautpaares auf dem Tisch. Ich weiß nicht, warum mich das auf einmal interessierte. Doch ich konnte nicht anders, und als ich die Papiere schließlich anschaute, da fühlte ich mich wie vor den Kopf geschlagen, denn Annas Geburtsjahr war nicht 1956, da hatte ich meine Tochter im Lager geboren, sondern 1959. Die Anna, die jetzt heiratete, diese Anna war also Valentinas Tochter und nicht meine, und für dieses Kuckuckskind war ich aus Deutschland zurückgekehrt! Damals spürte ich meinen ersten und einzigen großen Hass im Leben, ich glaube, ich habe meinen ganzen Hass damals ausgespuckt, als ich Valentina mit einer einzigen Frage zur Rede stellte: »Wo ist das Kind, wo ist mein Kind?«

Ich flehte Walja an, die Wahrheit zu sagen, nach all den Lügen endlich einmal die Wahrheit zu sagen. »Bitte, du musst schwören, dass es die Wahrheit ist!«, schrie ich, und Valentina antwortete ganz ruhig: »Der Säugling, dein kleines Mädchen, starb ganz schnell, da waren wir gerade einmal zwei Tage unterwegs. Es hat nicht geweint. Ich habe der Kleinen die Kondensmilch mit einem Stück Mullstoff immer in den Mund gesteckt, und auf einmal war sie tot. Ich hatte keine andere Wahl, auf der ersten Bahnstation habe ich sie in ein Stück Stoff eingewickelt und auf dem Bahnhof in die Mülltonne reingelegt.« Sie schwor, dass es die Wahrheit war. Wo genau, auf welcher Bahnstation, Valentina mein Baby zurückgelassen hatte, wollte ich nicht mehr wissen.

Ich hatte bereits früher gesehen, dass Anna und Valentina sich ähnlich sahen. Aber darüber wollte ich mir keine Gedanken machen, Valentina hatte mir gesagt, dass das Mädchen meine Tochter sei, das wollte ich glauben, und so glaubte ich es auch. Das ist mir oft in meinem Leben passiert, ich sah schon, dass man mich über die Ohren haute, aber weil ich nicht ganz sicher war, wartete ich immer noch ein wenig ab, so lange, bis ich schließlich einsehen musste, dass ich bestohlen, belogen oder betrogen worden war.

Es war eine schöne Hochzeitsfeier. Ich ließ mir nichts anmerken, ich hatte meine Geschenke mitgebracht, Anna und ihr Bräutigam freuten sich sehr über die schönen Sachen. Es wurde getanzt, gesungen, gut gegessen, als sei alles in bester Ordnung. Zuerst saßen Elena und ich mit am Tisch. Ich aß kaum etwas, trank nur ein wenig Champagner. Als dann die ersten Trinksprüche »Auf die jungen Leute!« und schließlich »Auf die Eltern!« ausgebracht wurden, ging ich mit meiner Tochter fort. Außer Valentina bemerkte es niemand.

Heimkehr

Ein paar Monate später setzte ich meinen Plan, nach Ostpreußen zurückzugehen, in die Tat um. Bevor ich Nasarowo endgültig verließ, ging ich noch einmal zu Valentina. »Du hast mich mit Anna belogen, dann hast du mich also die ganze Zeit immer für dumm gehalten?«, fragte ich, und die Antwort verschlug mir die Sprache: »Ja, du bist ein verdammt dummes Stück, und Dumme wie dich muss man einfach ausnutzen!« Valentina hatte mich jahrelang ausgenutzt, belogen und – nachdem ich aus Deutschland zurückgekehrt war – auch immer wieder bestohlen. Einmal wurde sie sogar von meiner Nachbarin, Nina Stannaja, dabei erwischt. Ich hatte nicht nur für Anna Mohairgarn mitgebracht, sondern auch für Elena. Diese ganz leichte Wolle lag in unserem Kleiderschrank. Eines Tages kam Nina in mein Haus, wo sie nur Valentina antraf, die sich gerade den Mantel zumachte, um zu gehen. Nina war erstaunt und wollte sie zum Bleiben überreden: »Ich komme, und du gehst sofort. Maria hat doch schon den Samowar aufgestellt, lass uns zusammen Tee trinken und eine rauchen!« Und dann nahm sie Valentina am Mantel, die Knöpfe gingen auf, und die Mohairknäuel fielen heraus.

Nina war viel älter als ich, leider weiß ich nicht, ob sie noch am Leben ist, die briefliche Verbindung ist abgebrochen. Immer wenn sie sich richtig aufregte, bekam sie Durchfall. Auf Russisch heißt das »Bärenkrankheit«. Ich war inzwischen aus dem Garten hereingekommen. Nina guckte mich an, sie guckte die Valentina an und auf einmal hat sie gesagt »ojjjj!« und dann musste sie schnell raus. Valentina hat die Wolle auf den Fußboden geworfen und ganz schlimm geflucht. Das war auch auf Russisch mehr als grob, auf Deutsch gibt es dafür keine Übersetzung. Valentina fluchte noch, als sie hinausging. Als sie wenig später zurückkam, ließ ich sie wortlos wieder in mein Haus.

Valentina wusste allzu genau, dass ich ihr Anna zuliebe verzeihen und jederzeit alles geben würde, was ich übrighatte. Das war seit dem ersten Wiedersehen in Nasarowo so gewesen, es war so, als ich in Deutschland war, und auch nach unserer Rückkehr hatte sich daran bis zum Tag von Annas Hochzeit nichts geändert.

Erst als ich erfuhr, dass Anna nicht meine Tochter war, habe ich den Kontakt zu Valentina abgebrochen. Nun hielt mich nichts mehr in Sibirien. Wie ich es meinem Vater beim Abschied versprochen hatte, versuchte ich mit aller Kraft, so bald wie möglich ins Gebiet Kaliningrad umzuziehen, in meine alte ostpreußische Heimat.

Im Frühjahr 1980 fuhr ich nach fast zwanzig Jahren zum ersten Mal wieder dorthin. Wie damals, als ich von Taganrok aus nach Kaliningrad gekommen war, um meine Geschwister zu suchen, kaufte ich mir einfach nur eine Fahrkarte. Auch dieses Mal stellte man mir am Schalter keine Fragen, wurde ich auf der ganzen Fahrt nicht kontrolliert, obwohl das Gebiet Kaliningrad immer noch militärisches Sperrgebiet war. So war das damals überall in der Sowjetunion, und so ist es auch im heutigen Russland noch. Man kann irgendwo hinfahren, kein Schild, kein Posten, nichts und niemand hält einen auf. Bis irgendein kleiner Militär oder Geheimdienstmann kommt und sagt: »Hier dürfen Sie nicht hin!« Er zieht die Papiere ein, nimmt einen mit, und dann wird erst einmal ein Protokoll geschrieben.

Als ich in Kaliningrad ankam, machte ich mich gleich auf die Suche nach einem bezahlbaren Haus und schaute alle Zeitungen durch. Untergekommen war ich bei Pawel und Swetlana Chrabrowo. Ich war sehr vorsichtig bei meinen Erkundigungen, denn ich hatte bald herausgefunden, dass Deutsche immer noch unerwünscht waren. Viel hatte sich seit 1960 nicht geändert, das kam erst ein paar Jahre später, mit Gorbatschow. Ich war sogar so vorsichtig, dass es einige Zeit dauerte, bis ich erfuhr, dass man mich nicht mehr ausweisen konnte, wenn ich es geschafft hatte, ein Haus zu kaufen. Ganz ohne kleine Tricks ging das allerdings nicht.

Viele Häuser standen nicht zum Verkauf. Die meisten waren zu groß oder zu teuer. Nur in Ijewskoje, etwa zwanzig Kilometer westlich von Kaliningrad, das Dorf hieß zu deutscher Zeit Widitten, fand ich etwas Passendes. Gleich bei der Besichtigung sagte ich den Besitzern zu, das Haus zu nehmen. Ich habe gar nicht erst angefangen, über den Kaufpreis zu verhandeln, obwohl der sehr hoch war, weil ich Angst hatte, die Behörden würden mich schnappen, bevor die Papiere fertig waren. Wir vereinbarten, dass die Hausbesitzer die Hälfte des Geldes bekämen, sobald ich wieder in Nasarowo sei. Die zweite Hälfte würde ich selbst mitbringen. Und das habe ich auch getan. In Nasarowo verkaufte ich das Radio, einen großen Teil der Kleidung, des Geschirrs und der Bettwäsche, eigentlich alles, was ich aus Deutschland mitgebracht hatte, und musste mir noch Geld leihen. Bereits am 17. Juni 1980 waren Elena und ich in Ijewskoje. Die Leute machten ganz große Augen, so schnell hatten sie nicht mit uns gerechnet. Aber sie konnten nichts machen, der Vertrag war gültig, sie hatten die Hälfte des Kaufpreises bereits erhalten und bekamen nun den Rest.

Die Leute waren nach dem Krieg aus Weißrussland nach Kaliningrad gekommen, wie die meisten Neusiedler im Jahre 1947. Nun wollten sie zurück in ihre alte weißrussische Heimat, in dem fremden Land waren sie nie richtig heimisch geworden. Ich drängte darauf, den Kauf auch formal schnellstmöglich abzuwickeln, und wirklich, innerhalb weniger Tage hatte ich den Vertrag in der Hand. Trotzdem dauerte es noch geraume Zeit, bis wir in unser neues Haus einziehen konnten, da die alten Besitzer wochenlang warten mussten, bis sie einen Umzugscontainer bekamen.

Als sie dann endlich ausgezogen waren, musste ich uns anmelden. Auf dem Amt war der Teufel los. Zum Glück gehörte mir das Haus schon seit fast einem Monat, sonst hätte man Elena und mich wieder ausweisen können. Dass ich keine Russin, sondern eine Deutsche mit ukrainischem Namen war, wurde erst bemerkt, als ich mich bei der Miliz anmelden musste. Der Chef tobte. »Wieso ist eine Deutsche hier, und dann noch eine, die hier geboren wurde? Das geht nicht! Wer hat das durchgehen lassen?« Doch er konnte mich nicht ausweisen, weil ich ihm korrekte Dokumente über den Hauskauf vorlegte. Und dann hat er in Wolotscha-jewskaja, das ist das nächste Dorf von hier, früher hieß es Mar-schehnen, angerufen, bei den Beamten, die den Kaufvertrag aus-gestellt hatten: »Habt ihr keine Augen im Kopf? Wem habt ihr das Haus da verkauft?« Zu mir sagte er nur noch: »Mach, dass du rauskommst!« Das war ziemlich grob, wie er mich da geduzt hat. Ein so hochstehender Beamter hatte eigentlich nicht das Recht, so mit mir zu sprechen, aber für die meisten war ich als Deutsche, die auch noch dort geboren war, damals kein richtiger Mensch. Und dann hieß es, ich solle warten und später wiederkommen. Es dau-erte zehn lange Tage, bis ich die Aufforderung erhielt, erneut bei der Miliz zu erscheinen. Wieder nahm ich alle meine Papiere mit. Diese wurden nun daraufhin untersucht, ob sie nicht etwa ge-fälscht waren. Aber nein, die Dokumente waren alle echt.

Die Sekretärin hatte mich bei der Ausfertigung der Kaufpapiere nicht gefragt, ob ich Deutsche oder Russin war. Meinen Pass hatte sie in der Hand gehalten, doch weder auf die Nationalität noch auf meinen Geburtsort »Gebiet Kaliningrad« geachtet. Wegen dieser Unachtsamkeit verlor die Frau ihre Arbeit. Sina hieß sie, Sinaida. Sie hat mir später mit Tränen in den Augen gesagt: »Weißt du, dass man mich deinetwegen entlassen hat?« Das tat mir leid, aber ich wollte unbedingt zurück nach Ostpreußen, das war meine Heimat! Sina hat keine Arbeit mehr gefunden, doch sie war schon fünfund-fünfzig, in der Sowjetunion höchste Zeit, um in Rente zu gehen.

Heute kann ich darüber lachen, aber damals quälte mich ein paar Tage große Angst, als man bei der Miliz die Kaufpapiere zur Kontrolle einbehalten hatte. Ich war mit den Nerven am Ende, ich war doch sicher gewesen, dass ich mir das alles ganz klug ausge-dacht hatte, ich hatte nämlich gewartet, bis die früheren Besitzer des Hauses weg waren. Und nun war ich ganz krank vor Angst. Ich hatte alles, was ich besaß, in dieses kleine Häuschen hineinge-steckt und sogar noch große Schulden in Sibirien gemacht, weil mein Geld nicht reichte. Dann bin ich wieder zur Miliz gegangen, und da hieß es: »Es stimmt alles. Aber wusstest du denn nicht, dass hier ein Sperrgebiet ist?« – »Woher sollte ich das wissen? Es hat mich im Zug doch niemand aufgehalten«, antwortete ich. Und das stimmte auch.

Mein Hauskauf war nicht nur mutig, es war dreist, was ich getan hatte. Die Folgen sollte ich bald zu spüren bekommen, denn es kam, wie es mir der Milizbeamte zugeflüstert hatte: »Jeder deiner Schritte wird von deiner Nachbarin überwacht. Wer zu dir reinkommt, wer rausgeht ...« In den ersten Wochen verließ ich das Haus deshalb nur, um einzukaufen und eine Arbeitsstelle zu suchen. Ich fand eine Beschäftigung als Wächterin auf dem Gelände, wo heute Lukoil eine gigantische Raffinerie betreibt. Mein Arbeitsplatz war nicht weit von meinem Häuschen entfernt, jedermann konnte beobachten, mit wem ich zu tun hatte und mit wem ich mich unterhielt. Ein paar Monate später fand ich noch eine zweite Stelle als Heizerin im dorfeigenen Waschhaus. Auch dort konnte man mich gut beobachten. Einmal fragte mich der Milizbeamte, wer denn aus Litauen zu Besuch gekommen sei. Ich erwiderte nur: »Das sind doch Sowjetbürger, die haben doch das Recht hierherzukommen!« Und dann hat er mir gesagt, dass ich nicht darüber sprechen dürfe, aber meine Nachbarin – merkwürdigerweise hieß sie auch Valentina, ich habe mein ganzes Leben lang Frauen getroffen, die Valentina hießen – habe den Auftrag bekommen, auch diese Leute zu beschatten.

Die Nachbarin schrieb ordentlich auf, was ich gesagt und was ich gemacht hatte. All diese Informationen brachte sie regelmäßig zur Miliz. Ob es diese Akten noch gibt, ob man an diese KGB-Akten herankommen kann, weiß ich nicht, manchmal wüsste ich gerne, was die Valentina alles verpetzt hat. Sie wusste zum Beispiel, dass ich, wenn ich das Waschhaus heizte, im Dunkeln immer ein paar Eimer Kohlen nach Hause schleppte. Der Weg war nicht weit, und ich verdiente zu wenig, um unseren Ofen zu Hause mit selbstbezahlten Kohlen zu heizen. Da hielt ich es ganz nach dem russischen Sprichwort: »Wenn man schon neben einem Brunnen steht, warum sollte man dann seinen Durst nicht stillen?«

Valentina hatte mich beim Kohlenklau beobachtet und das natürlich ordnungsgemäß dem KGB gemeldet. »Oh je, die Deutsche, die klaut auch noch unsere Kohlen«, hatte sie gesagt. Als ich zum Direktor des Waschhauses gerufen wurde, war auch Valentina da, um den Vorfall zu bestätigen. Ich habe nur gesagt: »Ab und zu nehme ich mir einen Eimer Kohlen nach Hause, um das Haus zu wärmen, weil ich ein Kind habe. Ich habe nicht die Möglichkeit, mit Trecker und Anhänger vorzufahren und Kohlen zu klauen, wie dein Mann das macht, Valentina!« Das war korrekt, doch da man diesem Fall nicht nachgehen wollte, wurde auch ich für den Diebstahl nicht bestraft. Die stalinistischen Zeiten waren längst vorbei. Was ich getan hatte, war nur ein Bagatelldelikt, da zu Breschnjews Zeiten alle etwas mitgehen ließen. Es hieß lediglich: »Na ja, du verdienst zwar nicht viel, aber kauf dir in Zukunft Kohlen von deinem eigenen Geld.« Warum eine kleine Arbeiterin wie ich, die nicht einmal fünf Klassen absolviert hatte, für den KGB interessant war? Weil ich in Deutschland gewesen war, weil ich Deutsche bin? Heute kann man darüber nur spekulieren.

Die Beschattung durch die Nachbarin dauerte jedenfalls an, bis Gorbatschow 1985 an die Macht kam. Er hatte damals gesagt: »Wir müssen aufhören, die deutsche Nationalität zu verfolgen.« Danach war ich für den KGB zum Glück nicht mehr von Interesse.

Zu Anna hatte ich noch jahrelang losen Briefkontakt. Das Mädchen war immer sehr lieb zu mir gewesen, und ich brachte es nicht übers Herz, es einfach wegzuschieben, nur weil Valentina mich betrogen hatte. 1982 kam Anna sogar einmal mit ihrem kleinen Sohn Viktor zu Besuch nach Widitten. Das war jedoch das letzte Mal, dass wir uns sahen. Anna hatte den Schrank durchschnüffelt, wo ich das Geld verwahrte, um eine Kuh zu kaufen. Sie hatte den Offizierinnen versprochen, Kleidung aus Kaliningrad mitzubringen. »Mama Mascha«, hat sie zu mir gesagt, »kannst du mir etwas Geld geben, ich habe das fremde Geld ausgegeben, das ich mitgenommen hatte.« – »Nein«, habe ich gesagt, »ich habe Nina in Nasarowo die Schulden für das Haus noch nicht zurückgezahlt, und ich muss eine Kuh kaufen, sonst gehen wir zugrunde.« Da hat sie gelächelt und gesagt: »Das glaube ich nicht. Mama Mascha, denk doch noch mal nach ...« Und da hat sie doch wirklich meine Bettwäsche durchgewühlt, als ich nicht da war. Elena überraschte Anna, als sie die Hälfte des Geldes für die Kuh gefunden hatte. Und Anna war kaltblütig genug, um zu Elena zu sagen: »Mama Mascha hat mir gesagt, dass ihr kein Geld habt, aber hier liegt ganz viel!« Elena hatte Angst, sie werde das Geld nehmen, und schrie sie an: »Anna, lass das liegen, Mutti will eine Kuh kaufen, und wir haben die Schulden noch nicht zurückgezahlt.« Da legte Anna das Geld zum Glück wieder in den Schrank zurück.

Anna nannte mich immer Mama Mascha oder Mama Maria, aber sie wusste nichts von meinem Kind aus dem Lager, nichts von dem Betrug, den ihre Mutter gewagt hatte, nichts davon, dass ich sie lange Jahre verwöhnt hatte, als sei sie meine eigene Tochter.

Elena ist mir heute noch böse, dass ich Anna so oft reich beschenkt habe. Die Frage »Ist Anna deine Tochter oder nicht?« stand lange unbeantwortet zwischen uns, bis ich ehrlich antworten konnte: »Nein, das ist sie nicht! Sie kann es nicht sein, weil sie drei Jahre jünger ist als das Kind, das ich im Lager zur Welt gebracht habe.« – »Weiß Anna etwas davon?«, fragte Elena nach. »Mama, sag mir bitte die Wahrheit.« – »Nein, das war meine Verabredung mit Valentina, dass Anna nie etwas davon erfährt.«

Seit meiner Rückkehr in die Sowjetunion bis zum Tod meines Vaters schrieb ich unzählige Briefe nach Wehnen. Ich schrieb mindestens einmal pro Woche und fast jede Woche kam ein Brief aus Deutschland zurück. Meist von meinem Vater, Manfred und Margret schrieben nur selten. Manchmal steckte der Vater sogar Geldscheine hinein, so lange, bis zwei Briefe abhandengekommen waren und ich ihn bat, kein Geld mehr hineinzulegen.

Als ich in Ijewskoje Fuß gefasst hatte, schickte ich meinem Bruder einmal eine Landkarte, auf der unser neuer Wohnort markiert war. Ich bat ihn, auf dieser Karte die Stelle einzuzeichnen, wo Christel beerdigt war, und sie mir zurückzusenden. Ich wollte den Friedhof suchen und Blumen auf ihr Grab stellen. Manfreds Antwort war ernüchternd. Christel hatte kein ordentliches Grab auf einem Friedhof erhalten. Sie war in einem Graben neben einem Feldweg am südlichen Stadtrand von Königsberg vor Erschöpfung liegen geblieben. Manfred hatte sie dort mit bloßen Händen beerdigt. Auf der Karte hat er einen Pfeil eingezeichnet, der ungefähr die Stelle markieren sollte, wo er unsere ältere Schwester mit Erde bedeckt hatte.

Ich wollte diese Stelle finden. Mit dem Bus fuhr ich zum Südbahnhof von Kaliningrad, das ist der ehemalige Königsberger Hauptbahnhof. Ich sprach einen jungen Mann an, zeigte ihm die Karte und fragte nach der Richtung, ich komme ja bis heute mit Karten nicht zurecht. Der erklärte mir, dass ich den Weg nach Nivenskoje nehmen müsse. Das ist irgendwo an der Bahnlinie nach Bagrationowsk, dem ehemaligen Preußisch-Eylau. Plötzlich aber hatte ich zu viel Angst, dorthin zu fahren, ich hatte Angst wegen Elena, vielleicht tat ich ja etwas Verbotenes und sie würde darunter leiden müssen. Außerdem konnte man anhand dieser Karte nicht feststellen, wo genau Manfred unsere Schwester zurückgelassen hatte. So konnte ich Christels Knochen nicht auf einen Friedhof bringen, wie ich das vorgehabt hatte.

Das ganz kleine Foto, das ich von Christel habe, muss kurz vor ihrem Tod 1948 im Gebiet Kaliningrad gemacht worden sein, Manfred hatte es mir schon 1976 mit einem der ersten Briefe nach Sibirien geschickt. Bis heute habe ich es aufbewahrt, bei all den anderen Fotos in Elenas Familienalbum.

7.
Zwischen zwei Welten

Tod des Vaters

Anfang 1983 – ich lebte bereits seit zweieinhalb Jahren wieder in Ostpreußen – kam ein Telegramm von Manfred. Unser Vater war gestorben, kurz vor Vollendung des vierundachtzigsten Lebensjahres. Ich wollte gerne zur Beerdigung fahren, aber auf dem OWIR – der Visaregistrierungsabteilung in Kaliningrad – verweigerte man mir das Ausreisevisum: »Das Telegramm können wir als Einladung nicht anerkennen, Sie benötigen eine offizielle Einladung auf einem Formular des Roten Kreuzes.« – »So lange kann der Tote aber nicht warten«, antwortete ich noch, aber es half alles nichts. Mein Bruder schickte mir erst gut ein halbes Jahr später eine Einladung. Mit der musste ich aufs Meldeamt beim Rat des Dorfes und dann ins Einwohnermeldeamt in Kaliningrad, wo man mir einen Pass mit Ausreisevisum ausstellte. Bei den Nachbarn lieh ich mir das Geld für die lange Reise, die mich über Moskau nach Oldenburg führte, da ich nur bei der deutschen Botschaft in Moskau ein Visum bekommen konnte. Dort hieß es dann Schlange stehen, viele Menschen versuchten damals schon, in den Westen zu fahren. Meine Papiere erhielt ich erst am nächsten Tag. Ich übernachtete auf dem Weißrussischen Bahnhof. Nachmittags standen wir alle unter den Bäumen auf dem kleinen Hof der Botschaft, zum

Glück war es warm, und es regnete nicht. Dann kam ein Botschaftsangehöriger heraus, er rief unsere Namen auf und gab uns unsere Pässe.

Als ich in Oldenburg ankam, war Manfred erstaunlich freundlich zu mir, und schon bald kam er auf das Erbe zu sprechen – natürlich erinnerte er mich daran, dass der Vater mir beim Abschied Geld gegeben hatte, Geld, das er von seinem Konto abgehoben hatte. Unser Vater hatte zwei Häuschen besessen: sein Wohnhaus und das Haus seiner dritten Frau, in dem Manfred mit seiner Familie lebte. »Du hast jetzt die Möglichkeit und auch das Recht, Vaters Nest auseinanderzureißen«, sagte Manfred unvermittelt zu mir. Als ich antwortete, dass ich das gar nicht vorhätte, schob er mir einen Umschlag mit Geld zu. »Du kannst auch die Hälfte des Erbes verlangen, du bist anerkannt, du bist genauso Vaters Kind wie ich. Nach deutschem Gesetz kannst du die Hälfte bekommen, aber dann werden die Häuser verkauft. Ich gebe dir dieses Geld, wenn du beim Notar etwas unterschreibst.« Einige Tage später hatten wir den Termin, wo ich mit meiner Unterschrift erklärte: »Ich verzichte auf den Nachlass, denn Herr Manfred Otto hat mir eine Summe Geldes gegeben, damit bin ich zufrieden.«

Von diesem Geld hatte ich in der Zwischenzeit bereits eingekauft: Tapeten, Lacke und Bekleidung, alles, was ich in Ostpreußen brauchte, dort aber nicht kaufen konnte. Auch eine Handsäge war dabei. Beim Einkaufen und Verpacken halfen mir Manfred und Margret. Die Papiere waren bereits fertig gewesen, als ich gekommen war, deshalb musste ich nicht lange bleiben. In den nächsten Monaten und Jahren erhielt ich nur noch wenige Briefe von meinem Bruder. Und auf einmal hörte auch das auf. Kontakt nach Deutschland hatte ich nur noch über eine Cousine, die in Berlin lebte und die mich ein paar Jahre nach Vaters Tod einlud.

Zurück in Ostpreußen

Die ersten fünf Jahre, von 1980 bis 1985, war das Leben für meine Tochter und mich in Nord-Ostpreußen, im Gebiet Kaliningrad, sehr schwer. Unser Nachbar grüßte uns meistens mit »Heil Hitler!«, Elena wurde als Faschistin beschimpft, und sogar unsere Kuh musste leiden. Ich dachte manches Mal, dass es ein Fehler gewesen war, in die Sowjetunion zurückzugehen. Die Deutschen waren unbeliebt, wenn nicht gar verhasst. Trotzdem wurden wir gleichzeitig von vielen Sowjetbürgern beneidet. Im Russischen gibt es zwei Arten von Neid: »bjelaja sawist« – weißen Neid – und »tschornaja sawist« – schwarzen Neid, Missgunst. Die Deutschen sind fleißig, die können gut arbeiten, die schaffen immer was, und die anderen sitzen da und sehen zu. Dann kommt der schwarze Neid: Warum haben die es besser als wir? Warum hat die Maria eine so gute Kuh? Ich hatte eine sehr gute Kuh, sie hieß Milka und war damals die sauberste, die schönste und die gepflegteste Kuh im Dorf. Ihr hat man eine Mistgabel in den Bauch gestoßen, als sie trächtig war. Eine alte Frau, sie stammte aus Jaroslawl, hat mir später gesagt, was die Leute redeten, wenn unsere Milka durchs Dorf gegangen ist: »Ach, das ist die Kuh von der Faschistin.« Und schließlich hat unsere Kuh mit einer tiefen Wunde für meine Nationalität bezahlen müssen.

Aber es gab auch schöne Zeiten, ich genoss es, dass ich alles schaffte, was ich wollte, dass ich mein Leben selbst bestimmen konnte. Ich war sehr glücklich, vielleicht viel zu glücklich! Diese außer meiner Kindheit beste Zeit begann, als 1985 Gorbatschow an die Macht kam. Da konnten wir schon ein bisschen aufatmen. Nationalitäten spielten plötzlich keine große Rolle mehr. Da war auf einmal irgendetwas passiert, und die Menschen wurden ein bisschen höflicher. Vielleicht, weil damals im Radio und im Fernsehen viel über den Krieg gesprochen wurde und man zum ersten Mal sagte, dass nicht alle Deutschen schuldig waren. Kleine Kinder wie ich damals konnten doch nicht schuld am Krieg sein.

Ich habe damals als Hundeführerin in der Hundestaffel der Miliz von Swetlij gearbeitet, da war ich, bis ich in Rente ging. Elena hat die Schule absolviert und dann eine Ausbildung als Tierarzthelferin gemacht. Sie hatte viele russische Freunde und Freundinnen, mit denen sie ihre Freizeit verbrachte. Alles war normal, wie bei anderen Menschen auch. Wir hatten unsere Ziegen, unsere Hühner und unsere Kuh. Wir hatten alles, was wir brauchten. Geändert hat sich das erst, als es Ende 1991 die Sowjetunion plötzlich nicht mehr gab.

Bereits ein paar Jahre nach Beginn der Perestroika siedelten sich die ersten Russlanddeutschen im Gebiet Kaliningrad an. Langsam, ganz langsam öffnete sich das Sperrgebiet für diese Neusiedler. Nach dem Zusammenbruch der Sowjetunion 1991 aber kamen sie zu Zigtausenden, da sie im Gebiet Kaliningrad ein Sprungbrett nach Deutschland sahen. 1990/91 folgten die ersten deutschen Touristen, vor allem Heimwehtouristen, gebürtige Ostpreußen, die wie meine Familie ihre Heimat am Ende des Zweiten Weltkrieges verlassen mussten. Die Erste, die mich besuchte, war Frieda Seddig, eine alte Ostpreußin, die meinen Bruder und mich aus der Wehlauer Zeit kannte. Dort waren unsere Familien Nachbarn gewesen. Mit neun, zehn Jahren hatte die kleine Frieda mich im Kinderwagen durch Wehlau spazieren gefahren, erzählte sie mir. An meine Eltern konnte sie sich leider nicht erinnern, dabei hätte ich so gerne etwas über meine Mutter erfahren.

Frieda Seddig war mit einer Gruppe im Bus aus Deutschland ins Gebiet Kaliningrad gekommen. An einem Tag hat sie ein Taxi bestellt, um mit mir ihre alte Schule, die Kirche und das Elternhaus zu suchen. Wir beiden Frauen fuhren nach Wehlau und Paterswalde. Das Haus, in dem Frieda Seddig aufgewachsen war, fanden wir nicht mehr. Als einzige steinerne Erinnerung war der Brunnen geblieben, der im Hof gestanden hatte. Aber wir waren in der Wehlauer Kirchenruine und in der Kirche von Paterswalde, dort, wo wir beide getauft worden waren. Anschließend traute ich mich zum ersten Mal nach fast fünfzig Jahren zu meinem Elternhaus. In der Wohnung lebten Russen, die Frieda und mich sogleich zum Tee einluden. Das Treppenhaus war unverändert, in der Küche stand der alte Ofen noch immer an seinem Platz, genauso wie der Hühnerstall und die Toilettenhäuschen hinter dem Haus.

Mit Frieda Seddig verstand ich mich gut, die alte Ostpreußin besuchte mich beinahe jedes Jahr. Sie half mir viel, mit Erinnerungen, guten Ratschlägen und auch mit Geld. Denn plötzlich war der Rubel im Verhältnis zur D-Mark nichts mehr wert, hatte sich der Wechselkurs umgekehrt. Als ich Rente bezog, kam ich mit dem Geld nicht mehr aus. Es reichte hinten und vorne nicht, obwohl ich Gemüse, Kartoffeln und Obst selbst anbaute und Tiere hielt. Ich arbeitete von früh bis spät und hatte doch immer weniger zum Leben. Aber so ging es damals vielen Menschen.

In dieser Zeit hat meine Tochter ihren späteren Mann kennengelernt, Oleg Dowjenko. Friedchen Seddig hat ihn gesehen und sofort gesagt: »Das ist kein Mann für deine Tochter!« Aber Elena war so verliebt, dass die beiden dann doch wenig später geheiratet haben. Es dauerte nicht lange, da kam Elenas erstes Kind, Sascha, auf die Welt. Der kleine Alexander war eine Frühgeburt, kaum lebensfähig. Als der Junge klein war, kümmerte ich mich mehr um ihn als seine Mutter, vielleicht habe ich deshalb bis heute das Gefühl, dass er mehr mein Kind als mein Enkel ist.

Ich war ganz scharf auf ein Enkelkind, weil Elena ja schon sechsundzwanzig Jahre alt war. Sascha sollte erst im April oder im Mai zur Welt kommen, aber schon Anfang Februar kam Elena zu mir, weil sie nicht wusste, ob das normal war, dass sie Wasser verlor und starke Bauch- und Rückenschmerzen hatte. Wir besaßen damals noch kein Telefon, im ganzen Dorf gab es keins, das kann man sich heute kaum noch vorstellen. Es war immer schwierig, einen Krankenwagen aus Swetlij zu holen, wir hatten doch im Dorf nicht einmal einen Arzt. Ich bin dann wie immer, wenn wir einen Krankenwagen brauchten, mit einem Zettel auf die Straße gegangen, worauf stand »Schwangerschaft, Gefahr« und darunter unsere Adresse. Den habe ich dem ersten Fahrer, der angehalten hat, gegeben. Dazu noch ein paar Rubel. Ungewöhnlicherweise kam der Krankenwagen sofort. Die Ärzte schauten sich Elena an und auch ihre Papiere, in denen alles über die Schwangerschaft stand, aber dann sagte eine Ärztin: »Vielleicht ist es noch nicht so schlimm, aber wir können hier auch nicht helfen, das kann eine Frühgeburt werden! Ihre Tochter muss ins Gebietskrankenhaus, doch da fahren wir nicht hin!« Und dann sind sie wieder verschwunden. Ich wollte sie später deshalb anzeigen, aber dann bin ich nicht dazu gekommen, es gab Wichtigeres zu tun. Im Dorf lebten es nur zwei Personen, die alte Pkw hatten. Erst bin ich zu Wolodja Bachmarjow gelaufen, der sagte: »Ich würde das für dich tun, wenn das eine schlimme Krankheit wäre, ein Unfall oder so, aber die macht mir ja mein Auto nass, da musst du jemand anderen fragen!« Und so fragte ich also den Nachbarn, der hat noch ein paar Schrauben an seinem Auto festgedreht, und dann ging es los.

Es war sehr kalt, aber wir haben es ins Gebietskrankenhaus geschafft. Da haben sie uns gleich wieder fortgeschickt, weil dort renoviert wurde. Die Frauenabteilung war nicht in Betrieb, weil man dort nicht heizen konnte. Wir bekamen einen Zettel mit einer anderen Adresse. Dort schauten die Ärzte sogleich die Papiere an und Elena unter den Rock. Sie schickten uns aber ebenfalls fort: »Wir haben keinen Brutkasten, wir können Ihnen nicht helfen! Aber es eilt, wir geben Ihnen unseren warmen Krankenwagen, der bringt Sie in das richtige Krankenhaus.« Wir sind dann dem Krankenwagen hinterhergefahren, zum Rodiljnij Dom Nr. 3, zum Geburtshaus in der Aleja Smelych, der Allee der Mutigen, nicht weit vom Südbahnhof. Ich hatte Geld eingesteckt, das habe ich den Krankenschwestern gegeben, auch den Ärzten habe ich welches angeboten. »Nein, wir nehmen nichts, Sie können jetzt nach Hause fahren, wir werden unser Bestes tun«, beruhigten sie mich. Sergej, mein Nachbar, hatte gewartet, er brachte mich ins Dorf zurück.

Oleg und seine Mutter sind am Abend zu Elena gefahren, ich

habe in der Zwischenzeit jubiliert: »Ich bekomme ein Enkelkind, ich bekomme ein Enkelkind!« Ich flog auf Wolken, machte das ganze Haus von oben bis unten sauber, strich alle Öfen weiß, ich war nicht mehr ich selbst. Ich habe geweint, gelacht, meine Kühe geküsst. »Ihr müsst schnell kalben, wir brauchen bald Milch!«, habe ich zu denen gesagt. Und dann kamen Oleg und seine Mutter zurück. »Wir haben es gerade noch geschafft«, sagten sie. »Von draußen durchs Fenster haben wir die Geburt mitverfolgt.« Ich konnte das gar nicht glauben, aber sie waren in den Hof des Krankenhauses gefahren, hatten hellerleuchtete Fenster gesehen und sich ein paar Kisten geholt, die da rumstanden, sind draufgeklettert und konnten in den Kreißsaal sehen. Drei Frauen lagen da, die gleichzeitig ihre Kinder bekamen, Elena in der Mitte. Es war eine schwere Geburt, sie hat sehr geschrien, obwohl es nur ein ganz kleines Kind war, zwei Kilo hat Sascha nur gewogen. Er sei in einem schlechten Zustand, hat man Oleg und der Schwiegermutter gleich gesagt.

Am nächsten Morgen habe ich mich gleich auf den Weg zum Geburtshaus gemacht, mit dem Bus und mit der Straßenbahn. Ich hatte wieder Geld mitgenommen – Friedchen Seddig hatte es mir gegeben –, und das war auch gut so, denn nun konnte Elena in ein Doppelzimmer, und ich durfte sie und das Kindchen besuchen, wann ich wollte. Als ich zu Elena reinging und das Bündelchen neben ihr sah, kamen mir gleich die Tränen. Elena sagte als Erstes, dass er nicht ganz richtig sei. Er musste dann auch sofort in den Brutkasten zurück. Ich durfte die Krankenschwester begleiten, sie hat ihn ausgewickelt, und als ich das Wesen sah, es sah aus wie eine Spinne, lange dünne Ärmlein, lange dünne Beinchen, ein dicker Bauch und ein großer Kopf, da habe ich mich erschreckt. Saschas Kopf schien mir zu groß zu sein, ich hatte ja selbst Kinder gehabt, ich fand das nicht normal.

Am folgenden Tag habe ich die Tiere versorgt und mich bei der Arbeit abgemeldet, ich half damals in der Wachhundestaffel in Peyse aus. Ich hatte das Gefühl, dass ich mich um Elena und das

Baby kümmern musste. Dann bin ich zu Pastor Bayer gefahren, das war der erste deutsche Pastor, der nach Kaliningrad gekommen war und an allen möglichen Orten – Wohnungen, Versammlungsräumen, Sälen – Gottesdienste abhielt. Er hat mir Geld gegeben, obwohl ich ihn nicht darum gebeten hatte. Doch Pastor Bayer wusste, dass ich es in dieser Situation sehr nötig hatte. Es war gut, dass ich dann mit dem Taxi ins Krankenhaus gefahren bin – Taxifahren war ja damals sehr billig –, denn Elena war vollkommen aufgelöst, als ich kam. Ich dachte, das Baby sei gestorben, aber man hatte Sascha nur in das Kinderkrankenhaus an der Uliza Donskogo gebracht, weil er Gelbsucht hatte.

Der Taxifahrer hatte auf mich gewartet, denn ich wollte gleich wieder zurück, weil eine meiner Kühe bald kalben würde. Zum Glück konnte ich damals schnell denken, und so habe ich beschlossen, dass Elena sich anziehen und sofort zu Sascha sollte. Ich habe versucht, das ganze Personal zu bestechen, weil ich wusste, dass mein Enkelchen dann besser versorgt werden würde. Elena durfte aber nicht im Krankenhaus bleiben, weil sie Fieber hatte. Ich musste sie mit nach Hause nehmen. Dort erzählte sie mir, dass ihr die Ärzte gesagt hatten, Sascha sei nicht lebensfähig, sollte er überleben, dann würde er nicht für sich selbst sorgen können. Sie hatten festgestellt, dass er Wasser im Gehirn hatte, und Elena das Angebot gemacht, sie könne ihren Sohn zur Adoption freigeben, weil er krank sei. Sie solle sofort unterschreiben. Als Elena mir das erzählte, bin ich durchgedreht und gleich ins Krankenhaus gefahren. Ich wollte das Baby holen, krank oder gesund. »Ich habe eine Kuh, die wird kalben, ich bin stark, gesund und kräftig, ich kann für das Kind sorgen und werde es nie im Stich lassen«, habe ich zu der Ärztin gesagt. Aber ohne Elenas Unterschrift durfte sie mir das Baby nicht geben. Ich weiß gar nicht, ob und wie sie Sascha behandelt haben. Nur später haben sie jede Woche mit einem japanischen Gerät geschaut, ob das Wasser wegging.

Ein paar Tage später bin ich dann mit Elena ins Krankenhaus gefahren, und sie hat unterschrieben, dass sie den Jungen auf eigene Verantwortung mit nach Hause nimmt. So kam er ungefähr eine Woche nach der Geburt zu uns. Ich hatte in der Zwischenzeit einen alten Arzt gefunden, einen Kinderarzt, der Sascha bei uns in der Küche noch einmal gründlich untersucht hat. »Mit Ausnahme des Kopfes ist er ganz in Ordnung! Aber das kann sich mit der Zeit auswachsen.« Ich werde nie vergessen, wie Saschas Spinnenfingerchen den Finger des Arztes umklammerten. »Dieses Kind will leben!«, sagte der alte Arzt. Das habe ich ihm geglaubt und ihn vor Glück umarmt und geküsst.

In dieser Zeit kam Elenas Schwiegermutter nur ein einziges Mal. »Na ja, ein ziemlich kleines Baby für eine so dicke, kräftige junge Frau« – mehr hat sie nicht gesagt und Elena auf die Stirn geküsst, so, wie man das nur mit Toten macht. Um meine Tochter hatte ich damals keine Angst, aber um Sascha, und deshalb bin ich zu Propst Bayer gefahren und habe ihn gebeten, Sascha zu taufen. Nonna war ja nicht getauft gewesen, als sie starb. Sascha wollte ich dieser Gefahr nicht aussetzen. Es war eine schöne Taufe, bei uns in der Küche, alles war schön geschmückt mit weißen Tüchern. Später bekamen wir auch Babymilch von der Gemeinde, Babymilch aus Deutschland. Und Pampers, die gab es in Russland damals nur ganz selten.

Zwei Monate später habe ich Sascha dann auf sibirische Art gerettet, mit der Banja. Ich habe ihn ins Waschhaus mitgenommen, ich war ganz vorsichtig, so, wie ich es in Nasarowo gesehen hatte. Ich hatte damals genau aufgepasst, was die Nachbarinnen gemacht hatten, wie sie Kranke und Babys gesund und stark gemacht hatten. Medikamente gab es nicht, aber eine Banja besaß fast jeder. Man musste durchschwitzen, trinken, und nachher durfte man nicht in die Kälte. Die Massage mit den Birkenzweigen war ganz wichtig, man musste aber die richtigen Birkenzweige nehmen, zur richtigen Zeit geschnitten, von der richtigen Stärke. Für das kleine Baby hatte ich ganz zarte Hände, ich habe immer nur ein klein wenig, vielleicht fünfzig Gramm Wasser auf die heißen Steine geschüttet. Habe es umgedreht, mal in das kalte, mal in das warme Wasser gehalten. Und das war gut für Sascha. Er ist groß und kräftig geworden.

Im Mai 1994, Sascha war gerade ein gutes Jahr alt, da bin ich Ingeborg Jacobs und Hartmut Seifert zum ersten Mal begegnet. Zuerst waren sie für mich nur »die Leute vom deutschen Fernsehen«. Damals hatten sie nach Deutschen gesucht und meine Tochter gefunden. Das war an den Maifeiertagen und ich war im Garten bei der Arbeit. »Guten Tag, Ihre Tochter hat gesagt, dass Sie nach dem Krieg hiergeblieben sind?«, war ihre erste Frage. Und Hartmut hatte eine Kamera auf der Schulter. »Nun mal langsam«, habe ich erst mal gesagt, dann sind die beiden mit mir in den Garten gegangen, und ich habe ihnen ganz kurz meine Geschichte erzählt. Mit Russen hätte ich nie darüber gesprochen, aber zu den beiden hatte ich aus irgendwelchen Gründen Vertrauen. Am nächsten Tag sind wir nach Wehlau gefahren, ich habe ihnen mein Elternhaus und die Ruine der Kirche, in der ich getauft worden war, gezeigt. Als sie sich abends verabschiedeten, sagten sie: »Wir kommen im Herbst wieder. Fährst du mit uns nach Litauen und nach Pukso-Osero?« Die spinnen, habe ich gedacht, aber im Oktober waren sie wirklich wieder da, und wir haben uns gemeinsam auf meine Fährte gemacht. Das war sehr interessant, aber auch sehr anstrengend. Ich weiß noch genau, wie ich mich fühlte, als wir zurückkamen. Ich war ganz durcheinander, denn vieles hatte ich in der Zwischenzeit vergessen. Verdrängt, sagt man auch. Mein linkes Auge wollte nicht mehr sehen. »Ihr habt mich kaputtgemacht!«, habe ich ihnen damals gesagt.

Dann, Anfang Mai 1995, wurde ihre Reportage über mich ausgestrahlt. Ich erhielt Dutzende Briefe aus Deutschland. Und Hilfe, ein neues Dach für mein Haus, Lebensmittel und Kleidung für mich, Elena und meine beiden Enkelkinder, inzwischen hatte Elena noch eine Tochter bekommen, Karolinchen. Ein paar Jahre später wurde mir Sozialhilfe für Deutsche im Ausland gewährt, davon konnte ich nun Medikamente und das Nötigste bezahlen. Wieder und wieder wurde ich auch zu verschiedenen Familien nach Deutschland eingeladen. Meist war ich bei meiner Freundin Britta in der Nähe von Hannover. Jedes Jahr bin ich mindestens einmal dorthin gefahren, um, wie in meiner Kindheit, »mein Säckchen vollzusammeln«, mich ein wenig auszuruhen und zu gucken, wie die Menschen leben. Aber jedes Mal zog es mich auch wieder nach Ostpreußen zurück, obwohl ich mit meinen Nachbarn viel Streit hatte wegen des großen Schrottplatzes, den diese in ihrem Garten angelegt hatten.

Kosovokrieg

Mein Enkel Sascha wurde 1999 eingeschult, das war ein schwieriges Jahr für mich, denn ich bekam erneut die Auswirkungen der großen Geschichte auf mein kleines Leben zu spüren. So kam es mir damals jedenfalls vor. Am 24. März hatte der Kosovokrieg mit Luftangriffen gegen jugoslawische Städte begonnen, mitten in Europa war Krieg, es hagelte Proteste in den russischen Zeitungen, auch in der Kaliningrader *Prawda*. Boris Jelzin bat Clinton, die Kriegshandlungen zu stoppen, aber es ging umso heftiger weiter. Das Schlimmste aber war, dass die Deutschen beteiligt waren. »Meine« Deutschen, wie mir die Leute aus dem Dorf in einem sehr unfreundlichen Ton sagten.

Es war an Ostern, es war schon warm, und ich hatte viel im Garten gearbeitet, deshalb war ich gegen elf Uhr ins Bett gegangen und schlief fest, als die Männer kamen. Kurz nach zwölf – auch die anderen schliefen schon – machte ich die Augen auf, und zwei Männer standen über mir. Ich habe nur geschrien: »Lena rette dich!« Und dann bekam ich einen heftigen Schlag auf die Schläfe. Die Männer banden mir die Hände mit Klebeband hinter dem Rücken zusammen, auch über den Mund bekam ich Klebeband. Selbst die Kinder wurden geknebelt und gefesselt. Elena haben sie ins Gesicht und von hinten auf den Kopf geschlagen, dann ist sie umgefallen.

Die Männer haben ihr noch die Hände und die Füße gefesselt und den Mund zugeklebt. Sie hat so getan, als sei sie ohnmächtig, und dann gehört, wie einer der Männer Karolina das Klebeband vom Mund riss. Sie röchelte schon und war ganz blau im Gesicht. Die anderen haben den Mann daraufhin mit schrecklich schmutzigen Worten beschimpft, die es nur in der russischen Sprache gibt. In der Zwischenzeit haben sie mir den Rücken mit dem heißen Bügeleisen gebügelt, bis ich sagte, wo ich das Geld aus Deutschland versteckt hatte.

Nachdem die Männer weg waren, haben wir uns befreit, Elena ist zu ihrer Freundin Alexandra gelaufen, um die Miliz und einen Krankenwagen zu rufen. Die kamen auch recht bald. Man brachte uns ins Krankenhaus, dort hat uns am nächsten Tag ein befreundeter Deutscher besucht, der die Journalisten in Deutschland informierte. Auch ein paar Fotos hat er gemacht, von Sascha und von mir. Schrecklich sehen wir darauf aus.

Ingeborg und Hartmut besuchten uns ein paar Wochen später. Fast auf den Tag genau fünf Jahre, nachdem wir uns das erste Mal begegnet waren, doch ich hatte das Gefühl, ich war seitdem um mindestens zehn Jahre gealtert. Wir standen im Garten, und ich erzählte, was passiert war. Wieder lief die Kamera, doch nun ging es nicht mehr um die Vergangenheit, sondern um die Gegenwart. »Ich habe das Gewächshaus noch vor dem Überfall geschafft, aber wie die Russen so sagen: ›Sakon podlosti …‹ – wenn's einmal schiefgeht, geht alles schief. Ich baue ein Gewächshaus – und die Nachbarn erhöhen den Zaun auf drei Meter. Zwei Stunden nach dem Sonnenaufgang habe ich keine Sonne mehr. Ich hab mich bei denen beschwert, und dann hieß es gleich wieder, ich solle den Mund halten.« Ich war wütend und aufgeregt, als ich das erzählte, denn meine Nachbarn nannten mich da schon wieder eine Faschistin, sagten, es sei schade, dass man mich nach dem Krieg nicht umgebracht habe.

Unsere Nachbarn waren über die Jahre zu Schrotthändlern geworden, und wer weiß, was sie sonst noch taten – im Dorf munkelte man alles Mögliche. Vor ihrem Garten türmten sich Schrott und Müllberge, in ihrem Garten verbrannten sie immer wieder Gummireifen, so dass stinkender dunkelgrauer Qualm zu uns zog. Früher hatten die Kinder miteinander gespielt, hatten wir uns gegenseitig mit Geld und Lebensmitteln ausgeholfen, wenn es einmal knapp war. Sergej hatte Elena ins Krankenhaus gefahren, als Sascha zur Welt kam. Jetzt wollen wir nichts mehr miteinander zu tun haben.

Gerade als die beiden Journalisten da waren, prangte auf der Titelseite der *Kaliningradskaja Prawda* die Karikatur eines deutschen Soldaten mit Tornister, Hakenkreuz und Pickelhaube. »So sehen jetzt die Deutschen aus«, erklärte ich ihnen und übersetzte: »Heute Jugoslawien, morgen Kaliningrad?« Weiter stand dort, dass Deutschland an den Bombardierungen von Jugoslawien teilgenommen hatte, dass die Deutschen in Jugoslawien trainierten, um später Kaliningrad anzugreifen und sich Ostpreußen wieder anzueignen.

Ich wusste genau, wie empfänglich die Leute in unserem Dorf auch vierundfünfzig Jahre nach Ende des Zweiten Weltkrieges für solche Propaganda waren. Die meisten von ihnen stammen aus Weißrussland oder der Ukraine, die älteren hatten den Krieg noch selbst erlebt, auch das Wüten der Wehrmacht in ihren Dörfern. Seit 1985, als Gorbatschow Generalsekretär wurde, hatte man mich nur noch selten als Faschistin beschimpft, jetzt waren die alten Wunden wieder aufgebrochen. Selbst Vera, der wir immer, wenn sie in Not war, geholfen hatten, indem wir einen halben Eimer Suppe über den Zaun gereicht haben, redete so. Von ihr bekam ich zu hören: »Deine Deutschen schlagen die Jugoslawier tot, ihr sollt alle von hier abhauen!« Die Frage war nur, wohin. Wo sollten wir hin? Wir sind doch eine gemischte Familie. Ich hatte Angst, Elena und meine Enkelkinder nicht mehr schützen zu können. Schon beim Bügeleisen hatte ich gesagt, wo das Geld war, ich hatte Angst, dass jemand kommen und meine Familie umbringen würde. Weil wir Deutsche sind.

Ingeborg drängte mich damals, nach Deutschland zu kommen, um mich untersuchen zu lassen und um einen deutschen Pass zu beantragen, damit ich – falls es einmal nötig sein sollte – jederzeit würde ausreisen können. Noch fünf Jahre zuvor hatte ich gesagt, ich wolle in Ostpreußen sterben, jetzt war ich mir da nicht mehr so sicher, ich fühlte mich, als würde ich zum zweiten Mal aus meiner Heimat vertrieben. Darüber sprach ich auch mit Elena – und erfuhr so, dass sie bereits zu Beginn des Jahres 1999 mit Hilfe des deutschen Pastors in Kaliningrad einen Antrag auf Ausreise gestellt hatte.

Einige Wochen später wurden die Täter gefasst, Elena und ich mussten vor Gericht unsere Aussagen wiederholen, eine langwierige, anstrengende Prozedur, die mir auf eigenen Antrag wegen meines Schädel-Hirn-Traumas nach kurzer Zeit von der Richterin erlassen wurde. Sie fragte mich aber, welche Strafe diese jungen Männer verdient hätten, und da antwortete ich: »Ich weiß nicht, wie viele Jahre sie bekommen müssen. Aber die sind alle so gesund und kräftig, man sollte sie nach Archangelsk schicken, da ist noch was von der Taiga übriggeblieben, wir haben damals nicht alles abgesägt. Die brauchen schwere körperliche Arbeit.« Die Richterin sah mich fragend an, sie wusste ja nicht, dass ich im Lager gewesen war.

Zur Rekonstruktion des Tathergangs wurde einer der Täter – es war derjenige, der mit Karolina Mitleid gehabt und sie von ihrem Knebel befreit hatte – in unser Haus gebracht. Angekettet an einen Milizbeamten wollte er an mir vorbeigehen, aber – ich weiß nicht, warum – ich machte ihm den Weg nicht frei. Da blieb der Mann, ein großer Mann, stehen. Er sah mich nicht an, dann sagte er: »Verzeihen Sie mir bitte, wenn Sie können.« Er ist der Einzige, der sich bei uns entschuldigt hat, und mit diesen Worten hatte er mich gekauft, ich hatte das Gefühl, dass er es ehrlich meinte. »Jetzt kann ich das noch nicht«, antwortete ich ihm. »Aber Gott wird dir vielleicht verzeihen.« Ich habe »du« gesagt, nicht »Sie«, daran erinnere ich mich genau.

Elena hat sich später um seine Frau Natascha gekümmert, die fiel immer um, weil sie vor lauter Aufregung um ihren Mann geschwächt war. Sie hatte große Angst, nach Hause zu gehen, denn sie wohnte mit dem Mann und ihrem Sohn bei den Eltern. Und ihr Vater war ein alter Kommunist, der schämte sich wegen seines Schwiegersohnes und wollte nichts mehr über ihn hören. Andrej bekam die kleinste Strafe, vier Jahre Arbeitslager, die anderen Männer bekamen achtzehn und vierzehn Jahre.

Er war zuerst in einem Lager im Gebiet Kaliningrad, da haben auch Elena und ich mit einer »peredatscha« in der Schlange gestanden und auf Einlass gewartet. Wir haben ihm Speck und Zigaretten gebracht. Keiner konnte das verstehen, dass Elena und ich ihn unterstützt haben. Mir hat seine kleine Frau leidgetan. Es war ein Stoß von innen, der mir gesagt hat, du musst verzeihen, du solltest diesem Mann etwas Gutes tun. Ich habe in meinem Leben manchmal gute Dinge getan, für die ich keine Erklärung hatte. Heute denke ich, ich habe das richtig gemacht, denn aus einem Verbrecher, der noch tiefer hätte fallen können, ist ein ordentlicher Mensch geworden, irgendwie haben wir einen Menschen gerettet. Darüber freue ich mich. Andrej besucht uns heute noch manchmal, er hat eine gute Arbeit gefunden. Im Lager hätte er in vielen Jahren doch nur noch Schlimmeres gelernt. Ich weiß es allzu gut: Aus einem Lager kommt man nicht mehr als normaler Mensch heraus, nach all den Kämpfen und Erniedrigungen, die man dort erlebt hat.

Nach dem Überfall im Frühjahr 1999 waren Elena und ich der Meinung, dass es für uns im Gebiet Kaliningrad zu gefährlich geworden war. Wir wollten weg, aber wohin? Ich hatte kaum Hoffnung, dass man mich wieder nach Deutschland lassen würde. Schließlich war ich 1977 freiwillig hinter den Eisernen Vorhang zurückgekehrt. Elena hatte hinter meinem Rücken einen Antrag auf Ausreise als Aussiedlerin gestellt, der deutsche Pastor in Kaliningrad hatte ihr dabei geholfen. Um meinen Antrag auf »Klärung der Staatsangehörigkeit« kümmerte sich Ingeborg bereits seit einigen Jahren, allerdings mit wenig Eile, schließlich hatte ich ihr bislang immer gesagt, ich wolle in Ostpreußen sterben. Nun aber bat ich sie, mir bei der Wiedererlangung der deutschen Staatsangehörigkeit zu helfen, zum ersten Mal wollte ich meine ostpreußische Heimat verlassen.

Im Sommer 1999 war ich einige Wochen bei Ingeborg in Deutschland zu Gast. Erst zu Saschas Einschulung am 1. September kehrte ich zurück nach Ijewskoje.

Ingeborg und Hartmut begleiteten mich zur Untersuchung ins Klinikum Heidelberg. »Sie haben Glück gehabt, dass man Sie nicht totgeschlagen hat, ein paar Zentimeter höher, und es wäre aus gewesen«, lautete der Kommentar der Ärzte, nachdem sie meinen Kopf untersucht hatten. Ein paar Wochen später fuhren wir drei nach Hamburg, zum Senat für Inneres, wo mein Antrag auf Erteilung der deutschen Staatsangehörigkeit lag.

Als ich bei Ingeborg war, erzählte ich ihr eines Morgens beim Frühstück von meinem Zukunftstraum. Ich träumte von Sicherheit und Ruhe. Für mich, für Elena und meine Enkelkinder. Ich träumte von einem mittelgroßen Dorf, in der Nähe könnte auch ein Wald sein. Und wenn es keinen Wald gab, dann sollten dort einige Bäume sein, die könnte man auch noch nachpflanzen. Viele Felder sah ich in meinem Traum. Und Vieh. Es könnte auch ein Fluss da sein, nur nicht zu groß – ich kann doch nicht schwimmen. Ich würde gern Pferde streicheln, auch einen ganz kleinen Garten haben, in welchem ich Blumen anpflanzen könnte. Und von Ruhe träumte ich – keine Straßenbahn, keine Schrotthändler, keine Tankstellen, kein Hafen. Und von der Sicherheit, dass ich auch am nächsten Tag immer was zu essen haben würde.

Aber ich hatte keine Hoffnung, ich glaube, in dem Lied von Udo Jürgens »Zeig mir den Platz an der Sonne, wo alle Menschen sich verstehen …« gibt es auch keinen solchen Platz, doch ich kann mich nicht an den ganzen Text des Liedes erinnern.

Aber es gab noch einen anderen Gedanken, ein kleines Geheimnis, für das ich mich ein wenig schämte: Es hatte mir sehr gefallen, wie sich die Krankenschwestern und die Ärzte nach dem Überfall um mich gekümmert hatten. Besonders als ich merkte, dass sie nicht nur ihre Pflicht erfüllten, sondern dass sie das von Herzen taten, weil sie wussten, was mit uns passiert war. Elena ging bald nach Hause, aber ich musste bleiben. Alles tat weh, doch das Essen wurde hingestellt, und es wurde aufgepasst, dass ich als Erste aus der Schlange auf die Toilette gehen durfte. »Bitte warten, die hat eine Gehirnerschütterung ...« Ich war schon früher im Krankenhaus gewesen, hatte mehrere Operationen gehabt, aber da hieß es immer, schnell, schnell, und dauernd gab es Schimpferei. Nun erlebte ich es zum ersten Mal, dass sich jemand um mich kümmerte, mich versorgte. Und das passierte ausgerechnet nach dem Überfall.

Wenn ich jetzt zurückblicke, dann waren auch all die Jahre nach meiner Rückkehr aus Deutschland eine sehr anstrengende Zeit. Ich habe immer gekämpft. Leicht hatte ich es nie. Immer fehlte das Geld, ich habe gearbeitet, Tiere gehalten, alles, was meine kleine Familie brauchte, in unserem Gemüsegarten angebaut. Das war nicht leicht für ein Weib, für ein alleinstehendes Weib. Einmal hatte ich ja versucht, einen Mann ins Haus zu bekommen, ihn sogar geheiratet. Aber entweder verstehe ich nichts von Männern, oder ich habe in meinem Leben immer nur die falschen getroffen.

Meine Tochter hatte auch kein Glück mit ihrem Oleg, Friedchen Seddig hatte recht behalten. Oleg liebte es, zu Hause auf dem Sofa zu liegen und Elena arbeiten zu lassen. Er arbeitete nicht gerne, einige Monate sogar überhaupt nicht, so dass die jungen Leute und ihre Kinder von mir durchgefüttert werden mussten. Bald hatte er eine Geliebte. Da hielt Elena es nicht mehr aus. Mit ihren Kindern verließ sie das Haus ihrer Schwiegermutter und kam zu mir zurück. Kurz darauf zog auch Oleg bei uns ein, aber ich stritt mich immer mit ihm, wir beiden Hitzköpfe vertrugen uns nicht.

Als Elena 1997 schließlich die Scheidung einreichte, verzichtete sie auf die Alimente, die Oleg für Sascha und Karolina hätte bezahlen müssen. Im Gegenzug willigte der ein, dass Elena die Kinder mit nach Deutschland nehmen könnte, wenn sie vielleicht einmal ausreisen würde.

Die Ohrfeige

Als ich Ende 1999 für längere Zeit bei meiner Freundin Britta in Deutschland war, passte Elena auf das Haus auf. Zwei Kinder, siebenunddreißig Hühner und zwölf Kaninchen machen viel Arbeit. Luda half ihr dabei. Die junge Frau hatte ich bei mir aufgenommen, als erst ihr Mann sie verlassen hatte und kurz darauf ihre Eltern gestorben waren. Wenn jemand vor der Tür steht und kein Dach über dem Kopf hat, kann ich nicht nein sagen. Ich kann keinem Menschen die Tür vor der Nase zumachen oder an einem Bettelkind vorbeigehen, ohne ihm etwas zu geben.

Leider verstanden sich Luda und Elena in meiner Abwesenheit überhaupt nicht. Elena war damals krank, sie konnte nichts essen, musste sich dauernd übergeben, hatte innerhalb kurzer Zeit zehn Kilo abgenommen. Bereits vor meiner Abfahrt nach Deutschland hatten mir die Ärzte gesagt, dass sie zur Untersuchung und eingehenden Beobachtung ins Gebietskrankenhaus nach Kaliningrad müsse. Was Elena hatte, war völlig unklar. Deshalb war ich beruhigt zu wissen, dass Luda sich um die Kinder kümmern würde.

Von Deutschland aus rief ich oft zu Hause an und sprach mit Sascha und Karolinchen. Ich dachte, die Kinder würden mir ehrlich erzählen, was los war. Bald konnte ich jedoch kaum noch schlafen, hatte irgendwie ein merkwürdiges Gefühl im Bauch. Eine Zeitlang ignorierte ich meine innere Stimme, dann packte ich eines Nachts meine Sachen und fuhr mit dem nächsten Zug nach Kaliningrad zurück. Das war im Februar 2000. Es lag viel Schnee, beinahe so viel wie in dem Winter, als ich mit meiner Mutter und meinen Geschwistern aus Wehlau hatte fliehen müssen.

Zu Hause angekommen, erfuhr ich, dass meine Tochter bereits einige Tage zuvor auf eigenen Wunsch aus dem Gebietskrankenhaus entlassen worden war, inzwischen aber in unserem kleinen Krankenhaus lag, zwei Selbstmordversuche mit Tabletten hatte sie hinter sich. Die Kinder spielten »Wir holen die Mutti aus dem Wald, die ist umgekippt, sie kann nicht mehr gehen«. Ich war wütend auf meine Tochter, wie konnte sie mir das antun, sie konnte mich doch mit den Kindern nicht alleine lassen! Elenas Bettnachbarin ging es viel schlechter als ihr. Ich wusste nicht, was meine Tochter wirklich hatte. Sie wollte ein schönes Leben. Vielleicht brauchte sie auch nur einen Mann.

Ingeborg und Hartmut kamen dann einen Tag nach meiner Rückkehr in Kaliningrad an. Seit mehreren Wochen hatten sie auf solchen Schnee gewartet, denn sie planten, mit mir die Schlusseinstellung für den langen Dokumentarfilm über mich, »Die Eiserne Maria«, zu drehen. Wir verabredeten, am nächsten Tag gemeinsam nach Swetlij, nach Zimmerbude, zu Elena ins Krankenhaus zu fahren. Sascha und Karolinchen sollten wegen der grassierenden Grippe bei Luda bleiben. Die Kamera nahmen Ingeborg und Hartmut natürlich mit. Auf dem Weg besorgten wir einen Strauß Blumen, kauften ein paar Bananen, Äpfel und Apfelsinen. Ingeborg sprach noch mit dem behandelnden Arzt. Der versicherte ihr, Elena sei körperlich gesund, er wisse leider auch nicht, wie man ihr helfen könne.

Keine der Patientinnen in Elenas Zimmer lag im Bett, auch sie hatte eines dieser bunten, dünnen Baumwollkleider an, die russische Frauen tragen, sobald sie zu Hause sind. Als ich meiner Tochter gegenüberstand, versuchte ich mit einem banalen, deutschen »Wie geht's dir?« ins Gespräch zu kommen. Wir umarmten uns, doch ich merkte, Lena war gereizt. Der ganze folgende Dialog spielte sich genau so vor der Kamera ab. Im Nachhinein finde ich, es war wie in einem Theater. Auf der Bühne sind nur zwei Personen, meine Tochter Elena und ich:

»Warum hast du die Kinder nicht mitgebracht?«, lautet ihre Gegenfrage.

»Kinder dürfen im Moment nicht hier herein, das ist verboten, wegen der Grippe«, gebe ich ihr ruhig zur Antwort. »Bitte, sag doch was. Ich liebe dich doch. Ist doch egal, wir vergessen alles, was wir einander Böses gesagt haben. Ich nehme alle meine Worte zurück. Wir brauchen dich doch. Du kannst mich doch mit den Kindern nicht alleine lassen. Das geht nicht ... Ich habe dir schon mal gesagt: wie ich auch bin, aber du hast nur eine Mutter.«

Leise antwortet sie mir: »Das weiß ich.«

»Wenn du mich verlierst, was wirst du dann ohne mich tun?«, sage ich zu ihr. »Bitte antworte doch mal. Mach mich nicht kaputt.«

»Ich mache dich nicht kaputt, Mutti. Du weißt das genau, ich liebe dich. Ich möchte alleine wohnen. Ich möchte eine gute Arbeit haben. Und hier kann ich das nicht!«

»Aber in dieser schweren Zeit geht das nicht, Elena. Ich kann dir doch keine Wohnung kaufen! Wir müssen zusammenhalten. Wir haben keine Möglichkeit, eine Wohnung in der Stadt für dich zu schaffen. Wir haben das Geld nicht.«

»Das weiß ich.«

»Dass du eine Wohnung möchtest, das war doch noch kein Grund, um Selbstmord zu begehen«, komme ich ohne Umschweife zum Thema. »Das geht nicht, das ist doch eine große Sünde. Du hast doch keinen Grund dazu, viele Menschen haben es viel schlimmer als wir.«

Für nur einen einzigen Satz wechselt Elena ins Russische: »Wenn ich mich wirklich hätte umbringen wollen, dann hätte ich mich aufgehängt«, sagt sie ganz leise, wohl damit die anderen Patientinnen sie nicht hören können. »Das wäre dann endgültig gewesen.«

Ich aber spreche weiter Deutsch: »Ach, du liebe Güte! Man muss Mut zum Leben haben. Was ich dir immer gesagt habe: Selbstmord, ja gut, dazu braucht man Mut. Für das Leben aber braucht man mehr Mut. Um die Kinder hochzuziehen, dafür braucht man Kraft, Nerven und Mut.«

»Was willst du sagen, dass ich eine schlechte Mutter bin?« Elena ist gereizt, da habe ich einen wunden Punkt getroffen.

»In der letzten Zeit hast du nicht an deine Kinder gedacht. Du kümmerst dich schlecht um die Kinder. Und du weißt …«

»Das meinst du nur«, Elena verteidigt sich, »ich liebe meine Kinder, und ich mache alles für sie.«

»Liebe alleine ist zu wenig. Man muss da auch noch was tun …« Etwas Ähnliches hatte ich Elena einige Monate zuvor schon gesagt, als ich mich darüber aufgeregt hatte, dass sie die Kinder nicht auf die Schule vorbereitete, so, wie es in Russland üblich ist. Und dass die beiden nicht einmal Bücher hatten.

»Ich habe alles getan, was ich konnte.«

»Du kannst mehr. Ja, wir wollen nicht streiten …« Ich merke, in mir wird das ostpreußische Teufelchen wach. Aber ich will mich zusammenreißen. »Das kann ja nicht so weitergehen. Bitte, ich bin für dich da. Wir können für dich keine Wohnung schaffen, das geht nicht. Wir müssen zusammenhalten. Du kommst aus dem Krankenhaus raus, du findest dir irgendwie, Gott weiß wie, irgendeine Arbeit, du wirst was zu tun haben.«

»Für dreihundert Rubel oder hundert Rubel, wie die Krankenschwestern hier, das mache ich nicht …« Noch ein Punkt, über den ich immer wieder mit Elena stritt.

»Nein, du musst dich einfach beschäftigen …«

»Beschäftigen kann ich mich«, sagt Elena trotzig.

»Wir können uns ja nicht viel leisten«, lenke ich noch einmal ein, »das weißt du. Das Geld, was ich jetzt aus Deutschland mitgebracht habe … Wir müssen doch ein bisschen die Küche renovieren, da sieht es scheußlich aus. Und wir müssen ja auch noch was für das Essen, für Nahrungsmittel …«

»Willst du, dass ich jetzt schreien werde? Willst du das?«, unterbricht Elena mich beinahe drohend. Da ahne ich noch nicht, worauf sie hinauswill.

»Schreien?«

»Ich will nicht, ich will nicht, dass du trinkst. Jeden Tag. Das will ich nicht. Das will ich nicht. Dich jeden Tag so sehen.«

»Warum lügst du, warum lügst du?«

»Ich lüge nicht. Ich lüge? Ich lüge?« Elena schreit.

»Ja, warum, warum erzählst du den Menschen, dass deine Mutter eine Alkoholikerin ist? Das stimmt doch nicht!«

»Bist du das etwa nicht?«

»Nein. Ich brauche Doping. Aber ich bin nicht abhängig.«

»Bist du doch, bist du doch!« Elenas Stimme kippt. »Das weißt du doch genau. Du weißt es doch!«

Bei diesen Worten meiner Tochter hatte ich mich leider nicht mehr unter Kontrolle, ohne nachzudenken gab ich Elena eine schallende Ohrfeige. »Mach, was du willst«, sagte ich schon im Aufstehen, dann verließ ich schimpfend das Krankenzimmer. Elena warf sich weinend auf ihr Kopfkissen, die Krankenschwester blickte erst zu ihr, dann teilnahmslos aus dem Fenster. Auch Hartmut und Ingeborg gingen hinaus, wussten nicht, was sie tun oder sagen sollten. »Das ging so schnell, ich hatte gar keine Zeit, darüber nachzudenken, ob ich die Kamera abstelle«, sagte Hartmut. Dann fragte er mich, ob Elena recht hatte. »Im Moment bin ich nicht abhängig«, war meine Antwort. »Erinnerst du dich nicht mehr an meinen sechzigsten Geburtstag? Das war 1997, da wart ihr hier und habt mir angedroht, nie mehr wieder zu kommen, wenn ich mich weiter mit meinem Schwiegersohn prügeln würde. Dabei habe ich mich nur gewehrt, wenn der im Streit handgreiflich wurde. Damals habe ich meine Probleme mit Oleg und Elena immer wieder im Alkohol ertränkt. Da fing das an, dass ich mir ein, zwei Flaschen Bier nahm und zum Arbeiten in den Garten ging. Und es dauerte ein paar Jahre, das muss ich zugeben, bis ich aufgehört habe mit dem Alkohol. Ihr hattet damals sogar Angst, dass ich noch einmal im Knast lande. Damals hätte Elena so etwas sagen können, aber heute? Nein, heute darf sie das nicht! Ich habe mein Leben wieder einigermaßen im Griff.«

Ich ging in den Wald, der an das Krankenhaus grenzte. Wenig später folgten Hartmut und Ingeborg den Spuren, die ich im frischen Schnee hinterlassen hatte. Ich zündete mir eine Zigarette an und redete wild gestikulierend weiter, ich versuchte mein Verhalten vor der Kamera zu rechtfertigen: »Die meint bestimmt, dass ich vor der Kamera was vorgespielt habe. Das stimmt nicht. Ich merke dein ... dein Eisenbiest nicht ... Ich bin gekommen. Ich habe gesagt, wir werden alles vergessen, alles, was wir einander gesagt haben. Und guck mal, sofort macht die weiter. Das ist doch eine Lüge! ... Gott, ich habe die wieder geschlagen ... Die ist ja schon über dreißig, das Weibchen. Ich wollte wirklich heute Frieden machen, deshalb habe ich auch die Blumen gekauft. Ist es so schwer, dass die Töchter – verdammt noch mal – die Mütter nicht verstehen können? ... Ich wollte die nicht schlagen, es tut mir wirklich leid. Aber wenn meine Tochter mit mir so redet, ja, da kann auch ein Heiliger nervös werden!«

Dass ich trank, hatte Elena in den letzten Monaten immer wieder ungefragt jedem erzählt, egal, ob er es hören wollte oder nicht. Auch dem deutschen Pastor in Kaliningrad hatte sie das gesagt, über ihn hatten meine Freunde in Deutschland davon erfahren. In meinen Augen war das Verrat. Der eine oder andere hatte sogar Ingeborg oder meine Freundin Britta entsetzt angerufen und mit ihnen über mich und »mein Problem mit dem Alkohol« diskutiert. Das alles erfuhr ich abends von Ingeborg. »Und was hast du dann geantwortet?«, wollte ich von ihr wissen. »Ich habe die Anrufer immer beschwichtigt und gesagt, du trinkst nur selten, hast Haus, Hof und Garten immer tipptopp in Ordnung«, antwortete sie. »Jeden Morgen stündest du, obwohl es dir manchmal schwerfalle, vor Sonnenaufgang auf, um den neuen Tag mit Tschefir zu begrüßen«, das ist sehr starker, schwarzer Tee, wie man ihn im Straflager braut. »Mein letztes Argument war immer, dass ich nicht wüsste, was aus mir geworden wäre, hätte ich auch nur einen Bruchteil dessen erleben müssen, was du hinter dir hast. Hätte ich einfach nur aufgegeben? Hätte ich mich und meine Tochter umgebracht? Wäre ich irre oder gar zur Verbrecherin geworden?«

Als wir aus dem Krankenhaus zurückkamen, warteten Sascha und Karolinchen schon. »Jetzt gehen wir in den Wald Feuer machen!«, riefen sie uns fröhlich entgegen. Ich hatte ihnen dieses kleine Abenteuer morgens versprochen. So belud ich den Schlitten mit Brennholz, Sascha und Karolina zogen los, zum Feuerplatz, dorthin, wo sie mit mir immer hingingen. Auch Ingeborg und Hartmut kamen mit. Langsam wurde es schon dunkel, die letzten Sonnenstrahlen schienen durch den Birkenwald. Ganz schnell schichtete ich das Holz auf, zündete es an. Das trockene Birkenholz brannte gut. Die Kinder freuten sich über die hellen Flammen, sie tanzten ausgelassen um das warme Feuer. Als ich die beiden beobachtete, musste ich daran denken, wie es war, als Elena in ihrem Alter gewesen ist. »Damals, als meine Tochter klein war«, erzählte ich den Journalisten. »wusste ich nur, dass ich für sie sorgen, uns beide durchbringen musste. Alleine war das nicht leicht, aber ich habe gekämpft, und ich habe es geschafft. Heute erwarte ich von ihr nur, dass sie ihre Kinder mit Gerechtigkeit gut erziehen soll. Sie soll ihnen etwas Gutes beibringen, sie soll für die Kinder sorgen. Und – was ich für mich erwarte, irgendwie, möchte ich auch von ihr ein klein bisschen versorgt werden. Ich brauche das in der letzten Zeit.«

Ich ging einen kleinen Abhang hinauf und lehnte mich an eine der Birken, Bäume geben mir immer Kraft. Da fragte Ingeborg mich plötzlich, ob ich es bereut hätte, mich mit ihnen auf den Weg in meine Vergangenheit gemacht zu haben, schließlich habe dies dazu geführt, dass ich über längst verdrängte Erlebnisse hatte sprechen müssen, weil sie »mir auf der Spur« gewesen sei. Über die Vergewaltigung am Nemunas, das grausame Hitlerspiel der litauischen Kinder, die Bettelei, das jahrelange Umherziehen und die Zeit im Gulag, über Orscha und mein erstes Kind, darüber, dass ich vielleicht einen großen Fehler gemacht hatte, wegen Anna in die Sowjetunion zurückgegangen zu sein.

Ich hatte darüber schon oft mit Elena gesprochen und mir die Frage auch selbst gestellt. Ich hatte in meinem Leben immer so was Schweres in mir drin. Ich habe keine Worte dafür. Wahrscheinlich muss man etwas Ähnliches erlebt haben, um das zu verstehen. »Und nachdem ich mit euch damals losgefahren bin«, antwortete ich langsam auf Ingeborgs Frage, »war ich zuerst ganz krank, mein Auge wollte nicht mehr sehen, das habe ich euch auch so gesagt. Aber ein paar Jahre später dann – da war es so, als ob ich, ja, als ob ein großer Stein von meiner Brust runtergepurzelt wäre. Ich konnte wieder leichter – symbolisch, meine ich –, ich konnte endlich wieder leichter durchatmen.«

Langsam brannte das Feuer herunter. Ich zeigte den Kindern, wie sie die letzte Glut zu löschen hatten: »Das müsst ihr immer so machen, versprecht mir das, sonst brennt der Wald ab.« Wir gingen schweigend zum Haus zurück. Luda hatte Kartoffelpüree gemacht, dazu gab es verkochte Brühwürstchen. Die Kinder waren hungrig und stürzten sich aufs Essen. Ohne großes Murren putzten sie sich danach die Zähne, es war Zeit, ins Bett zu gehen. Doch vorher wurde gebetet, so wie jeden Abend, wenn ich zu Hause war: Mit ihren Stofftieren im Arm standen Sascha und Karolinchen vor dem Fenster. »Und jetzt schauen wir den Himmel an, auch wenn wir den Gott nicht sehen können, er sieht uns.« Ich begann zu beten: »Vater unser im Himmel …« Mit leichter Verzögerung sprachen die Kinder auf Deutsch mit. »… denn dein ist das Reich und die Kraft und die Herrlichkeit in Ewigkeit. Amen. Gute Nacht!« – »Gute Nacht!«, wiederholten die Kinder. Dann schickte Karolinchen noch ihr eigenes, zartes »Amen!« hinterher.

Epilog

Gut fünfzehn Jahre sind seit unserer ersten Begegnung vergangen, und doch ist die Faszination für Liesabeth Otto, die »stählerne oder eiserne Maria«, geblieben. Liesabeth hat mich in ihren Bann geschlagen, vielleicht, weil ich sie ein wenig beneide um ihren beinahe kindlichen Glauben und ihr Urvertrauen in das Gute im Menschen, die sie sich neben der Liebe zur Natur und einem ausgeprägten Verantwortungsgefühl stets bewahrt hat – gepaart mit einem guten Schuss Humor und Neugierde. Ich habe sie erlebt als hart zu sich selbst und nachsichtig gegenüber Schwächeren, als sprachbegabt und musikalisch, ausgestattet mit äußerst scharfen Sinnen und einem phänomenalen Gedächtnis. Dass sie aus diesen Gaben der Natur nichts hat machen können, dass sie – wie sie es nennt – »kein nützlicher Mensch« geworden und auch heute noch nicht zur Ruhe gekommen ist, stimmt traurig, ist für Liesabeth aber kein Grund, in Selbstmitleid zu verfallen. Sie weiß um die Ursachen: den Zweiten Weltkrieg und die langen Jahre des Kalten Krieges. Inzwischen haben die Jahrzehnte des harten Überlebenskampfes ihren Tribut gefordert, mit nunmehr zweiundsiebzig Jahren ist sie nicht mehr die Stalnaja, »die Stählerne«.

Freundschaft und Vertrauen, die unsere gemeinsamen Reisen in Liesabeths dramatische Vergangenheit erst möglich machten, sind langsam gewachsen. Wir »saßen gemeinsam in einem Boot«, haben hart diskutiert, uns zerstritten und wieder versöhnt, zusammen geweint, aber auch viel gelacht. Liesabeth hat gesungen und getanzt, wenn ihr lang vergessene Melodien und Texte einfielen oder Musik erklang, die ihr in die Beine fuhr. Für sie waren unsere Ausflüge, selbst jene mentaler Natur, stets harte Arbeit, musste sie doch mir und sich selbst einige unangenehme Fragen beantworten, sobald sie das Gefühl beschlich, ich hätte sie in die Enge getrieben und sei »ihr auf der Spur«. Dabei legte sie die Fährten zu ihren Geheimnissen oft selbst, indem sie in scheinbar unbedeutende Nebensätze bewusst oder versehentlich Namen, Daten oder Orte einflocht. Gedankenschnipsel, die im Moment untergingen, aber nicht vergessen waren. Sie schlummerten irgendwo, warteten auf ihre Zeit. Es dauerte Jahre, bis Liesabeth mir unter Tränen von der Vergewaltigung in Orscha, ihrem im Straflager geborenen Kind, schließlich auch von Anna berichtete. Es war ihre späte, zweite Antwort auf meine Frage: »Warum hast du es nur ein Jahr in Deutschland ausgehalten und bist so schnell nach Sibirien zurückgegangen?« Eine Frage, die fast alle stellen, die von ihrer Geschichte hören, meist mit einem spitzen Vorwurf in der Stimme. Die erste Antwort hatte sie mir bereits während der Dreharbeiten im Straflager gegeben. »Ich hatte so viele Jahre ein anderes Leben gehabt, immer für mich selbst gesorgt. Und man kann, wie die Russen sagen, nicht einfach mal eben sein Fell wechseln.«

Ausschlaggebend für ihre gescheiterte Übersiedlung nach Westdeutschland war meines Erachtens eine dritte, nicht minder wichtige Tatsache: Nur der Vater freute sich, die lange verloren geglaubte Tochter nach mehr als dreißig Jahren wiedergefunden zu haben. Liesabeth war im Westen nicht willkommen gewesen. Das begriff ich, als ich im Herbst 1994 in der Kirche unweit von Oldenburg vor der Totenliste stand, auf der unter den Namen ihrer Mutter und ihrer Schwester immer noch eingraviert war: »Liesabeth Otto, geb. 06. 10. 1937, vermisst«.

Der Antrieb, ihre Lebensgeschichte zu erforschen und dieses Buch zu schreiben, war allerdings in erster Linie die Frage, wie Liesabeth ihr manchmal unglaubliches Leben in Extremen aushalten konnte, ohne daran zu verzweifeln oder irre zu werden. In der Spannung zwischen Ost und West, Gut und Böse, Leben und Tod, oft am Rande des Abgrunds. Und fast immer allein. Einen ebenbürtigen Partner hatte sie nie an ihrer Seite, geschweige denn jemanden, auf dessen Ratschläge sie hätte bauen können.

Ein einziges Mal, gleich zu Beginn, habe ich ihr diese Frage direkt gestellt. Es war an unserem letzten Drehtag im Oktober 1994. Wir saßen im Zug von Kaliningrad nach Slavsk, das zu deutscher Zeit Heinrichswalde geheißen hatte. Liesabeth erzählte uns vom Transport ins Straflager Pukso-Osero und der harten Zeit dort. »Warum bist du kein böser Mensch, keine Verbrecherin geworden?«, fragte ich sie unvermittelt. »Darüber habe ich auch oft nachgedacht«, bekam ich zur Antwort. »Ich glaube, erstens, es hat mir geholfen, dass mich die Politischen immer unterstützt haben, weil ich die Jüngste im Lager war. Und zweitens … es kann sein, dass meine Mutti und mein Vater ganz was Gutes, ganz was Sauberes in mich hineingelegt hatten. Ich vermute auch, dass meine Eltern sehr gute Menschen waren. Und außerdem … mein ganzes Leben hatte ich das Gefühl, dass der liebe Gott immer seine Hand über mich hielt. Denn, obwohl ich oft heruntergefallen bin, immer hat mich jemand festgehalten. Etwas, was nicht zu erklären ist, hielt mich doch vom Schlimmsten ab und sagte: ›Du sollst nicht …‹, ›Du darfst nicht …‹, sonst hätte ich doch das tun können, was ich da im Straflager gelernt hatte, ich hätte auch ganz einfach jemanden umbringen, ihm den scharf gefeilten Löffel in den Bauch stecken können. Mich hat man doch auch versucht umzubringen … Aber ich habe es nicht gemacht … Mehrmals wollte ich es tun, aber jemand hat mir immer gesagt: ›Liesabeth, nein, das ist zu viel.‹ Gott sei Dank, dann war ich doch über den Berg …«

Während Liesabeth das sagte, schaute ich sie an. Erst bei ihren letzten Worten blickte ich aus dem Fenster: Der Zug hatte an einem alten Bahnhofsgebäude aus deutscher Zeit gehalten, ein paar Passagiere waren ausgestiegen, mein Kameramann Hartmut Seifert hatte intuitiv genau im richtigen Moment langsam dorthin geschwenkt. Bei Liesabeths Worten »dann war ich doch über den Berg« fuhr der Zug wieder an, wir ließen den Bahnhof hinter uns, die Menschen, den Bahnübergang. Ohne ein Wort zu wechseln, wussten wir in diesem Augenblick, das waren die letzten Worte, das war die Schlusseinstellung unserer ZDF-Reportage. Liesabeths Worte klingen bis heute nach.

Damals waren wir erst gegen Abend zurück in Ijewskoje. Es war nicht nur der letzte Drehtag gewesen, für das Jahr 1994 war es unser letzter gemeinsamer Tag im Gebiet Kaliningrad. Der Altweibersommer war einem kühlen und regnerischen Herbst gewichen. Liesabeth ging in den Garten und sägte gemeinsam mit Michail, der ihr manchmal bei schweren Arbeiten half, Holz für den Ofen. Die Birkenscheite dufteten. Die beiden arbeiteten weiter, als ich Liesabeth bat, ein Fazit zu ziehen, denn ich wollte wissen, wie sie die fast drei Wochen Drehreise in die eigene Vergangenheit erlebt hatte. Was ich wollte, war eine ehrliche Antwort, und die bekam ich auch: »Für mich war das eine Quälerei. Das, was wir in diesen drei Wochen durchgemacht haben, hatte ich jahrelang erlebt. Und nun musste ich das mit euch fast noch einmal durchleben, noch einmal spüren. Diese Erinnerungen waren für mich eine richtige Quälerei. Mein Herz ist kaputtgegangen, guckt mal, mein rechtes Auge will nicht mehr sehen, das sind die Nerven, das ist die Wahrheit. Für mich war das viel zu viel. Ich bin ja auch nicht mehr die Jüngste. Aber irgendwie wird es schon wieder gehen. Es muss wieder weitergehen.«

Hatten wir Liesabeth für unsere Zwecke ausgenutzt? Durften wir tun, was wir gemacht hatten? Einem Menschen – der seine Vergangenheit offenbar erfolgreich verdrängt hatte – die Begegnung mit seiner eigenen Geschichte zumuten? Erst ein paar Jahre später sollte ich eine Antwort auf diese Frage, Liesabeths Absolution, erhalten. Bis dahin quälten mich immer ein schlechtes Gewissen und das Gefühl, Liesabeth etwas schuldig zu sein.

Über die Jahre konnte ich mich für mein Bohren und Stochern in ihrem Leben und die Schmerzen, die ich ihr damit zufügte, nur wenig revanchieren. Ich versuchte, ihr mit kleinen Honoraren zu helfen, mit Kontakten nach Deutschland, der Beantragung von »Sozialhilfe für Deutsche im Ausland« und meinen Bemühungen, Liesabeths Staatsangehörigkeit zu klären. Ich sammelte Daten, deutsche und russische Dokumente, überprüfte viele ihrer Angaben, schließlich wollte ich mich und die deutschen Behörden überzeugen. Erst als ich Liesabeths Arbeitsbuch in der Hand hatte und mühsam mit ihrer Hilfe entzifferte – in einer Fremdsprache erschließt sich ein schnell dahingekritzeltes Wort wie Besamungsanstalt außerhalb des Kontextes nur schwer –, konnte ich die Episoden, die sie mir erzählt hatte, in den richtigen zeitlichen Rahmen setzen. Natürlich ergaben sich weitere Fragen, wurden neue Wunden aufgerissen. Ein Mosaikstein fügte sich zum nächsten, und die Summe ergab endlich ein stimmiges Gesamtbild ihres ruhelosen Lebens. Dass mir Liesabeth nicht alles erzählt hat, was mich interessiert hätte, dessen bin ich mir sicher. Die eine oder andere noch nicht erinnerte oder verschwiegene Begebenheit könnte ihre Lebensgeschichte sicherlich an den Rändern erweitern, muss es aber nicht.

Im Frühjahr 2001 geschah ein kleines Wunder, Liesabeth Otto bekam ihre deutsche Staatsangehörigkeit zurück. Die Behörden in Köln stellten ihr eine Urkunde aus: »Staatsangehörigkeitsausweis« stand darauf, und dass Liesabeth Deutsche ist, geboren in Paterswalde/Ostpreußen. Mit diesem Papier fuhr sie im Sommer mit dem vollbesetzten Zug von Kaliningrad nach Moskau zur deutschen Botschaft. Völlig erschöpft kam sie in der Hauptstadt an. Mehr als zwanzig Jahre war sie nicht mehr dort gewesen. Alles hatte sich so stark verändert, dass sie sich nicht mehr orientieren konnte. Auch die Botschaft war nicht mehr in der Nähe des Weißrussischen Bahnhofs. Nur mit Mühe fand Liesabeth den neuen Standort, sie befindet sich nun im Gebäude der ehemaligen Botschaft der DDR am Lenin-Prospekt. »Dort bekam ich dann einen grünen deutschen Reisepass, mit dem ich mich bei meiner Freundin in der Nähe von Hannover angemeldet habe. Inzwischen habe ich den richtigen roten Reisepass, bekomme in Deutschland eine kleine Rente und fahre so oft ich kann zu meiner Tochter und meinen Enkelkindern nach Widitten, ins ehemalige Ostpreußen. Meine russische Staatsangehörigkeit durfte ich zum Glück behalten. Ich bin ja irgendwie beides, deutsch und russisch.«

Liesabeths Tochter Elena hat lange Jahre auf die Möglichkeit gewartet, mit ihren Kindern Alexander und Karolina nach Deutschland auszureisen. Inzwischen hat sie es aufgegeben. Sie hat eine – schlecht bezahlte – Arbeit in einer Fischkonservenfabrik gefunden. Seit Elena Probleme mit ihrer Gesundheit hat, läuft sie jedoch Gefahr, diese Stelle zu verlieren. Zwei Operationen an der Wirbelsäule im Herbst 2009 sind noch nicht ausgestanden. Elena kann sich seitdem kaum ohne Schmerzen bewegen, selbst notwendige Rehamaßnahmen sind in Russland nicht für jedermann.

Eine Zeitlang war das Leben auch in Kaliningrad besser geworden. Die große Bankenkrise im Herbst 2008 hat diesen Aufschwung wieder gestoppt. Die Baustellen stehen still, viele Menschen haben ihren Arbeitsplatz verloren, junge Leute finden weder Ausbildungsstelle noch Beschäftigung. Auch Enkel Sascha, er ist inzwischen ein großer Jugendlicher, wird bald siebzehn Jahre alt, hat weder das eine noch das andere.

»Ich hatte lange Jahre gedacht, ich hätte die Hölle hinter mir. Nach all dem, was ich seit meiner Kindheit erlebt habe. Aber es sieht ganz so aus, als hätte ich mich geirrt. Karolina geht ihre eigenen Wege, Sascha lässt sich von seiner Mutter und auch von mir nichts mehr sagen. Er ist nicht ganz schlau, das haben die Psychiater festgestellt. ›Schizophrenie‹ haben sie in seine Akte geschrieben, als er untersucht wurde, weil er wegen Diebstahls von Motorradteilen vor Gericht musste. Diese Diagnose ist in Russland sehr häufig, und jeder glaubt zu wissen, was sie bedeutet. Seine sogenannten Freunde hatten ihn zu der Tat angestachelt, die sind schon erwachsen und haben Sascha vorgeschickt. Zwei Jahre auf

Bewährung hat er bekommen. Wenn Sascha diese Zeit nicht durchhält, muss er ins Gefängnis, in ein Kindergefängnis. Dort werden die Jungen vergewaltigt, sie bekommen nicht genug zu essen, viele haben Aids oder Tbc. Ich habe ihm erklärt, dass ich im Kindergefängnis war und das nur durchgehalten habe, weil ich durch die langen Jahre als Wolfskind abgehärtet war. Außerdem konnte ich schnell denken, das kann er nicht.«

Und so betet Liesabeth jeden Tag, dass sie nicht irgendwann einmal mit der »peredatscha« für Sascha vor dem Gefängnis auf Einlass warten muss. Sie wollte doch nie wieder den Fuß über eine Gefängnisschwelle setzen müssen.

Januar 2010, Ingeborg Jacobs

Literatur

Appelbaum, Anne, »Der Gulag«, Berlin 2003

Beckherrn, Eberhard/Alexej Dubatow, »Die Königsbergpapiere. Schicksal einer deutschen Stadt. Neue Dokumente aus russischen Archiven«, München 1994

Deichelmann, Hans, »Ich sah Königsberg sterben. Aus dem Tagebuch eines Arztes«, Minden 1995

Dorn, Ursula, »Ich war ein Wolfskind aus Königsberg«, Salzburg 2008

Efimowa, Ekaterina, »Sowremennaja tjurma, byt', tradizii i fol'klor«, Moskau 2004

Eisfeldt, Alfred/Victor Herdt (Hrsg.), »Deportation, Sondersiedlung, Arbeitsarmee. Deutsche in der Sowjetunion 1941 bis 1956«, Köln 1996

Ewert, Erna/Marga Pollmann/Hannelore Müller, »Frauen in Königsberg 1945–1948«, Bonn 1999

Figes, Orlando, »Die Flüsterer: Leben in Stalins Russland«, Berlin 2008

Grossman, Wassili, »Leben und Schicksal«, Berlin 2007

Jakowlew, Alexander, »Ein Jahrhundert der Gewalt in Russland«, Berlin 2004

Kelly, Catriona, »Childrens World, Growing up in Russia 1890–1991«, New Haven und London 2007

Kibelka, Ruth, »Ostpreußische Schicksalsjahre 1944–1948«, Berlin 2001

Kibelka, Ruth, »Wolfskinder. Grenzgänger an der Memel«, Berlin 1999

Kirstein, Emma, »›Aus schwerer Zeit‹. Tagebuch Ostpreußen 1945«, Bonn 1999

Kizny, Tomasz, »Gulag, Solowezki, Belomorkanal, Waigatsch-Expedition, Theater im Gulag, Kolyma, Workuta, Todesstrecke«, Hamburg 2004

Kopelew, Lew, »Aufbewahren für alle Zeit!«, Hamburg 1976

Kreisgemeinschaft Wehlau (Hrsg.), »Heimatbuch Kreis Wehlau«, Leer 1988

Kusnezow, Anatolij, »Junge Mädchen«, in: Osteuropa Heft 8/9, August/September 1962, S. 532–548

Lehndorff, Hans Graf von, »Ostpreußisches Tagebuch. Aufzeichnungen eines Arztes aus den Jahren 1945–1947«, München 1967

Leiserowitz, Ruth, »Von Ostpreußen nach Kyritz: Wolfskinder auf dem Weg nach Brandenburg«, Potsdam 2003

Linck, Hugo, »Königsberg 1945–1948«, Leer 1987

Luschnat, Gerhild, »Die Lage der Deutschen im Königsberger Gebiet 1945–1948«, Frankfurt am Main 1996

Maidunaite-Christ, Laima, »Die Erstickung des Waffenwiderstands in Litauen 1944–1953«, Norderstedt 2005

Matthes, Eckhard (Hrsg.), »Als Russe in Ostpreußen, sowjetische Umsiedler über ihren Neubeginn in Königsberg/Kaliningrad nach 1945«, Ostfildern 1999

Mironenko S. W./N. Werth (Hrsg.), »Istorija stalinskogo gulaga, konez 1920-x-perbaja polowina 1950-x godow« (Handbuch in 7 Bänden), Moskau 2004

Salesskij, K.A., »Imperia Stalina, biografitscheskij enziklopeditscheskij slowar'«, Moskau 2000

Schalamow, Warlam, »Durch den Schnee. Erzählungen aus Kolyma I«, Berlin 2008

Schalamow, Warlam, »Linkes Ufer. Erzählungen aus Kolyma II«, Berlin 2009

Schmidt, Winfried, »Vergessene Wolfskinder«, Halle 2006

Schwarz, Erich, »Überleben in Litauen, Erlebnisse zweier Freunde aus Königsberg in den Hungerjahren 1947/48«, Hameln 1995

Smirnow, M.B. (Hrsg.), »Sistema ispravitel'no-trudovych lagerej v SSSR 1923–1960« (Handbuch), Moskau 1998

Solschenizyn, Alexander, »Der Archipel Gulag«, München 1974

Solschenizyn, Alexander, »Ostpreußische Nächte. Eine Dichtung in Versen«, Darmstadt 1974

Starlinger, Wilhelm, »Grenzen der Sowjetmacht im Spiegel einer West-Ostbegegnung hinter Palisaden von 1945–1954«, Würzburg 1955

Werth, Nicolas, »Die Insel der Kannibalen. Stalins vergessener Gulag«, München 2006

Ingeborg Jacobs
Freiwild

Das Schicksal deutscher Frauen 1945
www.list-taschenbuch.de
ISBN 978-3-548-60926-3

Als die Rote Armee 1945 zum Endsieg über Hitlers
Reich antrat, waren die Frauen Freiwild der russischen
Soldaten. Mehr als hunderttausend wurden allein in
Berlin vergewaltigt, insgesamt waren es circa zwei
Millionen. Die Autorin hat zahlreiche Interviews mit
Betroffenen geführt und liefert erstmals ein Gesamt-
bild jenes schrecklichen Geschehens, eines der großen
Tabus der deutschen Nachkriegsgesellschaft.

List Taschenbuch

L388

Liesabeth Ottos Odyssee

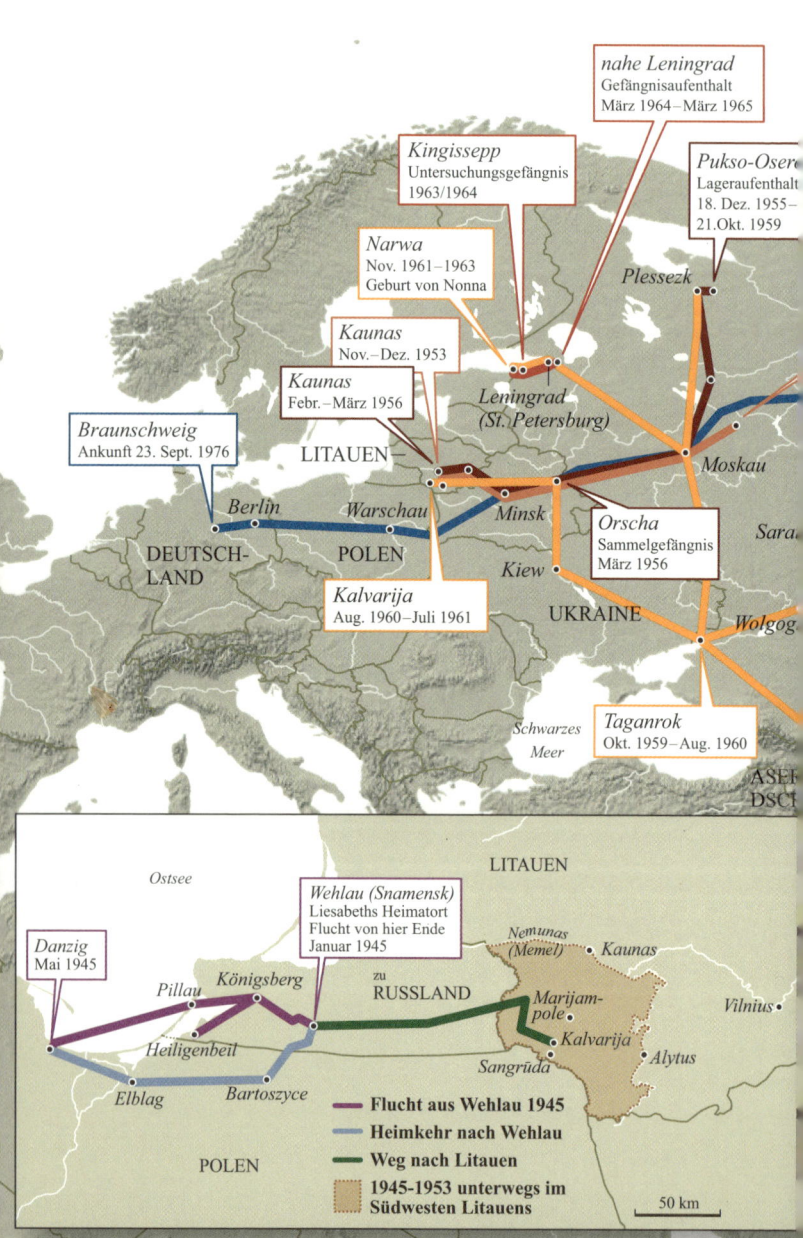

nahe Leningrad
Gefängnisaufenthalt
März 1964–März 1965

Kingissepp
Untersuchungsgefängnis
1963/1964

Pukso-Osero
Lageraufenthalt
18. Dez. 1955–
21.Okt. 1959

Narwa
Nov. 1961–1963
Geburt von Nonna

Plessezk

Kaunas
Nov.–Dez. 1953

Kaunas
Febr.–März 1956

Leningrad
(St. Petersburg)

Braunschweig
Ankunft 23. Sept. 1976

LITAUEN

Moskau

Berlin

Warschau

Minsk

DEUTSCH-
LAND

POLEN

Orscha
Sammelgefängnis
März 1956

Sara

Kiew

Kalvarija
Aug. 1960–Juli 1961

UKRAINE

Wolgog

Schwarzes
Meer

Taganrok
Okt. 1959–Aug. 1960

ASE
DSC

Ostsee

LITAUEN

Wehlau (Snamensk)
Liesabeths Heimatort
Flucht von hier Ende
Januar 1945

zu
RUSSLAND

Nemunas
(Memel)

Kaunas

Danzig
Mai 1945

Pillau

Königsberg

Marijam-
pole

Vilnius

Heiligenbeil

Kalvarija

Elblag

Bartoszyce

Alytus

Sangrūda

POLEN

Flucht aus Wehlau 1945
Heimkehr nach Wehlau
Weg nach Litauen
1945-1953 unterwegs im
Südwesten Litauens

50 km